Recht der Steuern und der öffentlichen Finanzordnung / Tax Law and Public Finance

Band 19

Julia Wiechmann

Finanzfolgen höchstrichterlicher Entscheidungen

Eine kritische Analyse der steuerlichen Rechtsfolgenaussprüche des Bundesverfassungsgerichts und des Europäischen Gerichtshofs

Nomos

Onlineversion
Nomos eLibrary

Die Deutsche Nationalbibliothek verzeichnet diese Publikation in der Deutschen Nationalbibliografie; detaillierte bibliografische Daten sind im Internet über http://dnb.d-nb.de abrufbar.

Zugl.: Augsburg, Univ., Diss., 2020

ISBN 978-3-8487-7863-8 (Print)
ISBN 978-3-7489-2266-7 (ePDF)

1. Auflage 2021

Vorwort

Die vorliegende Arbeit wurde im Sommersemester 2020 von der Juristischen Fakultät der Universität Augsburg als Dissertation angenommen.

Mein besonderer Dank gilt meinem Doktorvater Herrn Prof. Dr. Gregor Kirchhof, LL.M., der das Thema angeregt und die Entwicklung des Projekts mit großem Interesse und Engagement begleitet und gefördert hat. Ebenfalls danken möchte ich Herrn Prof. Dr. Hagen Kobor für die zügige Erstellung des Zweitgutachtens. Für die Aufnahme meiner Arbeit danke ich zudem den Herausgebern dieser Schriftenreihe.

Besonders danken möchte ich außerdem Frau Bärbel Zöger und allen Mitarbeitern am Lehrstuhl von Prof. Kirchhof für die schöne gemeinsame Zeit. Schließlich bin ich meinem Freund Timm Gaßner zu tiefstem Dank verpflichtet. Er hat nicht nur durch unzählige anregende Diskussionen und wertvolle Hinweise zum Gelingen meines Promotionsvorhabens beigetragen, sondern mich in allen Lebenslagen stets bedingungslos unterstützt. Ihm widme ich diese Arbeit.

Inhaltsverzeichnis

Abkürzungsverzeichnis

a.A.	anderer Ansicht
a.F.	alte Fassung
ABl.	Amtsblatt der Europäischen Union
Abs.	Absatz
AEUV	Vertrag über die Arbeitsweise der Europäischen Union
Alt.	Alternative
Anh.	Anhang
AO	Abgabenordnung
AÖR	Archiv des öffentlichen Rechts (Zeitschrift)
ARSP	Archiv für Rechts- und Sozialphilosophie (Zeitschrift)
Art.	Artikel
BayVBl.	Bayerische Verwaltungsblätter (Zeitschrift)
BB	Betriebs-Berater (Zeitschrift)
BeckOK	Beck'scher Online-Kommentar
BeckRS	beck-online.RECHTSPRECHUNG
BFH	Bundesfinanzhof
BFH/NV	Sammlung nicht veröffentlichter Entscheidungen des Bundesfinanzhofs
BFHE	Amtliche Sammlung der Entscheidungen des Bundesfinanzhofs
BGBl.	Bundesgesetzblatt
BGH	Bundesgerichtshof
BK	Bonner Kommentar
BMF	Bundesfinanzministerium
BR	Bundesrat
bspw.	beispielsweise
BStBl.	Bundessteuerblatt
BT-Drs.	Bundestags-Drucksache
BVerfG	Bundesverfassungsgericht
BVerfGE	Amtliche Sammlung der Entscheidungen des Bundesverfassungsgerichts
BVerwG	Bundesverwaltungsgericht

B-VG	Bundesverfassungsgesetz (Österreich)
bzw.	beziehungsweise
ca.	circa
d.h.	das heißt
DB	Der Betrieb (Zeitschrift)
Der Staat	Zeitschrift für Staatslehre und Verfassungsgeschichte, deutsches und europäisches öffentliches Recht
DM	Deutsche Mark
DÖV	Die öffentliche Verwaltung (Zeitschrift)
DStJG	Deutsche Juristische Gesellschaft e.V. (Tagungsband)
DStR	Deutsches Steuerrecht (Zeitschrift)
DStRE	Deutsches Steuerrecht/ Entscheidungsdienst (Zeitschrift)
DStZ	Deutsche Steuer-Zeitung
DVBl.	Deutsches Verwaltungsblatt (Zeitschrift)
ecolex	ecolex, Fachzeitschrift für Wirtschaftsrecht
ECU	European Currency Unit
EFG	Entscheidungen der Finanzgerichte
EGV	Vertrag zur Gründung der Europäischen Gemeinschaft
Einf.	Einführung
ErbStG	Erbschaft- und Schenkungsteuergesetz
etc.	et cetera
EU	Europäische Union
EuGH	Gerichtshof der Europäischen Union
EuGRZ	Europäische Grundrechte-Zeitschrift
EuR	Schriften zum Europäischen Recht (Zeitschrift)
EUV	Vertrag über die Europäische Union
EuZW	Europäische Zeitschrift für Wirtschaftsrecht
f.; ff.	und der (die) folgende; und die folgenden
FAG	Finanzausgleichsgesetz
Fn.	Fußnote
FR	FinanzRundschau (Zeitschrift)
FS	Festschrift
gem.	gemäß
GG	Grundgesetz
GrStG	Grunderwerbsteuergesetz
GRUR	Gewerblicher Rechtsschutz und Urheberrecht (Zeitschrift)

GS	Gedächtnisschrift
HGrG	Haushaltsgrundsätzegesetz
i.e.S.	im engeren Sinne
i.R.d.	im Rahmen des
i.R.v.	im Rahmen von
i.S.d.	im Sinne des
i.S.v.	im Sinne von
i.V.m.	in Verbindung mit
INF	Die Information für Steuerberater und Wirtschaftsprüfer (Zeitschrift)
Intertax	International Tax Review (Zeitschrift)
JA	Juristische Arbeitsblätter (Zeitschrift)
JBl	Juristische Blätter (Zeitschrift)
Jura	Juristische Ausbildung (Zeitschrift)
JuS	Juristische Schulung (Zeitschrift)
JZ	JuristenZeitung
KJ	Kritische Justiz, Vierteljahresschrift für Recht und Politik
KStZ	Kommunale Steuer-Zeitschrift
lit.	litera
LKV	Landes- und Kommunalverwaltung (Zeitschrift)
m.w.N.	mit weiteren Nachweisen
Mio.	Million, Millionen
Mrd.	Milliarden
MüKo	Münchener Kommentar
MwStR	Mehrwertsteuerrecht (Zeitschrift)
NJW	Neue Juristische Wochenschrift
Nr.	Nummer
NVwZ	Neue Zeitschrift für Verwaltungsrecht
NWB	Steuer- und Wirtschaftsrecht (vormals „Neue Wirtschafts-Briefe") (Zeitschrift)
OVG	Oberverwaltungsgericht
RFH	Reichsfinanzhof
Rn.	Randnummer
Rs.	Rechtssache
S.	Seite
Slg.	Amtliche Sammlung der Entscheidungen des EuGH (Teil 1)

sog.	sogenannt, -e, -er, -s
Stbg.	Die Steuerberatung (Zeitschrift)
StuW	Steuer und Wirtschaft (Zeitschrift)
StVj	Steuerliche Vierteljahresschrift
SWK	Steuer- und WirtschaftsKartei (Zeitschrift)
SZ	Süddeutsche Zeitung
u.a.	unter anderem; und andere
u.U.	unter Umständen
UmwStG	Umwandlungssteuergesetz
UR	Umsatzsteuer-Rundschau (Zeitschrift)
v.	von, vom
VfGH	Verfassungsgerichtshof (Österreich)
VfSlg.	Erkenntnisse und Beschlüsse des Verfassungsgerichtshofes (Österreich)
vgl.	vergleiche
VO	Verordnung
VStG	Vermögensteuergesetz
VVDStRL	Veröffentlichung der Vereinigung der Deutschen Staatsrechtslehrer (Tagungsband)
VwGO	Verwaltungsgerichtsordnung
VZ	Veranlagungszeitraum, Veranlagungszeiträume
WiVerw	Wirtschaft und Verwaltung (Zeitschrift)
WM	Wertpapier-Mitteilungen, Zeitschrift für Wirtschafts- und Bankrecht
WuW	Wirtschaft und Wettbewerb (Zeitschrift)
z.B.	zum Beispiel
ZaöRV	Zeitschrift für ausländisches öffentliches Recht und Völkerrecht
ZEuS	Zeitschrift für Europarechtliche Studien
ZfSH/SGB	Zeitschrift für die sozialrechtliche Praxis (früher: Zeitschrift für Sozialhilfe und Sozialgesetzbuch)
ZG	Zeitschrift für Gesetzgebung
ZKF	Zeitschrift für Kommunalfinanzen
ZRP	Zeitschrift für Rechtspolitik
ZZP	Zeitschrift für Zivilprozess

Einführung

Da der deutsche Rechtsstaat auch Steuerstaat ist und die Erfüllung seiner öffentlichen Aufgaben überwiegend durch die Erhebung von Steuern finanziert, ist er auf fließende Einnahmen und einen stabilen Finanzhaushalt angewiesen. Wird nun im Wege einer verfassungsgerichtlichen Entscheidung festgestellt, dass eine erhobene Steuer die Grundrechte verletzt, so stellt sich die Frage nach der rechtlichen Konsequenz. Nach Auffassung des Bundesverfassungsgerichts ist der *„Finanzbedarf des Staates [...] niemals geeignet, eine verfassungswidrige Steuer zu rechtfertigen“*.[1]

Vor diesem Hintergrund befasst sich die vorliegende Abhandlung mit der Berücksichtigung von Finanzfolgen durch das Bundesverfassungsgericht (BVerfG). Im Mittelpunkt der Untersuchung stehen Entscheidungen, die die Überprüfung der Verfassungsmäßigkeit steuerrechtlicher Normen zum Gegenstand hatten. Es soll ergründet werden, wie das BVerfG die finanziellen Auswirkungen der Entscheidung berücksichtigt, wie sich diese in der Wahl des Rechtsfolgenausspruches niederschlagen und welche verfassungsrechtlichen Probleme durch die Rücksichtnahme auf die Finanzfolgen entstehen.

In ständiger Rechtsprechung erklärt das BVerfG nicht die Nichtigkeit der gegenständlichen Steuernormen, sondern ordnet die Weitergeltung des verfassungswidrigen Rechts an, wenn einer Rückabwicklung der Steuerfestsetzung sowie dem sofortigen Wegfall der Einnahmequelle das Interesse an einer verlässlichen Finanz- und Haushaltsplanung sowie an einem gleichmäßigen Verwaltungsvollzug entgegenstehen. Infolge dieser sog. Weitergeltungsanordnung bleibt das verfassungswidrige Recht vorübergehend weiterhin anwendbar, bis der Gesetzgeber die Rechtslage verfassungskonform gestaltet. Je schwerwiegender die fiskalischen Auswirkungen einer rückwirkenden Entscheidung wären, desto wahrscheinlicher ordnet das Gericht die Weitergeltung an. Der Steuerpflichtige hat dann trotz des festgestellten Verfassungsverstoßes eine Abgabe zu entrichten, die ihn in seinen Grundrechten verletzt und in der gegenständlichen Fassung nicht hätte erhoben werden dürfen. Einen Anspruch auf Rückerstattung der bislang gezahlten Steuer kann er ebenfalls nicht geltend machen. Die

1 BVerfG, Beschluss vom 17.1.1957 – 1 BvL 4/54, BVerfGE 6, 55 (80); vgl. auch BVerfG, Beschluss vom 21.6.2006 – 2 BvL 2/99, BVerfGE 116, 164 (182 m.w.N.).

Verfassungswidrigkeit des Steuerrechts wirkt sich damit zulasten des Steuerpflichtigen aus, seine Rechte werden beschnitten. Dieses Ergebnis ist zumindest aus der Perspektive des Steuerzahlers und mit Blick auf das einleitende Zitat verfassungsrechtlich bedenklich. Es stellt sich deshalb die Frage, inwieweit das BVerfG die finanziellen Auswirkungen seiner Entscheidungen berücksichtigen darf.

Die Arbeit möchte zunächst die verschiedenen Rechtsfolgenaussprüche des BVerfG – die Nichtigkeit, die Unvereinbarkeitserklärung sowie die Weitergeltungsanordnung – grundlegend erläutern, um sie dann anhand der im abgabenrechtlichen Bereich ergangenen Entscheidungen zu systematisieren und verfassungsrechtlich zu bewerten. Hierbei wird insbesondere aufzuzeigen sein, welche gewichtigen Gründe im Einzelfall für die Berücksichtigung der finanziellen Auswirkungen sprechen können, aber auch, wie die haushaltsfreundliche Rechtsprechung des BVerfG zu einer Entwertung der Grundrechte, der Beeinträchtigung des effektiven Rechtsschutzes und der Aufrechterhaltung verfassungswidriger Zustände führt.

In einem anschließenden Kapitel wird die Rechtsprechung des Europäischen Gerichtshofs (EuGH) betrachtet. Auch in diesem Teil liegt das Augenmerk auf den finanziellen Auswirkungen der Entscheidungen. Verstöße von nationalem Recht gegen Unionsrecht sind nach ständiger Rechtsprechung des EuGH rückwirkend zu beseitigen. Legt der EuGH Unionsrecht aus und ist nationales Recht hiermit nicht vereinbar, so darf dieses aufgrund des Anwendungsvorrangs nicht mehr angewandt werden. Die gewonnene Auslegung gilt auch für Sachverhalte, die sich bereits vor der Entscheidung verwirklicht haben. Im abgabenrechtlichen Bereich kann es deshalb zu erheblichen Rückerstattungsansprüchen kommen. Auch wenn die Entscheidung massive Konsequenzen für den betroffenen Mitgliedstaat hat, macht der EuGH wegen rein finanzieller Folgen seiner Entscheidung grundsätzlich keine Ausnahme von der Rückwirkung – ansonsten *„würden die schwersten Verstöße [...] günstiger behandelt, da sie es sind, die die bedeutendsten finanziellen Auswirkungen für die Mitgliedstaaten haben können.“*[2] Aus unionsrechtlicher Sicht mag dieser Standpunkt ein wenig widersprüchlich erscheinen, da die gravierende Störung mitgliedstaatlicher Finanzhaushalte gleichfalls die finanzielle Stabilität der gesamten Union bedrohen kann.[3] Der EuGH distanziert sich jedenfalls klar davon, die Wirkung seiner Entscheidung für die Vergangenheit nur deshalb zu beschränken, weil gewisse finanzielle Folgen für die Staatshaushalte zu erwarten

---

2 EuGH, Urteil vom 11.8.1995 – C-367/93 u.a., Slg. I 1995, 2248 Rn. 48 – Roders.
3 Vgl. EuGH, Urteil vom 8.11.2016 – C-41/15, EuZW 2016, 955 Rn. 55 – Dowling.

sind.[4] Vor allem dürfe die Rücksichtnahme auf die finanziellen Auswirkungen der Entscheidung nicht dazu führen, dass der Individualrechtsschutz ausgehöhlt werde.[5]

Für die Berücksichtigung von Finanzfolgen im Rahmen von Auslegungsentscheidungen hat der EuGH hohe Hürden festgelegt. Diese können nur überwunden werden, wenn der Mitgliedstaat in gutem Glauben hinsichtlich der Unionskonformität des nationalen Gesetzes handelte und aufgrund der Rückwirkung der Entscheidung schwerwiegende wirtschaftliche Folgen zu befürchten sind. Nur, wenn diese beiden Voraussetzungen vorliegen, kommt eine Beschränkung der zeitlichen Wirkung der Entscheidung in Betracht. Die Auslegung gilt dann erst ab der Entscheidungsverkündung. Im Gegensatz zur Rechtsprechung des BVerfG nimmt der EuGH damit deutlich weniger Rücksicht auf rein finanzielle Belange der öffentlichen Hand.

Im Anschluss an die Betrachtung der europäischen Spruchpraxis sind die bedeutendsten Divergenzen zwischen der Rechtsprechung des BVerfG und des EuGH aufzuzeigen. Bei der Gegenüberstellung zeichnet sich insbesondere bei der Rücksichtnahme auf fiskalische Interessen und den Verwaltungsaufwand, bei der Wahrung des individuellen Rechtsschutzes und den Entscheidungswirkungen ein starker Kontrast zwischen den beiden Rechtsprechungslinien ab. Die Unterschiede im Umgang mit der Berücksichtigung finanzieller Auswirkungen der Entscheidungen und die möglichen Ursachen sollen deshalb in einem dritten Kapitel beleuchtet werden. Die gegensätzliche Rechtsprechung wirft wiederum die Frage auf, ob sich die beiden Gerichte am jeweils anderen ein Vorbild zu nehmen haben. Insbesondere könnte der EuGH gehalten sein, seine Entscheidungen erst ab einem Zeitpunkt in der Zukunft gelten zu lassen, damit die finanziellen Folgen der Entscheidung abgemildert werden und die nationalen Gesetzgeber ausreichend Zeit bekommen, die innerstaatliche Rechtslage unionskonform zu gestalten.

Die Rechtsprechung des BVerfG und des EuGH ist in den vergangenen Jahrzehnten von mehreren Monographien, insbesondere aber auch in zahlreichen Beiträgen in der Fachliteratur diskutiert worden. Vernachlässigt wurde hierbei jedoch die umfassende Analyse der verfassungsrechtli-

---

4 Vgl. EuGH, Urteil vom 9.3.2000 – C-437/97, Slg. I 2000, 1189 Rn. 57 – EKW/Wein & Co.; EuGH, Urteil vom 19.9.2000 – C-177/99 u.a., Slg. I 2000, 7050 Rn. 66 – Ampafrance; EuGH, Urteil vom 14.9.2006 – C-228/05, Slg. I 2006, 8417 Rn. 72 – Stradasfalti.

5 Vgl. EuGH, Urteil vom 4.5.1999 – C-262/96, Slg. I 1999, 2743 Rn. 112 – Sürül.

chen Folgen der Berücksichtigung fiskalischer Belange durch das BVerfG. Zudem wurden stets entweder nur die bundesverfassungsgerichtlichen oder die europäischen Grundsätze untersucht. Die vorliegende Arbeit hat sich deshalb auch die Gegenüberstellung der beiden Rechtsprechungslinien zur Aufgabe gemacht. In der Literatur wurde darüber hinaus allenfalls rudimentär behandelt, wie die negativen Auswirkungen der Weitergeltungsanordnung für die Steuerpflichtigen aufgefangen werden könnten.

Unter Auswertung der gewonnenen Erkenntnisse sucht die Arbeit deshalb in einem abschließenden Kapitel Lösungsansätze aufzuzeigen, die den Konflikt zwischen der Wahrung der Grundrechte und den Interessen des Steuerstaats entschärfen könnten. Das vorgestellte Abwägungsmodell soll mögliche abgabenrechtliche Sachverhalte vor dem BVerfG kategorisch ordnen und jeweils einem angemessenen Rechtsfolgenausspruch zuführen. Neben der Nichtigkeitserklärung und der rückwirkenden Unvereinbarkeitserklärung rückt dabei die Möglichkeit einer sog. Unvereinbarkeitserklärung *ex nunc* in den Vordergrund. Da der Verfassungsverstoß ab dem Zeitpunkt der Entscheidungsverkündung feststeht, soll er auch durch das Inkrafttreten einer Neuregelung auf dieses Datum beseitigt werden, um so die betroffenen Belange der öffentlichen Hand, des Gesetzgebers und der Steuerpflichtigen in einen verhältnismäßigen Ausgleich zu bringen.

Dabei hat sich die Abhandlung nicht zum Ziel gesetzt, einen idealistischen Ansatz zu präsentieren, der die bisherige Verfassungsrechtsprechung verwirft. Es geht vielmehr um die Erweiterung der bislang praktizierten Rechtsprechung, wodurch die betroffenen Rechtsgüter nach Maßgabe der Schutzwürdigkeit in einen schonenden Ausgleich gebracht und die Grundsätze des BVerfG ergänzt werden sollen. Insbesondere möchte die Arbeit den Blick auf den erforderlichen Schutz der Grundrechte schärfen und diesen wieder zu mehr Geltung verhelfen. In Teilen können die Überlegungen zur Berücksichtigung von Finanzfolgen auch auf die Rechtsprechung des EuGH übertragen werden, sodass die Abhandlung mit entsprechenden Erwägungen schließt.

Erstes Kapitel: Finanzfolgen von Entscheidungen des Bundesverfassungsgerichts

A. *Flexible Rechtsfolgenaussprüche des Bundesverfassungsgerichts*

Das Bundesverfassungsgericht ist Teil der rechtsprechenden Gewalt und zugleich Verfassungsorgan.[6] Die Rechtskraft seiner Normenkontrollentscheidungen wirkt nicht nur *inter partes*.[7] Sie entfalten vielmehr Gesetzeskraft und binden alle Verfassungsorgane des Bundes und der Länder sowie alle Gerichte und Behörden, § 31 Abs. 2 BVerfGG.[8] Im Spannungsfeld zwischen Legislative und Judikative hat das BVerfG im Laufe der Zeit verschiedene Rechtsfolgenaussprüche zur Verwerfung verfassungswidriger Normen entwickelt.[9] Hierbei muss es verschiedenen Ansprüchen gerecht werden: den Gestaltungsspielraum des Gesetzgebers wahren, einen verfassungsmäßigen Zustand (wieder-)herstellen und zugleich dafür Sorge tragen, dass durch die Entscheidung kein rechtliches Vakuum oder eine unerträgliche Rechtslage entsteht.[10] Nach Würdigung der Verfassungsfrage und Abschätzung der Wirkung seiner Entscheidung wählt es den passenden Rechtsfolgenausspruch.[11] Ein verfassungswidriges Gesetz darf jedenfalls keinen dauerhaften Bestand haben.[12]

---

6 BVerfG, Beschluss vom 21.5.1957 – 2 BvL 6/56, BVerfGE 7, 1 (14); *Laumen*, Die Vollstreckungskompetenz nach § 35 BVerfGG, 1997, S. 6 m.w.N.

7 *Seer*, NJW 1996, 285 (285 m.w.N.).

8 *Moench*, Verfassungswidriges Gesetz und Normenkontrolle, 1977, S. 177; *Habscheidt*, Der Anspruch des Bürgers auf Erstattung verfassungswidriger Steuern, 2003, S. 7.

9 *Seer*, NJW 1996, 285 (285); *Aust/Meinel*, JuS 2014, 113 (113 ff.); *Schwindt*, Rechtsfolgen verfassungswidriger Steuergesetze, 2014, S. 3; *Voßkuhle*, in: v. Mangoldt/Klein/Starck, GG, 7. Auflage 2018, Art. 93 Rn. 46.

10 *Lechner/Zuck*, in: Lechner/Zuck, BVerfGG, 8. Auflage 2019, § 95 Rn. 25.

11 Vgl. *P. Kirchhof*, DStJG 18 (1995), 17 (39).

12 Vgl. BVerfG, Beschluss vom 8.10.1980 – 1 BvL 122/78 u.a., BVerfGE 55, 100 (110); *P. Kirchhof*, StuW 2000, 221 (229); *Hey*, Steuerplanungssicherheit als Rechtsproblem, 2002, S. 357.

I. Nichtigkeitserklärung

Die Kompetenz, ein Gesetz für verfassungswidrig zu erklären, liegt ausschließlich beim BVerfG, Art. 100 Abs. 1 GG. Es kann ein mit der Verfassung nicht in Einklang stehendes Gesetz in den Verfahren der konkreten oder abstrakten Normenkontrolle und inzident bei Verfassungsbeschwerden für nichtig erklären, §§ 78, 82 Abs. 1, 95 Abs. 3 BVerfGG.

1. Folge verfassungswidriger Normen: Nichtigkeit oder Vernichtbarkeit?

Weder die Verfassung noch einfachgesetzliche Vorschriften enthalten eine Regelung, die die Rechtsfolge einer verfassungswidrigen Rechtsnorm eindeutig bestimmt.[13] Umstritten ist deshalb, ob ein verfassungswidriges Gesetz *ipso iure* nichtig und die Nichtigkeitserklärung durch das BVerfG damit rein deklaratorischer Natur ist oder ob die Normen erst durch die konstitutive Entscheidung des Gerichts nichtig werden. Von der materiellen Folge der Verfassungswidrigkeit hängt insbesondere auch die Frage ab, ob das BVerfG im Falle eines festgestellten Verfassungsverstoßes andere Rechtsfolgen als die Nichtigkeit anordnen darf. Denn wenn es sich um eine rein feststellende Entscheidung handelt, müsste das BVerfG zwingend jede verfassungswidrige Norm für nichtig erklären und könnte hiervon nicht abweichen. Die Beantwortung dieser Frage ist damit insbesondere für die dogmatische Einordnung weiterer Rechtsfolgenaussprüche des BVerfG entscheidend.[14] Es gilt daher zu erörtern, ob die Nichtigkeitserklärung nur Folge der Nichtigkeit oder Voraussetzung für die Nichtigkeit ist.[15]

a) Die Nichtigkeitslehre

Nach traditionellem deutschen Rechtsverständnis sind verfassungswidrige Normen *ipso iure*, d.h. ohne weiteren rechtsgestaltenden Akt von Anfang

---

13 Vgl. *Schlaich/Korioth*, Das Bundesverfassungsgericht, 11. Auflage 2018, Rn. 379.

14 Vgl. hierzu auch *Heckmann*, Geltungskraft und Geltungsverlust von Rechtsnormen, 1997, S. 50 f.; *Schwindt*, Rechtsfolgen verfassungswidriger Steuergesetze, 2014, S. 4 ff.

15 Hierzu *Sauer*, in: BeckOK BVerfGG, Stand: 1.1.2020, § 35 Rn. 29 ff.

an unwirksam.[16] Der sog. Nichtigkeitslehre folgend kommt dem BVerfG damit nur der Auftrag zu, die Nichtigkeit deklaratorisch festzustellen.[17] Begründet wird diese Auffassung mit der Regelung des § 78 S. 1 BVerfGG. Kommt das BVerfG hiernach zu der Überzeugung, dass Bundesrecht mit dem Grundgesetz oder Landesrecht mit dem Grundgesetz oder sonstigem Bundesrecht unvereinbar ist, erklärt es das Gesetz für nichtig. Dem Wortlaut zufolge müsse der Verstoß gegen das Grundgesetz zur Nichtigkeitserklärung führen. Daneben wird unter Hinweis auf Art. 100 Abs. 1 S. 1 GG vertreten, dass die Gerichte nur zur Vorlage verpflichtet seien, wenn es auf die „Gültigkeit" des vorzulegenden Gesetzes ankomme und verfassungswidrige Gesetze im Umkehrschluss „ungültig" und damit nichtig seien.[18]

---

16 So bereits die amtliche Begründung des Regierungsentwurfs eines Gesetzes über das Bundesverfassungsgericht vom 28.3.1950: So „soll die Entscheidung des Bundesverfassungsgerichts nicht nur die Unvereinbarkeit der Rechtsnorm mit einer Norm höheren Ranges, sondern die sich daraus ergebende Rechtsfolge feststellen; die Nichtigkeit der Rechtsnorm niederen Ranges. Diese Wirkung tritt ex tunc ein. Maßgebend ist der Augenblick der Entstehung des Widerspruchs, d.h., wenn die Norm vor der ihr entgegenstehenden Norm höheren Ranges erlassen worden ist, der Zeitpunkt, zu dem die höherrangige Norm in Kraft getreten ist.", BT-Drs. I/788, S. 34; zum historischen Hintergrund ausführlich *Böckenförde,* Die sogenannte Nichtigkeit verfassungswidriger Gesetze, 1966, S. 50 ff.; *Ipsen,* Rechtsfolgen der Verfassungswidrigkeit von Norm und Einzelakt, 1980, S. 69 ff.; kritisch gegenüber der Lehre der *ipso-iure*-Nichtigkeit *Böckenförde,* Die sogenannte Nichtigkeit verfassungswidriger Gesetze, 1966, S. 22 ff.; befürwortend dagegen etwa *Detterbeck,* Streitgegenstand und Entscheidungswirkungen im öffentlichen Recht, 1995, S. 105; *Heun,* FS 50 Jahre BVerfG, Band 1, 2001, 615 (632 f.); *Löwer,* HStR III, 2005, 1285 (1401 f.); *Papier,* EuGRZ 2006, 530 (531); *Kreutzberger,* Die gesetzlich nicht geregelten Entscheidungsvarianten des Bundesverfassungsgerichts, 2007, S. 34 ff.; *Dietz,* Verfassungsgerichtliche Unvereinbarerklärungen, 2011, S. 111 f.; *Dederer,* in: Maunz/Dürig, GG, Stand: Dezember 2013, Art. 100 Rn. 239; *Bethge,* in: M/S/K/B, BVerfGG, Stand: Juni 2018, § 78 Rn. 7 ff.; *Schlaich/Korioth,* Das Bundesverfassungsgericht, 11. Auflage 2018, Rn. 379 ff.; *Bethge,* in: M/S/K/B, BVerfGG, Stand: Februar 2019, § 31 Rn. 152; vgl. *Lechner/Zuck,* in: Lechner/Zuck, BVerfGG, 8. Auflage 2019, § 78 Rn. 4.

17 *Heun,* FS 50 Jahre BVerfG, Band 1, 2001, 615 (632 f.); *Kischel,* AÖR 131 (2006), 219 (248); *Maurer,* Staatsrecht I, 6. Auflage 2010, § 20 Rn. 84; *Bethge,* in: M/S/K/B, BVerfGG, Stand: Juni 2018, § 78 Rn. 7; *Schlaich/Korioth,* Das Bundesverfassungsgericht, 11. Auflage 2018, Rn. 380; *Voßkuhle,* in: v. Mangoldt/Klein/Starck, GG, 7. Auflage 2018, Art. 93 Rn. 47; *Lechner/Zuck,* in: Lechner/Zuck, BVerfGG, 8. Auflage 2019, § 78 Rn. 4.

18 Vgl. hierzu *Moench,* Verfassungswidriges Gesetz und Normenkontrolle, 1977, S. 98; *Kreutzberger,* Die gesetzlich nicht geregelten Entscheidungsvarianten des Bundesverfassungsgerichts, 2007, S. 42; *Dederer,* in: Maunz/Dürig, GG, Stand: Dezember 2013, Art. 100 Rn. 239; *Schwindt,* Rechtsfolgen verfassungswidriger Steu-

Im Schrifttum finden sich überdies zwei weitere Ansätze zur rechtstheoretischen Begründung der *ipso-iure*-Lehre.[19] Nach dem „Rechtsgeltungsmodell"[20] enthält die Verfassung die Bedingungen, die ein Gesetz erfüllen muss, damit es zustande kommen kann.[21] Diese „Rechtsgeltungsbedingungen" seien entscheidend für die Wirksamkeit von Rechtsnormen. Im Umkehrschluss komme das Gesetz gar nicht erst zustande, wenn es die Vorgaben der Verfassung nicht erfüllt.[22] Nach dem „Kollisionsmodell"[23] ist die Rechtsordnung eine Einheit, innerhalb derer Widersprüche unmöglich seien.[24] Verfassungswidrige Normen können demnach zwar materiell in Kraft treten, die Normenkollision werde aber sodann im Wege des *„lex superior derogat legi inferiori"*[25]-Grundsatzes aufgelöst, d.h. einfachgesetzliche Normen, die gegen höherrangiges Recht verstoßen, müssen wegen des niedrigeren Ranges nichtig sein.[26]

---

ergesetze, 2014, S. 5; *Schlaich/Korioth*, Das Bundesverfassungsgericht, 11. Auflage 2018, Rn. 379.

19 Vgl. *Schwindt*, Rechtsfolgen verfassungswidriger Steuergesetze, 2014, S. 5.

20 Bezeichnung nach *Ipsen*, Rechtsfolgen der Verfassungswidrigkeit von Norm und Einzelakt, 1980, S. 73.

21 Vgl. *Brinckmann*, DÖV 1970, 406 (407); *Ipsen*, Rechtsfolgen der Verfassungswidrigkeit von Norm und Einzelakt, 1980, S. 74 f.; *Kreutzberger*, Die gesetzlich nicht geregelten Entscheidungsvarianten des Bundesverfassungsgerichts, 2007, S. 41.

22 Hierzu *Arndt*, DÖV 1959, 81 (83 f.); *Arndt*, NJW 1959, 863 (864); ablehnend *Hoffmann*, JZ 1961, 193 (197 f.); kritisch jedenfalls auch *Ipsen*, Rechtsfolgen der Verfassungswidrigkeit von Norm und Einzelakt, 1980, S. 75.

23 Bezeichnung nach *Ipsen*, Rechtsfolgen der Verfassungswidrigkeit von Norm und Einzelakt, 1980, S. 73.

24 *Arndt*, DÖV 1959, 81 (82); *Arndt*, BB 1959, 533 (534); *Wobst*, Verfassungswidrige Gesetze und Normenkontrolle, 1967, S. 64 ff.; vgl. *Ipsen*, Rechtsfolgen der Verfassungswidrigkeit von Norm und Einzelakt, 1980, S. 73 f.; *Kreutzberger*, Die gesetzlich nicht geregelten Entscheidungsvarianten des Bundesverfassungsgerichts, 2007, S. 41; *Dederer*, in: Maunz/Dürig, GG, Stand: Dezember 2013, Art. 100 Rn. 239 m.w.N.

25 „Das höhere Gesetz hebt das geringere auf", Übersetzung nach *Liebs*, Lateinische Rechtsregeln und Rechtssprichwörter, 7. Auflage 2007, S. 125, vgl. zu dieser Auffassung *Sigloch*, JZ 1958, 80 (80 f.), nach dem Verfassungsrecht einfaches Gesetzesrecht breche und ein verfassungswidriges Gesetz daher von Anfang an nichtig sei; außerdem *Wobst*, Verfassungswidrige Gesetze und Normenkontrolle, 1967, S. 65 f.

26 *Sigloch*, JZ 1958, 80 (80 f.); *Arndt*, DÖV 1959, 81 (82 f.); vgl. hierzu *Böckenförde*, Die sogenannte Nichtigkeit verfassungswidriger Gesetze, 1966, S. 27 ff.; *Söhn*, Anwendungspflicht oder Aussetzungspflicht bei festgestellter Verfassungswidrigkeit von Gesetzen?, 1974, S. 14 ff.; *Ipsen*, Rechtsfolgen der Verfassungswidrigkeit von Norm und Einzelakt, 1980, S. 80; *Heckmann*, Geltungskraft und Geltungsverlust von Rechtsnormen, 1997, S. 51 f.

Zusammenfassend geht die Lehre von der *ipso-iure*-Nichtigkeit davon aus, dass die Nichtigkeit die einzige Form der Durchsetzung des Geltungsanspruchs der Verfassung sei.[27]

b) Die Vernichtbarkeitslehre

Die Vertreter der sog. Vernichtbarkeitslehre sind dagegen der Ansicht, dass das BVerfG bei der Überprüfung von verfassungswidrigen Rechtsnormen eine konstitutive Entscheidung trifft.[28] Gesetze, die gegen die Verfassung verstoßen, seien nicht von Anfang an nichtig, sondern werden erst mit dem Entscheidungsspruch des BVerfG „vernichtet".[29] Die verfassungswidrige Norm bleibe bis zu ihrer Aufhebung durch das BVerfG wirksam.[30] Zur Begründung dieser Auffassung wird im Wesentlichen auf Art. 100 Abs. 1 GG verwiesen. Die richterliche Pflicht zur Vorlage bringe zum Ausdruck, dass verfassungswidrige Gesetze gerade nicht automatisch nichtig seien, da der Richter ein nach seiner Überzeugung verfassungswidriges Gesetz nicht ignorieren bzw. unangewendet lassen dürfe, sondern das Verfahren auszusetzen und die verfassungsrechtlichen Zweifel vom BVerfG klären zu lassen habe.[31] Art. 100 Abs. 1 GG erkenne die vorläufige Gültigkeit einer verfassungswidrigen Norm somit an.[32] Daraus ergäbe sich, dass die Nichtigkeitserklärung konstitutiv wirke und sich bis zur Entscheidung des

---

27 Vgl. *Heckmann*, Geltungskraft und Geltungsverlust von Rechtsnormen, 1997, S. 52.

28 *Hoffmann*, JZ 1961, 193 (198); *Heckmann*, Geltungskraft und Geltungsverlust von Rechtsnormen, 1997, S. 53 ff.; *Schwindt*, Rechtsfolgen verfassungswidriger Steuergesetze, 2014, S. 5.

29 *Kelsen*, Reine Rechtslehre, 2. Auflage 1960, Rn. 280 ff.; *Hoffmann*, JZ 1961, 193 (198); vgl. *Kreutzberger*, Die gesetzlich nicht geregelten Entscheidungsvarianten des Bundesverfassungsgerichts, 2007, S. 43 ff.

30 *Lechner/Zuck*, in: Lechner/Zuck, BVerfGG, 8. Auflage 2019, § 78 Rn. 4; *Sauer*, in: BeckOK BVerfGG, Stand: 1.1.2020, § 35 Rn. 34.

31 *Schlaich/Korioth*, Das Bundesverfassungsgericht, 11. Auflage 2018, Rn. 381 mit Verweis auf *Götz*, NJW 1960, 1177 (1178 f.); *Hoffmann*, JZ 1961, 193 (195); *Böckenförde*, Die sogenannte Nichtigkeit verfassungswidriger Gesetze, 1966, S. 41; *Söhn*, Anwendungspflicht oder Aussetzungspflicht bei festgestellter Verfassungswidrigkeit von Gesetzen?, 1974, S. 14; *Moench*, Verfassungswidriges Gesetz und Normenkontrolle, 1977, S. 123.

32 *Götz*, NJW 1960, 1177 (1178 f.); *Hoffmann*, JZ 1961, 193 (197); *Söhn*, Anwendungspflicht oder Aussetzungspflicht bei festgestellter Verfassungswidrigkeit von Gesetzen?, 1974, S. 14 f., 41 f.; a.A. *Löwer*, HStR III, 2005, 1285 (1402); *Schlaich/Korioth*, Das Bundesverfassungsgericht, 11. Auflage 2018, Rn. 381 f.

BVerfG niemand auf die Nichtigkeit berufen könne.[33] Zur Rechtfertigung der Vernichtbarkeit wird zudem der Grundsatz der Rechtssicherheit fruchtbar gemacht.[34] Die Nichtigkeitslehre lasse außer Acht, dass der Rechtsanwender auf das Gesetz und dessen Anwendbarkeit verlassen habe und würde durch die anfängliche Nichtigkeit in diesem Vertrauen enttäuscht.[35] Diesen Umstand müsse das BVerfG bei seiner Entscheidungsfindung stets berücksichtigen und der Rechtssicherheit bei Vorliegen gewichtiger Gründe Vorrang vor der Rechtmäßigkeit einräumen.[36]

c) Stellungnahme

Solange die deutsche Rechtsordnung die Rechtsfolgen von Verfassungsverstößen nicht eindeutig bestimmt, kann nicht von der Nichtigkeit als zwingender Rechtsfolge ausgegangen werden.[37]

Der Wortlaut des vorgebrachten Art. 100 Abs. 1 GG kann jedenfalls keinen Aufschluss darüber geben, welche Rechtsfolge die Verfassung vorsieht. Denn „Nichtigkeit" könnte die Rechtsfolge des Verfassungsverstoßes als solchen bedeuten (i.S.d. Nichtigkeitslehre) oder aber die bzw. eine Rechtsfolge des Normenkontrollverfahrens meinen (i.S.d. Vernichtbarkeitslehre).[38] Da die Vorschrift somit mehreren Auslegungen zugänglich ist und von beiden Auffassungen zur Begründung ihrer konträren Thesen beansprucht wird, kann hieraus keine entscheidende Aussage gezogen werden.[39] Auch der Begriff des § 78 BVerfGG („Nichtigkeit") könnte ebenso als „Vernichtbarkeit" verstanden werden, zumal das BVerfG die Nichtig-

---

33 *Götz*, NJW 1960, 1177 (1178); *Hoffmann*, JZ 1961, 193 (198); vgl. *Ipsen*, Rechtsfolgen der Verfassungswidrigkeit von Norm und Einzelakt, 1980, S. 79.

34 Vgl. *Moench*, Verfassungswidriges Gesetz und Normenkontrolle, 1977, S. 128.

35 *Moench*, Verfassungswidriges Gesetz und Normenkontrolle, 1977, S. 128; *Kreutzberger*, Die gesetzlich nicht geregelten Entscheidungsvarianten des Bundesverfassungsgerichts, 2007, S. 45.

36 Kritisch *Böckenförde*, Die sogenannte Nichtigkeit verfassungswidriger Gesetze, 1966, S. 101 ff.

37 Vgl. *Heckmann*, Geltungskraft und Geltungsverlust von Rechtsnormen, 1997, S. 56; *Kreutzberger*, Die gesetzlich nicht geregelten Entscheidungsvarianten des Bundesverfassungsgerichts, 2007, S. 43; *Bethge*, in: M/S/K/B, BVerfGG, Stand: Juni 2018, § 78 Rn. 57.

38 So auch *Heckmann*, Geltungskraft und Geltungsverlust von Rechtsnormen, 1997, S. 54.

39 *Heckmann*, Geltungskraft und Geltungsverlust von Rechtsnormen, 1997, S. 55.

keit „erklärt“.[40] Ginge man zudem von der automatischen Nichtigkeit verfassungswidriger Normen aus, hätte dies zur Konsequenz, dass sich jedermann auf die Nichtigkeit berufen könnte, ohne dass es einer Entscheidung des BVerfG bedürfte. Dies widerspricht aber dem Verwerfungsmonopol des BVerfG aus Art. 100 GG und dem Gebot der Rechtssicherheit, wonach die Rechtsgeltung nicht von der Meinung einzelner Rechtsanwender abhängen darf.[41] Soll ein Berufen auf die Nichtigkeit auch nach der Nichtigkeitslehre erst infolge der deklaratorischen Entscheidung des BVerfG möglich sein, so bleibt der Mehrwert gegenüber der konstitutiven Entscheidung verborgen.

Erhebliche Zweifel sind gegen die Nichtigkeitslehre nicht zuletzt auch deshalb anzumelden, da sich die Auffassung nicht überzeugend mit den vom BVerfG entwickelten und praktizierten Entscheidungssprüchen auseinandersetzt und weshalb das Gericht bereits seit Jahrzehnten von der Nichtigkeit abweichende Rechtsfolgen anordnet.[42] Konsequenterweise müsste die ständige Rechtsprechung des BVerfG dieser Auffassung nach verfassungswidrig sein und versperrt so den Weg zu angemessenen Lösungen. Anders gewendet: Die Unvereinbarkeitserklärung und deren Wirkungen, die im Einzelnen noch vertieft werden sollen, zeigen gerade, dass Gesetze nicht *ipso iure* von Anfang an unwirksam und nichtig sind.[43]

Für die Vorzugswürdigkeit der Lehre der bloßen Vernichtbarkeit sprechen demgegenüber insbesondere die folgenden Erwägungen: Die Vertreter des Nichtigkeitsdogmas gehen wohl davon aus, dass sich Recht und Unrecht ideal trennen lässt und die Nichtigkeit stets zur Folge hat, dass die Rechtsverletzung behoben wird.[44] Dass dies nicht der Fall ist, zeigen vor allem Verstöße gegen den Gleichheitsgrundsatz nach Art. 3 Abs. 1 GG. Gewährt eine Vorschrift eine gleichheitswidrige Begünstigung, so führt der

---

40 So *Götz*, NJW 1960, 1177 (1178); vgl. *Ipsen*, Rechtsfolgen der Verfassungswidrigkeit von Norm und Einzelakt, 1980, S. 77; *Schwindt*, Rechtsfolgen verfassungswidriger Steuergesetze, 2014, S. 6.

41 *Kelsen*, Reine Rechtslehre, 2. Auflage 1960, Rn. 275 ff.; vgl. auch *Paulson*, ARSP 65 (1979), 1 (2); *Heckmann*, Geltungskraft und Geltungsverlust von Rechtsnormen, 1997, S. 57; zum Gewaltmonopol in diesem Zusammenhang *Breuer*, DVBl. 2008, 555 (561 f.).

42 Zuweilen werden allenfalls mögliche Ausnahmen vom Nichtigkeitsdogma angedeutet, vgl. etwa *Kreutzberger*, Die gesetzlich nicht geregelten Entscheidungsvarianten des Bundesverfassungsgerichts, 2007, S. 49; *Schwindt*, Rechtsfolgen verfassungswidriger Steuergesetze, 2014, S. 10.

43 *Lee*, Schonung des Gesetzgebers bei Normenkontrollentscheidungen durch das Bundesverfassungsgericht, 1993, S. 301.

44 *Heckmann*, Geltungskraft und Geltungsverlust von Rechtsnormen, 1997, S. 58.

Verfassungsverstoß nach dem Verständnis der Nichtigkeitslehre zwingend dazu, dass die Begünstigung insgesamt von Anfang an nichtig ist und niemandem zu gewähren war – obwohl sie nur eine vergleichbare Gruppe verfassungswidriger Weise von der Begünstigung ausschloss. Dass die Rechtsfolge der Nichtigkeit an dieser Stelle nicht gewollt sein kann, ist offensichtlich und belegt, dass die Nichtigkeit nicht bei jedem Sachverhalt geeignet ist, unmittelbar einen verfassungskonformen Zustand wiederherzustellen. Deshalb sollte die Rechtsfolge eines Verfassungsverstoßes nicht zwingend die Nichtigkeit sein, sondern von der einzelfallbezogenen Entscheidung des BVerfG abhängen. Zudem spricht auch der Wortlaut der §§ 31 Abs. 2 S. 2 und 3, 79 Abs. 1 BVerfGG dafür, dass die Rechtsordnung eine von der Nichtigkeit abweichende Entscheidungsmöglichkeit vorsieht. Hiernach kann das BVerfG Gesetze für unvereinbar oder für nichtig erklären. Zwar beantwortet der Wortlaut der Vorschrift nicht, unter welchen Voraussetzungen eine Unvereinbarkeits- oder eine Nichtigkeitserklärung zu erfolgen hat. Dennoch wird zumindest durch die Unterscheidung zwischen den beiden Begrifflichkeiten deutlich, dass die Nichtigkeit nicht der einzig mögliche Entscheidungsspruch ist.

Im Ergebnis kann die undifferenzierte Aussage der Nichtigkeitslehre, verfassungswidrige Gesetze seien stets von Anfang an ungültig, in dieser Absolutheit nicht überzeugen.[45] Es ist vielmehr davon auszugehen, dass die Nichtigkeitserklärung als prozessuale Folge der Normenkontrolle zu verstehen ist und die Norm hierdurch rückwirkend aufgehoben bzw. „vernichtet" wird.[46] Auch ist eine differenzierte Rechtsfolgenlösung geeignet, den Gesetzgeber zu „schonen", wenn dieser die Grenzen der Verfassung nicht immer klar erkennen konnte oder die Nichtigkeitserklärung zu unerwünschten bis hin zu verfassungsferneren Folgen führt.[47] Zwar werden die Folgen der Nichtigkeit bereits durch die Bestandskraft betroffener Bescheide durch § 79 BVerfGG zeitlich eingeschränkt. Ziel der Kontrolle durch das BVerfG muss aber sein, die Verfassung möglichst weitgehend zu sichern.[48] Hierzu bedarf es gewisser Flexibilität. Überdies teilt das BVerfG die Auffassung, dass ein Verfassungsverstoß nicht stets zur Nichtigkeit

---

45 So bereits *Moench*, Verfassungswidriges Gesetz und Normenkontrolle, 1977, S. 129.

46 Ebenso *Pestalozza*, Verfassungsprozeßrecht, 3. Auflage 1991, § 20 Rn. 16; *Heckmann*, Geltungskraft und Geltungsverlust von Rechtsnormen, 1997, S. 55.

47 Vgl. *Heckmann*, Geltungskraft und Geltungsverlust von Rechtsnormen, 1997, S. 55 f., hierzu im Folgenden insbesondere Kap. 4.

48 *Böckenförde*, Die sogenannte Nichtigkeit verfassungswidriger Gesetze, 1966, S. 123.

führt,[49] ordnet es doch regelmäßig hiervon abweichende Rechtsfolgen an.[50] Es stellte insofern klar, dass der „Verstoß einer Norm gegen das Grundgesetz entweder zur Nichtigerklärung nach § 78 BVerfGG oder dazu führen [kann], dass das Bundesverfassungsgericht die Verfassungswidrigkeit oder, gleich bedeutend, die Unvereinbarkeit der Norm mit dem Grundgesetz feststellt (vgl. § 31 Abs. 2, § 79 Abs. 1 BVerfGG)."[51] Es ist damit festzuhalten, dass die Rechtsfolge verfassungswidriger Normen und Gesetze deren „Vernichtbarkeit" ist.[52] Da der Gesetzgeber allerdings nicht bestimmt hat, unter welchen Voraussetzungen der Verfassungsverstoß zur Nichtigkeits- oder zur Unvereinbarkeitserklärung führt, bleibt hierfür die Rechtsprechung des BVerfG maßgeblich.[53]

Im weiteren Verlauf der Arbeit gilt es zu erörtern, welche Rechtsfolgenaussprüche das BVerfG abweichend von der Nichtigkeitserklärung trifft und ob diese den verfassungsrechtlichen Rahmen einhalten.

---

49 Vgl. z.B. BVerfG, Urteil vom 6.3.2002 – 2 BvL 17/99, BVerfGE 105, 73 (133); BVerfG, Urteil vom 10.2.2004 – 2 BvR 834, 1588/02, BVerfGE 109, 190 (235); BVerfG, Beschluss vom 11.7.2006 – 1 BvR 293/05, BVerfGE 116, 229 (242); BVerfG, Beschluss vom 13.6.2007 – 1 BvR 1550/03 u.a., BVerfGE 118, 168 (2011); BVerfG, Beschluss vom 12.10.2010 – 2 BvF 1/07, BVerfGE 127, 293 (333); BVerfG, Beschluss vom 17.2.2016 – 1 BvL 8/10, BVerfGE 141, 143 (180).

50 So auch *Heckmann*, Geltungskraft und Geltungsverlust von Rechtsnormen, 1997, S. 51 f.; *Bethge*, in: M/S/K/B, BVerfGG, Stand: Juni 2018, § 78 Rn. 57; a.A. *Schlaich/Korioth*, Das Bundesverfassungsgericht, 11. Auflage 2018, Rn. 383.

51 BVerfG, Urteil vom 6.3.2002 – 2 BvL 17/99, BVerfGE 105, 73 (133); vgl. *Bethge*, in: M/S/K/B, BVerfGG, Stand: Juni 2018, § 78 Rn. 59.

52 Eine weitere Schwäche im Argumentationsmuster der Nichtigkeitslehre ist, dass diese Auffassung nicht mit den vom BVerfG entwickelten und praktizierten Entscheidungssprüchen vereinbar ist und sich hiermit auch nicht auseinandersetzt, außer zuweilen die Möglichkeit von Ausnahmen vom Nichtigkeitsdogma anzudeuten, vgl. etwa *Kreutzberger*, Die gesetzlich nicht geregelten Entscheidungsvarianten des Bundesverfassungsgerichts, 2007, S. 49; *Schwindt*, Rechtsfolgen verfassungswidriger Steuergesetze, 2014, S. 10.

53 *Pestalozza*, Verfassungsprozeßrecht, 3. Auflage 1991, § 20 Rn. 17; *Heun*, FS 50 Jahre BVerfG, Band 1, 2001, 615 (634); *Heckmann*, Geltungskraft und Geltungsverlust von Rechtsnormen, 1997, S. 56; *Schwindt*, Rechtsfolgen verfassungswidriger Steuergesetze, 2014, S. 10 f. m.w.N.; *Bethge*, in: M/S/K/B, BVerfGG, Stand: Juni 2018, § 78 Rn. 59.

2. Wirkung der Nichtigkeitserklärung

Erklärt das BVerfG eine Norm für nichtig, so wirkt diese Nichtigkeitserklärung *ex tunc*, d.h., die Norm ist rückwirkend auf den Zeitpunkt ihres Erlasses unwirksam.[54] Die Nichtigkeitserklärung wirkt damit auch auf Sachverhalte zurück, die sich in der Vergangenheit verwirklicht haben. Dieser Rückwirkung sind allerdings durch § 79 Abs. 2 BVerfGG und § 176 Abs. 1 S. 1 Nr. 1 AO Grenzen gesetzt.[55] Nicht mehr anfechtbare Entscheidungen bleiben demnach von der Nichtigkeitserklärung unberührt, bei Aufhebung oder Änderung von Steuerbescheiden darf nicht zuungunsten des Steuerpflichtigen berücksichtigt werden, dass die bisherige Steuerfestsetzung auf einem für nichtig erklärten Gesetz beruht. Bei einer Nichtigkeitserklärung kann es der Gesetzgeber bei der Beseitigung des verfassungswidrigen Gesetzes durch den Tenor belassen und muss nicht legislatorisch tätig werden.[56] Die Norm ist so zu behandeln, als habe sie nie der Rechtsordnung angehört.[57]

II. Unvereinbarkeitserklärung

Durch verschiedenartige Rechtsfolgenaussprüche kann das BVerfG situationsgerecht entscheiden.[58] Die Nichtigkeitserklärung führt nämlich in manchen Fällen zu Ergebnissen, die nicht erwünscht oder nicht geeignet sind, den Verfassungsverstoß zu beseitigen.[59] Neben der Nichtigkeitserklärung steht dem Gericht deshalb das Instrument der Unvereinbarkeitserklä-

---

54 Vgl. BVerfG, Beschluss vom 8.10.1980 – 1 BvL 122/78 u.a., BVerfGE 55, 100 (113); BVerfG, Beschluss vom 30.9.1998 – 2 BvR 1818/91, BVerfGE 99, 88 (99); *Wernsmann*, Das gleichheitswidrige Steuergesetz, 2000, S. 68; BVerfG, Urteil vom 9.3.2004 – 2 BvL 17/02, BVerfGE 110, 94 (137 f.); *Kleuker*, Gesetzgebungsaufträge des Bundesverfassungsgerichts, 1993, S. 31; *P. Kirchhof*, DStJG 18 (1995), 17 (39); *Waldhoff*, EuR 2006, 615 (621); *Schwindt*, Rechtsfolgen verfassungswidriger Steuergesetze, 2014, S. 4, 14; *Voßkuhle*, in: v. Mangoldt/Klein/Starck, GG, 7. Auflage 2018, Art. 93 Rn. 47.

55 *Hey*, Steuerplanungssicherheit als Rechtsproblem, 2002, S. 358.

56 *Maurer*, FS Weber, 1974, 345 (347).

57 *Bethge*, in: M/S/K/B, BVerfGG, Stand: Februar 2019, § 31 Rn. 228.

58 *P. Hein*, Die Unvereinbarerklärung verfassungswidriger Gesetze durch das Bundesverfassungsgericht, 1988, S. 97.

59 *Hüsken*, ZfWG 2009, 13 (13); so auch *Schwindt*, Rechtsfolgen verfassungswidriger Steuergesetze, 2014, S. 10; *G. Kirchhof*, in: Herrmann/Heuer/Raupach, EStG/KStG, Stand: April 2020, Einführung zum EStG Rn. 121.

rung zur Verfügung.[60] Diese kombiniert es zuweilen mit der Anordnung der befristeten Weitergeltung des verfassungswidrigen Rechts.[61]

Unvereinbarkeitserklärungen können die Rechtsfolgen einer Verfassungswidrigkeit abmildern.[62] Hierdurch kann ein schonender Übergang vom Verfassungsunrecht zum Verfassungsrecht gestaltet und „Härten und Brüche des Übergangs" vermieden werden.[63] Die Unvereinbarkeitserklärung mit Weitergeltungsanordnung stellt gleichwohl die vom Schrifttum am häufigsten kritisierte Entscheidungsvariante dar.[64]

1. Abgrenzung zur Nichtigkeitserklärung

Im Abgabenrecht ist die Nichtigkeitserklärung einer Norm inzwischen die Ausnahme.[65] Das BVerfG entschließt sich insbesondere bei steuerrechtli-

60 BVerfG, Beschluss vom 25.9.1992 – 2 BvL 5/91 u.a., BVerfGE 87, 153 (177 f.); *G. Kirchhof*, in: Herrmann/Heuer/Raupach, EStG/KStG, Stand: April 2020, Einführung zum EStG Rn. 121.

61 Nicht Teil der Darstellung sollen diejenigen Entscheidungen sein, in denen das BVerfG eigene Übergangsregelungen tenoriert, die die bisherige Rechtslage bis zur gesetzlichen Neuregelung modifizieren. Diese Entscheidungen sehen sich wegen der möglichen Missachtung der Gewaltenteilung mitunter harscher Kritik ausgesetzt, werden jedoch von der vorliegenden Arbeit nicht untersucht. Weiterführend hierzu etwa *Dietz*, Verfassungsgerichtliche Unvereinbarerklärungen, 2011, S. 103 ff.; *Schwindt*, Rechtsfolgen verfassungswidriger Steuergesetze, 2014, S. 175 ff.; jeweils mit entsprechenden Nachweisen aus Literatur und Rechtsprechung.

62 *Gaier*, JuS 2011, 961 (962); *Werth*, FS 100 Jahre BFH, Band 1, 2018, 535 (540).

63 *P. Kirchhof*, DStJG 18 (1995), 17 (40); *A. Leisner*, Kontinuität als Verfassungsprinzip, 2002, S. 430; *Aust/Meinel*, JuS 2014, 113 (116); a.A. *Habscheidt*, Der Anspruch des Bürgers auf Erstattung verfassungswidriger Steuern, 2003, S. 38.

64 Vgl. *Werth*, FS 100 Jahre BFH, Band 1, 2018, 535 (540 ff.).

65 Vgl. folgende Nichtigkeitserklärungen: BVerfG, Beschluss vom 17.1.1957 – 1 BvL 4/54, BVerfGE 6, 55 (84); BVerfG, Urteil vom 5.3.1958 – 2 BvL 18/56, BVerfGE 7, 282 (304); BVerfG, Urteil vom 13.7.1965 – 1 BvR 771/59 u.a., BVerfGE 19, 101 (118); BVerfG, Beschluss vom 14.2.1967 – 1 BvR 25/64 u.a., BVerfGE 21, 160 (173); BVerfG, Urteil vom 7.5.1998 – 2 BvR 1991/95 u.a., BVerfGE 98, 106 (133); BVerfG, Beschluss vom 29.9.1998 – 2 BvL 64/93, BVerfGE 99, 69 (82 f.); BVerfG, Beschluss vom 30.9.1998 – 2 BvR 1818/91, BVerfGE 99, 88 (99); BVerfG, Urteil vom 9.3.2004 – 2 BvL 17/02, BVerfGE 110, 94 (139); BVerfG, Beschluss vom 16.3.2005 – 2 BvL 7/00, BVerfGE 112, 268 (283); BVerfG, Beschluss vom 7.7.2010 – 2 BvL 14/02 u.a., BVerfGE 127, 1 (21); BVerfG, Beschluss vom 7.7.2010 – 2 BvL 1/03 u.a., BVerfGE 127, 31 (33); BVerfG, Beschluss vom 7.7.2010 – 2 BvR 748/05 u.a., BVerfGE 127, 61 (79); BVerfG, Beschluss vom 10.10.2012 – 1 BvL 6/07, DStR 2012, 2322 (2331); BVerfG, Beschluss vom 15.1.2014 – 1 BvR 1656/09,

chen Sachverhalten immer häufiger – anstelle der in § 78 BVerfGG vorgesehenen Nichtigkeit – die Unvereinbarkeit des verfassungswidrigen Gesetzes oder einzelner Normen mit dem Grundgesetz festzustellen.[66] Hierdurch werden die oftmals unerwünschten Folgen der Nichtigkeit vermieden, ohne dass der Bürger andererseits auf Dauer einen verfassungswidrigen Zustand dulden muss.[67] Die Unvereinbarkeitserklärung ist insoweit ein milderes Mittel im Vergleich zur Nichtigkeit.[68] Sie wirkt zwar grundsätzlich ebenfalls zurück (*ex tunc*) und betrifft damit auch bereits verwirklichte Sachverhalte.

Der wesentliche Unterschied zwischen Nichtigkeits- und Unvereinbarkeitserklärung besteht allerdings darin, dass das BVerfG im Falle der Nichtigkeitserklärung einen Verstoß gegen das Grundgesetz feststellt und selbst beseitigt – bei der Unvereinbarkeitserklärung hingegen den Gesetzgeber zur selbstständigen Beseitigung des Verfassungsverstoßes verpflichtet.[69] Während die Nichtigkeitserklärung die verfassungswidrige Norm aus der Rechtsordnung eliminiert[70], kommt dem für unvereinbar erklärten Gesetz entweder eine Sperrwirkung zu, die verhindert, dass das vor Erlass der Norm geltende Recht an die Stelle des verfassungswidrigen tritt – oder es darf aufgrund einer Weitergeltungsanordnung weiterhin angewandt werden und der Gesetzgeber muss die Rechtslage erst zu einem Zeitpunkt in der Zukunft verfassungskonform gestalten.[71]

DStR 2014, 420 (426); BVerfG, Beschluss vom 13.4.2017 – 2 BvL 6/13, BVerfGE 145, 171 (229); hierzu *Moes*, StuW 2008, 27 (29); *Werth*, FS 100 Jahre BFH, Band 1, 2018, 535 (537).

66 Aus jüngerer Zeit etwa: BVerfG, Urteil vom 17.12.2014 – 1 BvL 21/12, BVerfGE 138, 136; BVerfG, Beschluss vom 23.6.2015 – 1 BvL 13/11 u.a., BVerfGE 139, 285; BVerfG, Beschluss vom 29.3.2017 – 2 BvL 6/11, BVerfGE 145, 106; BVerfG, Urteil vom 10.4.2018 – 1 BvL 11/14 u.a., BVerfGE 148, 147; *P. Hein*, Die Unvereinbarerklärung verfassungswidriger Gesetze durch das Bundesverfassungsgericht, 1988, S. 11; *Herter*, Die Unvereinbarkeitserklärung verfassungswidriger Steuergesetze, 1995, S. 23; *Seer*, NJW 1996, 285 (285); *Moes*, StuW 2008, 27 (29); *Schwindt*, Rechtsfolgen verfassungswidriger Steuergesetze, 2014, S. 15; *Werth*, FS 100 Jahre BFH, Band 1, 2018, 535 (537).

67 Ähnlich *J. Ipsen*, Rechtsfolgen der Verfassungswidrigkeit von Norm und Einzelakt, 1980, S. 216; *Zeidler*, EuGRZ 1988, 207 (210).

68 *Seer/Wendt*, NJW 2000, 1904 (1910).

69 *J. Ipsen*, Rechtsfolgen der Verfassungswidrigkeit von Norm und Einzelakt, 1980, S. 213; kritisch *Bethge*, in: M/S/K/B, BVerfGG, Stand: Februar 2019, § 31 Rn. 228.

70 *Löwer*, HStR III, 2005, 1285 (1411).

71 *J. Ipsen*, Rechtsfolgen der Verfassungswidrigkeit von Norm und Einzelakt, 1980, S. 219.

2. Gesetzliche Verankerung der Unvereinbarkeitserklärung

Das Gesetz setzt die Möglichkeit der Unvereinbarkeitserklärung in § 31 Abs. 2 S. 2, 3 und § 79 Abs. 1 BVerfGG voraus.[72] Die gesetzliche Erwähnung ist Folge der verfassungsgerichtlichen Rechtsprechung, handelt es sich bei der Unvereinbarkeitserklärung doch ursprünglich um ein Produkt richterlicher Rechtsfortbildung, das der Gesetzgeber sodann bereits im Jahr 1970 als weitere Tenorierungsvariante in das Gesetz aufnahm.[73]

Das Bundesverfassungsgerichtsgesetz gibt jedoch keine konkreten Tatbestandsmerkmale und Rechtsfolgen der Unvereinbarkeitserklärung vor, sodass aus dem Gesetzestext nicht ersichtlich ist, in welchen Fällen sie in Betracht kommt.[74] Im Schrifttum wird daher vertreten, dass die oben genannten Normen nicht die Rechtsgrundlage der Unvereinbarkeitserklärung seien. Im Folgenden soll daher unter Darstellung des Meinungsbildes der Frage nachgegangen werden, welche Vorschrift als Rechtsgrundlage heranzuziehen ist.

Graßhof hält die Vollstreckungsregel des § 35 BVerfGG für die richtige Rechtsgrundlage. Es handele sich bei den §§ 31, 79 BVerfGG nicht um eine eigenständige Rechtsgrundlage für die Unvereinbarkeitserklärung, sondern um die Regelung der Auswirkungen einer solchen. Dies begründet er zum einen damit, dass die Unvereinbarkeitserklärung zur Wahrung der Gestaltungsfreiheit des Gesetzgebers ein „Minus" zur Nichtigkeitserklärung darstelle. Während die Norm durch die Nichtigkeitserklärung vollständig eliminiert werde, hebe die Unvereinbarkeitserklärung nur den positiven Inhalt der Norm (Anordnung von Rechtsfolgen) auf und belasse lediglich einen negativen Norminhalt in Geltung (die Sperrwirkung gegenüber nachrückendem Recht). Das BVerfG sei in beiden Tenorierungs-

---

72 Vgl. zu § 79 BVerfGG: Art. 1 Nr. 17 des Vierten Gesetzes zur Änderung des Gesetzes über das Bundesverfassungsgericht vom 21.12.1970, BGBl. I 1970, 1765 (1766).

73 *J. Ipsen*, JZ 1983, 41 (41); *Seer*, NJW 1996, 285 (285); *Schwenke*, DStR 1999, 404 (405); *Löwer*, HStR III, 2005, 1285 (1408); *Aust/Meinel*, JuS 2014, 113 (115 f.); *Schlaich/Korioth*, Das Bundesverfassungsgericht, 11. Auflage 2018, Rn. 396; *Voßkuhle*, in: v. Mangoldt/Klein/Starck, GG, 7. Auflage 2018, Art. 93 Rn. 48.

74 *Heußner*, NJW 1982, 257 (257); *Maurer*, FS Weber, 1974, 345 (346); *Seer*, NJW 1996, 285 (285); *Schwenke*, DStR 1999, 404 (405); *Seer/Wendt*, NJW 2000, 1904 (1910); *Wernsmann*, Das gleichheitswidrige Steuergesetz, 2000, S. 18; *Löwer*, HStR III, 2005, 1285 (1408); *Waldhoff*, EuR 2006, 615 (623); *Dietz*, Verfassungsgerichtliche Unvereinbarerklärungen, 2011, S. 24; *Schwindt*, Rechtsfolgen verfassungswidriger Steuergesetze, 2014, S. 34; *Schlaich/Korioth*, Das Bundesverfassungsgericht, 11. Auflage 2018, Rn. 397.

varianten der Ansicht, dass die Norm verfassungswidrig ist, berücksichtige aber die Gründe, die für eine Unvereinbarkeitserklärung sprechen, erst im Nachhinein auf Vollstreckungsebene.[75] Die Berücksichtigung rechtlicher Wertungen, deren Durchsetzung eine Gerichtsentscheidung nicht primär diene, sei Aufgabe des „Vollstreckungsschutzes" und damit § 35 BVerfGG zuzuordnen.[76]

Diese Auffassung kann jedoch aus mehreren Gründen nicht überzeugen. § 35 BVerfGG ist lediglich die Rechtsgrundlage für Vollstreckungsanordnungen. Nach dem Wortlaut des § 35 Hs. 2 BVerfGG kann das BVerfG „im Einzelfall die Art und Weise der Vollstreckung regeln." Zwar ist der Inhalt der Anordnung gesetzlich nicht abschließend bestimmt. Jedoch muss es sich um solche Anordnungen handeln, die geeignet sind, die Beachtung der Entscheidungsinhalte durchzusetzen.[77] Der Unvereinbarkeitserklärung wohnt aber gerade keine Anordnung der Art und Weise der Vollstreckung inne. Sie bestimmt nicht, wie die Unvereinbarkeit durchzusetzen ist. Sie kann vielmehr gar nicht vollstreckt werden, da sie lediglich feststellenden Charakter[78] und damit keinen vollstreckungsfähigen Inhalt hat.[79] Die Feststellung, dass eine Rechtsnorm mit der Verfassung unvereinbar ist, kann nicht vollstreckt werden. Zum anderen stützt sich diese Meinung ausdrücklich nur auf Fälle, in denen die Unvereinbarkeitserklärung aufgrund der Gestaltungsfreiheit des Gesetzgebers erklärt wird.[80] Insoweit kann § 35 BVerfGG keine universelle Lösung für die Rechtsgrundlage der Unvereinbarkeitserklärung darstellen.

---

75 Zum Ganzen *Graßhof*, Die Vollstreckung von Normenkontrollentscheidungen des Bundesverfassungsgerichts, 2003, S. 154, 161 f.; hierzu kritisch *Schwindt*, Rechtsfolgen verfassungswidriger Steuergesetze, 2014, S. 35.

76 So bereits *Pawlowski*, DÖV 1976, 505 (509); *Graßhof*, Die Vollstreckung von Normenkontrollentscheidungen des Bundesverfassungsgerichts, 2003, S. 161.

77 *Sachs*, Verfassungsprozessrecht, 4. Auflage 2016, Rn. 651 f.

78 Vgl. auch *Schwindt*, Rechtsfolgen verfassungswidriger Steuergesetze, 2014, S. 35, der sie als "Feststellungsentscheidung" bezeichnet; a.A. *Graßhof*, Die Vollstreckung von Normenkontrollentscheidungen des Bundesverfassungsgerichts, 2003, S. 162.

79 So auch *Söhn*, Anwendungspflicht oder Aussetzungspflicht bei festgestellter Verfassungswidrigkeit von Gesetzen?, 1974, S. 55, 92; *Roth*, AÖR 124 (1999), 470 (499); a. A. *Graßhof*, Die Vollstreckung von Normenkontrollentscheidungen des Bundesverfassungsgerichts, 2003, S. 162, der davon ausgeht, dass selbst die Nichtigkeitserklärung nicht zwangsläufig vollstreckungsunfähig ist.

80 Vgl. *Graßhof*, Die Vollstreckung von Normenkontrollentscheidungen des Bundesverfassungsgerichts, 2003, S. 161.

Nach anderer Ansicht handelt es sich bei der Unvereinbarkeitserklärung um eine nach Art. 20 Abs. 3 GG[81] zulässige richterliche Rechtsfortbildung.[82] Die Voraussetzungen zur Ausfüllung einer Gesetzeslücke[83] liegen dieser Auffassung nach vor: Der Gesetzgeber habe für die Unvereinbarkeitserklärung keine Ermächtigungsgrundlage vorgesehen, die Tatbestand und Rechtsfolge regele. Damit liege eine Lücke im Gesetz vor. Die §§ 31 Abs. 2, 79 Abs. 1 BVerfGG erwähnten jeweils nur den Begriff „unvereinbar", ohne Bestimmbarkeit der Voraussetzungen und Rechtsfolgen dieser Entscheidungsvariante. Dies sei aber für das Vorliegen einer Ermächtigungsgrundlage erforderlich.[84] Auch diese Meinung vermag jedoch im Ergebnis nicht zu überzeugen. Sie verkennt, dass der Gesetzgeber bewusst auf eine abschließende Regelung der Tenorierungsvariante verzichtet hat, um dem BVerfG einen weiten Entscheidungsraum zu belassen und auf jeden konkreten Einzelfall sachgerecht eingehen zu können. Dies geht auch aus den Gesetzgebungsmaterialien zu § 79 Abs. 1 BVerfGG hervor.[85]

---

81 Zu Art. 20 Abs. 3 GG als Grundlage der richterlichen Rechtsfortbildung BVerfG, Beschluss vom 14.2.1973 – 1 BvR 112/65, BVerfGE 34, 269 (286 f.); *Stern*, Das Staatsrecht der Bundesrepublik Deutschland, Band II, 1980, S. 582; *P. Kirchhof*, NJW 1986, 2275 (2275); *Larenz*, Methodenlehre der Rechtswissenschaft, 6. Auflage 1991, S. 368; *Pawlowski*, Methodenlehre für Juristen, 3. Auflage 1999, Rn. 454; *Schwindt*, Rechtsfolgen verfassungswidriger Steuergesetze, 2014, S. 36; anders *Durner*, JA 2008, 7 (8).

82 *P. Hein*, Die Unvereinbarerklärung verfassungswidriger Gesetze durch das Bundesverfassungsgericht, 1988, S. 114; *Pestalozza*, Verfassungsprozeßrecht, 3. Auflage 1991, § 20 Rn. 113; *Löwer*, HStR III, 2005, 1285 (1408); *Schlaich/Korioth*, Das Bundesverfassungsgericht, 11. Auflage 2018, Rn. 430.

83 Richterliche Rechtsfortbildung ist möglich, wenn das Gesetz Lücken aufweist, insbesondere bei offener Formulierung der Norm. Grenzen sind dem Richter insoweit gesetzt, als er dem Gesetz nicht den vom Gesetzgeber vorgesehenen Sinn und Zweck entziehen darf, sondern diesen „möglichst zuverlässig zur Geltung zu bringen" hat, BVerfG, Beschluss vom 12.11.1997 – 1 BvR 479/92 u.a., BVerfGE 96, 375 (394); BVerfG, Urteil vom 11.7.2012 – 1 BvR 3142/07 u.a., BVerfGE 132, 99 (127 f.); *Jarass*, in: Jarass/Pieroth, GG, 16. Auflage 2020, Art. 20 Rn. 65 f.

84 *Schwindt*, Rechtsfolgen verfassungswidriger Steuergesetze, 2014, S. 36.

85 Vgl. Schriftlicher Bericht des Rechtsausschusses über den Entwurf der Bundesregierung über ein Viertes Gesetz zur Änderung des Gesetzes über das Bundesverfassungsgericht, BT-Drs. VI/1471, S. 5 f. Hierin heißt es: „Erklärt das Bundesverfassungsgericht eine Rechtsnorm für nichtig, so bedeutet dies, daß die Norm von Anfang an ungültig ist. Verfassungsgerichtliche Nichtigkeitserkenntnisse können sich also dahin auswirken, daß Regelungen, die für die Gemeinschaft unabdingbar notwendig sind, als in der Vergangenheit nicht gültig zu behandeln sind. Durch solche Lücken in der Rechtsordnung können für die Gemeinschaft schwerwiegende Nachteile entstehen. Zum Beispiel wäre es denkbar, daß **die**

Nach hier vertretener Ansicht hat der Gesetzgeber mit Einführung der §§ 31 Abs. 2 S. 2 und 3, 79 Abs. 1 BVerfGG bereits eine ausreichende Ermächtigungsgrundlage geschaffen.[86] Danach darf das BVerfG Normen für unvereinbar mit dem Grundgesetz erklären. Anders als im Strafrecht müssen der Tatbestand und die Rechtsfolge im öffentlichen Recht nicht zwingend abschließend bestimmt sein. Dies ergibt sich bereits aus anderen Verfahren, bei denen es ausreicht, dass das Gesetz etwas vorsieht, ohne es ausdrücklich gesetzlich zu regeln.[87] Allein die Anerkennung der Unvereinbarkeitserklärung durch das Gesetz reicht als Rechtsgrundlage aus.

3. Rechtsfolge der Unvereinbarkeitserklärung

Spricht das BVerfG eine Unvereinbarkeitserklärung aus, hat dies zunächst „die gleiche Wirkung" wie die Nichtigkeitserklärung.[88] Gerichte und Verwaltungsbehörden dürfen die verfassungswidrige Norm in dem sich aus dem Tenor ergebenden Umfang nicht mehr anwenden, sofern keine Weitergeltung angeordnet wird.[89] Die Vorschrift unterliegt einer auf den Zeit-

---

Nichtigkeitserklärung eines Steuergesetzes, die über Jahre zurückwirkt, untragbare Belastungen des staatlichen Steuerwesens und der öffentlichen Finanzwirtschaft verursachte [sic]." Es wurden verschiedene Lösungsansätze diskutiert, die eine gesetzlich geregelte Alternative zur Nichtigkeit darstellen sollten, wovon keiner geeignet war, den Rechtsausschuss zu überzeugen. Man hielt schließlich fest, dass das BVerfG bisher auch in der Lage gewesen sei, jeweils praktikable Lösungen zu finden; *Schwindt,* Rechtsfolgen verfassungswidriger Steuergesetze, 2014, S. 36.

86 Auch *Bethge*, in: M/S/K/B, BVerfGG, Stand: Juni 2018, § 78 Rn. 58 entnimmt den § 79 Abs. 1 und § 31 Abs. 2 S. 2 und 3 BVerfGG die gesetzliche Grundlage für die Unvereinbarkeitserklärung.

87 So ist beispielsweise die Leistungsklage im Verwaltungsrecht ebenfalls gesetzlich nicht explizit geregelt und wird dennoch als Klageart anerkannt, da sie jedenfalls vom Gesetz in §§ 43 Abs. 2, 111, 113 Abs. 4 VwGO vorausgesetzt wird.

88 So ausdrücklich BVerfG, Beschluss vom 21.5.1974 – 1 BvL 22/71 u.a., BVerfGE 37, 217 (261); BVerfG, Beschluss vom 8.10.1980 – 1 BvL 122/78 u.a., BVerfGE 55, 100 (110); *Löwer,* HStR III, 2005, 1285 (1411) stellt zutreffend klar, dass diese Formulierung ungenau ist, da die Nichtigerklärung unmittelbar eine verfassungsmäßige Rechtslage herstellt, während die Unvereinbarkeitserklärung nur die Nichtanwendbarkeit zur Folge hat; nur diese Rechtsfolge ist gleich.

89 So ausdrücklich BVerfG, Beschluss vom 8.10.1980 – 1 BvL 122/78 u.a., BVerfGE 55, 100 (110); BVerfG, Urteil vom 14.7.1986 – 2 BvE 2/84 u.a., BVerfGE 73, 40 (101); BVerfG, Beschluss vom 25.9.1992 – 2 BvL 5/91 u.a., BVerfGE 87, 153 (178); *Heußner*, NJW 1982, 257 (258); *Heyde*, FS Faller, 1984, 53 (54); *Seer*, NJW 1996, 285 (287); *Schwenke*, DStR 1999, 404 (406); *Löwer,* HStR III, 2005, 1285 (1411);

punkt der Entstehung der Normenkollision zurückwirkenden Anwendungssperre.[90]

Der Gesetzgeber ist verpflichtet, das verfassungswidrige Gesetz so zu ändern, dass es mit der Verfassung in Einklang steht.[91] Rechtsdogmatisch ist die Nichtigkeitserklärung damit eine kassatorische Entscheidung, die Unvereinbarkeitserklärung eine verpflichtende Entscheidung.[92] Der Umfang der legislatorischen Verpflichtung hängt allein davon ab, ob das BVerfG eine Unvereinbarkeitserklärung mit oder ohne Weitergeltungsanordnung tenoriert. Im Folgenden soll daher zunächst die Reformpflicht bei der reinen Unvereinbarkeitserklärung dargestellt werden (a, b) und sodann der gesetzgeberische Auftrag im Falle einer Weitergeltungsanordnung (c).

a) Gesetzesreformpflicht ex tunc und Anwendungssperre

Der Gesetzgeber darf eine mit der Verfassung unvereinbare Rechtslage nicht bestehen lassen.[93] Dies wirft die Frage auf, ob diese Änderungspflicht auch eine rückwirkende Korrektur umfasst.[94] In der Literatur wird vertreten, dass der Gesetzgeber den verfassungskonformen Zustand grundsätzlich auf den gesamten Zeitraum erstrecken muss, in dem die Vorschrift mit der Verfassung kollidierte[95] und damit ein verfassungsrechtliches Rückwirkungsgebot besteht.[96] Hiervon geht auch das BVerfG in ständiger

---

Schlaich/Korioth, Das Bundesverfassungsgericht, 11. Auflage 2018, Rn. 420. Zu den Rechtsfolgen bei einer Weitergeltungsanordnung sogleich unter Kap. 1, A. II. 3. c).

90 BVerfG, Beschluss vom 8.10.1980 – 1 BvL 122/78 u.a., BVerfGE 55, 100 (110); *Zeidler*, EuGRZ 1988, 207 (214); *Graßhof*, Die Vollstreckung von Normenkontrollentscheidungen des Bundesverfassungsgerichts, 2003, S. 157 spricht von einer "Bedingtheit der Unvereinbarkeit", da das BVerfG davon ausgehe, dass die Unvereinbarkeit entfalle, sobald der Gesetzgeber eine verfassungskonforme Rechtslage herstelle.

91 *J. Ipsen*, Rechtsfolgen der Verfassungswidrigkeit von Norm und Einzelakt, 1980, S. 212.

92 *J. Ipsen*, Rechtsfolgen der Verfassungswidrigkeit von Norm und Einzelakt, 1980, S. 213.

93 BVerfG, Beschluss vom 8.10.1980 – 1 BvL 122/78 u.a., BVerfGE 55, 100 (110); *Zeidler*, EuGRZ 1988, 207 (215); *Herter*, Die Unvereinbarkeitserklärung verfassungswidriger Steuergesetze, 1995, 51 f.

94 Hierzu bereits *Hey*, Steuerplanungssicherheit als Rechtsproblem, 2002, S. 358 ff.

95 *Hey*, Steuerplanungssicherheit als Rechtsproblem, 2002, S. 359.

96 *J. Ipsen*, Rechtsfolgen der Verfassungswidrigkeit von Norm und Einzelakt, 1980, S. 267.

Rechtsprechung aus. Erklärt es die angegriffene Norm für unvereinbar mit dem Grundgesetz, ist der Gesetzgeber zur Herstellung einer verfassungsgemäßen Gesetzeslage verpflichtet – grundsätzlich rückwirkend auf den in der gerichtlichen Feststellung genannten Zeitpunkt (Unvereinbarkeitserklärung *ex tunc*).[97]

Teile der Literatur fordern, dass er sich alsbald um den Erlass einer verfassungskonformen Regelung kümmern muss[98] und seine Bindung an die verfassungsmäßige Ordnung gemäß Art. 20 Abs. 3 GG dem Gesetzgeber gebietet, unverzüglich einen verfassungsmäßigen Rechtszustand herzustellen.[99] Das BVerfG hat hierzu jedoch festgestellt, dass der Gesetzgeber – soweit keine Fristsetzung in der Entscheidung erfolgt[100] – verfassungsrechtlich nicht gezwungen ist, bis zu einem bestimmten Zeitpunkt eine neue gesetzliche Regelung zu treffen.[101] Bis zur Neuregelung tritt jedenfalls ein regelungsloser Schwebezustand ein.[102] Denn die Erklärung der Unvereinbarkeit bedeutet nicht nur, dass die verfassungswidrige Norm nicht mehr anwendbar ist. Darüber hinaus darf auch keine andere Norm anstelle der verfassungswidrigen Regelung Anwendung finden. Die Finanzbehörden und Gerichte müssen die betroffenen Ausgangsverfahren bis zur Neurege-

---

97 BVerfG, Beschluss vom 8.10.1980 – 1 BvL 122/78 u.a., BVerfGE 55, 100 (110); BVerfG, Urteil vom 9.12.2008 – 2 BvL 1/07 u.a., BVerfGE 122, 210 (246); BVerfG, Beschluss vom 29.3.2017 – 2 BvL 6/11, BVerfGE 145, 106 (169); *Schwindt*, Rechtsfolgen verfassungswidriger Steuergesetze, 2014, S. 31; *Kube*, StuW 2018, 314 (321); *Seer*, in: Tipke/Lang, EStG, 23. Auflage 2018, § 22 Rn. 287; zur rückwirkenden Gesetzesänderung mit Darstellung der Rspr. *Schnapp*, JZ 2011, 1125 (1130).

98 *Heyde*, FS Faller, 1984, 53 (54); *Zeidler*, EuGRZ 1988, 207 (215).

99 *Heußner*, NJW 1982, 257 (258); vgl. *Hillgruber/Goos*, Verfassungsprozessrecht, 5. Auflage 2020, Rn. 700.

100 Wie bspw. in BVerfG, Urteil vom 24.6.1986 – 2 BvF 1/83 u.a., BVerfGE 72, 330 (333); BVerfG, Urteil vom 28.4.1999 – 1 BvR 1926/96 u. a., BVerfGE 100, 104 (106); BVerfG, Urteil vom 17.12.2014 – 1 BvL 21/12, BVerfGE 138, 136 (251); kritisch *P. Hein*, Die Unvereinbarerklärung verfassungswidriger Gesetze durch das Bundesverfassungsgericht, 1988, S. 127 f.

101 BVerfG, Beschluss vom 8.10.1980 – 1 BvL 122/78 u.a., BVerfGE 55, 100 (110); „binnen einer angemessenen Frist“, siehe BVerfG, Beschluss vom 22.3.1990 – 2 BvL 1/86, BVerfGE 81, 363 (384); „schnelle Anpassung“, vgl. BVerfG, Beschluss vom 8.6.1993 – 1 BvL 20/85, BVerfGE 89, 15 (27); „alsbald“, siehe BVerfG, Urteil vom 22.2.1994 – 1 BvL 30/88, BVerfGE 90, 60 (105).

102 *Löwer*, HStR III, 2005, 1285 (1411); *Schwindt*, Rechtsfolgen verfassungswidriger Steuergesetze, 2014, S. 32; *Sachs*, Verfassungsprozessrecht, 4. Auflage 2016, Rn. 166; *Hillgruber/Goos*, Verfassungsprozessrecht, 5. Auflage 2020, Rn. 700.

lung aussetzen.[103] Der Gesetzgeber hat die bisherige Rechtslage *ex tunc* so zu verändern, dass sie das Maß der Verfassung wahrt.

§ 79 Abs. 2 S. 1 BVerfGG schränkt die Anwendbarkeit der rückwirkenden Neuregelung auf Sachverhalte der Vergangenheit aber deutlich ein. Hiernach bleiben die nicht mehr anfechtbaren Entscheidungen, die auf einer gemäß § 78 BVerfGG für nichtig erklärten Norm beruhen, unberührt. Diese Vorschrift gilt für die Unvereinbarkeitserklärung *ex tunc* analog.[104] Die Gesetzesreform erfasst damit nur alle noch anfechtbaren Entscheidungen, die auf der für unvereinbar erklärten Norm beruhen.[105]

b) Rückwirkungsproblematik bei Neuregelung des verfassungswidrigen Gesetzes

Nachdem soeben festgestellt wurde, dass der Gesetzgeber bei der Unvereinbarkeitserklärung *ex tunc* dazu verpflichtet ist, die Rechtslage rückwirkend der Verfassung anzupassen, ist nunmehr der Frage nachzugehen, worauf er bei der Neuregelung zu achten hat. Durch die rückwirkende Beseitigung des Verfassungsverstoßes dürfen insbesondere keine neuen Verfassungsverstöße verursacht werden.[106] Im Mittelpunkt der folgenden Überlegungen steht daher das sog. Rückwirkungsverbot.

---

103 BVerfG, Beschluss vom 27.5.1970 – 1 BvL 22/63 u.a., BVerfGE 28, 324 (363); BVerfG, Beschluss vom 21.5.1974 – 1 BvL 22/71 u.a., BVerfGE 37, 217 (261); BVerfG, Beschluss vom 25.9.1992 – 2 BvL 5/91 u.a., BVerfGE 87, 153 (178); BVerfG, Urteil vom 9.12.2008 – 2 BvL 1/07 u.a., BVerfGE 122, 210 (246); BVerfG, Beschluss vom 21.6.2011 – 1 BvR 2035/07, BVerfGE 129, 49 (76); *J. Ipsen*, Rechtsfolgen der Verfassungswidrigkeit von Norm und Einzelakt, 1980, S. 212; *Heußner*, NJW 1982, 257 (258); *Zeidler*, EuGRZ 1988, 207 (214); *Moes*, StuW 2008, 27 (29).

104 Für eine entsprechende Anwendung des § 79 BVerfGG bei Unvereinbarkeitserklärungen BVerfG, Beschluss vom 21.5.1974 – 1 BvL 22/71 u.a., BVerfGE 37, 217 (262 f.); BVerfG, Beschluss vom 22.3.1990 – 2 BvL 1/86, BVerfGE 81, 363 (384); BFH, Urteil vom 11.2.1994 – III R 50/92, DStR 1994, 654 (654).

105 So ausdrücklich BVerfG, Beschluss vom 25.9.1992 – 2 BvL 5/91 u.a., BVerfGE 87, 153 (178); vgl. auch *Zeidler*, EuGRZ 1988, 207 (214); *Seer*, NJW 1996, 285 (287).

106 *Hey*, Steuerplanungssicherheit als Rechtsproblem, 2002, S. 358.

aa) Zulässigkeit von rückwirkenden Gesetzen

Das verfassungsrechtliche Rechtsstaatsprinzip schützt das Vertrauen der Bürger in den Bestand, die Fortgeltung und Verlässlichkeit der Rechtsordnung.[107] Frei in der Rechtsgestaltung und -änderung ist der Gesetzgeber aber jedenfalls bei Tatbeständen, die erst nach ihrer Verkündung eintreten.[108] Die Zulässigkeit von Gesetzen, bei denen im Nachhinein eine belastende Rechtsfolge an bereits abgeschlossene Tatbestände geknüpft wird, wird hingegen durch das Rückwirkungsverbot beschränkt. Hierbei unterscheidet das BVerfG zwischen echter und unechter Rückwirkung.

Gesetze mit echter Rückwirkung sind nach ständiger Rechtsprechung des BVerfG grundsätzlich verfassungswidrig und damit unzulässig.[109] Eine solche echte Rückwirkung liegt vor, „wenn ein Gesetz nachträglich ändernd in abgewickelte, der Vergangenheit angehörende Tatbestände eingreift".[110] Der Bürger wird in seinem Vertrauen verletzt, wenn „der Gesetzgeber an abgeschlossene Tatbestände ungünstigere Folgen knüpft als an diejenigen, von denen der Bürger bei seinen Dispositionen ausgehen durfte."[111] Im Steuerrecht liegt eine unzulässige Rückwirkung vor, wenn eine Steuerschuld für die Vergangenheit begründet oder eine bestehende Steuerschuld nachträglich erhöht wird und sie bei Verkündung des Gesetzes

---

107 *Grzeszick*, in: Maunz/Dürig, GG, Stand: November 2006, Art. 20, Abschnitt VII Rn. 80; *G. Kirchhof*, in: Herrmann/Heuer/Raupach, EStG/KStG, Stand: April 2020, Einführung zum EStG Rn. 331.

108 BVerfG, Urteil vom 19.12.1961 – 2 BvL 6/59, BVerfGE 13, 261 (271); *Schulze-Fielitz*, in: Dreier, GG, 3. Auflage 2015, Art. 20 Rn. 151.

109 Echte Rückwirkung verstößt gegen das Rechtsstaatsprinzip, *Sachs*, in: Sachs, GG, 8. Auflage 2018, Art. 20 Rn. 133 m.w.N.

110 BVerfG, Urteil vom 7.5.1969 – 2 BvL 15/67, BVerfGE 25, 371 (404); BVerfG, Beschluss vom 23.3.1971 – 2 BvL 2/66 u.a., BVerfGE 30, 367 (386); BVerfG, Urteil vom 14.7.1981 – 1 BvL 28/77 u.a., BVerfGE 57, 361 (391); BVerfG, Beschluss vom 28.11.1984 – 1 BvR 1157/82, BVerfGE 68, 287 (306); BVerfG, Beschluss vom 13.5.1986 – 1 BvR 99/85 u.a., BVerfGE 72, 176 (196); BVerfG, Beschluss vom 3.9.2009 – 1 BvR 2384/08, NVwZ 2010, 313 (314); BVerfG, Beschluss vom 7.12.2010 – 1 BvR 2628/07, BVerfGE 128, 90 (106); BVerfG, Beschluss vom 10.10.2012 – 1 BvL 6/07, BVerfGE 132, 302 (318); BVerfG, Beschluss vom 17.12.2013 – 1 BvL 5/08, BVerfGE 135, 1 (13); *Grzeszick*, in: Maunz/Dürig, GG, Stand: November 2006, Art. 20, Abschnitt VII Rn. 80.

111 BVerfG, Urteil vom 19.12.1961 – 2 BvL 6/59, BVerfGE 13, 261 (271); BVerfG, Beschluss vom 3.9.2009 – 1 BvR 2384/08, NVwZ 2010, 313 (314); zum Vertrauen des Bürgers in fehlerhafte Steuergesetze *Hey*, DStJG 27 (2004), 91 (91 ff.).

bereits entstanden war.[112] Auch belastende Steuergesetze, die etwa eine Begünstigung einschränken oder aufheben, dürfen nicht auf bereits abgeschlossene Tatbestände erstreckt werden.[113] Grundsätzlich genießt der Bürger demnach Schutz vor nachträglicher Verschlechterung der Rechtslage, da sein Vertrauen durch ein rückwirkendes belastendes Gesetz erschüttert würde.[114] Ausnahmsweise sind echte Rückwirkungen aber zulässig, wenn der Vertrauensschutz nicht gerechtfertigt ist.[115] Zu den anerkannten – aber nicht abschließenden[116] – Fallgruppen gehören etwa Neuregelungen, mit denen der betroffene Bürger rechnen musste[117], wenn die rückwirkende Regelung wegen überragender und zwingender Gründe des Gemeinwohls

---

112 BVerfG, Beschluss vom 16.11.1965 – 2 BvL 8/64, BVerfGE 19, 187 (195); BVerfG, Beschluss vom 10.10.2012 – 1 BvL 6/07, BVerfGE 132, 302 (318); BVerfG, Beschluss vom 17.12.2013 – 1 BvL 5/08, BVerfGE 135, 1 (13); vgl. *Grzeszick*, in: Maunz/Dürig, GG, Stand: November 2006, Art. 20, Abschnitt VII Rn. 80; *Schulze-Fielitz*, in: Dreier, GG, 3. Auflage 2015, Art. 20 Rn. 152; *Grunow*, Die verfassungsrechtliche Rechtfertigung der Steuerlast und Steuererhebung, 2018, S. 271; *G. Kirchhof*, in: Herrmann/Heuer/Raupach, EStG/KStG, Stand: April 2020, Einführung zum EStG Rn. 331; vgl. zur Steuersatzerhöhung (Tarif) innerhalb des Veranlagungszeitraums *Hey*, Steuerplanungssicherheit als Rechtsproblem, 2002, S. 374 ff.

113 BVerfG, Beschluss vom 5.2.2002 – 2 BvR 305/93, BVerfGE 105, 17 (37).

114 BVerfG, Urteil vom 19.12.1961 – 2 BvL 6/59, BVerfGE 13, 261 (271); BVerfG, Beschluss vom 10.10.2012 – 1 BvL 6/07, BVerfGE 132, 302 (318); *Grzeszick*, in: Maunz/Dürig, GG, Stand: November 2006, Art. 20, Abschnitt VII Rn. 80; *G. Kirchhof*, in: Herrmann/Heuer/Raupach, EStG/KStG, Stand: April 2020, Einführung zum EStG Rn. 331.

115 Zu der ausnahmsweise zulässigen echten Rückwirkung etwa BVerfG, Urteil vom 19.12.1961 – 2 BvL 6/59, BVerfGE 13, 261 (271 f.); BVerfG, Beschluss vom 8.6.1977 – 2 BvR 499/74 u.a., BVerfGE 45, 142 (174); BVerfG, Beschluss vom 25.5.1993 – 1 BvR 1509/91 u.a., BVerfGE 88, 384 (404); BVerfG, Beschluss vom 12.11.2015 – 1 BvR 2961/14 u.a., NVwZ 2016, 300 (300); *G. Kirchhof*, in: Herrmann/Heuer/Raupach, EStG/KStG, Stand: April 2020, Einführung zum EStG Rn. 332.

116 BVerfG, Beschluss vom 14.5.1986 – 2 BvL 2/83, BVerfGE 72, 200 (258); *Schulze-Fielitz*, in: Dreier, GG, 3. Auflage 2015, Art. 20 Rn. 155.

117 Vgl. etwa BVerfG, Urteil vom 19.12.1961 – 2 BvL 6/59, BVerfGE 13, 261 (272); BVerfG, Beschluss vom 31.3.1965 – 2 BvL 17/63, BVerfGE 18, 429 (439); BVerfG, Beschluss vom 16.11.1965 – 2 BvL 8/64, BVerfGE 19, 187 (196); BVerfG, Beschluss vom 15.11.1967 – 2 BvL 7/64 u.a., BVerfGE 22, 330 (347); BVerfG, Beschluss vom 19.12.1967 – 2 BvL 4/65, BVerfGE 23, 12 (33); BVerfG, Beschluss vom 23.3.1971 – 2 BvL 2/66 u.a., BVerfGE 30, 367 (387); *Berger*, Zulässigkeitsgrenzen der Rückwirkung von Gesetzen, 2002, S. 91 ff.; *Grzeszick*, in: Maunz/Dürig, GG, Stand: November 2006, Art. 20, Abschnitt VII Rn. 84.

erforderlich ist[118] oder eine unklare oder verworrene Rechtslage rückwirkend bereinigt werden soll.[119] Auch ungültiges Recht[120] oder solches, dessen Gültigkeit zweifelhaft war, kann rückwirkend ersetzt werden.[121] Der Bürger ist überdies nicht schutzwürdig, wenn ihm durch das rückwirkende Gesetz entweder gar kein oder nur ein unerheblicher Nachteil entsteht.[122]

Demgegenüber soll eine unechte Rückwirkung grundsätzlich zulässig sein.[123] Diese liegt vor, wenn die neue Regelung „auf gegenwärtige, noch nicht abgeschlossene Sachverhalte und Rechtsbeziehungen für die Zukunft einwirkt und damit zugleich die betroffene Rechtsposition nachträglich entwertet".[124] Bei der Abwägung zwischen dem öffentlichen Interesse an der Weiterentwicklung bzw. Anpassung der Rechtslage und dem Vertrauensschutz des Einzelnen in den Fortbestand von für ihn günstigen Normen überwiegt bei der unechten Rückwirkung regelmäßig ersteres, da die betroffenen Sachverhalte nicht abgeschlossen sind und noch in die Zu-

---

118 BVerfG, Urteil vom 1.7.1953 – 1 BvL 23/51, BVerfGE 2, 380 (405); BVerfG, Urteil vom 19.12.1961 – 2 BvL 6/59, BVerfGE 13, 261 (272); BVerfG, Beschluss vom 25.5.1993 – 1 BvR 1509/91 u.a., BVerfGE 88, 384 (404); *Berger*, Zulässigkeitsgrenzen der Rückwirkung von Gesetzen, 2002, S. 104 ff.; *Grzeszick*, in: Maunz/Dürig, GG, Stand: November 2006, Art. 20, Abschnitt VII Rn. 85.

119 BVerfG, Urteil vom 19.12.1961 – 2 BvL 6/59, BVerfGE 13, 261 (272); *Berger*, Zulässigkeitsgrenzen der Rückwirkung von Gesetzen, 2002, S. 99; *Grzeszick*, in: Maunz/Dürig, GG, Stand: November 2006, Art. 20, Abschnitt VII Rn. 86 m.w.N.

120 BVerfG, Beschluss vom 14.11.1961 – 2 BvR 345/60, BVerfGE 13, 215 (224 f.); BVerfG, Urteil vom 19.12.1961 – 2 BvL 6/59, BVerfGE 13, 261 (272); BVerfG, Beschluss vom 16.11.1965 – 2 BvL 8/64, BVerfGE 19, 187 (197); *Grzeszick*, in: Maunz/Dürig, GG, Stand: November 2006, Art. 20, Abschnitt VII Rn. 86.

121 *Grzeszick*, in: Maunz/Dürig, GG, Stand: November 2006, Art. 20, Abschnitt VII Rn. 86.

122 BVerfG, Beschluss vom 23.3.1971 – 2 BvL 2/66 u.a., BVerfGE 30, 367 (389); BVerfG, Beschluss vom 14.5.1986 – 2 BvL 2/83, BVerfGE 72, 200 (258 f.); BVerfG, Beschluss vom 15.10.1996 – 1 BvL 44/92 u.a., BVerfGE 95, 64 (87); *Grzeszick*, in: Maunz/Dürig, GG, Stand: November 2006, Art. 20 Abschnitt VII Rn. 87; *G. Kirchhof*, in: Herrmann/Heuer/Raupach, EStG/KStG, Stand: April 2020, Einführung zum EStG Rn. 332; ausführlich zum „Bagatellvorbehalt" *Hey*, Steuerplanungssicherheit als Rechtsproblem, 2002, S. 385 f.

123 BVerfG, Beschluss vom 9.12.2003 – 1 BvR 558/99, BVerfGE 109, 96 (122); BVerfG, Beschluss vom 3.9.2009 – 1 BvR 2384/08, NVwZ 2010, 313 (314); *Grzeszick*, in: Maunz/Dürig, GG, Stand: November 2006, Art. 20 Abschnitt VII Rn. 88; *Schulze-Fielitz*, in: Dreier, GG, 3. Auflage 2015, Art. 20 Rn. 166.

124 BVerfGE 101, 239 (263); vgl. *G. Kirchhof*, in: Herrmann/Heuer/Raupach, EStG/KStG, Stand: April 2020, Einführung zum EStG Rn. 332.

kunft hineinwirken.[125] Das Vertrauen hat sich dann noch nicht in schützenswertem Maße verfestigt.[126]

bb) Rückschlüsse für die Unvereinbarkeitserklärung ex tunc

Muss der Gesetzgeber nun wegen einer Unvereinbarkeitserklärung mit *ex tunc*-Wirkung die verfassungswidrige Rechtslage auch für die Vergangenheit bereinigen, so darf die Heilung der Rechtslage nicht mit einer Verletzung des Vertrauensschutzes einhergehen. Die soeben beschriebenen Grundsätze zum Rückwirkungsverbot sind deshalb stets zu beachten. Ein Vertrauen des Steuerpflichtigen darauf, für die Vergangenheit von der für unvereinbar erklärten Abgabe insgesamt verschont zu werden, kann aber nicht entstehen, „wenn der mit Rückwirkung versehenen Neuregelung in der Vergangenheit gleichartige Regelungsversuche vorausgegangen sind." Vielmehr muss der Adressat mit der grundsätzlich zulässigen Erhebung der Abgabe rechnen. Sein Vertrauen ist nicht schützenswert, wenn er den Willen des Gesetzgebers kennt, indem sich dieser in einer – wenn auch verfassungswidrigen – Norm geäußert hat.[127] Bei der Überschreibung des alten Gesetzes können aber auch andere Probleme als die nachträgliche Erhöhung der Steuerlast entstehen. So darf die Neuregelung nicht ihrerseits verfassungswidrig sein. Wenn die ursprüngliche Steuererhebung beispielsweise gegen den Gleichheitssatz des Art. 3 Abs. 1 GG verstoßen hat, darf die Neuregelung dies nicht auf andere Weise tun, sondern muss ebenfalls die Grundrechte wahren.[128]

---

125 *Grzeszick*, in: Maunz/Dürig, GG, Stand: November 2006, Art. 20, Abschnitt VII Rn. 88; *G. Kirchhof*, in: Herrmann/Heuer/Raupach, EStG/KStG, Stand: April 2020, Einführung zum EStG Rn. 332.

126 *G. Kirchhof*, Die verfassungsgeforderte Neubemessung der Wettbürosteuern – Rechtsgutachten im Auftrag des Deutschen Sportwettenverbandes e.V., 2019, S. 64, online abrufbar unter: https://dswv.de/wp-content/uploads/2019/03/Rechtsgutachten-Wettbu%CC%88rosteuer-Prof.-Dr.-Gregor-Kirchhof.pdf.

127 Zu alledem BVerfG, Beschluss vom 3.9.2009 – 1 BvR 2384/08, NVwZ 2010, 313 (314); *G. Kirchhof*, KStZ 2019, 106 (107).

128 Vgl. *G. Kirchhof*, KStZ 2019, 106 (107 f.) und *G. Kirchhof*, Die verfassungsgeforderte Neubemessung der Wettbürosteuern – Rechtsgutachten im Auftrag des Deutschen Sportwettenverbandes e.V., 2019, S. 65 f. zur rückwirkenden Änderung der Wettbürosteuersatzung, bei der vorgeschlagen wurde, das Höchstmaß der Belastung nach dem alten (verfassungswidrigen) Flächenmaßstab zu berechnen, damit kein Steuerpflichtiger durch die Rückwirkung schlechter gestellt wird. Dies würde aber den ursprünglichen Gleichheitsverstoß „perpetuieren".

c) Gesetzesreformpflicht nur für die Zukunft

Nicht immer hat die Unvereinbarkeitserklärung zur Folge, dass die Rechtslage rückwirkend verfassungskonform zu gestalten ist. Ordnet das BVerfG die Weitergeltung des verfassungswidrigen Rechts an, so verpflichtet es den Gesetzgeber damit nur zu einer zukünftigen Gesetzesänderung,[129] oftmals mit der Vorgabe eines bestimmten Datums des Inkrafttretens der Neuregelung. Die Anordnung der Weitergeltung der überprüften Normen führt nicht zur Anwendungssperre wie bei der Unvereinbarkeitserklärung *ex tunc*.[130] Somit gilt die bisherige – verfassungswidrige – Vorschrift vorläufig fort, bis der Gesetzgeber eine verfassungsgemäße Regelung schafft.[131] Das verfassungswidrige Gesetz bleibt damit sowohl für die Vergangenheit als auch für die Zukunft übergangsweise wirksam.[132] Rechtsgrundlage bleibt das verfassungswidrige Gesetz selbst. Auch der BFH ist dieser Ansicht: die Weitergeltungsanordnung bewirke die „Fortgeltung“[133] des verfassungswidrigen Gesetzes und dieses sei deshalb „geltendes Recht“.[134]

---

129 So z.B. BVerfG, Urteil vom 24.6.1986 – 2 BvF 1/83 u.a., BVerfGE 72, 330 (422); BVerfG, Urteil vom 14.7.1986 – 2 BvE 2/84 u.a., BVerfGE 73, 40 (101 f.); BVerfG, Beschluss vom 27.11.1990 – 1 BvR 402/87, BVerfGE 83, 130 (154); BVerfG, Beschluss vom 25.3.1992 – 1 BvR 1430/88, BVerfGE 85, 386 (401); BVerfG, Beschluss vom 25.9.1992 – 2 BvL 5/91 u.a., BVerfGE 87, 153 (181); BVerfG, Beschluss vom 11.10.1994 – 2 BvR 633/86, BVerfGE 91, 186 (207); BVerfG, Beschluss vom 22.6.1995 – 2 BvR 552/91, BVerfGE 93, 165 (178); BVerfG, Beschluss vom 10.11.1998 – 2 BvR 1057/91 u.a., BVerfGE 99, 216 (244); BVerfG, Beschluss vom 11.11.1998 – 2 BvL 10/95, BVerfGE 99, 280 (299); BVerfG, Urteil vom 14.7.1999 – 1 BvR 2226/94 u.a., BVerfGE 100, 313 (402); BVerfG, Urteil vom 6.3.2002 – 2 BvL 17/99, BVerfGE 105, 73 (134); BVerfG, Beschluss vom 7.11.2006 – 1 BvL 10/02, BVerfGE 117, 1 (70); BVerfG, Beschluss vom 7.5.2013 – 2 BvR 909/06 u.a., BVerfGE 133, 377 (425); BVerfG, Urteil vom 19.12.2017 – 1 BvL 3 /14 u.a., BVerfGE 147, 253 (363); BVerfG, Urteil vom 18.7.2018 – 1 BvR 1675/17 u.a., BVerfGE 149, 222 (291 f.).

130 *Bethge*, in: M/S/K/B, BVerfGG, Stand: Februar 2019, § 31 Rn. 227.

131 *Seer*, NJW 1996, 285 (288).

132 *Schwindt*, Rechtsfolgen verfassungswidriger Steuergesetze, 2014, S. 32.

133 BFH, Urteil vom 18.10.1994 – VII R 20/94, BFHE 175, 519 (524).

134 BFH, Urteil vom 21.7.2004 – X R 72/01, BFH/NV 2005, 513 (514 m.w.N.); so z.B. auch BFH, Urteil vom 24.5.2000 – II R 25/99, BStBl. II 2000, 378 (380); BGH, Beschluss vom 7.11.2001 – 5 StR 395/01, BGHSt 47, 138 (143); LG Itzehoe, Beschluss vom 11.9.2000 – 9 Qs 72/00 I, wistra 2001, 31 (32 m.w.N.); vgl. auch *Bethge*, in: M/S/K/B, BVerfGG, Stand: Februar 2019, § 31 Rn. 227; a.A. *Schwindt*, Rechtsfolgen verfassungswidriger Steuergesetze, 2014, S. 41 f., der davon ausgeht, dass die Weitergeltungsanordnung anstelle des ursprünglichen verfassungswidrigen Gesetzes tritt und damit selbst Rechtsgrundlage ist.

Hierdurch soll insbesondere verhindert werden, dass bis zur Neuregelung ein rechtliches Vakuum eintritt und bei den Steuerpflichtigen und Behörden Unsicherheit über die Rechtslage entsteht, wie es bei der Unvereinbarkeitserklärung *ex tunc* aufgrund der Anwendungssperre der Fall ist. Rechtsunsicherheit wäre insbesondere im Massenfallrecht wie dem Steuerrecht nur schwer erträglich.[135] Problematisch ist, dass das BVerfG durch die Weitergeltungsanordnung bestimmt, dass verfassungswidriges Recht weiter anwendbar ist und dadurch die Grundrechte verletzt werden.[136] Dieser Umstand wird noch umfassend zu beleuchten sein.[137]

aa) Fallgruppen der Weitergeltungsanordnung im Steuerrecht

Die Weitergeltung verfassungswidriger Normen ordnet das BVerfG aus verschiedenen Gründen an. Für die vorliegende Arbeit, die sich auf die Berücksichtigung der Finanzfolgen höchstrichterlicher Entscheidungen konzentriert, sind die folgenden Fallgruppen von besonderem Interesse. Bei ihnen entschied sich das BVerfG für die weitere Anwendbarkeit des verfassungswidrigen abgabenrechtlichen Gesetzes. Hierzu zählen die Weitergeltung verfassungswidriger Normen

- aus Rücksicht auf Rechtssicherheit und Vertrauensschutz der Steuerpflichtigen,[138]
- zur Vermeidung eines verfassungsferneren Zustands,[139]
- aufgrund gewichtiger Gemeinwohlbelange,[140]
- zur Verhinderung eines Staatsbankrotts[141] und
- wegen des Interesses an einer verlässlichen Finanz- und Haushaltsplanung und einem gleichmäßigen Verwaltungsvollzug.[142]

---

135 *Seer*, NJW 1996, 285 (287); *Laumen*, Die Vollstreckungskompetenz nach § 35 BVerfGG, 1997, S. 93; *Hey*, Steuerplanungssicherheit als Rechtsproblem, 2002, S. 358; *Meyer*, JZ 2012, 434 (439).
136 Kritisch *Bendixen*, ZRP 2009, 85 (86).
137 Siehe unter Kap. 1, C. II. 2. c) ee).
138 Kap. 1, C. II. 1. a).
139 Kap. 1, C. II. 1. b).
140 Kap. 1, C. II. 2. b).
141 Kap. 1, C. II. 2. a).
142 Kap. 1, C. II. 2. c).

bb) Rechtliche Grundlage für die Weitergeltungsanordnung

Zu der Frage, auf welche rechtliche Grundlage die Weitergeltungsanordnung gestützt werden kann, herrscht im Schrifttum mangels gesetzlicher Regelung ein uneinheitliches Meinungsbild.[143]

(i) § 31 Abs. 2 BVerfGG

Nach § 31 Abs. 2 BVerfGG haben Entscheidungen des BVerfG Gesetzeskraft. Der Wortlaut der Norm begründet aber keine Berechtigung, über die Fortgeltung verfassungswidriger Normen zu entscheiden. Somit ist § 31 Abs. 2 BVerfGG keine geeignete Rechtsgrundlage für die Weitergeltungsanordnung.[144]

(ii) § 32 Abs. 1 BVerfGG

Klein sieht in § 32 Abs. 1 BVerfGG die Rechtsgrundlage für die Weitergeltungsanordnung. Nach dieser Vorschrift kann das Gericht im Streitfall einen Zustand durch einstweilige Anordnung vorläufig regeln, wenn dies zur Abwehr schwerer Nachteile, zur Verhinderung drohender Gewalt oder aus einem anderen wichtigen Grund zum gemeinen Wohl dringend geboten ist. Das BVerfG sei daher auch befugt, vorläufige Regelungen zu treffen, um die Auswirkungen seiner Entscheidung für den Staat zu mildern.[145]

Dieser Ansicht kann jedoch nicht gefolgt werden.[146] Die Weitergeltungsanordnung soll – soweit der einhellige Befund – schwerwiegende

---

143 Die folgende Darstellung orientiert sich an *Schwindt*, Rechtsfolgen verfassungswidriger Steuergesetze, 2014, S. 48 ff.

144 *Schefold/Leske*, NJW 1973, 1297 (1298); *J. Ipsen*, Rechtsfolgen der Verfassungswidrigkeit von Norm und Einzelakt, 1980, S. 243; *Habscheidt*, Der Anspruch des Bürgers auf Erstattung verfassungswidriger Steuern, 2003, S. 42; *Schwindt*, Rechtsfolgen verfassungswidriger Steuergesetze, 2014, S. 50.

145 *F. Klein*, JZ 1966, 461 (462 f.).

146 Ebenfalls ablehnend *J. Ipsen*, JZ 1983, 41 (44); *Ebke/Fehrenbacher*, FS Geiß, 2000, 571 (586); *Habscheidt*, Der Anspruch des Bürgers auf Erstattung verfassungswidriger Steuern, 2003, S. 34; *Schwindt*, Rechtsfolgen verfassungswidriger Steuergesetze, 2014, S. 50; *Schlaich/Korioth*, Das Bundesverfassungsgericht, 11. Auflage 2018, Rn. 430.

Nachteile verhindern. Hierfür ist § 32 BVerfGG aber nicht geeignet, da die Vorschrift lediglich einstweilige Anordnungen erlaubt, die gemäß § 32 Abs. 6 S. 1 BVerfGG nach sechs Monaten außer Kraft treten und gemäß § 32 Abs. 6 S. 2 BVerfGG nur mit einer Stimmenmehrheit von zwei Dritteln wiederholt werden können.[147] Ein sicherer Regelungszustand, der schwerwiegende Nachteile abschwächen oder gar verhindern möchte, kann durch die Norm somit nicht herbeigeführt werden. Zudem passt sie auch dem Wortlaut nach nicht zu den bisherigen Weitergeltungsanordnungen des BVerfG, die zumeist mehr als sechs Monate galten und zudem nicht wiederholt wurden. Eine solche Praxis würde dem Zweck der Weitergeltungsanordnung insgesamt zuwiderlaufen.

(iii) § 35 BVerfGG

In der Literatur wird die Berechtigung zur Weitergeltungsanordnung überwiegend auf § 35 BVerfGG gestützt.[148] Auch das BVerfG selbst hat in einigen Entscheidungen ausdrücklich auf diese Vorschrift verwiesen.[149] Nach dem Wortlaut der Vorschrift kann das Gericht „im Einzelfall die Art und Weise der Vollstreckung regeln“. *Bethge* geht davon aus, dass der Begriff der „Vollstreckung“ nicht im zivilrechtlichen Sinne zu verstehen

---

147 *Enk*, Die verfassungswidrige Steuernorm und ihre Folgen, 2005, S. 130.

148 *H. Klein*, Bundesverfassungsgericht und Staatsraison, 1968, S. 35 f.; *Pawlowski*, DÖV 1976, 505 (509, 511); *Pestalozza*, FS 25 Jahre BVerfG, 1976, 519 (566); *Laumen*, Die Vollstreckungskompetenz nach § 35 BVerfGG, 1997, S. 94 f.; *Burghart*, NVwZ 1998, 1262 (1264); *Graßhof*, Die Vollstreckung von Normenkontrollentscheidungen des Bundesverfassungsgerichts, 2003, S. 257; *Löwer*, HStR III, 2005, 1285 (1413); *Waldhoff*, EuR 2006, 615 (624); *Bethge*, DVBl. 2007, 917 (920); *Ehlers/Eggert*, JZ 2008, 585 (588 f.); *Hüsken*, ZfWG 2009, 13 (13); *Gaier*, JuS 2011, 961 (961); *Benda/Klein/Klein*, Verfassungsprozessrecht, 3. Auflage 2011, Rn. 1403; *Bethge*, in: M/S/K/B, BVerfGG, Stand: Juni 2019, § 35 Rn. 45; *Bethge*, in: M/S/K/B, BVerfGG, Stand: Februar 2019, § 31 Rn. 227; a.A. wohl *Frenz*, DÖV 1993, 847 (850 f.); außerdem *Sangmeister*, StuW 2001, 168 (183 f.); *Schwindt*, Rechtsfolgen verfassungswidriger Steuergesetze, 2014, S. 52 f.; *Sachs*, Verfassungsprozessrecht, 4. Auflage 2016, Rn. 652; *Werth*, FS 100 Jahre BFH, Band 1, 2018, 535 (551 f.).

149 BVerfG, Beschluss vom 11.10.1994 – 2 BvR 633/86, BVerfGE 91, 186 (207); BVerfG, Beschluss vom 22.6.1995 – 2 BvL 37/91, BVerfGE 93, 121 (131); BVerfG, Urteil vom 1.7.1998 – 2 BvR 441/90 u.a., BVerfGE 98, 169 (215); BVerfG, Beschluss vom 24.11.1998 – 2 BvL 26/91 u.a., BVerfGE 99, 300 (331); vgl. *Schwindt*, Rechtsfolgen verfassungswidriger Steuergesetze, 2014, S. 51.

sei.[150] Vielmehr ermächtige die Regelung das BVerfG dazu, die Weitergeltung „zur Sicherung der Verfassungsstaatlichkeit, der Integrität der Rechtsordnung wie auch zur Überleitung zu einer verfassungsmäßigen Rechtslage" anzuordnen.[151]

Nach *Arndt* ist die Vollstreckung i.S.d. § 35 BVerfGG „der Inbegriff aller Maßnahmen, die erforderlich sind, um solche Tatsachen zu schaffen, wie sie zur Verwirklichung des vom BVerfG gefundenen Rechts notwendig sind."[152] Diese Definition zog sodann auch das BVerfG in zwei Entscheidungen heran.[153] *Pawlowski* ist der Ansicht, dass das Gericht die Feststellung der Verfassungsmäßigkeit oder -widrigkeit ohne Rücksicht auf die Folgen treffen müsse – diese könne es dann angemessen in der „Vollstreckungsentscheidung" regeln.[154] *Graßhof* will – wie bereits die Unvereinbarkeitserklärung[155] – die Weitergeltungsanordnung ebenfalls auf § 35 BVerfGG stützen. Gemeinwohlbelange seien geeignet, eine Weitergeltung zu rechtfertigen, jedoch würden diese erst auf Vollstreckungsebene berücksichtigt.[156]

Die genannten Ansätze können indes aus mehreren Gründen nicht überzeugen. Zunächst hätte eine Aufweichung des allgemeinen Vollstreckungsbegriffs zur Folge, dass eine Art „Generalermächtigung"[157] geschaffen würde.[158] Wenn das BVerfG nach § 35 BVerfGG jegliche Maßnahme, die es für geeignet hält, anordnen dürfte, so hätte dies immense Rechtsunsicherheit zur Folge. Das BVerfG könnte unter Verstoß gegen die Gewaltenteilung als „Ersatzgesetzgeber" agieren.[159] Zudem wird verkannt, dass

---

150 *Bethge*, DVBl. 2007, 917 (920); *Bethge*, Jura 2009, 18 (21); *Hüsken*, ZfWG 2009, 13 (13); *Bethge*, in: M/S/K/B, BVerfGG, Stand: Juni 2018, § 78 Rn. 88.

151 *Bethge*, DVBl. 2007, 917 (920); *Bethge*, Jura 2009, 18 (22).

152 *A. Arndt*, DVBl. 1952, 1 (3).

153 BVerfG, Beschluss vom 21.3.1957 – zu 1 BvB 2/51, BVerfGE 6, 300 (304); BVerfG, Beschluss vom 17.10.1984 – 1 BvR 620/78 u.a., BVerfGE 68, 132 (140).

154 *Pawlowski*, DÖV 1976, 505 (510 f.).

155 Vgl. oben Kap. 1, A. II. 2.

156 *H. Klein*, Bundesverfassungsgericht und Staatsraison, 1968, S. 38; *Pawlowski*, DÖV 1976, 505 (511); *Graßhof*, Die Vollstreckung von Normenkontrollentscheidungen des Bundesverfassungsgerichts, 2003, S. 257.

157 *Schlaich/Korioth*, Das Bundesverfassungsgericht, 11. Auflage 2018, Rn. 473.

158 Nach *Pestalozza*, Verfassungsprozeßrecht, 3. Auflage 1991, § 19 Rn. 12 dürfen die Vollstreckungsanordnungen des BVerfG nicht weitergehen als die anderer Gerichte; vgl. auch *J. Ipsen*, Rechtsfolgen der Verfassungswidrigkeit von Norm und Einzelakt, 1980, S. 233; *Roth*, AÖR 124 (1999), 470 (477 ff.); *Schwindt*, Rechtsfolgen verfassungswidriger Steuergesetze, 2014, S. 52; *Schlaich/Korioth*, Das Bundesverfassungsgericht, 11. Auflage 2018, Rn. 473.

159 *Schlaich/Korioth*, Das Bundesverfassungsgericht, 11. Auflage 2018, Rn. 474.

Normenkontrollentscheidungen gerade keinen vollstreckungsfähigen Gehalt haben, sondern im Gegensatz zu Leistungs- oder Duldungsurteilen lediglich Feststellungscharakter besitzen.[160] Dies schließt das Vorliegen einer Vollstreckungsanordnung von vornherein aus.

Wie bereits festgestellt, dient die Vollstreckung der Durchsetzung der Sachentscheidung.[161] Die Weitergeltungsanordnung setzt aber nicht den Entscheidungsspruch „Unvereinbarkeit" durch. Sie hat vielmehr einen ganz eigenen, im Grunde sogar gegenteiligen Gehalt: die Erlaubnis der weiteren Anwendung der verfassungswidrigen Norm. Damit geht sie über die bloße „Art und Weise der Vollstreckung" des § 35 BVerfGG hinaus, setzt die Unvereinbarkeit gerade nicht durch.[162] Bereits der Wortlaut der Norm setzt Grenzen, die die Weitergeltungsanordnung überschreitet. Dies hat auch das BVerfG selbst erkannt. Die Vorschrift räume dem Gericht in seinem Rang als eines der obersten Verfassungsorgane zwar die zur Durchsetzung der Entscheidung nötige Kompetenz ein.[163] Allerdings nur für solche Anordnungen, „die erforderlich sind, um seinen ein Verfahren abschließenden Sachentscheidungen Geltung zu verschaffen."[164] Die Vollstreckung sei auch Feststellungsentscheidungen zugänglich, allerdings kann der Beschluss nach § 35 BVerfGG „die Sachentscheidung, deren Vollstreckung er dient, nicht ändern, modifizieren, ergänzen oder erweitern"[165], er bleibt „seiner Natur nach eine reine Entscheidung im Rahmen der Vollstreckung, der Durchsetzung, des Vollzugs der Sachentscheidung."[166] Dieser Definition des BVerfG folgend kann die Weitergeltungsanordnung keine Vollstreckungsanordnung i.S.d. § 35 BVerfGG sein, da sie nicht lediglich der Durchsetzung der Sachentscheidung (Unvereinbarkeit) dient, sondern eine hiervon losgelöste weitere Entscheidung darstellt.

---

160 Vgl. hierzu bereits oben Kap. 1, A. II. 2; a.A. BVerfG, Beschluss vom 21.3.1957 – zu 1 BvB 2/51, BVerfGE 6, 300 (303 f.).

161 *Enk*, Die verfassungswidrige Steuernorm und ihre Folgen, 2005, S. 132.

162 *Frenz*, ZG 1993, 248 (250); *Schwindt*, Rechtsfolgen verfassungswidriger Steuergesetze, 2014, S. 53; ablehnend ebenfalls *Sauer*, in: BeckOK BVerfGG, Stand: 1.1.2020, § 35 Rn. 20 ff.

163 BVerfG, Beschluss vom 21.3.1957 – zu 1 BvB 2/51, BVerfGE 6, 300 (303).

164 BVerfG, Beschluss vom 21.3.1957 – zu 1 BvB 2/51, BVerfGE 6, 300 (303).

165 BVerfG, Beschluss vom 21.3.1957 – zu 1 BvB 2/51, BVerfGE 6, 300 (304); BVerfG, Beschluss vom 17.10.1984 – 1 BvR 620/78 u.a., BVerfGE 68, 132 (140); BVerfG, Beschluss vom 11.3.1999 – 2 BvR 1206/98, BVerfGE 100, 263 (265); BVerfG, Beschluss vom 7.6.2016 – 2 BvL 3/12 u.a., BVerfGE 142, 116 (120); vgl. hierzu auch *Laumen*, Die Vollstreckungskompetenz nach § 35 BVerfGG, 1997, S. 30.

166 BVerfG, Beschluss vom 21.3.1957 – zu 1 BvB 2/51, BVerfGE 6, 300 (303 f.).

Die Weitergeltung des verfassungswidrigen Rechts setzt gerade nicht die normverwerfende Sachentscheidung durch, sondern ist Teil der Sachentscheidung selbst.[167]

(iv) Notkompetenz des BVerfG

Es ist ebenso nicht vertretbar, die Weitergeltungsanordnung auf eine ungeschriebene „Notkompetenz" des BVerfG zu stützen.[168] Wenn ein sofortiges Einschreiten des BVerfG erforderlich ist, bedarf es der Gegenansicht nach ausnahmsweise keiner Ermächtigungsgrundlage, sodass das BVerfG auch vorläufige Regelungen treffen darf.[169] Nach *Lerche* ist das BVerfG demnach berechtigt, aufgrund einer „Notkompetenz" vorläufige Regelungen anzuordnen, wenn hierdurch Verfassungsverstöße vermieden werden können.[170]

Die Weitergeltungsanordnung hat aber nicht die Beseitigung eines verfassungswidrigen Zustands zur Folge. Vielmehr hält sie eine verfassungswidrige Rechtslage für einen gewissen Zeitraum aufrecht und greift so in die Grundrechte der Bürger ein.[171] Dagegenhalten lässt sich außerdem, dass sich eine Notkompetenz allenfalls auf absolute Ausnahmefälle beschränken könnte, in denen tatsächlich eine konkrete Notlage vorliegt. Eine solche ist wohl bei der Erhebung von Steuern kaum denkbar, zumal das Instrument der Weitergeltung schon so häufig gewählt wurde, dass

---

167 Ebenso *Habscheidt*, Der Anspruch des Bürgers auf Erstattung verfassungswidriger Steuern, 2003, S. 35.

168 So aber *Lerche*, FS Gitter, 1995, 509 (509 ff.).

169 *J. Ipsen*, Rechtsfolgen der Verfassungswidrigkeit von Norm und Einzelakt, 1980, S. 243 f.; *Habscheidt*, Der Anspruch des Bürgers auf Erstattung verfassungswidriger Steuern, 2003, S. 28 f.

170 *Lerche*, FS Gitter, 1995, 509 (511); vgl. auch *Frenz*, DÖV 1993, 847 (849), der von einer „Interimskompetenz" ausgeht und *Paus*, INF 1999, 257 (257), der von einem „‚übergrundgesetzlichen' Notstand" spricht; vgl. *Habscheidt*, Der Anspruch des Bürgers auf Erstattung verfassungswidriger Steuern, 2003, S. 28 f., 35; die Meinungen beziehen sich jedoch nicht auf die Kompetenz zur Weitergeltungsanordnung, sondern auf die Kompetenz zur vorläufigen Regelungen im Sinne einer Ersatzgesetzgebung.

171 Vgl. zur Kritik unten Kap. 1, C. II. 2. c) ee); so auch *Frenz*, DÖV 1993, 847 (848); *Frenz*, DStZ 1999, 465 (469); *Sangmeister*, StuW 2001, 168 (183); *Habscheidt*, Der Anspruch des Bürgers auf Erstattung verfassungswidriger Steuern, 2003, S. 35; *Schwindt*, Rechtsfolgen verfassungswidriger Steuergesetze, 2014, S. 54.

nicht mehr von einer ausnahmsweisen Notkompetenz gesprochen werden kann.[172]

(v) Richterrechtliche Rechtsfortbildung

In der Literatur wird der Weitergeltungsanordnung teilweise der Verstoß gegen den Vorbehalt des Gesetzes vorgeworfen.[173] Für diese Ansicht spricht, dass das Gesetz keine ausdrückliche Rechtsgrundlage für die Weitergeltungsanordnung enthält.[174] Nachdem die bislang aufgeführten Meinungen zur Rechtsgrundlage abgelehnt wurden, könnte die Weitergeltungsanordnung ein Produkt richterlicher Rechtsfortbildung sein. Die Rechtsprechung ist zwar gemäß Art. 20 Abs. 3 GG an „Gesetz und Recht" gebunden. Dabei geht das BVerfG gleichwohl davon aus, dass „sich Gesetz und Recht zwar faktisch im allgemeinen, aber nicht notwendig und immer decken. [...] [Es kann] unter Umständen ein Mehr an Recht bestehen, das seine Quelle in der verfassungsmäßigen Rechtsordnung als einem Sinnganzen besitzt und dem geschriebenen Gesetz gegenüber als Korrektiv zu wirken vermag".[175] Aufgabe der Rechtsprechung sei es daher, das Korrektiv zu finden und zu verwirklichen. Die Entscheidung der Richter müsse hierbei nachvollziehbar erkennen lassen, dass das geschriebene Gesetz seine Funktion, ein Rechtsproblem gerecht zu lösen, nicht erfülle und die richterliche Entscheidung diese Lücke nach den Maßstäben der praktischen Vernunft und den „fundierten allgemeinen Gerechtigkeitsvorstellungen der Gemeinschaft" schließe.[176] Richterliche Rechtsfortbildung ist damit verfassungsrechtlich grundsätzlich zulässig.[177]

---

172 Vgl. *Sangmeister*, StuW 2001, 168 (186); *Schwindt*, Rechtsfolgen verfassungswidriger Steuergesetze, 2014, S. 54.

173 *Habscheidt*, Der Anspruch des Bürgers auf Erstattung verfassungswidriger Steuern, 2003, S. 43; zum Vorbehalt des Gesetzes im Zusammenhang mit richterlicher Rechtsfortbildung *Hillgruber*, JZ 1996, 118 (123 f.); vgl. außerdem *Konzak*, NVwZ 1997, 872 (873).

174 *Schwindt*, Rechtsfolgen verfassungswidriger Steuergesetze, 2014, S. 54.

175 BVerfG, Beschluss vom 14.2.1973 – 1 BvR 112/65, BVerfGE 34, 269 (286 f.).

176 So BVerfG, Beschluss vom 14.2.1973 – 1 BvR 112/65, BVerfGE 34, 269 (287) und nennt dies die „Aufgabe und Befugnis zu ‚schöpferischer Rechtsfindung'" des Richters.

177 *Jarass*, in: Jarass/Pieroth, GG, 16. Auflage 2020, Art. 20 Rn. 34, 65; *G. Kirchhof*, in: Herrmann/Heuer/Raupach, EStG/KStG, Stand: April 2020, Einführung zum EStG Rn. 155.

Die Voraussetzungen für die Rechtsfortbildung liegen im Falle der Weitergeltungsanordnung vor. Es ist eine Regelungslücke gegeben, da der Gesetzgeber darauf verzichtet hat, weitere Entscheidungsvarianten zu normieren. Er hat dem BVerfG die Befugnis einräumen wollen, selbst Entscheidungsaussprüche zu entwickeln.[178] Verfassungsrechtliche Gründe verlangen es in bestimmten Konstellationen, die Weitergeltung einer verfassungswidrigen Norm anzuordnen, um einen Zustand herbeizuführen, der näher an der Verfassung ist als die Erklärung der Nichtigkeit oder der Unvereinbarkeit *ex tunc*.[179] Durch die Weitergeltungsanordnung gilt ein demokratisch legitimiertes Gesetz damit für einen Übergangszeitraum weiter, um unerwünschte Zustände zu vermeiden. Der Auftrag des BVerfG liegt in der Wahrung der Verfassung, sodass noch eingehend zu untersuchen sein wird, in welchen Konstellationen eine Weitergeltung verfassungsrechtlich angezeigt ist.[180]

(vi) Zwischenergebnis

Die Weitergeltungsanordnung ist verfassungsrechtlich grundsätzlich zulässig, aber nur in den Konstellationen geboten, in denen sie das geeignete Mittel zur Wahrung der betroffenen Verfassungsgüter darstellt.[181] Rechtsgrundlage für die weitere Erhebung einer verfassungswidrigen Steuer bleibt das Gesetz, das für unvereinbar erklärt wird, dieses wirkt fort.[182]

d) Zusammenfassung

In den vorliegenden Abschnitten sollte gezeigt werden, dass die Unvereinbarkeitserklärung verfassungsrechtlich zulässig ist. Diese hat grundsätzlich zur Folge, dass der Gesetzgeber verpflichtet ist, den verfassungswidrigen Zustand rückwirkend zu beseitigen. Das BVerfG kann zusätzlich die Wei-

---

178 So auch *Schwindt*, Rechtsfolgen verfassungswidriger Steuergesetze, 2014, S. 55; a.A. *Jülicher*, Die Verfassungsbeschwerde gegen Urteile bei gesetzgeberischem Unterlassen, 1972, S. 70, der meint, der Gesetzgeber habe im BVerfGG abschließend nur die Nichtigkeits- und Unvereinbarkeitserklärung regeln wollen.

179 *Schwindt*, Rechtsfolgen verfassungswidriger Steuergesetze, 2014, S. 57; so im Ergebnis auch *Werth*, FS 100 Jahre BFH, Band 1, 2018, 535 (552).

180 Hierzu Kap. 1, C. II. 1.

181 Vgl. hierzu insbesondere Kap. 4, A. I. 1. c) und Kap. 4, A. I. 2. b) cc).

182 Vgl. bereits oben Kap. 1, A. II. 3. c).

tergeltung des verfassungswidrigen Gesetzes anordnen, wenn gewichtige Gründe vorliegen, die die Weitergeltung aus verfassungsrechtlicher Sicht gebieten.

Im weiteren Verlauf der Arbeit wird zu erörtern sein, ob finanzielle Auswirkungen von Bundesverfassungsgerichtsentscheidungen solche gewichtigen Gründe für eine Weitergeltungsanordnung darstellen und so die weitere Erhebung verfassungswidriger Steuern rechtfertigen können.

III. Appellentscheidung

Neben Nichtigkeits- und Unvereinbarkeitserklärungen hat sich das BVerfG auch schon darauf beschränkt, nur an den Gesetzgeber zu appellieren. Die sog. Appellentscheidung stellt formal eine Vereinbarkeitserklärung dar.[183] Das BVerfG stellt hierbei fest, dass ein Gesetz noch mit der Verfassung in Einklang steht. Es appelliert jedoch in den Entscheidungsgründen an den Gesetzgeber, einen der Verfassung entsprechenden Zustand herzustellen oder eine in Zukunft drohende Verfassungswidrigkeit abzuwenden.[184] Es gab aber auch schon eine Appellentscheidung, bei der ein Verstoß gegen den Gleichheitssatz festgestellt wurde, das BVerfG sich aber aufgrund des konkreten Einzelfalls gegen eine Nichtigkeits- oder Unvereinbarkeitserklärung entschied. Der Sinn der Appellentscheidung liegt darin, die Anwendbarkeit des bisherigen, wenn auch verfassungsrechtlich

---

183 *P. Kirchhof*, DStJG 18 (1995), 17 (40); *Habscheidt*, Der Anspruch des Bürgers auf Erstattung verfassungswidriger Steuern, 2003, S. 12; *Löwer*, HStR III, 2005, 1285 (1415); *Schwindt*, Rechtsfolgen verfassungswidriger Steuergesetze, 2014, S. 37; *Schlaich/Korioth*, Das Bundesverfassungsgericht, 11. Auflage 2018, Rn. 431; *Werth*, FS 100 Jahre BFH, Band 1, 2018, 535 (539); *G. Kirchhof*, in: Herrmann/Heuer/Raupach, EStG/KStG, Stand: April 2020, Einführung zum EStG Rn. 120.

184 BVerfG, Urteil vom 20.3.1963 – 1 BvR 505/59, BVerfGE 15, 337 (352); BVerfG, Urteil vom 20.12.1966 – 1 BvR 320/57 u.a., BVerfGE 21, 12 (42); BVerfG, Beschluss vom 14.11.1973 – 1 BvR 719/69, BVerfGE 36, 146 (172); BVerfG, Beschluss vom 26.3.1980 – 1 BvR 121/76 u.a., BVerfGE 54, 11 (34 ff.); BVerfG, Beschluss vom 24.6.1992 – 1 BvR 459/87 u.a., BVerfGE 86, 369 (379 f.); *P. Hein*, Die Unvereinbarerklärung verfassungswidriger Gesetze durch das Bundesverfassungsgericht, 1988, S. 15; *Zeidler*, EuGRZ 1988, 207 (214); *Kleuker*, Gesetzgebungsaufträge des Bundesverfassungsgerichts, 1993, S. 41; *Herter*, Die Unvereinbarkeitserklärung verfassungswidriger Steuergesetze, 1995, S. 21; *P. Kirchhof*, DStJG 18 (1995), 17 (40); *Schwenke*, DStR 1999, 404 (405); *Waldhoff*, EuR 2006, 615 (624); *Aust/Meinel*, JuS 2014, 113 (117); *Schwindt*, Rechtsfolgen verfassungswidriger Steuergesetze, 2014, S. 37; *Voßkuhle*, in: v. Mangoldt/Klein/Starck, GG, 7. Auflage 2018, Art. 93 Rn. 51.

mangelhaften Rechts bis zur gesetzlichen Neuregelung zu sichern.[185] Da mit der Appellentscheidung zuweilen nur die nicht erwünschten Rechtsfolgen einer Nichtigkeits- oder Unvereinbarkeitserklärung umgangen werden sollen, obwohl das Gericht von der Verfassungswidrigkeit überzeugt ist, wird die Appellentscheidung in der Literatur zu Recht stark kritisiert.[186] Die Appellentscheidung ist jedoch für die vorliegende Arbeit von geringer Relevanz[187] und sei hier nur der Vollständigkeit halber erwähnt. Sie gilt im Übrigen als „überwunden", da sie seit Jahrzehnten nicht mehr ausgesprochen wurde.[188]

B. Die widerstreitenden Interessen von Fiskus und Steuerpflichtigen bei verfassungswidrigem Steuerrecht

I. Problematik

Für die Frage, ob und wie das BVerfG die Finanzfolgen seiner Entscheidungen zu berücksichtigen hat, ist es von zentraler Bedeutung, sich die gegenüberstehenden Interessen zu vergegenwärtigen – insbesondere bei Weitergeltungsanordnungen. Entscheidet sich das Gericht für eine solche, dann ist eine verfassungswidrig erhobene Steuer nicht rückabzuwickeln, vom Steuerpflichtigen weiterhin zu entrichten und erst ab einem Zeitpunkt in der Zukunft der Verfassung entsprechend neu zu regeln. Hierbei kollidieren die finanziellen Interessen der öffentlichen Hand mit denen der belasteten Steuerschuldner.

Einerseits ist der Steuerstaat auf die Erhebung von Steuern zwingend angewiesen. Diese stellen seine Haupteinnahmequelle dar. Der Fiskus plant jeweils zu Beginn des Jahres, wie die prognostizierten Steuereinnahmen ausgegeben werden.[189] Hierbei geht er davon aus, dass er die vereinnahmten Gelder behalten darf.[190] Müssen nun bereits entrichtete Abgaben aufgrund der Feststellung der Verfassungswidrigkeit an den Steuerpflichtigen

---

185 *Maurer*, FS Weber, 1974, 345 (347).

186 Vgl. hierzu beispielsweise *Frenz*, DÖV 1993, 847 (847); *Wernsmann*, Das gleichheitswidrige Steuergesetz, 2000, S. 73; *Schwindt*, Rechtsfolgen verfassungswidriger Steuergesetze, 2014, S. 38; *Seer*, in: Tipke/Lang, EStG, 23. Auflage 2018, § 22 Rn. 289.

187 Siehe hierzu Kap. 1, C. II. 2. a).

188 *Hey*, FS 100 Jahre BFH, Band 1, 2018, 451 (462).

189 Vgl. zur periodischen Haushaltsplanung Kap. 1, C. II. 2. c) dd) (i).

190 Siehe zum Vertrauensschutz des Gesetzgebers Kap. 1, C. II. 2. c) dd) (iii).

zurückerstattet werden, fehlen der öffentlichen Hand unter Umständen Millionen- oder gar Milliardenbeträge an anderer Stelle des Haushalts. Während infolge der Gerichtsentscheidung bereits der abrupte Steuerausfall für kommende Jahre ein finanzielles Problem darstellt, so ist die Rückerstattung für vergangene Zeiträume ein weitaus größeres. Die Einnahmen sind aufgrund der Periodizität des Haushalts bereits verplant und stehen nicht zur freien Verfügung. Beachtlich ist auch der immense Verwaltungsaufwand, den eine Rückabwicklung erfordert. Der Fiskus hat damit ein gewichtiges Interesse daran, dass eine für verfassungswidrig erklärte Abgabe nicht zurückzuerstatten ist und die Einnahmen erhalten bleiben. Die Rückerstattung ist nur dann ausgeschlossen, wenn das BVerfG die Weitergeltung anordnet.

Demgegenüber hat der Steuerpflichtige andere – aber nicht gänzlich gegensätzliche – Interessen. Er akzeptiert die anfallenden Steuern auf Einkommen, Umsatz, Energie, Grunderwerb, Kraftfahrzeuge, Erbschaft etc. in dem Wissen, dass der Staat hierdurch das Bildungs- und Gesundheitswesen, die Infrastruktur, Sozialsysteme und Sicherheit finanziert.[191] Im Grundsatz hat also auch der Steuerpflichtige ein Interesse an Steuererhebung. Es liegt jedoch auf der Hand, dass sich dieses nur auf verfassungsgemäße Besteuerung richtet.

Damit stehen sich das Bedürfnis des Fiskus, Steuern gleichmäßig und planbar zu erheben und das Interesse der Steuerpflichtigen an einer verfassungskonformen Steuererhebung entgegen. Dieser Konflikt muss auf eine Weise gelöst werden, die beiden Parteien weitestmöglich entgegenkommt. Denn der Steuerstaat ist auf die Akzeptanz der Steuerpflichtigen angewiesen. Daneben ist das Vertrauen der Bürger in eine verfassungskonforme (Steuer-)Gesetzgebung schutzwürdig und nicht zu untergraben.

Die folgende Analyse befasst sich zunächst mit ergangenen Entscheidungen des BVerfG im Bereich des Abgabenrechts. Im Rahmen der Untersuchung sollen verschiedene Fallgruppen vorgestellt werden, bei denen die finanziellen Auswirkungen der Entscheidung eine wesentliche Rolle gespielt haben. Die Konstellationen werden sodann auf ihre Verfassungsmäßigkeit hin untersucht. Zur Verdeutlichung der Problematik der Weitergeltung verfassungswidrigen Steuerrechts ist aber zunächst näher zu beleuchten, wie sich die verschiedenen Rechtsfolgenaussprüche des BVerfG

191 Steuern sind gemäß § 3 Abs. 1 AO „Geldleistungen, die nicht eine Gegenleistung für eine besondere Leistung darstellen“, weshalb an dieser Stelle nur eine mittelbare Gegenleistung gemeint ist, indem Steuern die genannten Leistungen des Staates maßgeblich finanzieren.

auf bereits entrichtete Abgaben und deren weitere Erhebung konkret auswirken.

II. Rückerstattungsansprüche der Steuerpflichtigen…

Es ist daher zu prüfen, inwieweit dem Steuerpflichtigen ein Rückerstattungsanspruch zusteht, wenn das BVerfG feststellt, dass eine abgabenrechtliche Vorschrift nicht mit der Verfassung in Einklang steht und die Abgabe somit nie oder jedenfalls nicht in der entscheidungserheblichen Fassung hätte erhoben werden dürfen.

1. … bei Nichtigerklärung

Wird ein Steuergesetz für nichtig erklärt, wird dem auf diesem Gesetz beruhenden Steuerbescheid die Rechtsgrundlage genommen. Die Abgabe wurde damit ohne rechtlichen Grund geleistet, weil das nichtige Gesetz so zu behandeln ist, als wäre es nie Teil der Rechtsordnung gewesen.[192] Daraus folgt ein Rückerstattungsanspruch nach § 37 Abs. 2 AO für rechtsgrundlos entrichtete Steuerbeträge.[193] Der belastete Bürger kann infolge der Nichtigerklärung vom zuständigen Finanzamt verlangen, dass seine Steuerfestsetzung entsprechend berichtigt wird.[194] Wurde die Festsetzung gemäß § 165 Abs. 1 S. 2 Nr. 3 AO für vorläufig erklärt, hat das Finanzamt im Anschluss an die Entscheidung des BVerfG die Steuerfestsetzung von Amts wegen unter Berücksichtigung der geltenden Rechtslage ohne die nichtigen Vorschriften zu ändern, § 165 Abs. 2 S. 2 AO. Zum Schutze des Einzelnen gilt gemäß § 176 Abs. 1 S. 1 Nr. 1 AO, dass eine nachträgliche Änderung oder Aufhebung der Festsetzung nicht zuungunsten des Steuerpflichtigen ergehen darf, wenn das BVerfG ein Gesetz für nichtig erklärt hat, auf dem der Steuerbescheid beruht.[195]

---

192 *Habscheidt,* Der Anspruch des Bürgers auf Erstattung verfassungswidriger Steuern, 2003, S. 6, 17.

193 Im Ganzen *Werth,* FS 100 Jahre BFH, Band 1, 2018, 535 (544).

194 *Habscheidt,* Der Anspruch des Bürgers auf Erstattung verfassungswidriger Steuern, 2003, S. 6.

195 *Werth,* FS 100 Jahre BFH, Band 1, 2018, 535 (544 f.).

Der Nichtigkeitsausspruch wirkt jedoch zeitlich nicht unbegrenzt in die Vergangenheit zurück.[196] Um zu verhindern, dass die bei einer Nichtigkeit *ex tunc* eintretenden Wirkungen unter Umständen zu schwer erträglichen Folgen für die Betroffenen führen, schränkt § 79 Abs. 2 BVerfGG die Konsequenzen der Nichtigkeitserklärung stark ein.[197] Der Rechtsfolgenausspruch erstreckt sich nur auf die Entscheidungen, die noch nicht bestandskräftig, also noch anfechtbar sind (§§ 79 Abs. 2 S. 1, 95 Abs. 3 S. 3 BVerfGG). Nicht mehr anfechtbare Entscheidungen, die auf einer für nichtig erklärten Norm beruhen, bleiben unberührt.[198] Auf diese Weise löst der Gesetzgeber den Konflikt zwischen materieller Richtigkeit und Rechtssicherheit.[199] Die Gerechtigkeit tritt insoweit hinter der Rechtssicherheit zurück.[200] So bleibt eine Steuerfestsetzung, die auf dem für nichtig erklärten Steuergesetz beruht, aber unanfechtbar geworden ist, weiterhin Rechtsgrund für die festgesetzte Steuer.[201] Die öffentliche Hand darf die Abgabe mit Eintritt der Bestandskraft endgültig behalten.

2. … bei Unvereinbarkeitserklärung ex tunc

Im Falle einer Unvereinbarkeitserklärung *ex tunc*, d.h. ohne Weitergeltungsanordnung, entsteht ebenfalls ein Anspruch des Steuerpflichtigen auf Erstattung verfassungswidrig erhobener Steuern, allerdings erst mit dem Wirksamwerden der rückwirkenden gesetzlichen Neuregelung, soweit diese eine frühere Belastung beseitigt oder den bisher ausgeschlossenen Steuerpflichtigen nunmehr begünstigt.[202] In der Praxis wird der Steuerbescheid regelmäßig mit einem Vorläufigkeitsvermerk versehen, wenn die

196 *Habscheidt,* Der Anspruch des Bürgers auf Erstattung verfassungswidriger Steuern, 2003, S. 7.

197 *Heyde,* FS Faller, 1984, 53 (58); vgl. außerdem zur Konfliktlösung zugunsten der Rechtssicherheit *Gleiss/Kleinmann,* NJW 1966, 1591 (1591).

198 *Habscheidt,* Der Anspruch des Bürgers auf Erstattung verfassungswidriger Steuern, 2003, S. 7 f.

199 *Habscheidt,* Der Anspruch des Bürgers auf Erstattung verfassungswidriger Steuern, 2003, S. 8.

200 *Aust/Meinel,* JuS 2014, 113 (114).

201 *Habscheidt,* Der Anspruch des Bürgers auf Erstattung verfassungswidriger Steuern, 2003, S. 8; *Werth,* FS 100 Jahre BFH, Band 1, 2018, 535 (544).

202 *Habscheidt,* Der Anspruch des Bürgers auf Erstattung verfassungswidriger Steuern, 2003, S. 10.

Vereinbarkeit eines Steuergesetzes mit höherrangigem Recht Gegenstand eines Verfahrens vor dem BVerfG ist, § 165 Abs. 1 S. 2 Nr. 3 AO.[203]

Aufgrund der Anwendungs- und Vollstreckungssperre darf die Norm von Gerichten und Behörden nicht mehr angewandt werden, wenn das BVerfG die Unvereinbarkeit mit der Verfassung erklärt hat. Laufende Verfahren sind auszusetzen. Hat der Steuerpflichtige die betroffene Abgabe bereits entrichtet, so kann er bis zur Neuregelung keine Erstattung verlangen, da der Steuerbescheid bis dahin als Rechtsgrundlage bestehen bleibt.[204] Der Rückerstattungsanspruch kann damit erst geltend gemacht werden, wenn der Gesetzgeber die Rechtslage zugunsten des Steuerpflichtigen geändert hat, also eine Minderung der Steuerschuld eingetreten ist. Wie bei der Nichtigkeitserklärung wirkt die Entscheidung in den meisten Fällen faktisch nicht bis zum Inkrafttreten des verfassungswidrigen Rechts bzw. der Normenkollision zurück. Auch hier gilt, dass eine Erstattung nur dann in Betracht kommt, wenn die Steuerfestsetzung noch nicht bestandskräftig geworden ist (§ 79 Abs. 2 S. 1 analog).[205] Eine Erstattung erfolgt somit bei begründetem Anspruch zeitlich verzögert – abhängig davon, wie zügig der Gesetzgeber seinem Reformauftrag nachkommt.[206] Wie auch bei der Nichtigkeitserklärung ist eine Änderung zulasten des Steuerpflichtigen wegen des Grundsatzes des Vertrauensschutzes ausgeschlossen, § 176 Abs. 1 S. 1 Nr. 1 AO.[207]

---

203 Bei der späteren Änderung vorläufiger Bescheide ist § 176 Abs. 1 Nr. 1 AO zu beachten, sodass der Vorläufigkeitsvermerk nach § 165 Abs. 1 S. 2 Nr. 3 AO nur zu einer für den Steuerpflichtigen günstigen Änderung führen kann, siehe *Heuermann*, in: Hübschmann/Hepp/Spitaler, AO/FGO, Stand: Juni 2018, § 165 AO Rn. 46. Zum weiten Verständnis der Regelung, sodass nicht nur nichtige, sondern auch für unvereinbar erklärte Vorschriften hierunter fallen *von Groll*, in: Hübschmann/Hepp/Spitaler, AO/FGO, Stand: Februar 2015, § 176 AO Rn. 143 m.w.N.

204 *Habscheidt*, Der Anspruch des Bürgers auf Erstattung verfassungswidriger Steuern, 2003, S. 10; *Werth*, FS 100 Jahre BFH, Band 1, 2018, 535 (545).

205 BVerfG, Beschluss vom 21.5.1974 – 1 BvL 22/71 u.a., BVerfGE 37, 217 (262 f.); BVerfG, Beschluss vom 22.3.1990 – 2 BvL 1/86, BVerfGE 81, 363 (384); BFH, Urteil vom 11.2.1994 – III R 50/92, DStR 1994, 654 (654); *Werth*, FS 100 Jahre BFH, Band 1, 2018, 535 (545).

206 *Habscheidt*, Der Anspruch des Bürgers auf Erstattung verfassungswidriger Steuern, 2003, S. 11; *Werth*, FS 100 Jahre BFH, Band 1, 2018, 535 (545).

207 *von Groll*, in: Hübschmann/Hepp/Spitaler, AO/FGO, Stand: Februar 2015, § 176 AO Rn. 143; *Werth*, FS 100 Jahre BFH, Band 1, 2018, 535 (545).

3. … bei Unvereinbarkeitserklärung mit Weitergeltungsanordnung

Wesentlich nachteiliger gestaltet sich die Situation aus Sicht der Steuerpflichtigen, wenn das BVerfG die Weitergeltung des verfassungswidrigen Rechts anordnet. Indem die Anordnung zur Folge hat, dass die Behörden und Gerichte das unvereinbare Gesetz bis zum Ablauf der Frist weiterhin anwenden dürfen, entsteht der Anspruch des Steuerpflichtigen auf Rückerstattung gar nicht erst. Der Rechtsgrund für die Abgabe – das verfassungswidrige Gesetz – bleibt unverändert bestehen,[208] sodass der Tatbestand des § 37 Abs. 2 AO nicht erfüllt ist.[209] Konsequenz ist, dass die öffentliche Hand die verfassungswidrig vereinnahmte Abgabe nicht nur für die Vergangenheit behalten, sondern auch noch bis zur Neuregelung weiter erheben darf. Die deshalb gegen die Weitergeltungsanordnung vorzubringenden Erwägungen werden noch ausführlich zu erörtern sein.[210]

III. Keine Privilegierung von Rechtsmittelführern

Wird ein abgabenrechtliches Gesetz vor dem BVerfG auf seine Verfassungskonformität geprüft, so hat sich mindestens ein Individuum bemüht, seine Rechte gerichtlich geltend zu machen. Manche Verfahrensordnungen anderer Länder oder dortige Spruchpraktiken sehen vor, einen bestimmten Personenkreis zu privilegieren, der sich für die Durchsetzung seiner Rechte eingesetzt hat.[211] Ob eine solche Privilegierung rechtlich zulässig und notwendig ist, ist im Ergebnis eine Frage von Rechtssicherheit, Rechtmäßigkeit und effektivem Rechtsschutz.[212] In Bezug auf das BVerfG und die Weitergeltungsanordnungen ist insbesondere zu untersuchen, ob derjenige, dessen Sachverhalt die Weitergeltungsanordnung zur Folge hatte, von dem Adressatenkreis des weiter anwendbaren verfassungswidrigen Gesetzes ausgeschlossen werden sollte, um effektiven Rechtsschutz zu gewährleisten. Zur Beantwortung dieser Frage hilft zunächst ein Blick auf die österreichische und unionsgerichtliche Behandlung von Rechtsschutzsuchenden.

---

208 *Habscheidt*, Der Anspruch des Bürgers auf Erstattung verfassungswidriger Steuern, 2003, S. 12; siehe hierzu die obigen Ausführungen unter Kap. 1, A. II. 3. c).

209 *Werth*, FS 100 Jahre BFH, Band 1, 2018, 535 (546).

210 Siehe hierzu insbesondere Kap. 1, C. II. 2. c) ee).

211 Z.B. die österreichische Bundesverfassung und die ständige Rspr. des EuGH, dazu sogleich.

212 Vgl. auch *Kokott/Henze*, NJW 2006, 177 (182).

1. Die „Ergreiferprämie" nach österreichischem Recht

a) Aufhebung verfassungswidriger Gesetze

In Österreich genießt der Kläger des Anlassfalls vor dem Verfassungsgerichtshof[213] (VfGH) eine Sonderstellung.[214] In Art. 140 Abs. 7 der österreichischen Bundesverfassung (B-VG) findet sich folgende Regelung: *„Ist ein Gesetz wegen Verfassungswidrigkeit aufgehoben worden oder hat der Verfassungsgerichtshof gemäß Abs. 4*[215] *ausgesprochen, dass ein Gesetz verfassungswidrig war, so sind alle Gerichte und Verwaltungsbehörden an den Spruch des Verfassungsgerichtshofes gebunden. Auf die vor der Aufhebung verwirklichten Tatbestände* ***mit Ausnahme des Anlassfalles*** *ist jedoch das Gesetz weiterhin anzuwenden, sofern der Verfassungsgerichtshof nicht in seinem aufhebenden Erkenntnis anderes ausspricht. Hat der Verfassungsgerichtshof in seinem aufhebenden Erkenntnis eine Frist gemäß Abs. 5*[216] *gesetzt, so ist das Gesetz auf alle bis zum Ablauf dieser Frist verwirklichten Tatbestände* ***mit Ausnahme des Anlassfalles*** *anzuwenden."*[217] In Österreich ist damit gesetzlich geregelt, dass normverwerfende Entscheidungen des VfGH – anders als in Deutschland – ihre Wirkung grundsätzlich erst ab der Aufhebung der Norm entfalten.[218] Auf

213 Zur Entstehungsgeschichte und den Kompetenzen des österreichischen Verfassungsgerichtshofs *Wusterhausen*, Die Wirkungen der Urteile des EuGH in der Zeit, 2016, S. 251 ff.

214 Ausführlich zum österreichischen Anlassfall *Cede*, Das verfassungsgerichtliche Verfahren in Steuersachen, 2010, 189 (191 ff.).

215 Art. 140 Abs. 4 B-VG lautet: *„Ist das Gesetz im Zeitpunkt der Fällung des Erkenntnisses des Verfassungsgerichtshofes bereits außer Kraft getreten […], so hat der Verfassungsgerichtshof auszusprechen, ob das Gesetz verfassungswidrig war."* Gegenstand der Prüfungskompetenz sind damit auch Gesetze, die schon außer Kraft getreten, aber noch auf den Anlassfall anzuwenden sind, *Rohregger*, in: Korinek/Holoubek/Bezemek u.a., B-VG, Stand: 2003, Art. 140 Rn. 43; *Mayer/Muzak*, in: Mayer/Muzak, B-VG, 5. Auflage 2015, Art. 140 I.3. Zum Begriff des außer Kraft getretenen Gesetzes *Thienel*, JBl 1994, 26 (26 ff.).

216 Art. 140 Abs. 5 B-VG lautet: *„Das Erkenntnis des Verfassungsgerichtshofes, mit dem ein Gesetz als verfassungswidrig aufgehoben wird, verpflichtet den Bundeskanzler oder den zuständigen Landeshauptmann zur unverzüglichen Kundmachung der Aufhebung. Dies gilt sinngemäß für den Fall eines Ausspruches gemäß Abs. 4. Die Aufhebung tritt mit Ablauf des Tages der Kundmachung in Kraft, wenn nicht der Verfassungsgerichtshof für das Außerkrafttreten eine Frist bestimmt. Diese Frist darf 18 Monate nicht überschreiten."*

217 Hervorhebungen durch die Verfasserin.

218 *Rohregger*, in: Korinek/Holoubek/Bezemek u.a., B-VG, Stand: 2003, Art. 140 Rn. 313; allgemein zur Verfassungswidrigkeit i.S.v. Art. 140 B-VG *Laurer*, FS Adamovich, 2002, 307 (307 ff.).

Sachverhalte, die den Tatbestand der Normen vor der Aufhebung bereits verwirklicht haben, sind die verfassungswidrigen Regelungen noch anzuwenden.[219] Die Aufhebung tritt mit Ablauf des Tages der Kundmachung gemäß Art. 140 Abs. 5 B-VG in Kraft, wenn der VfGH nicht eine Frist für das Außerkrafttreten des Gesetzes bestimmt hat.[220] Mit der Ermächtigung zur Fristsetzung soll dem Gesetzgeber ein angemessener Zeitraum zur Schaffung einer verfassungskonformen Rechtslage gewährt werden, wenn die sofortige Aufhebung zu größeren Nachteilen führen würde, als die zeitweise Beibehaltung der verfassungswidrigen Regelung. Der Gesetzgeber ist aber frei, die Normen schon vor Ablauf der Frist zu ersetzen.[221] Wird keine Frist gesetzt, so treten die früheren gesetzlichen Bestimmungen wieder in Kraft. Die nach Aufhebung geltende Rechtslage bestimmt sich also nach der bisherigen Rechtslage „abzüglich der aufgehobenen Bestimmung zuzüglich der wiederinkraftgetretenen Bestimmungen" (sofern der VfGH das Wiederinkrafttreten nicht ausgeschlossen hat).[222]

b) Der Anlassfall als Ausnahme

Von der Wirkung der Gesetzesaufhebung sieht Art. 140 Abs. 7 S. 2 B-VG die Ausnahme des „Anlassfalls" vor. Mit dem Anlassfall meint der Gesetzgeber die Rechtssache, die der „Anlass" des Normenkontrollverfahrens war, also der konkrete Fall, der zum Verfahren vor dem Verfassungsgericht geführt hat.[223] Allerdings erweiterte der VfGH dieses Verständnis bereits 1985 um all diejenigen Fälle, die im Zeitpunkt des Beginns der mündlichen Verhandlung vor dem VfGH anhängig waren (sog. Quasianlassfäl-

219 *Schwenke*, DStR 1999, 404 (406); *Kokott/Henze*, NJW 2006, 177 (182); *Mayer/Muzak*, in: Mayer/Muzak, B-VG, 5. Auflage 2015, Art. 140 V.1.; *Wusterhausen*, Die Wirkungen der Urteile des EuGH in der Zeit, 2016, S. 254.

220 *Rohregger*, in: Korinek/Holoubek/Bezemek u.a., B-VG, Stand: 2003, Art. 140 Rn. 278; *Wusterhausen*, Die Wirkungen der Urteile des EuGH in der Zeit, 2016, S. 254.

221 *Rohregger*, in: Korinek/Holoubek/Bezemek u.a., B-VG, Stand: 2003, Art. 140 Rn. 294.

222 *Rohregger*, in: Korinek/Holoubek/Bezemek u.a., B-VG, Stand: 2003, Art. 140 Rn. 331; *Mayer/Kucsko-Stadlmayer/Stöger*, Grundriss des österreichischen Bundesverfassungsrechts, 11. Auflage 2015, Rn. 1170.

223 *Wusterhausen*, Die Wirkungen der Urteile des EuGH in der Zeit, 2016, S. 254 f.

le).[224] Auf den Anlassfall im weiteren Sinne ist das verfassungswidrige Gesetz grundsätzlich[225] nicht mehr anzuwenden.[226] Begünstigt werden soll mithin der zumindest mögliche Beitrag des Einzelnen zur Wiederherstellung eines verfassungsgemäßen Zustands.[227] Im Jahr 2005 schränkte der VfGH die umfassten Anlassfälle wieder auf diejenigen Rechtsschutzsuchenden ein, die ihren Antrag auf Einleitung eines Verwaltungsverfahrens bereits vor der Bekanntmachung des Prüfungsbeschlusses des VfGH gestellt hatten.[228] Grund hierfür war die Eindämmung von Massenanträgen nach dem Bekanntwerden des Verfahrens durch Veröffentlichung.[229] Privilegiert ist seither nur noch, wer seinen Rechtsbehelf rechtzeitig – d.h. vor Bekanntwerden des eingeleiteten Gerichtsverfahrens – erhebt.[230] Ohne die Ausnahmeregelung wäre der Anlassfall nach der verfassungswidrigen Rechtslage zu beurteilen, da er einen vor der Aufhebung verwirklichten Sachverhalt darstellt. Um den Anlassfall zu begünstigen, soll für ihn daher bereits die „bereinigte“ Rechtslage gelten.[231] Wenn der VfGH nichts anderes bestimmt, sind auf den Anlassfall diejenigen gesetzlichen Regelungen anzuwenden, die wegen Art. 140 Abs. 6 B-VG wieder in Kraft treten.[232] In

---

224 *Schwenke*, DStR 1999, 404 (406); *Berchtold-Ostermann/Schober-Oswald*, EuGRZ 2006, 525 (528); *Kokott/Henze*, NJW 2006, 177 (182); *Wusterhausen*, Die Wirkungen der Urteile des EuGH in der Zeit, 2016, S. 255.

225 Weiterführend zu abweichenden Möglichkeiten des VfGH *Wusterhausen*, Die Wirkungen der Urteile des EuGH in der Zeit, 2016, S. 257 ff.

226 *Wusterhausen*, Die Wirkungen der Urteile des EuGH in der Zeit, 2016, S. 255.

227 *Berchtold-Ostermann/Schober-Oswald*, EuGRZ 2006, 525 (528); *Wusterhausen*, Die Wirkungen der Urteile des EuGH in der Zeit, 2016, S. 255.

228 VfGH, Erkenntnis vom 15.10.2005 – B 844/05 u.a., VfSlg. 2005, 17687; vgl. auch *Berchtold-Ostermann/Schober-Oswald*, EuGRZ 2006, 525 (528 f.); *Sperlich*, FS Ruppe, 2007, 551 (553 f.); *Mayer/Muzak*, in: Mayer/Muzak, B-VG, 5. Auflage 2015, Art. 140 V. 3.

229 *Wusterhausen*, Die Wirkungen der Urteile des EuGH in der Zeit, 2016, S. 256.

230 *Wusterhausen*, Die Wirkungen der Urteile des EuGH in der Zeit, 2016, S. 256.

231 *Rohregger*, in: Korinek/Holoubek/Bezemek u.a., B-VG, Stand: 2003, Art. 140 Rn. 322.

232 Art. 140 Abs. 6 B-VG lautet: „*Wird durch ein Erkenntnis des Verfassungsgerichtshofes ein Gesetz als verfassungswidrig aufgehoben, so treten mit dem Tag des Inkrafttretens der Aufhebung, falls das Erkenntnis nicht anderes ausspricht, die gesetzlichen Bestimmungen wieder in Kraft, die durch das vom Verfassungsgerichtshof als verfassungswidrig erkannte Gesetz aufgehoben worden waren. In der Kundmachung über die Aufhebung des Gesetzes ist auch zu verlautbaren, ob und welche gesetzlichen Bestimmungen wieder in Kraft treten.*“ Vgl. zu dieser Besonderheit *Rohregger*, in: Korinek/Holoubek/Bezemek u.a., B-VG, Stand: 2003, Art. 140 Rn. 313 ff., 322.

aller Regel wirkt sich die Anlassfallwirkung zugunsten der Privilegierten aus.[233]

c) Fristsetzung für das Außerkrafttreten des verfassungswidrigen Gesetzes

Die österreichische Bundesverfassung kennt zudem ein gesetzlich geregeltes Äquivalent zur Weitergeltungsanordnung des BVerfG. Art. 140 Abs. 5 S. 3 und 4 B-VG ermächtigen den VfGH, vom Grundsatz der *ex nunc*-Aufhebung abzuweichen. Hiernach kann er einen Zeitpunkt in der Zukunft bestimmen, ab dem das für verfassungswidrig erkannte Gesetz außer Kraft tritt. Gemäß Art. 140 Abs. 5 S. 4 B-VG darf die angeordnete Frist eine Länge von 18 Monaten nicht überschreiten. Der Wirkungszeitpunkt der Aufhebungsentscheidung kann damit um maximal eineinhalb Jahre nach hinten verschoben werden. Das Gesetz ist auf alle bis zum Ablauf der Frist verwirklichten Tatbestände – mit Ausnahme des Anlassfalls – anzuwenden (Art. 140 Abs. 7 S. 3 B-VG).[234] Die Literatur geht davon aus, dass durch die Möglichkeit der Fristsetzung die Gefahr verringert wird, dass der VfGH sich zu sehr von Folgen der Aufhebung und rechtspolitischen Erwägungen leiten lässt. So könnten sich die Richter auf die eigentliche Gesetzesprüfung und Beurteilung der Verfassungsmäßigkeit konzentrieren.[235] Dem Gesetzgeber soll zudem ermöglicht werden, die Rechtslage in angemessener Zeit verfassungskonform zu gestalten.[236] Der VfGH verzichtet regelmäßig auf eine Fristsetzung, wenn die Verfassung durch die Aufhebung der Vorschrift gewahrt wird. Ansonsten legt er zumeist eine einjährige Frist fest, nur bei außergewöhnlichen Umständen wie etwa komplexen Steuergesetzen eine längere.[237] Auch bei der Fristsetzung wird der Anlassfall be-

233 *Rohregger*, in: Korinek/Holoubek/Bezemek u.a., B-VG, Stand: 2003, Art. 140 Rn. 329.

234 *Wusterhausen*, Die Wirkungen der Urteile des EuGH in der Zeit, 2016, S. 256.

235 *Korinek*, VVDStRL 39 (1981), 7 (39); *Wusterhausen*, Die Wirkungen der Urteile des EuGH in der Zeit, 2016, S. 256 f.

236 Vgl. *Hufen*, Beschränkung von Urteilswirkungen im Falle der Feststellung der Verfassungswidrigkeit von Rechtsnormen – Rechtsgutachten Teil 2, 2008, S. 64 m.w.N., online abrufbar unter: https://www.bundesfinanzministerium.de/Content/DE/Standardartikel/Themen/Europa/LaenderberichteTeil 2.pdf;jsessionid=C5EA46DDE43B65CCD6FEBAB98F79656F.delivery2-master?__blob=publicationFile&v=3; *Wusterhausen*, Die Wirkungen der Urteile des EuGH in der Zeit, 2016, S. 257.

237 *Hufen*, Beschränkung von Urteilswirkungen im Falle der Feststellung der Verfassungswidrigkeit von Rechtsnormen – Rechtsgutachten Teil 2, 2008, S. 64 f.

günstigt, indem für ihn bereits die bereinigte Rechtslage gilt. Die weitere Anwendung der verfassungswidrigen Normen ist nur auf alle übrigen Fälle gestattet.

Zusammenfassend wirken Aufhebungsentscheidungen in Österreich grundsätzlich *ex nunc*. Hiervon abweichend ist der VfGH gesetzlich ermächtigt, sowohl Entscheidungen mit *ex tunc*-Wirkung auszusprechen[238] als auch mit Wirkung erst ab einem Zeitpunkt in der Zukunft.[239] Hinzu tritt die gesetzliche Ausnahme des Anlassfalls zur Privilegierung der Rechtsschutzsuchenden.

2. Die Rückausnahme nach der Judikatur des EuGH

Bei Auslegungsentscheidungen sieht auch der EuGH eine Privilegierung bestimmter Personenkreise vor.[240] Festzuhalten ist, dass Auslegungsentscheidungen grundsätzlich *ex tunc*-Wirkung entfalten. Die Auslegung ist von allen nationalen Organen auch auf Sachverhalte der Vergangenheit anzuwenden.[241] Beschränkt der EuGH jedoch die zeitliche Wirkung der Auslegungsentscheidung, sodass die Auslegung erst ab der Verkündung gilt (*ex nunc*), so dürfte sich auch derjenige, der sich um gerichtliche Klärung bemüht hat, erst ab dem Entscheidungsspruch auf die Auslegung berufen. Um dies zu verhindern, kann sich der Betroffene, der wegen der streitigen Vorschrift auf nationaler Ebene Klage erhoben oder einen Rechtsbehelf eingelegt hat, auch für bereits abgeschlossene Sachverhalte der Vergangenheit auf die Auslegung des Gerichtshofs berufen.[242]

---

238 Zu Rechtsprechungsbeispielen *Rohregger/Schuch*, Das verfassungsgerichtliche Verfahren in Steuersachen, 2010, 297 (308 f.).

239 Beispiele finden sich in *Hufen*, Beschränkung von Urteilswirkungen im Falle der Feststellung der Verfassungswidrigkeit von Rechtsnormen – Rechtsgutachten Teil 2, 2008, S. 64.

240 Hat ein nationales Gericht Zweifel über die Auslegung von europarechtlichen Normen, richtet es eine Vorlagefrage an den EuGH. Die Beantwortung der Frage muss für den Erlass der Entscheidung des vorlegenden Gerichts entscheidungserheblich sein. Vgl. ausführlich zur Auslegungsentscheidung Kap. 2, A. II. 4.

241 Näheres unter Kap. 2, A. II. 2.

242 Ausführlich hierzu Kap. 2, C. III.

3. Die Privilegierung des Anlassfalls nach dem BVerfG

Der Spruchpraxis des BVerfG ist dagegen eine solche Begünstigung von Anlassfällen bzw. Rechtsmittelführern im Grunde fremd. Nach derzeitiger Rechtslage müssen sich auch diejenigen, deren Fall zur Weitergeltungsanordnung geführt hat, die verfassungswidrige Vorschrift entgegenhalten lassen.[243] Soweit ersichtlich, wurde der Kläger des Anlassfalls nur in einer einzigen steuerrechtlichen Entscheidung[244] zur Abzugsfähigkeit von Kinderbetreuungskosten und Haushaltsfreibeträgen aus dem Jahr 1998 privilegiert.[245] Demnach wurde die rückwirkende Beseitigung des Verfassungsverstoßes auf die Beschwerdeführer des Ausgangsverfahrens beschränkt, während die streitigen Regelungen im Übrigen weiter anwendbar waren.[246] Wörtlich hieß es in den Entscheidungsgründen, dass „der Erfolg ihrer Verfassungsbeschwerden sich für [die Beschwerdeführer] auch für die jeweils anhängigen Veranlagungszeiträume in einer den verfassungsrechtlichen Vorgaben entsprechenden einkommensteuerlichen Entlastung auswirkt. Der Bundesfinanzhof, an den die Verfahren zurückverwiesen werden, hat deshalb zu prüfen, ob durch eine erweiternde Anwendung der beanstandeten Vorschriften des Einkommensteuergesetzes oder durch entsprechende Anwendung des Rechtsgedankens der §§ 163, 227 AO sichergestellt werden kann, daß die in § 33c, § 32 Abs. 3 und Abs. 4 EStG 1984 und § 32 Abs. 7 EStG 1986 vorgesehenen Entlastungen in den konkreten Fällen den Beschwerdeführern zugutekommen. Anderenfalls müßte der Gesetzgeber insoweit eine rückwirkende Regelung treffen."[247] Vonseiten der Literatur erfuhr die Entscheidung aber überwiegend Kritik.[248] *Werth* wies in

---

243 *Kokott/Henze*, NJW 2006, 177 (182).

244 Bekannt ist darüber hinaus eine Entscheidung zum Beamtenrecht, bei der angeordnet wurde, dass eine rückwirkende Behebung des Verfassungsverstoßes nur hinsichtlich der Kläger des Ausgangsverfahrens notwendig ist sowie für Kläger, über deren Anspruch noch nicht abschließend entschieden war, siehe BVerfG, Beschluss vom 24.11.1998 – 2 BvL 26/91 u.a. 99, 300 (331) und die Pressemitteilung Nr. 13/1999 des BVerfG vom 5.2.1999.

245 BVerfG, Beschluss vom 10.11.1998 – 2 BvR 1057/91 u.a., BVerfGE 99, 216 (245 f.); vgl. *Werth*, FS 100 Jahre BFH, Band 1, 2018, 535 (547); ausführlich zum Beschluss *Schwenke*, DStR 1999, 404 (404 ff.); hierzu auch *Seer*, in: Tipke/Lang, EStG, 23. Auflage 2018, § 22 Rn. 288.

246 *Schwenke*, DStR 1999, 404 (404); *Kube*, StuW 2018, 314 (321).

247 BVerfG, Beschluss vom 10.11.1998 – 2 BvR 1057/91 u.a., BVerfGE 99, 216 (245 f.).

248 *Glanegger*, DStR 1999, 311 (312); *Schwenke*, DStR 1999, 404 (407 f.); *Sangmeister*, StuW 2001, 168 (176 ff.); *Habscheidt*, Der Anspruch des Bürgers auf Erstattung

dieser Sache auf zwei wesentliche Probleme hin: Es fehle zum einen die gesetzliche bzw. verfassungsrechtliche Grundlage für einen solchen Ausspruch.[249] Zudem sei die Entscheidung hinsichtlich des effektiven Rechtsschutzes nach Art. 19 Abs. 4 GG kritisch zu betrachten.[250] Begründet werden letztere Zweifel an der „Ergreiferprämie" überwiegend mit der vorläufigen Steuerfestsetzung nach § 165 Abs. 1 S. 2 Nr. 3 AO. Diese Vorschrift habe zur Folge, dass dem Steuerpflichtigen das Rechtsschutzbedürfnis abgesprochen werde.[251] Der Anspruch auf effektiven Rechtsschutz werde gekürzt, da sodann nur derjenige Steuerpflichtige in den Genuss der Ergreiferprämie komme, dessen Verfahren vor das BVerfG gelange oder beim BFH anhängig sei.[252] Hiergegen spreche auch, dass es oftmals vom Zufall abhinge, welcher Steuerpflichtige zum BVerfG durchdringt, was zu einer gleichheitswidrigen Benachteiligung führe.[253] Der Steuerpflichtige würde gezwungen, so schnell wie möglich vor das BVerfG zu gelangen, um ein „Anlassfall" zu werden.[254]

Nach der hier vertretenen Ansicht kann eine Privilegierung des Anlassfalls bei Weitergeltungsanordnungen nicht überzeugen. Möchte man dem effektiven Rechtsschutz zur Geltung verhelfen, so ist es nicht hilfreich, einen Wettlauf im Instanzenzug zu fördern, um in den Genuss der Begünstigung kommen zu können. Wie bereits dargelegt, hängt es oftmals vom Zufall ab, wann ein Verfahren vor dem BVerfG endet. Den schnellsten Rechtsschutzsuchenden zu privilegieren, erscheint nicht gerecht. Darüber hinaus fehlt im BVerfGG eine entsprechende Rechtsgrundlage. Aus den genannten Gründen ist vielmehr nach einer Alternative zu suchen – und das ist Ziel dieser Arbeit –, die die betroffenen Belange umfassend berücksichtigt, ohne Einzelne herauszustellen.

---

verfassungswidriger Steuern, 2003, S. 73; Moes, StuW 2008, 27 (35); vgl. *Seer*, in: Tipke/Lang, EStG, 23. Auflage 2018, § 22 Rn. 288; *Werth*, FS 100 Jahre BFH, Band 1, 2018, 535 (548).

249 *Werth*, FS 100 Jahre BFH, Band 1, 2018, 535 (548 m.w.N.).

250 *Werth*, FS 100 Jahre BFH, Band 1, 2018, 535 (548).

251 BFH, Beschluss vom 22.3.1996 – III B 173/95, NJW 1997, 679 (679); BFH, Beschluss vom 13.4.2000 – XI R 3/99 u.a., NJW 2000, 3230 (3230); *Schwenke*, DStR 1999, 404 (407); *Jesse*, Einspruch und Klage im Steuerrecht, 4. Auflage 2017, Rn. 433; *Werth*, FS 100 Jahre BFH, Band 1, 2018, 535 (548).

252 *Werth*, FS 100 Jahre BFH, Band 1, 2018, 535 (548 f.).

253 *Kube*, StuW 2018, 314 (321); *Werth*, FS 100 Jahre BFH, Band 1, 2018, 535 (549); so auch schon *Seer*, StuW 2001, 3 (15 f.); a.A. *Moes*, StuW 2008, 27 (35).

254 *Seer*, StuW 2001, 3 (16); siehe zudem *Seer/Wendt*, NJW 2000, 1904 (1911); *Habscheidt*, Der Anspruch des Bürgers auf Erstattung verfassungswidriger Steuern, 2003, S. 71 ff.; *Seer*, in: Tipke/Lang, EStG, 23. Auflage 2018, § 22 Rn. 288.

4. Erste Kritik

Insgesamt bestehen mehrere Möglichkeiten, Rechtsschutzsuchende zu privilegieren. Der österreichische VfGH und der EuGH nehmen etwa diejenigen von den negativen Entscheidungswirkungen aus, die bereit waren, ihre Rechte gerichtlich geltend zu machen. Das BVerfG praktiziert eine solche Begünstigung aus guten Gründen nicht. Die derzeitige Spruchpraxis ist jedoch wegen der gravierenden Benachteiligung Steuerpflichtiger im Falle der Weitergeltung zu kritisieren.[255] Denn obwohl das BVerfG feststellt, dass eine Steuer verfassungswidrig erhoben wurde, darf die öffentliche Hand die Einnahmen für die Vergangenheit behalten und sie noch für einen weiteren Zeitraum erheben, ohne dass der Steuerpflichtige eine Kompensation dieser Belastung erhält. Der Rechtsschutz wird vernachlässigt, die Grundrechte werden verletzt. Dieser Umstand soll im Laufe der Abhandlung weiter verdeutlicht und verfassungsrechtlich analysiert werden.

C. *Kategorisierung und rechtliche Würdigung ausgewählter Entscheidungen aus dem Bereich des Abgabenrechts*

Das BVerfG bedient sich verschiedener Rechtsfolgenaussprüche, um situationsgerecht zu entscheiden. Eine Abweichung von der Nichtigkeitserklärung ist nach Auffassung des Gerichts etwa dann erforderlich, wenn dem sofortigen Wegfall der Norm die Verlässlichkeit der Finanz- und Haushaltsplanung[256] oder die Gewaltenteilung[257] entgegensteht. Oftmals wird staatlichen Belangen bei der Abwägung der kollidierenden Interessen der Vorrang eingeräumt, sodass die Grundrechte der Steuerpflichtigen zurücktreten müssen. Es wurden aber nichtsdestotrotz einige Entscheidungen zugunsten der Steuerpflichtigen gefällt, insbesondere aus Gründen des schützenswerten Vertrauens in die bestehende Rechtslage.[258]

Die nachfolgenden Ausführungen umfassen eine systematische Einordnung von Bundesverfassungsgerichtsentscheidungen, die im Bereich des Abgabenrechts ergangen sind. Dabei soll zunächst auf solche eingegangen werden, bei denen das Gericht die Entscheidung über die finanziellen Aus-

---

255 Ausführlich Kap. 1, C. II. 2. c) ee).
256 Siehe hierzu Kap. 1, C. II. 2. c) dd).
257 Siehe unter Kap. 1, C. I. 1.
258 Vgl. Kap. 1, C. II. 1. a); *Werth*, FS 100 Jahre BFH, Band 1, 2018, 535 (540).

wirkungen letztlich dem Gesetzgeber überließ, die Finanzfolgen zu einer besonderen Rücksichtnahme auf die Interessen der Steuerpflichtigen führte oder aber die Belange des Fiskus im Ergebnis überwiegend berücksichtigt wurden. Im Rahmen der Rechtsprechungsanalyse erfolgt jeweils eine verfassungsrechtliche Bewertung der Entscheidungen.

I. Keine finale Entscheidung über die Finanzfolgen durch das BVerfG

Als Verfassungsorgan, dessen Entscheidungen Gesetzeskraft entfalten, steht das BVerfG in einem Spannungsverhältnis zum Tätigkeitsfelds des Gesetzgebers. Es hat die Aufgabe, die Einhaltung der Verfassung sicherzustellen – ohne hierbei den Gestaltungsraum der Legislative zu beeinträchtigen.[259]

1. Unvereinbarkeitserklärung zur Wahrung des gesetzgeberischen Gestaltungsspielraums

Das BVerfG spricht deshalb regelmäßig Unvereinbarkeitserklärungen aus, wenn die gesetzgeberische Gestaltungsfreiheit gewahrt werden soll. Dies ist der Fall, wenn der Gesetzgeber mehrere Möglichkeiten hat, den verfassungswidrigen Zustand zu beseitigen.[260] Dann scheidet laut BVerfG eine

---

259 *Seer*, NJW 1996, 285 (285).

260 BVerfG, Beschluss vom 13.12.1967 – 1 BvR 679/64, BVerfGE 23, 1 (10); BVerfG, Beschluss vom 11.5.1970 – 1 BvL 17/67, BVerfGE 28, 227 (242 f.); BVerfG, Beschluss vom 25.4.1972 – 1 BvL 38/69 u.a., BVerfGE 33, 90 (105); BVerfG, Beschluss vom 8.6.1977 – 1 BvR 265/75, BVerfGE 45, 104 (141); BVerfG, Beschluss vom 11.10.1977 – 1 BvR 343/73 u.a., BVerfGE 47, 1 (32 f.); BVerfG, Urteil vom 14.7.1986 – 2 BvE 2/84 u.a., BVerfGE 73, 40 (101); BVerfG, Beschluss vom 21.6.1988 – 2 BvR 638/84, BVerfGE 78, 350 (363); BVerfG, Beschluss vom 12.6.1990 – 1 BvL 72/86, BVerfGE 82, 198 (208); BVerfG, Beschluss vom 8.10.1991 – 1 BvL 50/86, BVerfGE 84, 348 (365); BVerfG, Beschluss vom 25.9.1992 – 2 BvL 5/91 u.a., BVerfGE 87, 153 (178); BVerfG, Beschluss vom 22.6.1995 – 2 BvL 37/91, BVerfGE 93, 121 (148); BVerfG, Beschluss vom 22.6.1995 – 2 BvR 552/91, BVerfGE 93, 165 (178); BVerfG, Beschluss vom 11.11.1998 – 2 BvL 10/95, BVerfGE 99, 280 (298); BVerfG, Urteil vom 6.3.2002 – 2 BvL 17/99, BVerfGE 105, 73 (133); BVerfG, Beschluss vom 7.11.2006 – 1 BvL 10/02, BVerfGE 117, 1 (69); BVerfG, Beschluss vom 13.2.2008 – 2 BvL 1/06, BVerfGE 120, 125 (167); BVerfG, Urteil vom 9.12.2008 – 2 BvL 1/07 u.a., BVerfGE 122, 210 (245 f.); BVerfG, Urteil vom 9.2.2010 – 1 BvL 1/09 u.a., BVerfGE 125, 175 (256); BVerfG, Beschluss vom 6.7.2010 – 2 BvL 13/09,

Nichtigerklärung mit Rücksicht auf die Gestaltungsfreiheit des Gesetzgebers aus.[261]

Überwiegend geht es hierbei um Verstöße gegen den Gleichheitssatz gemäß Art. 3 Abs. 1 GG.[262] Wenn beispielsweise eine Steuernorm gegen den Gleichheitssatz verstößt, weil sie nur Aufwendungen des Typus A vom steuerlichen Abzug ausschließt, in gleichheitswidriger Weise aber nicht den Abzug der Aufwendungen des Typus B, so kann der Gesetzgeber auf zwei Weisen reagieren: Er kann entweder das Abzugsverbot für Typus A abschaffen – oder das Abzugsverbot auf Aufwendungen des Typus B ausdehnen.[263]

Beruht die Verfassungswidrigkeit auf einem Verstoß gegen Art. 3 Abs. 1 GG, dann gilt nach ständiger Rechtsprechung des BVerfG ein „umgekehrtes Regel-Ausnahme-Verhältnis“.[264] Nur ausnahmsweise werden die Vorschriften für nichtig erklärt, die Regelfolge ist die Unvereinbarkeitserklärung.[265] Einer Weitergeltungsanordnung bedarf es bei einem Verstoß gegen Art. 3 Abs. 1 GG aber grundsätzlich nicht.[266] Es reicht vielmehr aus, dass der Gesetzgeber eine Neuregelung treffen muss, die der Verfassung entspricht und die Norm bis dahin einer Anwendungssperre unterliegt. Anders gewendet: Steht nur ein gleichheitswidriges Gesetz im Raum, dessen zeitweise Unanwendbarkeit etwa keine hohen finanziellen Auswirkungen befürchten lässt, so wird die Unvereinbarkeitserklärung ohne Weiter-

---

BVerfGE 126, 268 (284 f.); BVerfG, Beschluss vom 7.5.2013 – 2 BvR 909/06 u.a., BVerfGE 133, 377 (422 f.); BVerfG, Urteil vom 17.12.2014 – 1 BvL 21/12, BVerfGE 138, 136 (249 f.); BVerfG, Beschluss vom 23.6.2015 – 1 BvL 13/11 u.a., BVerfGE 139, 285 (318 f.); BVerfG, Urteil vom 10.4.2018 – 1 BvL 11/14 u.a., BVerfGE 148, 147 (211).

261 BVerfG, Beschluss vom 13.12.1967 – 1 BvR 679/64, BVerfGE 23, 1 (10); BVerfG, Beschluss vom 7.5.1968 – 1 BvR 420/64, BVerfGE 23, 242 (257); BVerfG, Beschluss vom 6.5.1975 – 1 BvR 332/72, BVerfGE 39, 316 (332 f.); BVerfG, Beschluss vom 7.7.1982 – 2 BvL 14/78 u.a., BVerfGE 61, 43 (68); *Zeidler*, EuGRZ 1988, 207 (211); *Seer/Wendt*, NJW 2000, 1904 (1910).

262 Vgl. BVerfG, Urteil vom 18.7.2018 – 1 BvR 1675/17 u.a., BVerfGE 149, 222 (290 m.w.N.); *Maurer*, FS Weber, 1974, 345 (348); *Moench*, Verfassungswidriges Gesetz und Normenkontrolle, 1977, 47 f.; *Löwer*, HStR III, 2005, 1285 (1409); *Moes*, StuW 2008, 27 (29); *Aust/Meinel*, JuS 2014, 113 (116).

263 *J. Ipsen*, JZ 1983, 41 (41); *Löwer*, HStR III, 2005, 1285 (1409); *Moes*, StuW 2008, 27 (29).

264 BVerfG, Urteil vom 9.3.2004 – 2 BvL 17/02, BVerfGE 110, 94 (138).

265 Z.B. BVerfG, Beschluss vom 11.11.1998 – 2 BvL 10/95, BVerfGE 99, 280 (298); BVerfG, Urteil vom 6.3.2002 – 2 BvL 17/99, BVerfGE 105, 73 (133).

266 BVerfG, Beschluss vom 23.6.2015 – 1 BvL 13/11 u.a., BVerfGE 139, 285 (320).

geltungsanordnung ausgesprochen. Für letztere müssen vielmehr weitere gewichtige Gründe hinzutreten.

Die Entscheidungen des BVerfG haben in den genannten Fällen keine unmittelbaren finanziellen Auswirkungen auf die öffentlichen Haushalte oder das Vermögen der Steuerpflichtigen. Das Gericht führt lediglich eine Überprüfung der Verfassungsmäßigkeit der streitigen Norm durch. Es friert durch die Erklärung der Unvereinbarkeit die Wirkung der Norm ein und überlässt dem Gesetzgeber die Entscheidung, ob er die Norm gänzlich streichen oder verfassungskonform abändern möchte. Die Finanzfolgen realisieren sich erst durch die gestalterische Entscheidung des Gesetzgebers.

2. Rechtliche Würdigung

Das BVerfG stützt die Unvereinbarkeitserklärung bei Verstößen gegen den allgemeinen Gleichheitssatz auf die Wahrung des Gewaltenteilungsgrundsatzes, da der Gesetzgeber mehrere Möglichkeiten habe, den Verfassungsverstoß zu beseitigen. Es ist deshalb der Frage nachzugehen, ob die Unvereinbarkeitserklärung tatsächlich geeignet ist, den Grundsatz der Gewaltenteilung zu wahren.

a) Wahrung des Gewaltenteilungsgrundsatzes, Art. 20 Abs. 2 S. 2 GG

Das Gewaltenteilungsprinzip ist ein fundamentaler Verfassungsgrundsatz.[267] Ihm liegt das Ziel zugrunde, die Bürger vor einer staatlichen Machtkonzentration zu schützen.[268] Die öffentliche Gewalt muss deshalb nicht nur demokratisch organisiert sein, sondern zudem durch Gegengewichte begrenzt und austariert werden, um eine erdrückende Herrschaft zu verhindern.[269] Der Grundsatz der Gewaltenteilung ist so essentiell, dass

---

267 *Görisch*, JuS 1997, 988 (989); *Di Fabio*, HStR II, 2004, 613 (614); *Sachs*, in: Sachs, GG, 8. Auflage 2018, Art. 20 Rn. 81.

268 *Di Fabio*, HStR II, 2004, 613 (614); *Sachs*, in: Sachs, GG, 8. Auflage 2018, Art. 20 Rn. 81.

269 *Di Fabio*, HStR II, 2004, 613 (614); *Grzeszick*, in: Maunz/Dürig, GG, Stand: Dezember 2013, Art. 20 Abschnitt V Rn. 16, 29; *Sachs*, in: Sachs, GG, 8. Auflage 2018, Art. 20 Rn. 81.

er durch Art. 79 Abs. 3 GG der Disposition des Gesetzgebers entzogen und damit unveränderlich ist.[270]

Das Grundgesetz unterscheidet zwischen den drei Teilgewalten Gesetzgebung, Exekutive und Judikative, Art. 20 Abs. 2 S. 2, Abs. 3 GG. Dabei agiert jede einzelne Gewalt unabhängig von den jeweils anderen, um einen Machtmissbrauch zu verhindern, um die Fülle der staatlichen Gewalt nicht auf ein Staatsorgan zu konzentrieren und eine gegenseitige Kontrolle zu ermöglichen.[271] Die Legislative setzt abstrakt-generelle Normen in Form von Gesetzen.[272] Die Exekutive vollzieht diese Gesetze.[273] Die Judikative bestimmt in gerichtlichen Verfahren, was im konkreten Fall rechtens ist.[274] Die Gesetzgebung ist demnach zuständig für die Zukunftsgestaltung, die Verwaltung für die Gegenwart und die Rechtsprechung für die Vergangenheit.[275] Die rechtsprechende Gewalt ist im Konstrukt der Gewaltenteilung ein entscheidender Garant für die Rechtsordnung.[276] Die Abgrenzung der Judikative zur Legislative erfolgt insbesondere durch die Bindung der Richter an das Gesetz und die Grenzen der Auslegung des Gesetzes. Hierdurch soll vermieden werden, dass Gerichte eine Gewalt ausüben, die verfassungsrechtlich ausschließlich dem Gesetzgeber zugewiesen ist.[277]

Spricht das BVerfG eine Unvereinbarkeitserklärung aus, weil der Gesetzgeber mehrere Möglichkeiten hat, den Verfassungsverstoß zu beseitigen, so wahrt es das Gewaltenteilungsprinzip: Die Entscheidung, wie der Verstoß zu beseitigen ist, fällt nicht in die Zuständigkeit des Gerichts, sondern in die der Legislative. Dem BVerfG obliegt lediglich die Feststellung, dass

270 *Di Fabio*, HStR II, 2004, 613 (615).

271 BVerfG, Urteil vom 18.12.1953 – 1 BvL 106/53, BVerfGE 3, 225 (247); BVerfG, Beschluss vom 17.7.1996 – 2 BvF 2/93, BVerfGE 95, 1 (15); *Grzeszick*, in: Maunz/Dürig, GG, Stand: Dezember 2013, Art. 20 Abschnitt V Rn. 29 ff.

272 BVerfG, Beschluss vom 17.7.1996 – 2 BvF 2/93, BVerfGE 95, 1 (15 f.).

273 BVerfG, Beschluss vom 17.7.1996 – 2 BvF 2/93, BVerfGE 95, 1 (16).

274 BVerfG, Urteil vom 8.2.2001 – 2 BvF 1/00, BVerfGE 103, 111 (137).

275 *P. Kirchhof*, Stetige Verfassung und politische Erneuerung, Bd. 2, 1995, S. 75; *Waldhoff*, EuR 2006, 615 (618 f.).

276 *Di Fabio*, HStR II, 2004, 613 (626); *Grzeszick*, in: Maunz/Dürig, GG, Stand: Dezember 2013, Art. 20 Abschnitt V Rn. 17.

277 BVerfG, Beschluss vom 21.7.1955 – 1 BvL 33/51, BVerfGE 4, 219 (247); BVerfG, Beschluss vom 3.4.1990 – 1 BvR 1186/89, BVerfGE 82, 6 (12); BVerfG, Beschluss vom 12.11.1997 – 1 BvR 479/92 u.a., BVerfGE 96, 375 (394); BVerfG, Beschluss vom 25.1.2011 – 1 BvR 918/10, BVerfGE 128, 193 (209 f.); BVerfG, Urteil vom 11.7.2012 – 1 BvR 3142/07 u.a., BVerfGE 132, 99 (127 f.); *Grzeszick*, in: Maunz/Dürig, GG, Stand: Dezember 2013, Art. 20 Abschnitt V Rn. 100.

eine Norm verfassungswidrig ist. Soweit der Gesetzgeber bezüglich der Beseitigung dieses Verstoßes einen Ermessensspielraum hat, verläuft an dieser Stelle die Grenze zwischen den beiden Gewalten. Dieses Verhältnis wird durch die Unvereinbarkeitserklärung zum Ausdruck gebracht.[278] Es wäre gerade nicht ausreichend, die Nichtigkeit der Norm festzustellen. Neben der Feststellung des Verfassungsverstoßes bedarf es einer weiteren Entscheidung, auf welche Weise der Verfassungsverstoß beseitigt wird.[279] Diese Entscheidung obliegt aufgrund der Gewaltenteilung allein dem Gesetzgeber. Daher ist eine Unvereinbarkeitserklärung gerechtfertigt, wenn der Verfassungsverstoß auf unterschiedliche Weise beseitigt werden kann.[280]

Durch die Nichtigkeitserklärung der gleichheitswidrigen Vorschrift kann noch aus einem weiteren Grund nicht derselbe Erfolg erzielt werden wie durch die Unvereinbarkeitserklärung. Bei einer Nichtigkeitserklärung hätte der Gesetzgeber zwar ebenfalls die Wahl, wie er das nichtige Gesetz durch ein verfassungskonformes ersetzen möchte.[281] Der entscheidende Unterschied zur Unvereinbarkeitserklärung liegt aber in der Freiwilligkeit des Tätigwerdens. Im Falle der Nichtigkeitserklärung kann es der Gesetzgeber beim rückwirkenden Entfall der Vorschrift belassen, er muss folglich kein neues Gesetz entwickeln – wohingegen er bei der Unvereinbarkeitserklärung gezwungen ist, gestalterisch tätig zu werden. Das „Ob“ steht dann nicht zu seiner Disposition.

b) Erfassung der Ungleichbehandlung bei gleichheitswidrig begünstigenden Steuernormen, Art. 3 Abs. 1 GG

Die soeben angeführten Überlegungen können durch die folgenden Erwägungen noch vertieft werden. Die Grundrechte binden die Rechtsprechung als unmittelbar geltendes Recht, Art. 1 Abs. 3 GG. Durch die Unver-

---

278 *Seer*, NJW 1996, 285 (286); ähnlich *Waldhoff*, EuR 2006, 615 (623).

279 *Seer*, NJW 1996, 285 (286).

280 Kritisch *Maurer*, FS Weber, 1974, 345 (353).

281 *Jülicher*, Die Verfassungsbeschwerde gegen Urteile bei gesetzgeberischem Unterlassen, 1972, S. 63; *Maurer*, FS Weber, 1974, 345 (353); *Gerontas*, DVBl. 1982, 486 (490); *Sachs*, NVwZ 1982, 657 (660); *K. Vogel*, Das Bundesverfassungsgericht und die übrigen Verfassungsorgane, 1988, S. 232 f.; *Kreutzberger*, Die gesetzlich nicht geregelten Entscheidungsvarianten des Bundesverfassungsgerichts, 2007, S. 136 f.; *Stahl*, DÖV 2008, 194 (197); *Dietz*, Verfassungsgerichtliche Unvereinbarerklärungen, 2011, S. 136; *Benda/Klein/Klein*, Verfassungsprozessrecht, 3. Auflage 2011, Rn. 1394; *Sachs*, Verfassungsprozessrecht, 4. Auflage 2016, Rn. 165.

einbarkeitserklärung kann auch der Ungleichbehandlung nach Art. 3 Abs. 1 GG sachgerecht abgeholfen werden. Bei gleichheitswidrig begünstigenden[282] Gesetzen liegt der Verfassungsverstoß nicht in der begünstigenden Regelung, sondern in der Nichtbegünstigung derselben Gruppe, mithin in einem Unterlassen.[283] In der Literatur wird gegen die Unvereinbarkeitserklärung vorgebracht, dass eine Nichtigkeitserklärung den Gesetzgeber ebenfalls nicht daran hindere, den betroffenen Regelungsbereich für die Zukunft[284] als auch für die Vergangenheit[285] neu zu regeln. Dem Gesetzgeber bliebe bei einer Nichtigkeitserklärung sein Gestaltungsraum gleichermaßen erhalten wie bei einer Unvereinbarkeitserklärung.[286]

Diese Ansicht verkennt jedoch, dass der wesentliche Nachteil der Nichtigkeitserklärung bei einem Verstoß gegen Art. 3 Abs. 1 GG das Aufzwingen einer bestimmten Rechtslage bis zur Neuregelung ist, die vom Gesetzgeber nicht beabsichtigt war.[287] Die Nichtigkeit hat nämlich zur Folge, dass an die Stelle des für nichtig erklärten Gesetzes das ohne diese Normen geltende Recht tritt und dem Gesetzgeber entgegen seines legislatorischen Willens aufgezwungen wird. Die Nichtigkeit einer begünstigenden Norm würde beispielsweise dazu führen, dass der Gleichheitsverstoß beseitigt

---

282 Zum Ausspruch der Nichtigkeit bei gleichheitswidrigen Belastungen ausführlich *Schwindt*, Rechtsfolgen verfassungswidriger Steuergesetze, 2014, S. 24 ff.

283 Gleiches gilt für gleichheitswidrig belastende Gesetze.

284 *Jülicher*, Die Verfassungsbeschwerde gegen Urteile bei gesetzgeberischem Unterlassen, 1972, S. 63; *Pohle*, Die Verfassungswidrigerklärung von Gesetzen, 1979, S. 81 f.; *Maunz*, BayVBl. 1980, 513 (517); *Sachs*, NVwZ 1982, 657 (660); *J. Ipsen*, JZ 1983, 41 (43); *B. Schneider*, Die Funktion der Normenkontrolle und des richterlichen Prüfungsrechts im Rahmen der Rechtsfolgebestimmung verfassungswidriger Gesetze, 1988, S. 194; *K. Vogel*, Das Bundesverfassungsgericht und die übrigen Verfassungsorgane, 1988, S. 232; *Löwer*, HStR III, 2005, 1285 (1410); *Stahl*, DÖV 2008, 194 (197); vgl. *Schwindt*, Rechtsfolgen verfassungswidriger Steuergesetze, 2014, S. 17; *Sachs*, Verfassungsprozessrecht, 4. Auflage 2016, Rn. 165.

285 *Maurer*, FS Weber, 1974, 345 (353); kritisch zur rückwirkenden Gestaltungsmöglichkeit *Pohle*, Die Verfassungswidrigerklärung von Gesetzen, 1979, S. 81 f.; *B. Schneider*, Die Funktion der Normenkontrolle und des richterlichen Prüfungsrechts im Rahmen der Rechtsfolgebestimmung verfassungswidriger Gesetze, 1988, S. 194.

286 Im Ganzen *Maurer*, FS Weber, 1974, 345 (353); *Seer*, NJW 1996, 285 (286); *Dederer*, in: Maunz/Dürig, GG, Stand: Dezember 2013, Art. 100 Rn. 244.

287 *Jülicher*, Die Verfassungsbeschwerde gegen Urteile bei gesetzgeberischem Unterlassen, 1972, S. 75; *Maurer*, FS Weber, 1974, 345 (353); *Graßhof*, Die Vollstreckung von Normenkontrollentscheidungen des Bundesverfassungsgerichts, 2003, S. 131; *Schwindt*, Rechtsfolgen verfassungswidriger Steuergesetze, 2014, S. 17.

wird – aber eben auch die Begünstigung, die nicht zu beanstanden ist.[288] Diese vernichtende Rechtsfolge ist nicht gewollt. Die Nichtigkeitserklärung vermag die Relation der Sachverhalte nicht zu greifen. Ein Verstoß gegen den Gleichheitssatz ist stets relativ. Mindestens zwei Sachverhalte stehen im Verhältnis zueinander und verlangen, Gleiches gleich oder Ungleiches ungleich zu behandeln.[289] Die Regelung des Sachverhalts als solche steht nicht in Frage. Einzig die unterschiedliche Behandlung der relativen Sachverhalte führt zu einem Verfassungsverstoß. Weder die Nichtigkeitserklärung einer begünstigenden Norm noch die Nichtigkeitserklärung einer Ausschlussnorm fassen so die eigentliche Verfassungswidrigkeit.[290]

Die Unvereinbarkeitserklärung ist demnach gerade dann geboten, wenn die Nichtigkeitserklärung das verfolgte Ziel verfehlen würde. Entspricht ein Gesetz nicht vollständig der Verfassung, weil es etwa „zu wenig" gewährt, dann ist dieses „zu wenig" verfassungswidrig. Die Nichtigkeitserklärung hätte aber nicht zur Folge, das „zu wenig" verfassungsgemäß zu erhöhen, sondern beseitigt die Rechtsgrundlage insgesamt. Damit würde das Verfassungsunrecht nicht behoben, sondern weiter vertieft.[291]

In anderen Fällen als dem gleichheitswidrigen Begünstigungsausschluss ist das Argument der Gestaltungsfreiheit des Gesetzgebers aber kritisch zu betrachten. Denn die Möglichkeit, einen Verfassungsverstoß auf die eine oder andere Weise zu beseitigen, ist dem Recht immanent. Es sind nahezu in jeder Situation mannigfaltige Möglichkeiten denkbar, um eine Rechtslage verfassungskonform zu gestalten.[292] Deshalb wird vertreten, dass das BVerfG in allen anderen Konstellationen eine verfassungswidrige Norm für nichtig zu erklären hat. Der Gesetzgeber habe in der Folgezeit die Möglichkeit, die Rechtslage zu überdenken und gegebenenfalls neu zu gestal-

---

288 Im Ganzen *Maurer,* FS Weber, 1974, 345 (353); *Pohle,* Die Verfassungswidrigerklärung von Gesetzen, 1979, S. 82; a.A. *Jülicher,* Die Verfassungsbeschwerde gegen Urteile bei gesetzgeberischem Unterlassen, 1972, S. 63.

289 Ähnlich *Löwer,* HStR III, 2005, 1285 (1409).

290 Im Ganzen *Maurer,* FS Weber, 1974, 345 (354); *J. Ipsen,* Rechtsfolgen der Verfassungswidrigkeit von Norm und Einzelakt, 1980, 213 f.; *Gusy,* Parlamentarischer Gesetzgeber und Bundesverfassungsgericht, 1985, 195 f.; *Löwer,* HStR III, 2005, 1285 (1409).

291 *Maurer,* FS Weber, 1974, 345 (352).

292 *Meyer,* JZ 2012, 434 (441).

ten. Auch auf diese Weise werde der Gewaltenteilungsgrundsatz gewahrt.[293]

c) Zwischenergebnis

Stellt das BVerfG einen Verstoß von abgabenrechtlichen Normen gegen den Gleichheitssatz aus Art. 3 Abs. 1 GG fest, spricht es in aller Regel keine Nichtigkeits-, sondern eine Unvereinbarkeitserklärung unter Hinweis auf den Gewaltenteilungsgrundsatz aus. Es betont hierbei, dass der Gesetzgeber mehrere Möglichkeiten habe, die Ungleichbehandlung zu beseitigen – entweder durch Einbezug der bislang nicht Begünstigten oder durch Streichung der Begünstigung insgesamt. Diese Entscheidung müsse aber wegen des Gewaltenteilungsgrundsatzes dem Gesetzgeber überlassen werden.

Eine Nichtigkeitserklärung wäre in diesen Fällen ungeeignet. Sie hätte zur Folge, dass die Begünstigung gänzlich entfällt. Dies würde dem Gesetzgeber eine Rechtslage aufzwingen, die so nicht gewollt ist. Der Gesetzgeber hat selbst zu entscheiden, wie er die Rechtslage verfassungskonform gestalten möchte. Im Ergebnis entscheidet damit auch nicht das BVerfG, sondern der Gesetzgeber über die tatsächlichen finanziellen Auswirkungen der Gerichtsentscheidung.

II. Berücksichtigung von Finanzfolgen …

Im Folgenden werden Urteile und Beschlüsse untersucht, bei denen die finanziellen Auswirkungen des Wegfalls der verfassungswidrigen Vorschriften als so gravierend bewertet wurden, dass das BVerfG eine zeitweise Weitergeltung für angemessen hielt. Hierbei fielen die Entscheidungen teilweise zugunsten der betroffenen Steuerpflichtigen aus (1.), wesentlich häufiger entschied sich das Gericht jedoch für die Weitergeltung aus Rücksichtnahme auf die haushälterischen Interessen der öffentlichen Hand (2.).

---

293 *Schlaich/Korioth*, Das Bundesverfassungsgericht, 11. Auflage 2018, Rn. 404; *Voßkuhle*, in: v. Mangoldt/Klein/Starck, GG, 7. Auflage 2018, Art. 93 Rn. 48.

1. … zugunsten der Steuerpflichtigen

a) Rücksicht auf Rechtssicherheit und Vertrauensschutz

In mehreren Entscheidungen begründete das BVerfG die Unvereinbarkeitserklärung mit Weitergeltungsanordnung mit dem Grundsatz der Rechtssicherheit und der Schutzwürdigkeit des Vertrauens der betroffenen Steuerpflichtigen.[294]

aa) Entscheidungen

(i) BVerfG v. 11.11.1998 – Steuerfreiheit von Aufwandsentschädigungen

Am 11.11.1998 erklärte das BVerfG die Unvereinbarkeit von § 3 Nr. 12 S. 1 EStG[295] mit dem Grundgesetz.[296] Die Vorschrift regelte die Steuerfreiheit von Aufwandsentschädigungen aus öffentlichen Kassen.[297] Da der Gesetzgeber wegen Verstoßes gegen Art. 3 Abs. 1 GG verschiedene Möglichkeiten habe, die Verfassungswidrigkeit zu beseitigen, wurde die Unvereinbarkeit ausgesprochen. Eine rückwirkende Neuregelung forderte das Gericht indes nicht. Eine solche hätte vorliegend bewirkt, dass die Vorschrift bei allen noch anfechtbaren Steuerbescheiden von Bundesbediensteten für den Veranlagungszeitraum 1993 auf die Aufwandsentschädigung nicht hätte angewandt werden dürfen. Eine rückwirkende Regelung sei deshalb unter dem

---

294 BVerfG, Urteil vom 3.11.1982 – 1 BvR 620/78 u.a., BVerfGE 61, 319 (356); BVerfG, Urteil vom 24.6.1986 – 2 BvF 1/83 u.a., BVerfGE 72, 330 (422); BVerfG, Beschluss vom 7.11.2006 – 1 BvL 10/02, BVerfGE 117, 1 (70); ähnlich BVerfG, Urteil vom 17.12.2014 – 1 BvL 21/12, BVerfGE 138, 136 (250 f.); im konkreten Fall ablehnend BVerfG, Beschluss vom 11.11.1998 – 2 BvL 10/95, BVerfGE 99, 280 (299).

295 § 3 Nr. 12 S. 1 EStG in der Fassung von Art. 1 Nr. 2 lit. f des Gesetzes zur Änderung steuerrechtlicher Vorschriften vom 26.7.1957, BGBl. I 1957, S. 848.

296 BVerfG, Beschluss vom 11.11.1998 – 2 BvL 10/95, BVerfGE 99, 280.

297 BVerfG, Beschluss vom 11.11.1998 – 2 BvL 10/95, BVerfGE 99, 280 (280 f.): in der Anwendbarkeit auf Zulagen für Besoldungsempfänger des Bundes wegen ihrer dienstlichen Tätigkeit bei einer Dienstelle in dem in Art. 3 des Einigungsvertrags genannten Gebiets (Entsendung in neue Bundesländer) sah das Gericht für das Jahr 1993 einen Verstoß gegen Art. 3 Abs. 1 GG, weil der Aufwandstatbestand des § 3 Nr. 12 S. 1 EStG nicht nur erwerbsdienliche, als Werbungskosten oder Betriebsausgaben abzugsfähige Ausgaben umfasste, sondern auch Amts- und Stellenzulagen.

Gesichtspunkt des Vertrauensschutzes verfassungsrechtlich nicht angezeigt, so das Gericht.[298] Die Klägerin habe die maßgebliche Tätigkeit im Vertrauen auf die Steuerfreiheit der Aufwandsentschädigung übernommen.[299] Auch die Erfordernisse der Rechtssicherheit stünden hier einer rückwirkenden Steuermehrbelastung entgegen.[300]

(ii) BVerfG v. 17.12.2014 – Befreiung von Erbschaft- und Schenkungsteuer

Im Urteil vom 17.12.2014 überprüfte das BVerfG die Bestimmungen über die Befreiung von der Erbschaft- und Schenkungsteuer für Betriebsvermögen, Betriebe der Land- und Forstwirtschaft und Anteile an Kapitalgesellschaften in den §§ 13a und 13b ErbStG i.V.m. § 19 ErbStG[301] auf deren Konformität mit dem Grundgesetz.[302]

Es stellte die Unvereinbarkeit mit Art. 3 Abs. 1 GG fest, ordnete zugleich die begrenzte Weitergeltung der Vorschriften an und gab dem Gesetzgeber die Neuregelung bis spätestens zum 30.6.2016 auf.[303] Das Gericht begründete die Entscheidung zum einen mit fiskalischen Interessen.[304] Vor allem aber sei Rücksicht zu nehmen auf die betroffenen Unternehmer und deren Erben oder sonstigen Nachfolger. Die Ungewissheit über den Inhalt der künftigen, mit Rückwirkung in Kraft zu setzenden Normen sei nur schwer erträglich. Die Betroffenen „haben ein berechtigtes Interesse an einer ver-

---

298 BVerfG, Beschluss vom 11.11.1998 – 2 BvL 10/95, BVerfGE 99, 280 (299). Kritisch unter Hinweis auf § 176 Abs. 1 S. 1 Nr. 1 AO, nach dem bei Aufhebung oder Änderung eines Steuerbescheids nicht zuungunsten der Steuerpflichtigen berücksichtigt werden darf, dass eine Norm vom BVerfG für nichtig erklärt wurde, auf der die festgesetzte Steuer beruht, *Werth*, FS 100 Jahre BFH, Band 1, 2018, 535 (542).

299 BVerfG, Beschluss vom 11.11.1998 – 2 BvL 10/95, BVerfGE 99, 280 (299).

300 BVerfG, Beschluss vom 11.11.1998 – 2 BvL 10/95, BVerfGE 99, 280 (299 f.).

301 § 13a ErbStG in der Fassung des Gesetzes zur Beschleunigung des Wirtschaftswachstums vom 22.12.2009, BGBl. I 2009, S. 3950; § 13b ErbStG in der Fassung des Gesetzes zur Reform des Erbschaftsteuer- und Bewertungsrechts vom 24.12.2008, BGBl. I 2008, S. 3018; jeweils i.V.m. § 19 Abs. 1 ErbStG in der Fassung der Bekanntmachung vom 27.2.1997, BGBl. I 1997, S. 378.

302 BVerfG, Urteil vom 17.12.2014 – 1 BvL 21/12, BVerfGE 138, 136.

303 BVerfG, Urteil vom 17.12.2014 – 1 BvL 21/12, BVerfGE 138, 136 (249).

304 Hierzu sogleich ausführlich Kap. 1, C. II. 2.

lässlichen Rechtsgrundlage für die Nachfolgeplanung auch in steuerrechtlicher Hinsicht."[305]

bb) Rechtliche Würdigung

Fraglich ist, wie die voranstehenden Entscheidungen verfassungsrechtlich zu bewerten sind. In beiden betonte das Gericht jeweils die Bedeutung von Rechtssicherheit und Vertrauensschutz in Bezug auf finanzielle Dispositionen.

(i) Rechtssicherheit

Die Rechtssicherheit ist ein wesentliches Element des Rechtsstaatsprinzips.[306] Gemeint ist die Verlässlichkeit der Rechtsordnung[307] – gleichzeitig ist aber keine Endgültigkeit dieser gefordert. Auch die Rechtsordnung muss an gesellschaftliche Veränderungen anpassbar sein und besitzt nicht nur eine statische, sondern auch eine dynamische Komponente.[308] Zum einen kann durch die Wahrung der Rechtssicherheit die Beständigkeit staatlicher Entscheidungen bewirkt werden, indem diese nur unter bestimmten formellen und materiellen Voraussetzungen geändert werden können. Zum anderen ermöglicht das Institut der Rechtssicherheit die Vorhersehbarkeit staatlicher Entscheidungen. Infolge dieser Vorhersehbarkeit kann der Bürger sein Verhalten an die geltende Rechtslage anpassen, ob sie günstig oder belastend ist.[309]

Demgemäß sind Rechtssicherheitserwägungen des BVerfG elementar. Die Weitergeltung einer verfassungswidrigen Norm ist geboten, wenn Gründe der Rechtssicherheit einer rückwirkenden Neuregelung entgegenstehen. Hierbei muss es jedoch im Einzelfall prüfen, wie schwer die Rechtssicherheit gegenüber anderen betroffenen Interessen wiegt. Es kann also gerechtfertigt sein, den Grundsatz der Rechtssicherheit gegenüber In-

---

305 BVerfG, Urteil vom 17.12.2014 – 1 BvL 21/12, BVerfGE 138, 136 (251).

306 BVerfG, Urteil vom 1.7.1953 – 1 BvL 23/51, BVerfGE 2, 380 (403); BVerfG, Beschluss vom 20.4.1982 – 2 BvL 26/81, BVerfGE 60, 253 (268 f.); BVerfG, Beschluss vom 25.5.1993 – 1 BvR 1509/91 u.a., BVerfGE 88, 384 (403); *Levedag*, FS 100 Jahre BFH, Band 1, 2018, 181 (183).

307 BVerfG, Beschluss vom 3.12.1997 – 2 BvR 882/97, BVerfGE 97, 67 (78).

308 *Schmidt-Aßmann*, HStR II, 2004, 541 (587); *Maurer*, HStR IV, 2006, 395 (396).

309 *Schmidt-Aßmann*, HStR II, 2004, 541 (587).

teressen der öffentlichen Hand zurücktreten zu lassen, wenn der Steuerpflichtige kein oder nur ein untergeordnetes Interesse am Bestand der verfassungswidrigen Norm hat.

Rechtssicherheitserwägungen dürfen allerdings nur unter bestimmten Umständen zur Weitergeltung verfassungswidrigen Rechts führen. [310] Es muss im konkreten Einzelfall ein besonders hohes Maß an Rechtsunsicherheit bzw. ein besonders gewichtiges Interesse an Rechtssicherheit festgestellt werden,[311] da grundsätzlich jede rückwirkende Neuregelungspflicht geeignet ist, Rechtsunsicherheit ob der Rechtslage herbeizuführen, da der Ausspruch stets zur Folge hat, dass die Norm bis zur Neuregelung einer Anwendungssperre unterliegt. Das BVerfG müsste dieser Überlegung nach ansonsten nahezu jede Unvereinbarkeitserklärung wegen des Arguments der Rechtsunsicherheit mit einer Weitergeltungsanordnung versehen.[312]

Bei belastenden Vorschriften steht der Grundsatz der Rechtssicherheit einer rückwirkenden Neuregelung jedenfalls nicht entgegen, da der Steuerpflichtige kein nachvollziehbares Interesse am Bestand einer belastenden Vorschrift haben kann. In diesen Fällen wären Rechtsicherheitserwägungen also nicht geeignet, die Weitergeltung zugunsten der Steuerpflichtigen zu rechtfertigen.[313]

(ii) Vertrauensschutz

Auch das Gebot des Vertrauensschutzes ist im Rechtsstaatsprinzip verankert.[314] Geschützt wird das Vertrauen in die Beständigkeit staatlicher Regelungen. Damit genießt der Bürger grundrechtlichen Schutz vor der Rückwirkung nachteiliger Gesetze.[315] Dies wurde bereits im Rahmen der Unvereinbarkeit *ex tunc* mit der damit einhergehenden Reformpflicht für die

310 Vgl. auch *Sangmeister*, StuW 2001, 168 (182); *Schwindt*, Rechtsfolgen verfassungswidriger Steuergesetze, 2014, S. 154 f.

311 A.A. *Schwindt*, Rechtsfolgen verfassungswidriger Steuergesetze, 2014, S. 155, der Rechtssicherheit und Vertrauensschutz nicht als Rechtfertigungsgrund für eine Weitergeltungsanordnung anerkennt.

312 *Schwindt*, Rechtsfolgen verfassungswidriger Steuergesetze, 2014, S. 155.

313 *Schwindt*, Rechtsfolgen verfassungswidriger Steuergesetze, 2014, S. 151.

314 BVerfG, Beschluss vom 23.3.1971 – 2 BvL 17/69, BVerfGE 30, 392 (403); BVerfG, Beschluss vom 14.2.1979 – 1 BvR 924/78, BVerfGE 50, 244 (250); BVerfG, Beschluss vom 18.11.1980 – 1 BvR 228/73 u.a., BVerfGE 55, 185 (203); BVerfG, Beschluss vom 16.12.1981 – 1 BvR 898/79 u.a., BVerfGE 59, 128 (152).

315 Vgl. BVerfG, Beschluss vom 5.3.2013 – 1 BvR 2457/08, BVerfGE 133, 143 (156 ff.); *Sachs*, in: Sachs, GG, 8. Auflage 2018, Art. 20 Rn. 131 f.

Vergangenheit beleuchtet.[316] Zum schutzwürdigen Vertrauen stellte das BVerfG einst fest: *„Der Bürger soll die ihm gegenüber möglichen staatlichen Eingriffe voraussehen und sich dementsprechend einrichten können; er muß darauf vertrauen können, daß sein dem geltenden Recht entsprechendes Handeln von der Rechtsordnung mit allen ursprünglich damit verbundenen Rechtsfolgen erhalten bleibt.*“[317]

Bei verfassungswidrigen Normen kommt es zuweilen vor, dass sich das schutzwürdige Vertrauen des Bürgers in den Bestand dieser Vorschriften und das Änderungsinteresse des Staates gegenüberstehen und eine Abwägung erfordern.[318] Diese Abwägung kann ergeben, dass das Vertrauen des Bürgers in besonderer Weise zu schützen und deshalb eine Weitergeltungsanordnung gerechtfertigt ist, insbesondere auch im Abgabenrecht. Die finanzielle Situation des Einzelnen und diesbezügliche Planungssicherheit sind besonders schutzwürdige Belange. Anderenfalls besteht die Gefahr, dass der Bürger in seiner Dispositionsfreiheit eingeschränkt wird, wenn er unkalkulierbare Schwankungen seiner finanziellen Leistungspflichten zu befürchten hat. Wie soeben festgestellt, hat der Steuerpflichtige denknotwendigerweise nur Vertrauen in den Bestand ihn begünstigender Normen, da sein Interesse darauf gerichtet sein wird, möglichst wenig Steuern zu entrichten.[319] Dem Steuerpflichtigen ist Planungssicherheit auf Grundlage des bestehenden Rechts zuzugestehen. Ihm sollte ebenfalls eine angemessene Reaktionszeit auf eine Veränderung der Rechtslage gewährt werden – insbesondere bei einer nachteiligen Änderung.[320] Deshalb kann die Weitergeltungsanordnung in begründeten Fällen auf Rechtssicherheit und Vertrauensschutz gestützt werden.

b) Verhinderung eines verfassungsferneren Zustands

Eine Unvereinbarkeitserklärung mit Weitergeltungsanordnung ist nach Auffassung des BVerfG auch dann geboten, wenn durch eine Nichtigkeitserklärung ein Zustand geschaffen würde, der von der verfassungsmäßigen Ordnung noch weiter entfernt wäre als die verfassungswidrige Regelung

316 Siehe Kap. 1, A. II. 3.

317 BVerfG, Beschluss vom 18.2.1993 – 2 BvR 1196/88, BB 1993, 1054 (1054).

318 *Maurer*, HStR IV, 2006, 395 (402).

319 *Sangmeister*, ZRP 2008, 252 (254); *Schwindt*, Rechtsfolgen verfassungswidriger Steuergesetze, 2014, S. 151 f.

320 *Kube*, StuW 2018, 314 (321); vgl. insgesamt *Hey*, Steuerplanungssicherheit als Rechtsproblem, 2002.

selbst.[321] Dies ist der Fall, wenn die Nachteile des sofortigen Außerkrafttretens die Nachteile, die mit der vorläufigen Weitergeltung verbunden sind, überwiegen.[322] Die folgende Entscheidung veranschaulicht beispielhaft den Konflikt zwischen Verfassungswidrigkeit steuerrechtlicher Normen und den negativen Auswirkungen der Nichtigkeitserklärung und wie er zugunsten der Steuerpflichtigen gelöst werden kann.

aa) BVerfG v. 10.11.1998 – Kinderbetreuungskosten und Haushaltsfreibetrag

Im Beschluss vom 10.11.1998 ging es um die Frage, ob es mit dem Grundgesetz vereinbar ist, dass in ehelicher Gemeinschaft lebende Eltern Kinderbetreuungskosten wegen Erwerbstätigkeit nicht als außergewöhnliche Belastungen von der einkommensteuerlichen Bemessungsgrundlage abziehen dürfen (§ 33c EStG[323]) und ihnen auch kein Haushaltsfreibetrag (§ 32 EStG[324]) gewährt wird.[325] In der Benachteiligung der in ehelicher Erzie-

---

321 Vgl. bspw. BVerfG, Urteil vom 18.7.1972 – 1 BvL 32/70 u.a., BVerfGE 33, 303 (347); BVerfG, Beschluss vom 25.9.1992 – 2 BvL 5/91 u.a., BVerfGE 87, 153 (177 f.); BVerfG, Beschluss vom 10.11.1998 – 2 BvR 1057/91 u.a., BVerfGE 99, 216 (244); BVerfG, Urteil vom 19.12.2017 – 1 BvL 3 /14 u.a., BVerfGE 147, 253 (363); BVerfG, Urteil vom 18.7.2018 – 1 BvR 1675/17 u.a., BVerfGE 149, 222 (290); *J. Ipsen*, JZ 1983, 41 (41); *Zeidler*, EuGRZ 1988, 207 (210 f.); *Kleuker*, Gesetzgebungsaufträge des Bundesverfassungsgerichts, 1993, S. 33; *Schwenke*, DStR 1999, 404 (405); *Wernsmann*, Das gleichheitswidrige Steuergesetz, 2000, S. 80.

322 BVerfG, Urteil vom 18.7.1972 – 1 BvL 32/70 u.a., BVerfGE 33, 303 (347); BVerfG, Urteil vom 3.11.1982 – 1 BvR 620/78 u.a., BVerfGE 61, 319 (356); BVerfG, Beschluss vom 27.11.1990 – 1 BvR 402/87, BVerfGE 83, 130 (154); BVerfG, Beschluss vom 25.3.1992 – 1 BvR 1430/88, BVerfGE 85, 386 (401); BVerfG, Beschluss vom 25.9.1992 – 2 BvL 5/91 u.a., BVerfGE 87, 153 (177 f.); BVerfG, Urteil vom 14.7.1999 – 1 BvR 2226/94 u.a., BVerfGE 100, 313 (388); BVerfG, Beschluss vom 23.3.2011 – 2 BvR 882/09, BVerfGE 128, 282 (321 f.); BVerfG, Urteil vom 19.12.2017 – 1 BvL 3 /14 u.a., BVerfGE 147, 253 (363).

323 § 33c Abs. 1 bis 4 EStG in der Fassung des Steuerbereinigungsgesetzes vom 14.12.1984, BGBl. I 1984, S. 1493 und alle nachfolgenden Fassungen.

324 § 32 Abs. 3 und 4 EStG in der Fassung der Bekanntmachung der Neufassung des Einkommensteuergesetzes vom 21.1.1984, BGBl. I 1984, S. 113 bis zur Änderung durch das Gesetz zur leistungsfördernden Steuersenkung und zur Entlastung der Familie vom 26.6.1985, BGBl. I 1985, S. 1153; § 32 Abs. 7 EStG in der Fassung der Bekanntmachung der Neufassung des Einkommensteuergesetzes vom 15.4.1986, BGBl. I 1986, BGBl. I 1986, S. 441 und alle nachfolgenden Fassungen.

325 BVerfG, Beschluss vom 10.11.1998 – 2 BvR 1057/91 u.a., BVerfGE 99, 216 (219).

hungsgemeinschaft lebenden Steuerpflichtigen gegenüber anderen Erziehungsgemeinschaften sah das BVerfG einen Verstoß gegen das Diskriminierungsverbot des Art. 6 Abs. 1 und 2 GG.[326]

Das Gericht sprach eine Unvereinbarkeitserklärung mit Weitergeltungsanordnung aus. Es entschied sich ausdrücklich gegen eine Nichtigerklärung, da diese die verfassungsrechtlich gebotene Berücksichtigung des Betreuungsaufwands und eines Haushaltsfreibetrags gänzlich hätte entfallen lassen und damit eine Rechtslage geschaffen worden wäre, die mit Art. 6 Abs. 1 und 2 GG noch weniger vereinbar wäre als die bisherigen Regelungen. § 33c EStG durfte demgemäß noch bis zum 31.12.1999 angewandt werden, § 32 EStG bis zum 31.12.2001.[327]

bb) Rechtliche Würdigung

Zwar gebietet der Vorrang der Verfassung grundsätzlich, einen verfassungsgemäßen Zustand sofort herzustellen. Wenn die Nichtigkeitserklärung aber nicht geeignet ist, eine der Verfassung entsprechenden Rechtslage herbeizuführen, so kann die Weitergeltungsanordnung der adäquate Rechtsfolgenausspruch sein.[328]

Hinter diesem Gedanken steht, dass dem BVerfG eine gewisse „Folgenverantwortung“[329] für seine Entscheidungen zukommt.[330] Wenn der Verfassungsverstoß durch die Nichtigkeit nicht behoben werden kann, sondern ihn weiter vertieft, ist die Unvereinbarkeitserklärung der gebotene Rechtsfolgenausspruch.[331] Auch die Weitergeltungsanordnung kann zum

---

326 BVerfG, Beschluss vom 10.11.1998 – 2 BvR 1057/91 u.a., BVerfGE 99, 216 (235, 238).

327 BVerfG, Beschluss vom 10.11.1998 – 2 BvR 1057/91 u.a., BVerfGE 99, 216 (244).

328 *Seer*, NJW 1996, 285 (287).

329 *Bachof*, Verfassungsgerichtsbarkeit, 1976, 285 (287); *K. Vogel*, Das Bundesverfassungsgericht und die übrigen Verfassungsorgane, 1988, S. 228; ähnlich *P. Hein*, Die Unvereinbarerklärung verfassungswidriger Gesetze durch das Bundesverfassungsgericht, 1988, S. 120; *Enk*, Die verfassungswidrige Steuernorm und ihre Folgen, 2005, S. 139; *Löwer*, HStR III, 2005, 1285 (1408); *Schwindt*, Rechtsfolgen verfassungswidriger Steuergesetze, 2014, S. 29; *Bethge*, in: M/S/K/B, BVerfGG, Stand: Februar 2019, § 31 Rn. 215; *G. Kirchhof*, in: Herrmann/Heuer/Raupach, EStG/KStG, Stand: April 2020, Einführung zum EStG Rn. 121.

330 *Schwindt*, Rechtsfolgen verfassungswidriger Steuergesetze, 2014, S. 29.

331 Ähnlich *Löwer*, HStR III, 2005, 1285 (1409 f.).

Schutze der Verfassung gerechtfertigt sein.[332] Hierdurch kann ein schonender Übergang zum Verfassungsrecht gewährleistet werden, bei dem sowohl der Gesetzgeber als auch der Steuerpflichtige die Möglichkeit bekommen, sich auf eine Änderung der Rechtslage einzustellen. Insbesondere wird die Schaffung eines Zustands verhindert, der der Verfassung noch ferner stünde als die bisherige Rechtslage.[333]

2. … zugunsten der öffentlichen Hand

Nachdem im vorherigen Abschnitt die Rechtsprechung zugunsten der Steuerpflichtigen beleuchtet wurde, sollen nun Entscheidungen vorgestellt werden, bei denen das BVerfG aufgrund der erwarteten finanziellen Folgen fiskalische Belange berücksichtigte und die Weitergeltung verfassungswidrigen Abgabenrechts anordnete.

a) Verhinderung eines Staatsbankrotts

Zur Verhinderung eines drohenden Staatsbankrotts appellierte das BVerfG in einer Entscheidung zur Umsatzsteuer an den Gesetzgeber. Das damalige System der Umsatzsteuer führte zu einer Wettbewerbsverzerrung, weil bei jedem Veräußerungsvorgang eine Umsatzsteuer in Höhe von 4 % auf den Erlös zu zahlen war. Dies führte zur Begünstigung großer Firmen, die mehrere Produktions- und Vertriebsstufen zusammenführen konnten – im Gegensatz zu kleineren Unternehmen, die die einzelnen Stufen untereinander aufteilten. Das BVerfG entschied, dass die bestehende Ungleichbehandlung von Groß- und Kleinunternehmern aber vorläufig hinzunehmen sei. Es räumte dem Gesetzgeber eine Frist ein, bis zu der das neue verfassungsgemäße Gesetz in Kraft treten musste.[334]

---

332 Kritisch dagegen etwa *Weißauer/Hesselberger*, DÖV 1970, 325 (326); *Bachof*, FS Tübinger Juristenfakultät, 1977, 177 (185 ff.); *Bachof*, Wege zum Rechtsstaat, 1979, 344 (350 f.); *Gusy*, Parlamentarischer Gesetzgeber und Bundesverfassungsgericht, 1985, S. 195; *Pestalozza*, Verfassungsprozeßrecht, 3. Auflage 1991, § 20 Rn. 124; *Schwindt*, Rechtsfolgen verfassungswidriger Steuergesetze, 2014, S. 153; *Schlaich/Korioth*, Das Bundesverfassungsgericht, 11. Auflage 2018, Rn. 405.

333 Vgl. zur „noch ferneren“ Verfassungsrechtslage BVerfG, Beschluss vom 25.9.1992 – 2 BvL 5/91 u.a., BVerfGE 87, 153 (177 f.).

334 BVerfG, Urteil vom 20.12.1966 – 1 BvR 320/57 u.a., BVerfGE 21, 12 (42); im Ganzen *Zeidler*, EuGRZ 1988, 207 (211).

Hätte das BVerfG damals das gesamte Umsatzsteuergesetz für nichtig erklärt, hätte dies nahezu den Staatsbankrott bedeutet.[335] Die „besonders große Bedeutung, die das Umsatzsteuergesetz für die Einnahmen des Bundes“ hatte, sprach gegen eine Nichtigerklärung.[336] Eine Teilnichtigkeitserklärung schied ebenso aus, da kein abgrenzbarer Teil vorhanden war, der nach der Abtrennung noch brauchbar gewesen wäre.[337] Die Unvereinbarkeitserklärung war zu diesem Zeitpunkt noch nicht entwickelt worden.

Bei der genannten Entscheidung ist jedoch der Einzelfallcharakter zu unterstreichen. Sie kann nicht als Regelfall für die Berücksichtigung fiskalischer Interessen begriffen werden, da sie aus dem Jahr 1966 stammt und seither kein vergleichbarer Fall mehr entschieden wurde. Bei der Umsatzsteuer handelte es sich schon damals um eine der wichtigsten Einnahmequellen des Staates, deren Wegfall unerträgliche finanzielle Einbußen zur Folge gehabt hätte. Es erscheint allerdings unwahrscheinlich, dass zukünftig ein vergleichbarer Sachverhalt zur Entscheidung steht.

b) Abwendung schädlicher Finanzfolgen aus Rücksicht auf das Gemeinwohl

In einer bislang einmaligen Entscheidung hat das BVerfG ein gesamtes Gesetz mit der Begründung für weiterhin anwendbar erklärt, dass die Nichtigkeit in finanzieller Hinsicht dem Gemeinwohl geschadet hätte.

aa) BVerfG v. 11.10.1994 – Kohlepfennig

Im Beschluss vom 11.10.1994 entschied das BVerfG über die Abgabepflicht des § 8 Drittes Verstromungsgesetz[338], den sogenannten Kohlepfennig. Mit der Abgabe sollte der deutsche Steinkohlebergbau zur Elektrizitätsversor-

335 *J. Ipsen*, Rechtsfolgen der Verfassungswidrigkeit von Norm und Einzelakt, 1980, S. 139.

336 BVerfG, Urteil vom 20.12.1966 – 1 BvR 320/57 u.a., BVerfGE 21, 12 (39).

337 BVerfG, Urteil vom 20.12.1966 – 1 BvR 320/57 u.a., BVerfGE 21, 12 (39 f.); kritisch insgesamt *Werth*, FS 100 Jahre BFH, Band 1, 2018, 535 (541).

338 In der Bekanntmachung vom 17.11.1980, BGBl. I 1980, S. 2137 – mit Ausnahme der §§ 12, 13 Abs. 1 Nr. 5, Abs. 2 bis 4 und 6 bis 9, §§ 15 und 17 Drittes Verstromungsgesetz.

gung finanziell unterstützt werden. Das Aufkommen der Abgabe betrug im Jahr 1975 etwa 778 Mio. DM und im Jahr 1992 ca. 5,5 Mrd. DM.[339]

Das BVerfG stellte die Unvereinbarkeit mit Art. 72, 105 und 110 GG fest.[340] Zur Begründung trug das Gericht vor, dass der Kohlepfennig als Sonderabgabe ausgestaltet und deshalb nicht zu rechtfertigen sei. In Form einer Steuer wäre die Abgabe jedoch zulässig, da das „Interesse an einer Stromversorgung heute so allgemein [ist] wie das Interesse am täglichen Brot. Die Befriedigung eines solchen Interesses ist eine Gemeinwohlaufgabe des Parlaments, das Finanzierungsinstrument die Gemeinlast der Steuern."[341] Da eine Nichtigerklärung zum Wegfall der Erhebungsgrundlage geführt hätte und das Gemeinwohl hier aus Sicht des BVerfG einen schonenden Übergang zu einer verfassungsgemäßen Rechtslage erforderte, entschied es sich zu einer Unvereinbarkeitserklärung mit vorübergehender Weitergeltung des Gesetzes bis zum 31.12.1995 und stützte dies auf Art. 35 BVerfGG.[342]

bb) Rechtliche Würdigung

(i) Gewichtige Gemeinwohlbelange als Rechtfertigungsgrund für die Weitergeltungsanordnung

Mit dem Gemeinwohl ist das gute Leben des Gemeinwesens gemeint – der in ihm vereinten Menschengruppe.[343] Die Organisation des Staates ist nicht Zweck, sondern Mittel, um den Erfordernisse des Gemeinwohls gerecht zu werden.[344] Das Gemeinwohl ist ein weiter Begriff und lässt sich nicht abschließend fassen. Es ist im Hinblick auf die Bedürfnisse und Herausforderungen der Gesellschaft dem stetigen Wandel ausgesetzt.[345]

---

339 Der genaue Betrag belief sich im Jahr 1975 auf 778.047.449,94 DM und im Jahr 1992 auf 5.468.991.077,96 DM, siehe BVerfG, Beschluss vom 11.10.1994 – 2 BvR 633/86, BVerfGE 91, 186 (190).

340 BVerfG, Beschluss vom 11.10.1994 – 2 BvR 633/86, BVerfGE 91, 186 (186).

341 BVerfG, Beschluss vom 11.10.1994 – 2 BvR 633/86, BVerfGE 91, 186 (206).

342 BVerfG, Beschluss vom 11.10.1994 – 2 BvR 633/86, BVerfGE 91, 186 (207); vgl. hierzu auch *Dietz*, Verfassungsgerichtliche Unvereinbarerklärungen, 2011, S. 70. Zur Kritik an § 35 BVerfGG als Rechtsgrundlage für die Weitergeltungsanordnung siehe Kap. 1, A. II. 3. c) bb) (iii).

343 *Isensee*, HStR IV, 2006, 3 (7).

344 *Isensee*, HStR IV, 2006, 3 (7).

345 *Isensee*, HStR IV, 2006, 3 (7).

Grundsätzlich ist der Staat dazu bestimmt, das Wohlergehen der Bürger zu ermöglichen und zu fördern.[346] Die Rechtsprechung deutet den Inhalt des Begriffs „Gemeinwohl" je nach Lage des konkreten Einzelfalls im Kontext der vorhandenen Wertungen und Normen.[347]

Die Nichtigkeit hätte in der oben dargelegten Entscheidung den rückwirkenden Wegfall der Stromförderung zur Folge gehabt, was aus Sicht des BVerfG dem Gemeinwohl geschadet hätte. Das BVerfG ist damit der Auffassung, dass neben verfassungsrechtlichen Gründen auch Gemeinwohlbelange die Weitergeltung eines verfassungswidrigen Gesetzes rechtfertigen können.[348]

(ii) Kritik

Es ist daher der Frage nachzugehen, ob das Gemeinwohl als solches geeignet sein kann, die Weitergeltung eines verfassungswidrigen abgabenrechtlichen Gesetzes zu begründen. Einige Stimmen in der Literatur befürworten die Weitergeltungsanordnung zum Schutze des Gemeinwohls.[349] So wird etwa angeführt, dass die Verfassung eine nicht abschließende Aufzählung an geschützten Rechtsgütern sei und deshalb auch außerhalb des Grundgesetzes stehende Gründe eine Weitergeltung rechtfertigen können.[350] Das BVerfG sei außerdem berechtigt, Gemeinwohlbelange zu berücksichtigen, da es bei seinen Entscheidungen eine „politische Verantwortung" trage.[351] Deshalb seien bei der Wahl des Rechtsfolgenausspruches das „Gemeinwohl und insbesondere die Funktionsfähigkeit des sozialen Rechtsstaats" zu bedenken.[352]

Diese Ansichten vermögen allerdings aus den folgenden Erwägungen im Ergebnis nicht zu überzeugen und können damit die Weitergeltungs-

---

346 *Isensee*, HStR IV, 2006, 3 (12).

347 *Isensee*, HStR IV, 2006, 3 (27); zur "Gemeinwohljudikatur" des BVerfG *Häberle*, Kommentierte Verfassungsrechtsprechung, 1979, S. 308 ff.

348 *Schwindt*, Rechtsfolgen verfassungswidriger Steuergesetze, 2014, S. 45.

349 Die folgende Darstellung des Meinungsstandes orientiert sich an *Schwindt*, Rechtsfolgen verfassungswidriger Steuergesetze, 2014, S. 45.

350 *Graßhof*, Die Vollstreckung von Normenkontrollentscheidungen des Bundesverfassungsgerichts, 2003, S. 207; zum nicht abschließenden Charakter der Verfassung: *Uerpmann*, Das öffentliche Interesse, 1999, S. 200; *Dietz*, Verfassungsgerichtliche Unvereinbarerklärungen, 2011, S. 191 f.

351 *Larenz*, Methodenlehre der Rechtswissenschaft, 6. Auflage 1991, S. 365.

352 *Larenz*, Methodenlehre der Rechtswissenschaft, 6. Auflage 1991, S. 363, 365.

anordnung aus Rücksicht auf das Gemeinwohl nicht rechtfertigen. Zum einen ist das Gemeinwohl als solches kein konkretes Rechtsgut, das Verfassungsrang genießt.[353] Hierzu müsste es näher bestimmbar sein. Es kann in seiner Offenheit gerade keine Grundrechtsschranke formulieren, denn eine solche Generalklausel könnte zu missbräuchlicher Verwendung anleiten.[354] Der Steuerpflichtige wäre der Willkür der Rechtsprechung ausgesetzt, da letztlich jede Steuereinnahme dem Gemeinwohl dienen soll. Der Staat selbst hat keine eigenen fiskalischen Interessen, sondern handelt insgesamt zum Wohle der Gemeinschaft. Dies wiederum würde dazu führen, dass jede verfassungswidrige Steuer aus Gründen des Gemeinwohls – nämlich dem Einbehalt der Gelder zur weiteren Finanzierbarkeit der Staatsaufgaben – für weiter anwendbar erklärt werden könnte. Dies läuft aber dem Grundsatz entgegen, dass Verfassungsverstöße grundsätzlich rückwirkend zu beseitigen sind und nur in Ausnahmefällen bestehen bleiben dürfen. Zur Begründung der Weitergeltung reicht der bloße Verweis auf nicht näher bestimmte Gemeinwohlbelange damit nicht aus. Es bedarf vielmehr spezifischer verfassungsrechtlicher Gründe.[355]

c) Interesse an einer verlässlichen Finanz- und Haushaltsplanung

Von wesentlicher Bedeutung für die vorliegende Untersuchung sind die vielfach ergangenen Unvereinbarkeitserklärungen mit Weitergeltungsanordnung aufgrund der periodischen Finanz- und Haushaltsplanung. In den nachfolgenden Entscheidungen begründet das BVerfG die Weitergeltung verfassungswidrigen Abgabenrechts ausdrücklich mit dem „Interesse an einer verlässlichen Finanz- und Haushaltsplanung" – oder einem vergleichbaren Wortlaut. Die Entscheidungsgründe ähneln sich jedoch nicht nur stark in der Formulierung. Zumeist fehlen darüber hinaus detaillierte Ausführungen zu den vom BVerfG befürchteten negativen Auswirkungen auf die Verlässlichkeit der öffentlichen Haushaltsplanung.

Dass das BVerfG den generellen Vortrag finanzieller Auswirkungen nicht pauschal ausreichen lässt, um eine Weitergeltung anzuordnen, zeigen aber zunächst die folgenden zwei Gegenbeispiele. So hat es in der Un-

---

353 Ähnlich *Schlaich/Korioth,* Das Bundesverfassungsgericht, 11. Auflage 2018, Rn. 427.

354 Vgl. *Bethge,* HStR IX, 2011, 1111 (1216); *Schladebach,* Der Staat 53 (2014), 263 (270 f.).

355 *Schlaich/Korioth,* Das Bundesverfassungsgericht, 11. Auflage 2018, Rn. 427.

gleichbehandlung von Verheirateten und eingetragenen Lebenspartnern in den Vorschriften über Zusammenveranlagung und Splittingtarif für Ehegatten (§§ 26, 26b, 32a Abs. 5 EStG[356]) wegen der Nichteinbeziehung der eingetragenen Lebenspartnerschaften einen Verstoß gegen Art. 3 Abs. 1 GG gesehen.[357] In dem Beschluss vom 7.5.2013 erklärte es die Vorschriften daher für unvereinbar mit dem Grundgesetz und trug dem Gesetzgeber auf, den Verfassungsverstoß rückwirkend zum 1.8.2001 zu beseitigen.[358] Das BVerfG betonte, dass vom Grundsatz der Rückwirkung keine Ausnahme „im Interesse verlässlicher Finanz- und Haushaltsplanung" zu machen sei, da die vom Bundesfinanzministerium (BMF) vorgelegten Schätzungen zur finanziellen Größenordnung einer Ausdehnung des Splittingverfahrens auf eingetragene Lebenspartnerschaften[359] keine unvertretbaren fiskalischen Wirkungen erkennen ließen.[360]

Ganz ähnlich lautete die Begründung im Beschluss vom 29.3.2017 zur Ungleichbehandlung von Kapitalgesellschaften beim Verlustabzug infolge eines schädlichen Beteiligungserwerbs nach § 8c Abs. 1 S. 1 KStG.[361] Hier hielt das BVerfG eine Weitergeltungsanordnung aus haushaltswirtschaftlichen Gründen ebenfalls für nicht geboten.[362]

---

356 §§ 26 und 26b EStG in der Fassung der Bekanntmachung der Neufassung vom 16.4.1997, BGBl. I 1997, S. 821; § 32a Abs. 5 EStG in der Fassung des Steuersenkungsgesetzes vom 23.10.2000, BGBl. I 2000, S. 1433.

357 BVerfG, Beschluss vom 7.5.2013 – 2 BvR 909/06 u.a., BVerfGE 133, 377.

358 BVerfG, Beschluss vom 7.5.2013 – 2 BvR 909/06 u.a., BVerfGE 133, 377 (377).

359 Das Bundesfinanzministerium schätzte die budgetären Auswirkungen der Einbeziehung auf jährliche Steuermindereinnahmen von mindestens 15 Mio. Euro bei einem Gesamtvolumen des Splittingtarifs von 18,9 Mrd. im Jahr 2010, siehe hierzu BVerfG, Beschluss vom 7.5.2013 – 2 BvR 909/06 u.a., BVerfGE 133, 377 (402 f.).

360 BVerfG, Beschluss vom 7.5.2013 – 2 BvR 909/06 u.a., BVerfGE 133, 377 (424).

361 § 8c Abs. 1 S. 1 KStG in der Fassung von Art. 2 Nr. 7 des Unternehmensteuerreformgesetzes 2008 vom 14.8.2007, BGBl. I 2007, S. 1928 sowie § 8c Abs. 1 S. 1 KStG in der Fassung des Gesetzes zur Modernisierung der Rahmenbedingungen für Kapitalbeteiligungen vom 12.8.2008, BGBl. I 2008, S. 1672 und die nachfolgenden Fassungen bis zum Zeitpunkt des Inkrafttretens des Gesetzes zur Weiterentwicklung der steuerlichen Verlustverrechnung bei Körperschaften vom 20.12.2016, BGBl. I 2016, S. 2998.

362 BVerfG, Beschluss vom 29.3.2017 – 2 BvL 6/11, BVerfGE 145, 106 (169).

aa) Entscheidungen

Die vorgenannten Beispiele stellen nach derzeitiger Rechtsprechung die Ausnahme dar, wie die nachfolgenden Entscheidungen zeigen werden. Zunächst soll die Argumentationslinie des BVerfG in Bezug auf die Finanzfolgen anhand ergangener Entscheidungen vorgestellt werden, nach der diese zur Anordnung der Weitergeltung verfassungswidrigen Rechts führten. Hierauf folgt sodann eine verfassungsrechtliche Untersuchung der Entscheidungsgründe.

(i) BVerfG v. 25.9.1992 – Grundfreibetrag und Existenzminimum

Der das Existenzminimum schützende Grundfreibetrag unterschritt in der damaligen Fassung des § 32a Abs. 1 S. 2 EStG[363] das sozialhilferechtliche Existenzminimum und wurde vom BVerfG als zu niedrig erachtet.[364] Das Gericht verpflichtete den Gesetzgeber mit Beschluss vom 25.9.1992 aufgrund der erwarteten negativen finanziellen Auswirkungen nur zu einer zukünftigen Gesetzesreform mit Wirkung zum Veranlagungszeitraum 1996.[365] Eine Nichtigerklärung führe dazu, dass eine Besteuerung bis zur Neuregelung nicht stattfinden könne. Zudem habe der Gesetzgeber mehrere Möglichkeiten, den Verfassungsverstoß zu beseitigen. Er habe zu bestimmen, wie hoch das steuerliche Existenzminimum anzusetzen sei.[366] Die Verfassungswidrigkeit des § 32a Abs. 1 S. 2 EStG hätte bei der Nichtigkeitserklärung zudem zur Folge, dass die noch anfechtbaren Steuerbescheide für die von den Vorlagen erfassten Zeiträume aufzuheben seien. Eine solche Konsequenz sei jedoch wegen der Besonderheiten des Steuer- und Haushaltsrechts und der Eigenart des Falles nicht angezeigt.

Das Gericht führte an, dass „Gesichtspunkte einer verläßlichen Finanz- und Haushaltsplanung sowie einer entsprechenden Finanz- und Haushaltswirtschaft" einer rückwirkenden Neuregelung entgegenstünden.[367] Die Einkommensteuer diene als periodisch wiederkehrende Belastung gegen-

363 In der Fassung des Steuerreformgesetzes 1990 vom 25.7.1988, BGBl. I 1988, S. 1093.

364 BVerfG, Beschluss vom 25.9.1992 – 2 BvL 5/91 u.a., BVerfGE 87, 153; *Balke*, BB 1995, 762 (762 f.).

365 BVerfG, Beschluss vom 25.9.1992 – 2 BvL 5/91 u.a., BVerfGE 87, 153 (181); *Seer*, NJW 1996, 285 (288).

366 BVerfG, Beschluss vom 25.9.1992 – 2 BvL 5/91 u.a., BVerfGE 87, 153 (178).

367 BVerfG, Beschluss vom 25.9.1992 – 2 BvL 5/91 u.a., BVerfGE 87, 153 (178 f.).

wärtiger Einkommen der Ausstattung des Staates mit Finanzmitteln für das jeweilige Haushaltsjahr. Wie die Einkommensteuer auf das Jahreseinkommen des Steuerpflichtigen zugreife, so statte das Aufkommen aus der Einkommensteuer die öffentlichen Haushalte für das jeweilige Kalenderjahr aus. Müssten nun Steuerfälle in großer Anzahl für viele Kalenderjahre neu aufgerollt und teilweise rückabgewickelt werden, so könnte damit das Haushaltsvolumen früherer Haushalte nicht rückwirkend neu bemessen, sondern nur die damaligen Steuerschuldner zu Lasten des gegenwärtigen Staatshaushalts und zukünftiger Steuerzahler entlastet werden. Das haushaltsrechtliche Prinzip des jährlichen Ausgleichs von Einnahmen und Ausgaben würde durch die Belastung der gegenwärtigen Haushalte mit Steuererstattungsansprüchen von außerordentlicher Höhe in Frage gestellt, so das Gericht. Die staatliche Finanzplanung wäre gefährdet und überdies die finanzielle Handlungsfähigkeit des Staates bedroht – es sei denn, die Steuern würden temporär erheblich erhöht.[368]

Die verfassungswidrige Bemessung des steuerlichen Existenzminimums müsse deshalb von Verfassungs wegen nicht rückwirkend beseitigt werden. Es genüge, wenn der Gesetzgeber die gebotene Neuregelung für die Zukunft treffe und sie bereits seiner gegenwärtigen Finanzplanung zugrunde lege.[369] Die Frist zur Neuregelung zum Veranlagungszeitraum 1996 ermögliche dem Gesetzgeber, die haushaltswirtschaftlichen Auswirkungen der gebotenen Neuregelung im Rahmen der mittelfristigen Finanzplanung zu berücksichtigen.[370]

(ii) BVerfG v. 22.6.1995 – Einheitswert und Vermögensteuer

Im Beschluss vom 22.6.1995 hatte das Gericht zu prüfen, ob § 10 Nr. 1 des Vermögensteuergesetzes[371] (VStG) mit dem Gleichheitssatz unvereinbar war, weil die Vorschrift für die Besteuerung einheitswertgebundenen und nicht einheitswertgebundenen Vermögens einen einheitlichen Steuersatz festlegte.[372] Das Gericht erklärte die Norm für unvereinbar mit Art. 3 Abs. 1 GG und ordnete eine Gesetzesreformpflicht nur für die Zukunft an.

368 Insgesamt BVerfG, Beschluss vom 25.9.1992 – 2 BvL 5/91 u.a., BVerfGE 87, 153 (179).
369 BVerfG, Beschluss vom 25.9.1992 – 2 BvL 5/91 u.a., BVerfGE 87, 153 (179).
370 BVerfG, Beschluss vom 25.9.1992 – 2 BvL 5/91 u.a., BVerfGE 87, 153 (181).
371 In der Fassung der Bekanntmachung vom 14.11.1990, BGBl. I 1990, S. 2467, zuletzt geändert durch Gesetz vom 14.9.1994, BGBl. I 1994, S. 2325.
372 BVerfG, Beschluss vom 22.6.1995 – 2 BvL 37/91, BVerfGE 93, 121 (121).

Die „Erfordernisse verläßlicher Finanz- und Haushaltsplanung und eines gleichmäßigen Verwaltungsvollzugs für Zeiträume einer weitgehend schon abgeschlossenen Veranlagung" rechtfertigten es, die Regelungen zur Vermögensbesteuerung für zurückliegende Kalenderjahre wie bisher weiter anzuwenden. Um eine stetige Veranlagung der Vermögensteuer zu gewährleisten, dürfe das bisher geltende Recht noch bis zum 31. Dezember 1996 weiterhin angewendet werden.[373]

(iii) BVerfG v. 22.6.1995 – Erbschaftsteuer und Kapitalvermögen

In der Entscheidung des BVerfG vom 22.6.1995 wurde § 12 Abs. 1 und 2 des Erbschaft- und Schenkungsteuergesetzes[374] (ErbStG) seit 1987 mit Art. 3 Abs. 1 GG unvereinbar erklärt, soweit die Vorschrift bei gleichem Steuertarif als Bemessungsgrundlagen für Grundbesitz den seit 1964/74 nicht mehr angepassten Einheitswert und für das Vermögen im Übrigen den Gegenwartswert zugrunde legte.

Der Gesetzgeber wurde verpflichtet, eine Neuregelung bis spätestens 31.12.1996 zu treffen. Das bisherige Recht wurde bis längstens 31.12.1995 für anwendbar erklärt. Das Gericht stellte fest, dass es ab diesem Zeitpunkt bei der Regelung des § 165 AO (vorläufige Steuerfestsetzung) verbleibe.[375]

Die Feststellung der Verfassungswidrigkeit führe zur bloßen Unvereinbarkeitserklärung, da der Gesetzgeber mehrere Möglichkeiten habe, den verfassungswidrigen Zustand zu beseitigen. Die „Erfordernisse verläßlicher Finanz- und Haushaltsplanung und eines gleichmäßigen Verwaltungsvollzugs für Zeiträume einer weitgehend schon abgeschlossenen Veranlagung rechtfertigen es, die bisherige, mit dem Grundgesetz unvereinbare Erbschaftsbesteuerung von einheitswertgebundenem und nicht einheitswertgebundenem Vermögen für zurückliegende Kalenderjahre weiter anzuwenden."[376]

373 BVerfG, Beschluss vom 22.6.1995 – 2 BvL 37/91, BVerfGE 93, 121 (148).

374 In der Fassung der Bekanntmachung vom 19.2.1991, BGBl. I 1991, S. 468, zuletzt geändert durch Gesetz vom 27.9.1994, BGBl. I 1994, S. 2624 i.V.m. dem Ersten und Zweiten Teil des Bewertungsgesetzes in der Fassung der Bekanntmachung vom 1.2.1991, BGBl. I 1991, S. 230, zuletzt geändert durch Gesetz vom 27.9.1994, BGBl. I 1994, S. 2624.

375 BVerfG, Beschluss vom 22.6.1995 – 2 BvR 552/91, BVerfGE 93, 165 (166).

376 BVerfG, Beschluss vom 22.6.1995 – 2 BvR 552/91, BVerfGE 93, 165 (178).

(iv) BVerfG v. 7.11.2006 – Erbschaftsteuer und Wertermittlung

Mit Beschluss vom 7.11.2006 stellte das BVerfG fest, dass die durch § 19 Abs. 1 ErbStG[377] angeordnete Erhebung der Erbschaftsteuer mit einheitlichen Steuersätzen auf den Wert des Erwerbs mit dem Grundgesetz unvereinbar sei, weil sie an Steuerwerte anknüpfe, deren Ermittlung bei wesentlichen Gruppen von Vermögensgegenständen (Betriebsvermögen, Grundvermögen, Anteilen an Kapitalgesellschaften und land- und forstwirtschaftlichen Betrieben) den Anforderungen des Gleichheitssatzes aus Art. 3 Abs. 1 GG nicht genüge.[378]

Im vorliegenden Fall sei es geboten, ausnahmsweise die weitere Anwendung des geltenden Erbschaftsteuerrechts bis zur gesetzlichen Neuregelung zuzulassen. Für die Vergangenheit ergebe sich das aus den „Erfordernissen einer verlässlichen Finanz- und Haushaltsplanung und eines gleichmäßigen Verwaltungsvollzugs für Zeiträume einer weitgehend abgeschlossenen Veranlagung."[379] Der Gesetzgeber wurde verpflichtet, eine Neuregelung bis spätestens 31.12.2008 zu treffen.[380]

(v) BVerfG v. 13.2.2008 – Sonderausgabenabzug privater Versicherungen

Mit Beschluss vom 13.2.2008 erklärte das BVerfG mehrere Sonderabzugsvorschriften[381] für unvereinbar mit Art. 20 Abs. 1, Art. 3 Abs. 1 und Art. 6 Abs. 1 GG, soweit sie die Beiträge zu privaten Krankheitskostenversicherungen und privaten Pflegepflichtversicherungen nicht ausreichend erfassten, um eine sozialhilfegleiche Kranken- und Pflegeversorgung für den Steuerpflichtigen und seine Familie zu gewährleisten.[382]

Das BVerfG verpflichtete den Gesetzgeber zur Neuregelung mit Wirkung spätestens zum 1.1.2010 und erklärte die verfassungswidrigen Normen bis zur Neuregelung für weiter anwendbar. Sollte der Gesetzgeber

---

377 In der Fassung der Bekanntmachung vom 27.2.1997, BGBl. I 1997, S. 378 und alle folgenden Fassungen.

378 BVerfG, Beschluss vom 7.11.2006 – 1 BvL 10/02, BVerfGE 117, 1 (1).

379 BVerfG, Beschluss vom 7.11.2006 – 1 BvL 10/02, BVerfGE 117, 1 (70).

380 BVerfG, Beschluss vom 7.11.2006 – 1 BvL 10/02, BVerfGE 117, 1 (70).

381 § 10 Abs. 1 Nr. 2a, Abs. 3 in der für den VZ 1997 geltenden Fassung und alle nachfolgenden Fassungen einschließlich der zum 1.1.2005 durch das Alterseinkünftegesetz vom 5.7.2004 (BGBL. I 2005, S. 1427) in Kraft getretenen Nachfolgevorschrift des § 10 Abs. 1 Nr. 3a i.V.m. § 10 Abs. 4 EStG.

382 BVerfG, Beschluss vom 13.2.2008 – 2 BvL 1/06, BVerfGE 120, 125 (126).

nicht bis zum 1.1.2010 eine Neuregelung erlassen haben, so seien die Beiträge ab dem VZ 2010 in vollem Umfang als Sonderausgaben abzugsfähig.[383] Wegen verschiedener Möglichkeiten, den Verfassungsverstoß zu beseitigen, erklärte das BVerfG die Vorschriften nicht für nichtig. Die befristete Fortgeltung begründete es mit „Gesichtspunkten einer geordneten Finanz- und Haushaltsplanung“ sowie damit, dass „die Verfassungsrechtslage bisher nicht hinreichend geklärt war und dem Gesetzgeber aus diesem Grund eine angemessene Frist zur Schaffung einer Neuregelung zu gewähren“ sei.[384] Die Nichtigerklärung hätte in dem verfahrensgegenständlichen Umfang nicht vertretbare fiskalische Auswirkungen, sodass sie deshalb ausscheide.[385]

(vi) BVerfG v. 4.2.2009 – Spielgerätesteuer

In der Entscheidung vom 4.2.2009 führte die Verfassungswidrigkeit des § 4 Abs. 1 Hamburgisches Spielgerätesteuergesetz[386] nicht zu dessen Nichtigkeit.[387] Die Vorschrift wurde wegen ihres Verstoßes gegen Art. 3 Abs. 1 GG nur für unvereinbar mit dem Grundgesetz erklärt. Das BVerfG ordnete zudem die Weiteranwendbarkeit bis zum Außerkrafttreten des Spielgerätesteuergesetzes am 1.10.2005 an.[388]

Als Grund für die Weitergeltungsanordnung gab das BVerfG unter anderem das „haushälterische Interesse der Freien und Hansestadt Hamburg an den veranschlagten Einnahmen aus der Spielgerätesteuer, deren Erhebung dem Grunde nach keinen verfassungsrechtlichen Bedenken ausgesetzt“ war, an.[389] Zum anderen erschien „die Belastung der Automatenhalter […] für die Übergangszeit bis zum Inkrafttreten des neuen Spielvergnügensteuergesetzes relativ gering.“[390]

---

383 BVerfG, Beschluss vom 13.2.2008 – 2 BvL 1/06, BVerfGE 120, 125 (126).
384 BVerfG, Beschluss vom 13.2.2008 – 2 BvL 1/06, BVerfGE 120, 125 (168).
385 BVerfG, Beschluss vom 13.2.2008 – 2 BvL 1/06, BVerfGE 120, 125 (168).
386 In der Fassung der Änderung vom 7.12.1994, Hamburgisches Gesetz- und Verordnungsblatt 1994, S. 363.
387 BVerfG, Beschluss vom 4.2.2009 – 1 BvL 8/05, BVerfGE 123, 1 (37).
388 BVerfG, Beschluss vom 4.2.2009 – 1 BvL 8/05, BVerfGE 123, 1 (1).
389 BVerfG, Beschluss vom 4.2.2009 – 1 BvL 8/05, BVerfGE 123, 1 (38).
390 BVerfG, Beschluss vom 4.2.2009 – 1 BvL 8/05, BVerfGE 123, 1 (38).

(vii) BVerfG v. 17.12.2014 – Befreiung von Erbschaft- und Schenkungsteuer

Im Urteil vom 17.12.2014 überprüfte das BVerfG die Bestimmungen über die Befreiung von der Erbschaft- und Schenkungsteuer für Betriebsvermögen, Betriebe der Land- und Forstwirtschaft und Anteile an Kapitalgesellschaften der §§ 13a und 13b ErbStG i.V.m. § 19 ErbStG[391] auf die Vereinbarkeit mit Art. 3 Abs. 1 GG. [392]

„Im Interesse einer verlässlichen Finanz- und Haushaltsplanung und eines gleichmäßigen Verwaltungsvollzugs" hielt es der Senat für geboten, die Fortgeltung der gleichheitswidrigen Norm bis zur Neuregelung anzuordnen.[393] Eine rückwirkende Neuregelung brächte erhebliche haushaltswirtschaftliche Unsicherheiten und gravierende verwaltungstechnische Probleme bei der Rückabwicklung. In der ungeregelten Übergangszeit könnten bis zur Neuregelung keine Erb- und Schenkungsfälle steuerrechtlich abgewickelt werden.[394]

Ohne Regelung bliebe auch das Aufkommen aus der Erbschaft- und Schenkungsteuer in der Übergangszeit nach Grund und Umfang unklar. Zwar seien die Einnahmen im Gesamtsteueraufkommen vergleichsweise gering. Jedoch käme der Steuer als Aufkommen, das ausschließlich den Ländern zustehe, eine bedeutende Rolle für die finanzielle Ausstattung der einzelnen Länder zu – in 2012 und 2013 stellte es annähernd 30 % des Länderaufkommens dar.[395]

Das BVerfG trug dem Gesetzgeber auf, die Neuregelung bis zum 30.6.2016 in Kraft zu setzen.[396]

---

391 § 13a ErbStG in der Fassung des Wachstumsbeschleunigungsgesetzes vom 22.12.2009, BGBl. I 2009, S. 3950; § 13b ErbStG in der Fassung des Erbschaftsteuerreformgesetzes vom 24.12.2008, BGBl. I 2008, S. 3018; § 19 Abs. 1 ErbStG in der Fassung der Bekanntmachung vom 27.2.1997, BGBl. I 1997, S. 378 und den seither geltenden Fassungen.

392 BVerfG, Urteil vom 17.12.2014 – 1 BvL 21/12, BVerfGE 138, 136.

393 BVerfG, Urteil vom 17.12.2014 – 1 BvL 21/12, BVerfGE 138, 136 (250).

394 BVerfG, Urteil vom 17.12.2014 – 1 BvL 21/12, BVerfGE 138, 136 (250).

395 BVerfG, Urteil vom 17.12.2014 – 1 BvL 21/12, BVerfGE 138, 136 (250).

396 BVerfG, Urteil vom 17.12.2014 – 1 BvL 21/12, BVerfGE 138, 136 (251).

(viii) BVerfG v. 10.4.2018 – Einheitsbewertung und Grundsteuer

In der Entscheidung vom 10.4.2018 ging es um die Verfassungsmäßigkeit mehrerer Vorschriften des Bewertungsgesetzes.[397] Das BVerfG prüfte, ob die für die Erhebung der Grundsteuer maßgebliche Einheitsbewertung des Grundvermögens mit dem Gleichbehandlungssatz vereinbar war. Problematisch war insbesondere die Anknüpfung an die Wertverhältnisse aus dem Jahr 1964. Das Gericht kam zu dem Ergebnis, dass die §§ 19 bis 23, 27, 76, 79 Abs. 4, 93 Abs. 1 S. 2 BewG i.V.m. Art. 2 Abs. 1 S. 1, 3 BewGÄndG seit dem 1.1.2002 mit Art. 3 Abs. 1 GG unvereinbar sind, soweit sie bebaute Grundstücke außerhalb des Bereichs der Land- und Forstwirtschaft und außerhalb des in Art. 3 des Einigungsvertrags genannten Gebiete betreffen.

Obwohl die Normen zumindest seit 1.1.2002 gegen die Verfassung verstießen, verpflichtete das BVerfG den Gesetzgeber lediglich zum Erlass einer Neuregelung bis zum 31.12.2019. Bis zu diesem Zeitpunkt durften die verfassungswidrigen Regelungen über die Einheitsbewertung weiter angewandt werden. Zur Begründung trug das Gericht vor, der Gesetzgeber habe viele Möglichkeiten, den Verfassungsverstoß zu beseitigen.[398] Die kurze Frist zur Neuregelung von ca. eindreiviertel Jahren sei angemessen, da die Reformierung der Grundsteuer schon seit Jahrzenten mit verschiedenen Modellen bemüht worden sei und den Gesetzgeber die Notwendigkeit der alsbaldigen Neuregelung nicht unvorbereitet treffe.[399]

„Aus besonderem Grund, namentlich im Interesse einer verlässlichen Finanz- und Haushaltsplanung und eines gleichmäßigen Vollzuges für Zeiträume einer weitgehend schon abgeschlossenen Veranlagung“ wurde die Fortgeltung der beanstandeten Vorschriften ab Verkündung einer Neuregelung für weitere fünf Jahre, längstens bis zum 31.12.2024 angeordnet. Dafür sprächen die sonst drohenden Vollzugsprobleme, wenn noch nicht bestandskräftige Einheitswertbescheide – und in deren Folge auch die darauf beruhenden Grundsteuerbescheide (§ 175 AO) – in einer angesichts der großen Zahl von Grundsteuerschuldnern aller Voraussicht nach erheblichen Größenordnung aufgehoben oder geändert und zumindest zum Teil rückabgewickelt werden müssten. Die Probleme würden dadurch verschärft, dass die Aufarbeitung dieser Fälle erst nach Inkrafttreten und Umsetzung der Neuregelung auf der Bewertungsebene und damit erst viele

397 BVerfG, Urteil vom 10.4.2018 – 1 BvL 11/14 u.a., BVerfGE 148, 147.
398 BVerfG, Urteil vom 10.4.2018 – 1 BvL 11/14 u.a., BVerfGE 148, 147 (211).
399 BVerfG, Urteil vom 10.4.2018 – 1 BvL 11/14 u.a., BVerfGE 148, 147 (211 f.).

Jahre nach Verkündung dieses Urteils erfolgen könne. Der Verwaltungsaufwand allein für die retrospektive Abwicklung noch offener Fälle sei danach höchstwahrscheinlich enorm.[400]

Die Hinnahme des Vollzugs von Einheitswertbescheiden, die auf der Grundlage für verfassungswidrig befundener Bewertungsregeln ergangen seien, sei den Betroffenen auch deshalb zumutbar, weil die Belastung mit einer Grundsteuer dem Grunde nach durch die Verfassung legitimiert, „schon immer" vorgesehen und deshalb von den Grundbesitzern auch zu erwarten sei.[401]

Die weitere Anwendung der Normen sei auch für einen begrenzten Zeitraum in der Zukunft gerechtfertigt, weil ansonsten die ernsthafte Gefahr bestehe, dass viele Gemeinden ohne die Einnahmen aus der Grundsteuer in gravierende Haushaltsschwierigkeiten gerieten. Die Grundsteuer sei von erheblicher finanzieller Bedeutung für die Kommunen. Sie stelle mit einem jährlichen Aufkommen zwischen 13 und 14 Mrd. Euro nach der Gewerbesteuer und dem Gemeindeanteil an der Einkommensteuer deren drittgrößte Steuerquelle dar.[402] Ohne die Fortgeltung könnten keine neuen Einheitswertbescheide mehr erlassen werden. Selbst die weitere Erhebung von Grundsteuer auf der Grundlage schon bestandskräftiger, aber auf verfassungswidrigen Normen beruhender Einheitswertbescheide wäre nicht unproblematisch. Die Unanwendbarkeit der Einheitsbewertungsregeln beträfe im Ergebnis den gesamten Bereich der Grundsteuer.[403]

Die Fortgeltung des verfassungswidrigen Rechts von bis zu fünf Jahren nach der Gesetzesänderung bezeichnete das BVerfG selbst als „ungewöhnlich", „außergewöhnlich lang" und nur „ausnahmsweise gerechtfertigt".[404] Die Grundsteuerreform nehme aber ein außergewöhnliches Maß an Zeit, Personal und Umsetzungsaufwand in Anspruch, da etwa 35 Mio. Einheiten neu zu bewerten seien. Daher hielt der Senat die Fortgeltung der Rechtslage für fünf Jahre für „geboten aber auch ausreichend", um die befürchteten „gravierenden Haushaltsprobleme" zu vermeiden.[405]

---

400 BVerfG, Urteil vom 10.4.2018 – 1 BvL 11/14 u.a., BVerfGE 148, 147 (213).

401 BVerfG, Urteil vom 10.4.2018 – 1 BvL 11/14 u.a., BVerfGE 148, 147 (214).

402 BVerfG, Urteil vom 10.4.2018 – 1 BvL 11/14 u.a., BVerfGE 148, 147 (214 m.w.N.).

403 BVerfG, Urteil vom 10.4.2018 – 1 BvL 11/14 u.a., BVerfGE 148, 147 (214 f.).

404 BVerfG, Urteil vom 10.4.2018 – 1 BvL 11/14 u.a., BVerfGE 148, 147 (215 f.).

405 BVerfG, Urteil vom 10.4.2018 – 1 BvL 11/14 u.a., BVerfGE 148, 147 (216).

bb) „Gesichtspunkte/Erfordernisse/Interesse an einer verlässlichen Finanz- und Haushaltsplanung" – Begriffsdeutung

Wie soeben gezeigt, zeichnet das BVerfG eine Rechtsprechungslinie, bei der sich das Argument der „Gesichtspunkte", „Erfordernisse" und „Interesse an einer verlässlichen Finanz- und Haushaltsplanung" als entscheidender Rechtfertigungsgrund für die Anordnung der Weitergeltung herauskristallisiert.

Der Begriff der „Gesichtspunkte" wird zuweilen ausgetauscht durch „Erfordernisse" oder das „Interesse". Die Finanz- und Haushaltsplanung wird nicht immer als „verlässlich", sondern zuweilen auch als „geordnet" beschrieben. Es stellt sich deshalb die Frage, ob zwischen den verschiedenen Begrifflichkeiten inhaltliche Unterschiede bestehen.

Ein *Erfordernis* liegt vor, wenn etwas zwingend notwendig ist, also die Voraussetzung für einen gewünschten Erfolg. Demnach müsste die Fortgeltung unumgänglich sein, um die Verlässlichkeit der Finanz- und Haushaltsplanung weiterhin zu gewährleisten. Das *Erfordernis* ist von allen drei verwendeten Begriffen in Bezug auf die Finanz- und Haushaltsplanung das stärkste Substantiv. Dahingegen stellt ein *Gesichtspunkt* nur einen Zusammenhang zu etwas her. Gesichtspunkte beziehen sich auf etwas, stellen eine Verbindung her. Gesichtspunkte können einen Anlass geben, eine Relation setzen, deuten aber auf keine zwingende Voraussetzung hin. Das *Interesse* steht insbesondere dem Erfordernis nahe, soweit man dieses als Bedürfnis versteht.

Fraglich ist, ob das BVerfG die Wörter synonym verwendet oder der Wortwahl jeweils unterschiedlich starke Bedeutung zuzumessen ist. Die „Erfordernisse verlässlicher Finanz- und Haushaltsplanung" wurden zwar als Rechtfertigungsgrund für die Anordnung der Fortgeltung der jeweiligen verfassungswidrigen Steuervorschrift angeführt – aber nicht näher begründet.[406] Vielmehr wurde das Erfordernis als selbsterklärendes Argument herangezogen, das eine Aussage darüber, woher dieses Erfordernis rührt, missen lässt. Im Vergleich dazu wurden die „Gesichtspunkte einer verlässlichen Finanz- und Haushaltsplanung" deutlich ausführlicher beschrieben. Dabei wurden Rückabwicklungsschwierigkeiten genannt, die bei der für mehrere Jahre vorzunehmende Rückumverteilung bereits verbrauchter oder nicht vorhanden gewesener Mittel entstünden, was als

---

406 Vgl. BVerfG, Beschluss vom 22.6.1995 – 2 BvL 37/91, BVerfGE 93, 121 (148); BVerfG, Beschluss vom 22.6.1995 – 2 BvR 552/91, BVerfGE 93, 165 (178); BVerfG, Beschluss vom 7.11.2006 – 1 BvL 10/02, BVerfGE 117, 1 (70).

„kaum zu leistender Eingriff in bereits abgeschlossene Perioden der Haushalts- und Ausgabenwirtschaft und des Haushaltsvollzugs“ empfunden wurde.[407] Als weiterer Gesichtspunkt wurde die Einkommensteuer als periodisch wiederkehrende Belastung genannt, die den Staat mit Finanzmitteln für das jeweilige Haushaltsjahr ausstatte. Eine Rückabwicklung von Steuerfällen in großer Zahl führe dazu, dass der gegenwärtige und zukünftige Steuerpflichtige zugunsten des damaligen Steuerschuldners belastet würde, da das Haushaltsvolumen früherer Haushalte nicht rückwirkend neu bemessen werden könne. Dies würde den „Erfordernissen der periodischen Haushaltsplanung und Haushaltsbewilligung“ nicht gerecht.[408] In einer anderen Entscheidung wurden die „Gesichtspunkte einer geordneten Finanz- und Haushaltsplanung“ nur genannt, nicht erläutert. Es wurde lediglich von „nicht vertretbaren fiskalischen Auswirkungen“ gesprochen.[409]

Die Formulierung „im Interesse einer verlässlichen Finanz- und Haushaltsplanung“ kam daneben erst in jüngerer Zeit auf. Auch diese Interessen wurden weitaus näher beleuchtet als das Erfordernis. So wurden neben „erheblichen haushaltswirtschaftlichen Unsicherheiten“ auch der Ausfall der steuerlichen Abwicklung von Erb- und Schenkungsfällen bis zur Neuregelung genannt. Zudem galt als Interesse, dass ohne die Fortgeltung Einnahmen in Höhe von 30 % des Gesamtsteueraufkommens der Länder entfallen würden, was eine bedeutende Rolle für die finanzielle Ausstattung dieser spiele.[410] Insgesamt lässt sich nicht erkennen, dass der Begriff des Erfordernisses bei besonders gravierenden Haushaltsauswirkungen gewählt wurde. Es ist vielmehr davon auszugehen, dass das BVerfG dem Erfordernis, dem Interesse und den Gesichtspunkten gleiche Bedeutung zumisst.

Nachdem keine differenzierte Bedeutung zwischen den drei untersuchten Bezeichnungen zu erkennen ist, gewinnt die Frage an Bedeutung, was unter einer „verlässlichen“ bzw. „geordneten“ Finanz- und Haushaltsplanung zu verstehen ist. Da sich das BVerfG bei dem Ausdruck der Verlässlichkeit weder auf eine Legaldefinition berufen kann, noch eine eigene Definition bietet, muss der Gehalt anhand des allgemeinen Sprachgebrauchs ermittelt werden. Unter Verlässlichkeit wird auch Zuverlässigkeit und Vertrauenswürdigkeit verstanden. Nach dem BVerfG ist die Verlässlichkeit dann berührt, wenn es um die Rückabwicklung von Steuerfällen geht, die im Zusammenhang mit bereits abgeschlossenen Perioden der Haushalts-

407 Vgl. BVerfG, Urteil vom 24.6.1986 – 2 BvF 1/83 u.a., BVerfGE 72, 330 (422).
408 Vgl. BVerfG, Beschluss vom 25.9.1992 – 2 BvL 5/91 u.a., BVerfGE 87, 153 (179).
409 Vgl. BVerfG, Beschluss vom 13.2.2008 – 2 BvL 1/06, BVerfGE 120, 125 (168).
410 Vgl. BVerfG, Urteil vom 17.12.2014 – 1 BvL 21/12, BVerfGE 138, 136 (250).

und Ausgabenwirtschaft stehen. Sie steht auch dann im Konflikt mit der Verfassungswidrigkeit einer Norm, wenn eine Besteuerung bis zur Neuregelung gar nicht möglich ist. Daraus lässt sich ableiten, dass das BVerfG immer dann von einer Beeinträchtigung der Verlässlichkeit der Finanz- und Haushaltsplanung ausgeht, wenn zum einen bereits verplante bzw. ausgegebene Mittel vergangener Haushaltsjahre zurückgezahlt werden müssten. Des Weiteren dann, wenn die Steuerquelle für einen ungewissen Zeitraum bis zur Neuregelung gänzlich entfiele.

cc) Unterschiedliche Fristen der Weitergeltung

Das BVerfG folgt im Hinblick auf die Länge der Weitergeltungsfristen – soweit ersichtlich – keinem stringenten Muster. So bewegen sich die Fristen zwischen einem und mehreren Jahren, ohne dass dies in den meisten Fällen begründet wird. Einzig in der Entscheidung zur Grundsteuer aus jüngerer Zeit wird darauf hingewiesen, dass es sich um eine außergewöhnlich lange Weitergeltungsfrist handele. Sie wird damit begründet, dass der Verwaltungsaufwand zur Bewertung der 35 Mio. Grundstückseinheiten laut Gutachten und Stellungnahmen mehrere Jahre dauere und die Weitergeltung deshalb entsprechend dieser Dauer angezeigt sei.[411]

Das BVerfG sollte aber bei jeder Fristbestimmung erkennen lassen, weshalb sie im konkreten Fall angezeigt und – insbesondere mit Blick auf die Auswirkung der Entscheidung auf die Grundrechte der Steuerpflichtigen – verhältnismäßig ist. Anbieten würde sich überdies eine gesetzliche Regelung wie die des österreichischen Art. 140 B-VG, um mehr Rechtssicherheit und Rechtsklarheit zu schaffen. Die Norm legt eine maximale Weitergeltungsfrist von 18 Monaten fest.[412]

dd) Verfassungsrechtliche Gründe für die Weitergeltung fiskalisch bedeutender Normen

Wie die dargelegten Entscheidungen zeigen, spielt die Verlässlichkeit der Finanz- und Haushaltsplanung eine zentrale Rolle bei der Entscheidungsfindung des BVerfG im Rahmen von verfassungswidrigen Steuergeset-

411 BVerfG, Urteil vom 10.4.2018 – 1 BvL 11/14 u.a., BVerfGE 148, 147 (215 f.).
412 Vgl. Kap. 1, B. III. 1.

zen.[413] Im Folgenden sollen die verfassungsrechtlichen Gründe beleuchtet werden, die für die Weitergeltungsanordnung im Interesse der öffentlichen Haushalte sprechen könnten.

(i) Periodische Haushaltsplanung, Art. 110 Abs. 2 S. 1 GG

Entscheidungen des BVerfG können insbesondere bei abgabenrechtlichen Sachverhalten enorme Auswirkungen auf die Einnahmen und Ausgaben der öffentlichen Hand haben.[414] Da das Gericht zur Begründung der befristeten Weitergeltung die Schutzwürdigkeit der periodischen Haushaltsplanung heranzieht, gilt es diese nun eingehend zu beleuchten.

Der Haushaltsplan regelt die staatliche Haushaltswirtschaft.[415] In ihm spiegelt sich das politische Programm der Regierung und Parlamentsmehrheit wider und der entsprechende finanzielle Bedarf zu dessen Umsetzung.[416] Er enthält alle voraussichtlichen Einnahmen (Art. 106, 107 GG) und die zu tragenden Ausgaben (Art. 104a GG).[417] Das gesamte staatliche Finanzvolumen ist der Budgetplanung und -entscheidung von Parlament und Regierung zu unterstellen.[418] Sinn und Zweck ist, dass „das Parlament in regelmäßigen Abständen den vollen Überblick über das dem Staat verfügbare Finanzvolumen und damit auch über die dem Bürger auferlegte Abgabenlast erhält."[419] Gemäß Art. 110 Abs. 2 S. 1 GG wird der Haushaltsplan für ein oder mehrere Rechnungsjahre, nach Jahren getrennt, vor Beginn des ersten Rechnungsjahres durch das Haushaltsgesetz festgestellt. In der Praxis hat sich hierbei die jährliche Planaufstellung durchgesetzt.[420] Die Rechnungshöfe des Bundes und der Länder überwachen die Ordnungsmäßigkeit der Haushaltsführung.[421]

---

413 *Schmitz/Stammler*, AÖR 136 (2011), 479 (487).

414 *Kloepfer*, Finanzverfassungsrecht, 2014, § 7 Rn. 34.

415 Hierzu ausführlich zu den einzelnen Funktionen des Haushaltsplans *Kloepfer*, Finanzverfassungsrecht, 2014, § 7 Rn. 7 ff.; siehe zudem *Kube*, in: Maunz/Dürig, GG, Stand: Dezember 2013, Art. 110 Rn. 21.

416 *Kloepfer*, Finanzverfassungsrecht, 2014, § 10 Rn. 3; *Tappe/Wernsmann*, Öffentliches Finanzrecht, 2. Auflage 2019, § 7 Rn. 523.

417 *Kube*, in: Maunz/Dürig, GG, Stand: Dezember 2013, Art. 110 Rn. 21, 91.

418 BVerfG, Beschluss vom 11.10.1994 – 2 BvR 633/86, BVerfGE 91, 186 (202).

419 BVerfG, Beschluss vom 31.5.1990 – 1 BvL 12/88 u.a., BVerfGE 82, 159 (179); BVerfG, Beschluss vom 11.10.1994 – 2 BvR 633/86, BVerfGE 91, 186 (202).

420 *Kube*, in: Maunz/Dürig, GG, Stand: Dezember 2013, Art. 110 Rn. 134.

421 *Wendt*, FS 100 Jahre BFH, Band 1, 2018, 399 (400).

Das gesamte Steueraufkommen ist gemäß Art. 110 Abs. 1 GG ausnahmslos als Einnahme in den Haushaltsplan einzustellen.[422] Das verfassungsrechtliche Gebot des formalen Haushaltsausgleichs (Art. 110 Abs. 1 S. 2 GG) verlangt überdies, dass die Gesamtsumme der im Haushalt veranschlagten Ausgaben den prognostizierten Einnahmen entspricht. Der Plan darf nicht mehr Ausgaben vorsehen als die geschätzten Einnahmen.[423] Der Steuerstaat benötigt also die eingeplanten Steuereinnahmen, um die im Haushaltsplan beschlossenen Ausgaben tätigen zu können.[424]

Ergibt sich während des laufenden Haushaltsjahres ein nachträglicher Ausgabenbedarf, der durch das Haushaltsgesetz nicht abgedeckt wird, so kann ein Nachtragshaushalt eingebracht und erlassen werden, um die erforderlichen Ausgaben- und Verpflichtungsermächtigungen festzulegen.[425] In Zeiten sprudelnder Steuerquellen und Überschüssen ist das aber nicht immer notwendig. So hat das BMF nach der Nichtigkeitserklärung der Kernbrennstoffsteuer im Jahr 2017 in einer Pressekonferenz kommuniziert, man könne die anstehenden rund sechs Milliarden Euro Rückerstattung mit Zinsen und ohne Neuverschuldung und Nachtragshaushalt aufbringen.[426] Infolge der Entscheidung wurden tatsächlich sogar rund 7,3 Milliarden Euro zurückgezahlt.[427] Aus den Äußerungen lässt sich jedenfalls schließen, dass für Rückerstattungsansprüche infolge verfassungswid-

---

422 BVerfG, Beschluss vom 11.10.1994 – 2 BvR 633/86, BVerfGE 91, 186 (201).

423 *Kube*, in: Maunz/Dürig, GG, Stand: Dezember 2013, Art. 110 Rn. 139.

424 FG Niedersachsen, Beschluss vom 27.5.2010 – 12 V 58/10, DStRE 2010, 1407 (1409).

425 BVerfG, Urteil vom 25.5.1977 – 2 BvE 1/74, BVerfGE 45, 1 (34); hierzu ebenfalls Kube, in: Maunz/Dürig, GG, Stand: Dezember 2013, Art. 110 Rn. 85; *Kloepfer*, Finanzverfassungsrecht, 2014, § 10 Rn. 21; *Tappe/Wernsmann*, Öffentliches Finanzrecht, 2. Auflage 2019, § 7 Rn. 550 ff.

426 *Weißgerber*, Pressesprecher des BMF, in der Regierungspressekonferenz vom 7.6.2017: „Natürlich wird die Bundesregierung dieses Urteil umsetzen. Das bedeutet, die gezahlten Steuern in Höhe von rund 6,3 Milliarden Euro zuzüglich Zinsen werden zurückerstattet. Wir werden dies aus dem laufenden Haushalt stemmen, und zwar ohne Neuverschuldung. Die schwarze Null steht auch weiterhin. Ein Nachtragshaushalt – auch das kann ich hier schon sagen – ist nicht notwendig“, online abrufbar unter: https://www.bundesregierung.de/breg-de/suche/regierungspressekonferenz-vom-7-juni-843854; vgl. auch ZEIT ONLINE vom 7.6.2017, online abrufbar unter: https://www.zeit.de/wirtschaft/2017-06/verfassungsgericht-atomsteuer-ist-nicht-mit-grundgesetz-vereinbar.

427 Vgl. Monatsbericht des BMF von Januar 2019, Die Steuereinnahmen des Bundes und der Länder im Haushaltsjahr 2018, online abrufbar unter: https://www.bundesfinanzministerium.de/Monatsberichte/2019/01/Inhalte/Kapitel-3-Analysen/3-5-steuereinnahmen-haushaltsjahr-2018.html.

riger Abgabengesetze grundsätzlich ein Nachtragshaushalt beschlossen werden könnte. Auf die Möglichkeit von Nachtragshaushalten oder gar das Vorhandensein von Überschüssen[428] geht das BVerfG in den untersuchten Entscheidungen jedoch kein einziges Mal ein. Es wäre jedenfalls denkbar, Einnahmen, die im Haushaltsplan zu niedrig angesetzt wurden und am Jahresende eine übrige Reserve darstellen, zur Befriedigung von Rückerstattungsansprüchen zu verwenden, dienen sie doch als „Deckungsmittel für alle Ausgaben" gemäß dem Prinzip der Gesamtdeckung (§ 7 S. 1 HGrG).[429] Mehreinnahmen können ohne Nachtragshaushalt für über- oder außerplanmäßige Ausgaben verwendet werden, wenn hierfür ein „unvorhergesehenes und unabwendbares Bedürfnis" besteht (Art. 112 GG).[430] Dieser Argumentation folgend wäre es nicht notwendig, dass das BVerfG in der geübten Regelmäßigkeit die Weitergeltung verfassungswidriger Normen des Abgabenrechts anordnet. Selbst im Falle eines Staatsbankrotts, d.h. der Zahlungsunfähigkeit des Staates[431], gäbe es noch Auswege aus der finanzwirtschaftlichen Krise. Zu denken ist hierbei etwa an die Auflösung von Rücklagen, den Verkauf staatlichen Vermögens oder die Aufnahme weiterer Kredite, wobei letzteres verfassungsrechtlichen Beschränkungen unterliegt.[432] Zudem könnte zur Finanzierung von Rückerstattungsansprüchen die Erhöhung von Abgaben[433] erwogen werden sowie Leistungskürzungen.[434]

Es liegt außerdem in der Natur der Sache, dass sich eine zu Beginn eines Jahres aufgestellte Prognose hinsichtlich der Einnahmen und Ausgaben als falsch erweisen kann. Die erwartete Entwicklung kann unvorhergesehene Ereignisse nicht einkalkulieren.[435] So können jederzeit prognostizierte Einnahmen wegfallen sowie über- oder außerplanmäßige Ausgaben[436] erfor-

---

428 Ausführlich zu Überschüssen in staatlichen Haushalten *Kreibohm*, LKV 2005, 143 (143 ff.).

429 Allgemein zum Ansatz zu niedriger Einnahmen *Kreibohm*, LKV 2005, 143 (143).

430 Vgl. *Kreibohm*, LKV 2005, 143 (143).

431 *Kloepfer*, Finanzverfassungsrecht, 2014, § 9 Rn. 31.

432 *Kloepfer*, Finanzverfassungsrecht, 2014, § 9 Rn. 36.

433 „Steuererhöhungen sind im Steuerstaat selbstverständliche Antwort auf wachsenden Finanzbedarf", *Hey*, Steuerplanungssicherheit als Rechtsproblem, 2002, S. 335; *Selmer*, Staatsbankrott als Rechtsfrage, 2011, 141 (141 ff.).

434 Insgesamt *Hey*, Steuerplanungssicherheit als Rechtsproblem, 2002, S. 335; *von Arnauld*, Staatsbankrott als Rechtsfrage, 2011, 125 (125 ff.); *Kloepfer*, Finanzverfassungsrecht, 2014, § 9 Rn. 38.

435 *Kloepfer*, Finanzverfassungsrecht, 2014, § 14 Rn. 1.

436 Zur Begrifflichkeit *Kloepfer*, Finanzverfassungsrecht, 2014, § 14 Rn. 6.

derlich werden, die vom Haushaltsplan so nicht vorgesehen waren.[437] Solche zusätzlichen Ausgaben müssen entweder in die nächste Haushaltsperiode getragen oder aber durch einen Nachtragshaushalt bewilligt werden.[438] Bei besonderer Eilbedürftigkeit ist sogar eine Ersetzung der Ausgabenermächtigung des Haushaltsgesetzgebers durch das BMF möglich.[439]

Es ist somit festzuhalten, dass die Weitergeltungsanordnung nicht zwingend erforderlich ist, nur weil der Haushaltsplan zu Beginn des Jahres aufgestellt wurde und infolge einer Gerichtsentscheidung betroffen wäre. Auch wenn das Staatsbudget und die Haushaltsgrundsätze schutzwürdig sind und ihnen zu Recht Verfassungsrang[440] zugesprochen wird, ist der Rechtsprechung des BVerfG aus mehreren Gründen entgegenzutreten. Zunächst ist die mangelhafte Auseinandersetzung mit den konkreten fiskalischen Auswirkungen zu kritisieren. Wenn nach Angaben des BMF zuletzt eine Rückzahlung von über sechs Milliarden Euro unproblematisch möglich ist, dann stellt sich doch die Frage, auf welche Grundlage das BVerfG seine häufige Annahme stützt, dass der Finanz- und Haushaltsplan gefährdet sei.

Würde man zudem das Haushaltsperioden-Argument des BVerfG folgerichtig anwenden und davon ausgehen, dass jede rückwirkende Gesetzesreform oder Rückzahlungsverpflichtung in spätere Haushaltsperioden eingreift, dann müssten bei verfassungswidrigem Steuerrecht Weitergeltungsanordnungen stets der zwingende Rechtsfolgenausspruch sein, weil Erstattungsansprüche zwangsläufig erst in der laufenden oder späteren Haushaltsperioden befriedigt werden.[441]

Das Argument der Verlässlichkeit der Finanz- und Haushaltsplanung ist gleichwohl nicht prinzipiell ungeeignet, die Weitergeltung zu rechtfertigen.[442] Bei Vorliegen konkreter Anhaltspunkte einer drohenden schwerwiegenden Beeinträchtigung der öffentlichen Haushalte kann übergangsweise die weitere Erhebung verfassungswidriger Steuern geboten sein. Welche Anforderungen jedoch an die Darlegung im Verfahren zu stellen sind und wie die negativen Folgen der Fortgeltung verfassungswidrigen

---

437 *Kloepfer*, Finanzverfassungsrecht, 2014, § 14 Rn. 1.

438 *Kloepfer*, Finanzverfassungsrecht, 2014, § 14 Rn. 2.

439 *Kloepfer*, Finanzverfassungsrecht, 2014, § 14 Rn. 3, 11 ff.

440 BFH, Urteil vom 16.11.2011 – X R 15/09, BFHE 236, 69 (72); *Drüen*, FR 1999, 289 (291); *Wernsmann*, Das gleichheitswidrige Steuergesetz, 2000, S. 67 f.; *Schlaich/Korioth*, Das Bundesverfassungsgericht, 11. Auflage 2018, Rn. 427.

441 *Seer*, NJW 1996, 285 (289).

442 Vgl. hierzu die Ausführungen zum Abwägungsmodell unter Kap. 4, A. I. 1. c).

Abgabenrechts für den betroffenen Bürger kompensiert werden können, soll an späterer Stelle noch ausführlich erörtert werden.[443]

(ii) Sozialstaatsprinzip, Art. 20 Abs. 1 GG

Eng verknüpft mit dem Budget der öffentlichen Hand ist auch die Finanzierbarkeit des sozialstaatlichen Auftrags. Die Bundesrepublik Deutschland ist nach Art. 20 Abs. 1 GG ein demokratischer und sozialer Bundesstaat. Neben der republikanischen Staatsform, der Demokratie und der Bundesstaatlichkeit enthält das Grundgesetz danach die Entscheidung für die Sozialstaatlichkeit.[444] An diese Staatsleitlinie sind alle drei Gewalten gebunden.[445] Die Ziele des Sozialstaats sind vielseitig, wobei im vorliegenden Kontext insbesondere die beiden Anliegen der Hilfe gegen Not und Armut und die Sicherung eines menschenwürdigen Existenzminimums von Bedeutung sind.[446] Die Umsetzung des staatlichen Handlungsauftrags erfordert eine breite Initiative, letztlich vor allem auch finanzielle Anstrengung.

Die Finanzverfassung des Grundgesetzes geht von der Finanzierung der Gemeinlasten durch Steuern aus.[447] Der Steuerstaat deckt seinen Finanzbedarf damit grundsätzlich durch die steuerliche Teilhabe am Erfolg privaten Wirtschaftens. Er ist auf stetig zufließende Steuererträge angewiesen, um sich die notwendige finanzielle Handlungsfreiheit zu verschaffen.[448] Insoweit ist das Fiskalinteresse ein gewichtiges öffentliches Interesse.[449] Nur so können die sozialstaatlichen Aufgaben erfüllt und die Funktionsfähigkeit des Sozialstaats gewährleistet werden.[450] Die in den Haushalt eingestellten

---

443 Kap. 4, A. III.

444 BVerfG, Beschluss vom 19.12.1951 – 1 BvR 220/51, BVerfGE 1, 97 (105); BVerfG, Urteil vom 7.8.1962 – 1 BvL 16/60, BVerfGE 14, 263 (275); *Grzeszick*, in: Maunz/Dürig, GG, Stand: Dezember 2014, Art. 20 Abschnitt VIII Rn. 1.

445 *Grzeszick*, in: Maunz/Dürig, GG, Stand: Dezember 2014, Art. 20 Abschnitt VIII Rn. 17.

446 Vgl. *Zacher*, HStR II, 2004, 659 (678 m.w.N.).

447 BVerfG, Beschluss vom 11.10.1994 – 2 BvR 633/86, BVerfGE 91, 186 (201).

448 BVerfG, Beschluss vom 22.6.1995 – 2 BvL 37/91, BVerfGE 93, 121 (164); *Kruse*, FS Friauf, 1996, 793 (794); *Drüen*, FR 1999, 289 (291); *Grunow*, Die verfassungsrechtliche Rechtfertigung der Steuerlast und Steuererhebung, 2018, S. 27.

449 Vgl. *Hey*, Steuerplanungssicherheit als Rechtsproblem, 2002, S. 337.

450 Vgl. *Drüen*, FR 1999, 289 (291); *Wernsmann*, Das gleichheitswidrige Steuergesetz, 2000, S. 67 f.; *Schwindt*, Rechtsfolgen verfassungswidriger Steuergesetze, 2014, S. 69.

Steuereinnahmen ermächtigen die Exekutive, entsprechende Ausgaben zu tätigen. Eine unsichere oder mangelnde Finanzierbarkeit durch Steuern würde die Handlungsfähigkeit des Staates samt seiner Institutionen gefährden.[451] Das Budget der öffentlichen Hand ist wegen dieser Gewährleistungsfunktion schutzwürdig.[452] Der Schutzbereich ist insgesamt weit zu ziehen und umfasst neben dem Bund auch die Länder und Kommunen. Diese können nur dann ihrem sozialen Auftrag nachkommen, wenn sie über entsprechende finanzielle Mittel verfügen.[453]

Aus dieser Schutzwürdigkeit des Budgets lässt sich aber noch nicht ableiten, dass die Entscheidung zum Sozialstaat per se die Weitergeltung von Abgabenrecht legitimiert, das gegen die Verfassung verstößt.[454] Nur ganz ausnahmsweise, wenn Stellungnahmen oder sonstige Gutachten im Laufe des Verfahrens erkennen lassen, dass eine rückwirkende Neuregelung oder Nichtigkeit die sozialstaatliche Aufgabenwahrnehmung konkret gefährden würde, könnte eine Weitergeltungsanordnung aus diesem Grunde gerechtfertigt sein. Dem Gesetzgeber ist dann ein angemessener Zeitraum zu gewähren, um sowohl die rechtliche als auch die finanzielle Situation neu zu ordnen.

(iii) Vertrauensschutz des Gesetzgebers in den Bestand seiner Rechtssetzung

Fraglich ist, ob der Gesetzgeber ein schutzwürdiges Vertrauen in den Bestand seiner Rechtssetzungsakte hat, sodass die Weitergeltungsanordnung auch hierauf gestützt werden kann. Immerhin wird durch die vorläufige Weitergeltung einer verfassungswidrigen Gesetzeslage die Willensäußerung des Gesetzgebers respektiert und ihm Zeit gegeben, sich selbst zu korrigieren.[455] Das BVerfG hat einen Vertrauensschutz des Gesetzgebers in bisherigen Entscheidungen sowohl verneint als auch bejaht. So hielt es ihn für nicht schutzwürdig, wenn eine Norm nur für einen kurzen Zeitraum Anwendung fand und die Verfassungsmäßigkeit dieser seit jeher umstrit-

---

451 *Waldhoff*, HStR V, 2007, 813 (815); *Grunow*, Die verfassungsrechtliche Rechtfertigung der Steuerlast und Steuererhebung, 2018, S. 28.

452 *Drüen*, FR 1999, 289 (291); ähnlich *Grunow*, Die verfassungsrechtliche Rechtfertigung der Steuerlast und Steuererhebung, 2018, S. 28.

453 *Grunow*, Die verfassungsrechtliche Rechtfertigung der Steuerlast und Steuererhebung, 2018, S. 28.

454 *Drüen*, FR 1999, 289 (291).

455 *Seer*, NJW 1996, 285 (287).

ten war.[456] In diesen Fällen sah sich das BVerfG nicht veranlasst, eine „Ausnahme vom Grundsatz der rückwirkenden Heilung von Verfassungsverstößen“ zu machen.[457]

(a) Vertrauensschutz wegen unklarer Verfassungsrechtslage

Demgegenüber erachtete es den Gesetzgeber als schutzwürdig, wenn „die Verfassungsrechtslage bisher nicht hinreichend geklärt war“ und ihm daher eine angemessene Frist zur Neuregelung zuzugestehen war.[458] Selbstredend ist die Bezeichnung der nicht hinreichend geklärten Verfassungsrechtslage nicht wörtlich zu verstehen. Andernfalls würde jede Entscheidung des BVerfG die Weitergeltungsanordnung gebieten, da es nur bei einer unklaren Verfassungsrechtslage überhaupt zu einem Verfahren vor dem BVerfG kommt – oder ein rückwirkender Entscheidungsausspruch wäre zumindest nur dann möglich, wenn zuvor die entscheidungserhebliche Verfassungsrechtslage bereits in einem früheren Verfahren geklärt wurde.[459]

Wann eine „nicht hinreichend geklärte Verfassungsrechtslage“ vorliegt, wurde vom BVerfG nicht abschließend definiert. Es geht jedenfalls davon aus, dass ein solcher Fall gegeben ist, wenn sich die Verfassungsauslegung

---

456 BVerfG, Urteil vom 9.12.2008 – 2 BvL 1/07 u.a., BVerfGE 122, 210 (246); BVerfG, Beschluss vom 6.7.2010 – 2 BvL 13/09, BVerfGE 126, 268 (285); vgl. auch BVerfG, Beschluss vom 29.3.2017 – 2 BvL 6/11, BVerfGE 145, 106 (169).

457 Vgl. BVerfG, Beschluss vom 7.5.2013 – 2 BvR 909/06 u.a., BVerfGE 133, 377 (424).

458 BVerfG, Beschluss vom 13.2.2008 – 2 BvL 1/06, BVerfGE 120, 125 (168); BVerfG, Beschluss vom 21.7.2010 – 1 BvR 611/07 u.a., BVerfGE 126, 400 (431 f.); BVerfG, Beschluss vom 7.5.2013 – 2 BvR 909/06 u.a., BVerfGE 133, 377 (423 f.); ähnlich *Brinckmann*, DÖV 1970, 406 (410); *Schwindt*, Rechtsfolgen verfassungswidriger Steuergesetze, 2014, S. 156 f.

459 Ähnlich bereits *Hoppe*, DVBl. 2010, 1098 (1100); vgl. zudem BVerfG, Urteil vom 9.3.2004 – 2 BvL 17/02, BVerfGE 110, 94 (138); BVerfG, Beschluss vom 18.7.2012 – 1 BvL 16/11, BVerfGE 132, 179 (193 f.); bei BVerfG, Beschluss vom 24.1.1995 – 1 BvL 18/93 u.a., BVerfGE 92, 91 (121) war die Verfassungsrechtslage wegen einer Entscheidung des EGMR erkennbar; hierzu *Hey*, FR 2001, 1279 (1283); zur Erkennbarkeit der Verfassungsrechtslage auch: BVerfG, Beschluss vom 16.3.2005 – 2 BvL 7/00, BVerfGE 112, 268 (284); vgl. außerdem *Hey*, DB 2004, 724 (726 Fn. 37) zur Kritik an BVerfG, Urteil vom 6.3.2002 – 2 BvL 17/99, BVerfGE 105, 73 (134), bei dem die Rechtslage in der Sache geklärt war und dennoch keine rückwirkende Entscheidung fiel; zum Ganzen *Schwindt*, Rechtsfolgen verfassungswidriger Steuergesetze, 2014, S. 157 f.

ändert und die Rechtslage „bisher nicht erkannt worden“[460] ist.[461] In einer anderen Entscheidung formulierte das BVerfG, dass es eine Unvereinbarkeitserklärung nicht für erforderlich hält, wenn „keine neuen verfassungsrechtlichen Anforderungen formuliert“ wurden, „die für den Gesetzgeber nicht zu erwarten waren und auf die er sich erst einstellen muss.“[462] War im Umkehrschluss zum Zeitpunkt des Erlasses der Norm nicht erkennbar, dass eine gewandelte Auslegung oder Anforderungen des Verfassungsrechts zur Verfassungswidrigkeit führen werden, so ist er schutzwürdig.[463]

Das BVerfG hat deshalb unter Berücksichtigung aller wesentlichen Umstände des Einzelfalls abzuwägen, ob der Gesetzgeber die Verfassungsrechtslage erkennen konnte. Hierdurch wird auch das richtige Signal an ihn gesendet: Er soll einerseits in die Lage versetzt werden, „steuerpolitische Gestaltungsentscheidungen“ treffen zu können, die gelegentlich das Risiko der Verfassungswidrigkeit bergen. Andererseits soll der Gesetzgeber aber auch gehalten und bemüht sein, insbesondere Abgaben mit hoher fiskalischer Auswirkung verfassungskonform zu gestalten und sein Vertrauen gerade nicht nur in die ständige Rechtsprechung des BVerfG zu setzen, es werde wirtschaftlich bedeutende Normen schon nicht rückwirkend kassieren.[464]

Verschiedene Ansichten im Schrifttum lehnen die Weitergeltungsanordnung zugunsten eines gesetzgeberischen Vertrauensschutzes ab: Zum einen gebe es hierfür keine verfassungsrechtliche Grundlage.[465] Außerdem entspringe die Verfassungswidrigkeit von Gesetzen der Sphäre des Gesetzgebers und er selbst müsse das Risiko eines damit verbundenen nachteiligen Rechtsfolgenausspruchs tragen.[466] Als weiteres Argument wird angeführt, dass in einem objektiven Verfassungsgerichtsverfahren subjektive

---

460 BVerfG, Urteil vom 27.6.1991 – 2 BvR 1493/89, BVerfGE 84, 239 (284 m.w.N.).

461 BVerfG, Urteil vom 27.6.1991 – 2 BvR 1493/89, BVerfGE 84, 239 (285) spricht von "gewandelter Verfassungsauslegung"; kritisch *Hoppe*, DVBl. 2010, 1098 (1101); vgl. *Schwindt*, Rechtsfolgen verfassungswidriger Steuergesetze, 2014, S. 159.

462 BVerfG, Beschluss vom 16.3.2005 – 2 BvL 7/00, BVerfGE 112, 268 (284).

463 So auch *Moes*, StuW 2008, 27 (33); a.A. *Schwindt*, Rechtsfolgen verfassungswidriger Steuergesetze, 2014, S. 159 f.

464 Vgl. *Moes*, StuW 2008, 27 (34).

465 *Hey*, FS 100 Jahre BFH, Band 1, 2018, 451 (462 f.).

466 *W. Leisner*, FS Berber, 1973, 273 (287 f.); ähnlich *Ruppe*, FS Adamovich, 1992, 567 (584); *Hey*, DStJG 27 (2004), 91 (101); *Schwindt*, Rechtsfolgen verfassungswidriger Steuergesetze, 2014, S. 155.

Aspekte wie Erkennbarkeit und Vorhersehbarkeit von Verfassungsverstößen nicht zu berücksichtigen seien.[467]

Gerade im Steuerrecht ist es aber oftmals schwer zu bestimmen, welche Grenzen die Verfassung zieht. Es wäre ebenso ungerecht, wenn allein der Steuerpflichtige den Vorteil aus einer undurchsichtigen Verfassungslage zöge, die er genauso wenig zu durchschauen vermochte wie der Gesetzgeber. Zudem können sich die Anforderungen der Verfassung mit der Zeit wandeln, da die Gesellschaft Bedürfnisse entwickelt, die für den Gesetzgeber bei Erlass noch nicht ersichtlich waren. Der ablehnenden Meinung ist aber insoweit zuzustimmen, als der Gesetzgeber das Risiko der Nichtigkeit oder rückwirkenden Neuregelungspflicht zu tragen hat, wenn Anhaltspunkte dafür vorliegen, dass er die Verfassungsrechtslage zumindest bei gehöriger Anstrengung richtig hätte beurteilen können.[468] Sein Vertrauen ist dann nicht schützenswert.

Des Weiteren wird vorgebracht, dass sich nur der Bürger auf Vertrauensschutz berufen könne, nicht jedoch der Staat. Wenn der Gesetzgeber ebenfalls Vertrauensschutz genieße, könne sich der Steuerpflichtige nie gegen verfassungswidriges Abgabenrecht wehren.[469] Es gibt jedoch keine gesetzliche Regelung oder sonstige Anhaltspunkte, die diese Auffassung stützen. Wie soeben dargelegt, kann der Gesetzgeber unter bestimmten Umständen ein berechtigtes Vertrauen in den Bestand seiner Rechtssetzungsakte geltend machen. Diese werden in der Praxis aber nur selten vorliegen, sodass die Befürchtung bislang unbegründet ist, der Steuerpflichtige sei verfassungswidriger Steuergesetzgebung wehrlos ausgeliefert.

Zuletzt wird kritisiert, dass die Berücksichtigung eines gesetzgeberischen Vertrauensschutzes dazu führe, dass das Vertrauen des Steuerpflichtigen unberücksichtigt bliebe. Der Bürger vertraue darauf, dass ein verfassungswidriges Gesetz rückwirkend zu bereinigen sei.[470] Er besitze gerade

---

467 *Wernsmann,* Das gleichheitswidrige Steuergesetz, 2000, S. 46, 73, 255 f.; *Enk,* Die verfassungswidrige Steuernorm und ihre Folgen, 2005, S. 97; *Schwindt,* Rechtsfolgen verfassungswidriger Steuergesetze, 2014, S. 156.

468 Vgl. zur Außerachtlassung bereits *Sangmeister,* ZRP 2008, 252 (252).

469 *Schwindt,* Rechtsfolgen verfassungswidriger Steuergesetze, 2014, S. 156; vgl. EuGH, Urteil vom 19.9.2000 – C-177/99 u.a., Slg. I 2000, 7050 Rn. 67 – Ampafrance: Wie der Generalanwalt geltend machte, „kann sich eine Regierung nicht zu dem Zweck auf den Grundsatz des Vertrauensschutzes berufen, den Folgen einer Entscheidung des Gerichtshofes zu entgehen"; *Hey,* FS Spindler, 2011, 97 (106) betont, dass sich der Gesetzgeber nicht auf den Grundsatz des Vertrauensschutzes berufen kann, da dieser ausschließlich den Bürger vor dem Staat schützen soll und nicht umgekehrt.

470 *Hey,* DStJG 27 (2004), 91 (95, 108).

kein Interesse daran, dass die verfassungswidrige belastende Regelung weiterhin fortbestehe.[471] Richtig ist, dass der Steuerpflichtige ein schutzwürdiges Vertrauen in die Beseitigung einer verfassungswidrigen Rechtslage hat. Dieses Vertrauen ist aber im konkreten Einzelfall gegen das Vertrauen des Gesetzgebers abzuwägen und muss bei gewichtigerem Interesse des Gesetzgebers zurücktreten.

(b) Vertrauensschutz aus Art. 106 GG

Neben einer nicht hinreichend geklärten Verfassungsrechtslage kann noch ein weiterer Aspekt zur Begründung von gesetzgeberischem Vertrauensschutz im Bereich des Steuerrechts vorgebracht werden.

Die in Art. 106 GG aufgeführten Steuern dürfen dem Grunde nach erhoben werden.[472] Umstritten ist, ob es sich bei den genannten Steuern um einen abschließenden Katalog zulässiger Steuern handelt.[473] Dem Gesetzgeber ist aber richtigerweise nicht gestattet, einfachgesetzliche Steuertatbestände zu schaffen, die nicht von der Enummerierung des Art. 106 GG erfasst sind.[474] Er ist somit an die konkret benannten Steuerarten gebunden.[475] Dieser Auffassung ist neben dem BFH[476] auch das BVerfG, wonach sich ein „über den Katalog der Steuertypen des Art. 106 GG hinausgehendes allgemeines Steuerfindungsrecht" aus dem Grundgesetz nicht herleiten

---

471 *Sangmeister*, ZRP 2008, 252 (253 f.); *Schwindt*, Rechtsfolgen verfassungswidriger Steuergesetze, 2014, S. 156.

472 Vgl. *Kube*, in: BeckOK GG, Stand: 15.11.2020, Art. 106 Rn. 12; vgl. zum kommunalen Steuerfindungsrecht *Schwarz*, in: v. Mangoldt/Klein/Starck, GG, 7. Auflage 2018, Art. 106 Rn. 116 ff.

473 Hiergegen etwa: *Selmer*, Steuerinventionismus und Verfassungsrecht, 1972, S. 154 f.; *Häde*, Finanzausgleich, 1996, S. 163 ff., 167; *Söhn*, FS Stern, 1997, 587 (599 ff.); *Heun*, in: Dreier, GG, 3. Auflage 2018, Art. 106 Rn. 15.

474 *Sasse*, AÖR 85 (1960), 423 (449); *Starck*, StuW 1974, 271 (278); *Stern*, Das Staatsrecht der Bundesrepublik Deutschland, Band II, 1980, S. 1160; *Kl. Vogel*, JA 1980, 577 (579); *Henneke*, Jura 1986, 568 (572); *Kl. Vogel/Walter*, in: BK GG, Stand: Juli 2004, Art. 105 Rn. 66; *Heintzen*, in: von Münch/Kunig, GG, 6. Auflage 2012, Art. 106 Rn. 8; *Kloepfer*, Finanzverfassungsrecht, 2014, § 5 Rn. 22; *Kube*, DStR 2017, 1792 (1794); *Schwarz*, in: v. Mangoldt/Klein/Starck, GG, 7. Auflage 2018, Art. 106 Rn. 17; *Siekmann*, in: Sachs, GG, 8. Auflage 2018, Art. 105 Rn. 50.

475 *Kloepfer*, Finanzverfassungsrecht, 2014, § 5 Rn. 22; *Siekmann*, in: Sachs, GG, 8. Auflage 2018, Art. 105 Rn. 50; Tappe/Wernsmann, Öffentliches Finanzrecht, 2. Auflage 2019, § 4 Rn. 247.

476 BFH, Urteil vom 26.6.1984 – VII R 60/83, BFHE 141, 369 (372).

lässt.[477] Hiermit verbunden ist auch der Gedanke, dass die Vorschrift dem Steuerpflichtigen über die insgesamt mögliche Belastung Klarheit vermitteln soll.[478] Während der Bund damit nur Steuern erheben darf, die sich unter einen Steuertypus des Art. 106 GG subsumieren lassen, kann und muss der Steuerpflichtige damit rechnen, eine daraus begründete Steuerlast tragen zu müssen.

Aus dem Grundsatz der zulässigen Steuererhebung kann wiederrum ein gesetzgeberischer Vertrauensschutz abgeleitet werden. Dem Gesetzgeber sind im Rahmen seiner legislatorischen Aufgabenbewältigung gewisse Zugeständnisse zu machen. Verfassungsrechtliche Mängel in einfachgesetzlichen Steuernormen rechtfertigen damit nicht zwingend eine rückwirkende Korrektur oder gar Rückabwicklung der gesamten verfassungswidrig erhobenen Steuer. Denn soweit die Erhebung dem Grunde nach i.R.v. Art. 106 GG zulässig ist, muss der Steuerpflichtige mit der Erhebung rechnen, wenn der Gesetzgeber seinen Regelungs- und Erhebungswillen durch die Normen zum Ausdruck gebracht hat.[479] Der Steuerpflichtige kann demgemäß ab der Verkündung der betroffenen Steuervorschriften nicht mehr in schutzwürdiger Weise davon ausgehen, von der Abgabe insgesamt verschont zu bleiben.[480] Gleichzeitig muss der Gesetzgeber auch darauf vertrauen dürfen, dass ihm die Steuereinnahmen – soweit die Steuer Art. 106 GG entspricht – zustehen. Er darf also grundsätzlich zu Beginn des Jahres mit den jeweiligen Einnahmen planen.[481] Denn es wäre nicht gerecht, dass jeglicher verfassungsrechtlicher Belang dazu führt, dass die Steuer rückwirkend erstattet werden muss. Dies würde die Interessen des Steuerpflichtigen einseitig und ungerecht berücksichtigen. Der Steuerpflichtige hat mit der steuerlichen Belastung grundsätzlich zu rechnen, so-

---

477 BVerfG, Beschluss vom 13.4.2017 – 2 BvL 6/13, BVerfGE 145, 171 (171); vgl. aber die abweichende Meinung der Richter *Huber* und *Müller*, die die Findung neuer Steuern, die nicht in Art. 106 GG aufgeführt sind, für möglich halten, BVerfG, Beschluss vom 13.4.2017 – 2 BvL 6/13, BVerfGE 145, 171 (230 ff.).

478 *Schwarz*, in: v. Mangoldt/Klein/Starck, GG, 7. Auflage 2018, Art. 106 Rn. 19; anders *Kube*, DStR 2017, 1792 (1794); *Heun*, in: Dreier, GG, 3. Auflage 2018, Art. 106 Rn. 15; BVerfG, Beschluss vom 13.4.2017 – 2 BvL 6/13, BVerfGE 145, 171 (191 f.) begründet die Bindung von Bund und Ländern an die in Art. 106 GG genannten Steuertypen mit der „Schutz- und Begrenzungsfunktion“ der Finanzverfassung.

479 So auch BVerfG, Beschluss vom 3.9.2009 – 1 BvR 2384/08, NVwZ 2010, 313 (314).

480 Vgl. BVerfG, Beschluss vom 3.9.2009 – 1 BvR 2384/08, NVwZ 2010, 313 (314).

481 Zum Prinzip der periodischen Haushaltsplanung soeben Kap. 1, C. II. 2. c) dd) (i).

dass es im Einzelfall gerechtfertigt sein kann, dass die Steuervorschriften für unvereinbar erklärt werden und eine vorübergehende Weitergeltung angeordnet wird. Dem Gesetzgeber ist eine angemessene Zeit einzuräumen, in der er eine verfassungsgemäße Erhebung regeln kann. Der Steuerpflichtige hat somit wegen des Vertrauensschutzes des Gesetzgebers in seine Rechtssetzungsakte keinen Anspruch darauf, dass die verfassungswidrige Steuererhebung stets rückwirkend bereinigt wird.

Jüngst hat sich hierfür auch das BVerfG in seinem Urteil zur Grundsteuer ausgesprochen, in dem es hieß: „Die Hinnahme des Vollzugs von Einheitswertbescheiden, die auf der Grundlage für verfassungswidrig befundener Bewertungsregeln ergangen sind, ist auf der anderen Seite den Betroffenen auch deshalb zumutbar, weil die Belastung mit einer Grundsteuer dem Grunde nach durch die Verfassung legitimiert, ‚schon immer' vorgesehen und deshalb von den Grundbesitzern auch zu erwarten war und ist."[482]

Gegen einen Vertrauensschutz wird indes vorgebracht, dass der Gesetzgeber die Verantwortung für verfassungswidrige Gesetze übernehmen müsse: Wer den Vorteil habe, müsse auch die Lasten tragen („*Qui habet commoda, ferre debet onera*"[483]).[484] Diese Ansicht ist jedoch aus den soeben angeführten Gründen abzulehnen. Steuererhebung ist finanzverfassungsrechtlich vorgesehen und kann nicht dazu führen, dass in jedem Falle allein der Gesetzgeber die Lasten einer verfassungswidrigen Ausgestaltung zu tragen hat – hiervon müssen vielmehr Ausnahmen zulässig sein. Es soll nach der hier vertretenen Auffassung nicht wegen jeglichen Mangels eines Gesetzes eine Rückerstattung gefordert werden können, wenn die Abgabe dem Grunde nach erhoben werden darf.

---

482 BVerfG, Urteil vom 10.4.2018 – 1 BvL 11/14 u.a., BVerfGE 148, 147 (214).

483 „Wer den Vorteil hat, muss die Lasten tragen", Übersetzung nach *Liebs*, Lateinische Rechtsregeln und Rechtssprichwörter, 7. Auflage 2007, S. 191.

484 *Schwindt*, Rechtsfolgen verfassungswidriger Steuergesetze, 2014, S. 68.

(c) Eingeschränkter Vertrauensschutz bei stets umstrittener Verfassungsmäßigkeit

Das BVerfG hält den Gesetzgeber dagegen nicht für schutzwürdig, wenn die Verfassungsmäßigkeit einer Regelung stets umstritten war. Dies belegen mehrere Entscheidungen aus jüngerer Zeit.[485]

Am 9.12.2008 entschied das BVerfG über die Verfassungsmäßigkeit von § 9 Abs. 2 S. 1 und 2 EStG,[486] wonach die Aufwendungen des Arbeitnehmers für die Wege zwischen Wohnung und regelmäßiger Arbeitsstätte und für Familienheimfahrten keine Werbungskosten und nur erhöhte Aufwendungen des Arbeitnehmers zur Arbeitsstätte ab dem 21. Entfernungskilometer mit der Entfernungspauschale i.H.v. 0,30 Euro zu berücksichtigen waren.[487] Das Gericht entschied sich ausdrücklich gegen eine Weitergeltungsanordnung, „wie sie bei haushaltswirtschaftlich bedeutenden Normen vom BVerfG wiederholt bejaht worden ist".[488] Es handele sich um einen vergleichsweise kurzen Anwendungszeitraum der Neuregelung, deren Verfassungsmäßigkeit stets umstritten gewesen sei und für den auch die Finanzverwaltung bereits auf Zweifel an der Verfassungsmäßigkeit mit vorläufigen Regelungen reagiert habe.[489]

Mit Beschluss vom 6.7.2010 entschied das BVerfG darüber, ob § 4 Abs. 5 S. 1 Nr. 6b S. 2 EStG[490] gegen die Grundrechte verstieß, indem die Vorschrift den Abzug von Aufwendungen für ein häusliches Arbeitszimmer auch dann nicht zuließ, wenn für die betriebliche oder berufliche Tätigkeit kein anderer Arbeitsplatz zur Verfügung stand.[491] Die Richter kamen zu dem Ergebnis, dass die Vorschrift seit Inkrafttreten am 1.1.2007 mit Art. 3 Abs. 1 GG unvereinbar war. Das BVerfG verpflichtete den Gesetzgeber auch hier zur rückwirkenden Neuregelung. Es wies darauf hin, dass eine

---

485 Siehe BVerfG, Urteil vom 9.12.2008 – 2 BvL 1/07 u.a., BVerfGE 122, 210 (246); BVerfG, Beschluss vom 6.7.2010 – 2 BvL 13/09, BVerfGE 126, 268 (285 f.); BVerfG, Beschluss vom 23.6.2015 – 1 BvL 13/11 u.a., BVerfGE 139, 285 (320 f.); BVerfG, Beschluss vom 13.4.2017 – 2 BvL 6/13, BVerfGE 145, 171 (229).

486 Die Bundesregierung rechnete bei Einführung der Vorschrift ausweislich der Gesetzesmaterialien mit Steuermehreinnahmen in Höhe von 2,53 Mrd. Euro pro Jahr, vgl. Gesetzentwurf vom 18.5.2006, BT-Drs. 16/1545, S. 9.

487 BVerfG, Urteil vom 9.12.2008 – 2 BvL 1/07 u.a., BVerfGE 122, 210.

488 BVerfG, Urteil vom 9.12.2008 – 2 BvL 1/07 u.a., BVerfGE 122, 210 (246).

489 BVerfG, Urteil vom 9.12.2008 – 2 BvL 1/07 u.a., BVerfGE 122, 210 (246).

490 Laut Gesetzentwurf wurden die Steuermehreinnahmen durch Einführung der Vorschrift auf 90 Mio. in 2007, 240 Mio. in 2008 und 300 Mio. ab 2009 geschätzt, vgl. Gesetzentwurf vom 18.5.2006, BT-Drs. 16/1545, S. 9.

491 BVerfG, Beschluss vom 6.7.2010 – 2 BvL 13/09, BVerfGE 126, 268.

Ausnahme von der rückwirkenden Umgestaltung vorliegend nicht in Frage komme, wie dies bereits bei „haushaltswirtschaftlich bedeutenden Normen“ entschieden wurde. Zur Begründung wurde ebenfalls der vergleichsweise kurze Geltungszeitraum der Vorschrift vorgebracht sowie die steten Zweifel der Finanzverwaltung an der Verfassungsmäßigkeit der Norm, die deshalb mit einer vorläufigen Regelung reagiert hatte.[492]

Ferner entschied das BVerfG mit Beschluss vom 23.6.2015 über die Verfassungsmäßigkeit von § 8 und § 11 Grunderwerbsteuergesetz[493] (GrEStG).[494] Es stellte fest, dass § 8 Abs. 2 GrEStG seit der Fassung von 1997 und allen folgenden Fassungen mit Art. 3 Abs. 1 GG unvereinbar war, da es zu Ungleichheiten zwischen der Besteuerung nach der Gegenleistung und der Ersatzbemessungsgrundlage kam. Das Gericht ordnete die Weitergeltung des bisherigen Rechts bis zum 31.12.2008 an und verpflichtete den Gesetzgeber, bis spätestens 30.6.2016 rückwirkend zum 1.1.2009 eine Neuregelung in Kraft zu setzen.[495] Das Gericht betonte auch in dieser Entscheidung, dass aus besonderem Grunde, namentlich im „Interesse einer verlässlichen Finanz- und Haushaltsplanung“ keine Weitergeltung nach dem 1.1.2009 geboten sei.[496] Hierfür bestehe schon deshalb kein Rechtfertigungsgrund, da dem Gesetzgeber, der Verwaltung und den Steuerpflichtigen nach dem Beschluss vom 7.11.2006[497] klar sein musste, dass die Bewertungsregeln der §§ 138 ff. BewG zu erheblichen Ungleichheiten führten, die mit großer Wahrscheinlichkeit auch die Grunderwerbsteuerbemessung betreffen würden. Bereits dies stünde einer Weitergeltungsanordnung über den 31.12.2008 hinaus entgegen.[498]

Der Verstoß gegen Art. 105 Abs. 2 i.V.m. 106 Abs. 1 Nr. 2 GG führte im Beschluss vom 13.4.2017 sogar zur Nichtigerklärung des gesamten Kernbrennstoffsteuergesetzes. Die Notwendigkeit einer verlässlichen Finanz- und Haushaltsplanung sowie einer entsprechenden Finanz- und Haushaltswirtschaft könne zwar gebieten, von einer Rückwirkung der Entscheidung abzusehen, da der rückwirkenden Neubemessung staatlicher Einnahmen keine Möglichkeit zur Neubemessung der Ausgaben entgegenstünde. Eine

492 BVerfG, Beschluss vom 6.7.2010 – 2 BvL 13/09, BVerfGE 126, 268 (285 f.); BMF, Schreiben vom 6.10.2009, BStBl. I 2009, S. 1148.

493 In der Fassung des Jahressteuergesetzes 1997 vom 20.12.1996, BGBl. I 1996, S. 2049 sowie alle nachfolgenden Fassungen.

494 BVerfG, Beschluss vom 23.6.2015 – 1 BvL 13/11 u.a., BVerfGE 139, 285.

495 BVerfG, Beschluss vom 23.6.2015 – 1 BvL 13/11 u.a., BVerfGE 139, 285 (286).

496 BVerfG, Beschluss vom 23.6.2015 – 1 BvL 13/11 u.a., BVerfGE 139, 285 (319).

497 BVerfG, Beschluss vom 7.11.2006 – 1 BvL 10/02, BVerfGE 117, 1.

498 BVerfG, Beschluss vom 23.6.2015 – 1 BvL 13/11 u.a., BVerfGE 139, 285 (320).

solche würde die periodisch erfolgende staatliche Finanzplanung erheblich gefährden und zur Entlastung aktueller und vergangener Steuerzahler zulasten künftiger Steuerzahler führen. Hierauf könne aber nur dann Rücksicht genommen werden, wenn sich der Gesetzgeber auf seine Finanz- und Haushaltsplanung verlassen durfte. Dies sei im Hinblick auf die von Anfang an mit erheblichen finanzverfassungsrechtlichen Unsicherheiten belastete Kernbrennstoffsteuer nicht der Fall.[499]

Zusammenfassend hält das BVerfG den Gesetzgeber dann nicht für schutzwürdig, wenn die Verfassungsmäßigkeit einer neu eingeführten Regelung stets von der Finanzverwaltung angezweifelt wurde, oder aus anderem Grunde – etwa einer vorangegangenen Gerichtsentscheidung – für den Gesetzgeber erkennbar war, dass die Verfassungsmäßigkeit der Erhebung hiervon betroffen ist. Der Gesetzgeber darf sich in diesen Fällen nicht auf seine Finanz- und Haushaltsplanung verlassen. Das Interesse von Fiskus und Gesetzgeber an einer Weitergeltungsanordnung muss dann zurücktreten. Dies ist auch sachgerecht, weil sie in beiden Fällen mit einer Kassation oder rückwirkenden Neuregelungspflicht rechnen mussten. Verfassungsrechtliche Zweifel sollten hierbei jedoch nur dann beachtlich sein, wenn es sich um solche der Finanzverwaltung, insbesondere des BMF handelt oder sich etwa die Auffassungen hochrangiger Richter und Professoren zu einem einheitlichen Meinungsbild verdichten. Einzelnen Stimmen der Literatur ist hingegen kein ausreichendes Gewicht zuzusprechen, da ansonsten nahezu jeder Dritte erreichen könnte, dass dem Gesetzgeber der Vertrauensschutz abgesprochen wird.[500]

(d) Kein Vertrauensschutz bei evidenten Mängeln im Gesetzgebungsverfahren

Sofern die Verfassungswidrigkeit einer abgabenrechtlichen Vorschrift durch einen Mangel im Gesetzgebungsverfahren bedingt ist, „führt ein Verfahrensfehler nur dann zur Nichtigkeit einer Norm, wenn er evident ist. Das gebietet die Rücksicht auf die Rechtssicherheit", so das BVerfG.[501] War der Verfahrensfehler für den Gesetzgeber augenfällig, so genießt er

499 BVerfG, Beschluss vom 13.4.2017 – 2 BvL 6/13, BVerfGE 145, 171 (229).

500 Die Berücksichtigung einzelner Stimmen in der Literatur ebenfalls kritisierend *Schwindt*, Rechtsfolgen verfassungswidriger Steuergesetze, 2014, S. 160 f.

501 BVerfG, Beschluss vom 11.10.1994 – 1 BvR 337/92, BVerfGE 91, 148 (175); vgl. auch BVerfG, Beschluss vom 22.5.1963 – 2 BvC 3/62, BVerfGE 16, 130 (142 f.);

keinen Vertrauensschutz in den Bestand seiner Rechtssetzungsakte und es besteht kein Anlass für eine Unvereinbarkeitserklärung mit oder ohne Weitergeltungsanordnung. Im Umkehrschluss wird dem Gesetzgeber grundsätzlich kein Vorwurf gemacht, wenn der Verfassungsverstoß nicht offenkundig war.[502] In diesen Fällen kann unter Umständen Vertrauensschutz gewährt werden, wenn die oben aufgeführten Voraussetzungen vorliegen.[503]

(iv) Gleichmäßiger Verwaltungsvollzug

Fraglich ist ferner, ob die Wahrung eines gleichmäßigen Verwaltungsvollzuges geeignet ist, eine Weitergeltungsanordnung zu rechtfertigen. Das BVerfG hat in Zusammenhang mit dem „Interesse an einer verlässlichen Finanz- und Haushaltsplanung“ stets zusätzlich die Notwendigkeit eines „gleichmäßigen Verwaltungsvollzugs für Zeiträume einer weitgehend schon abgeschlossenen Veranlagung“ betont.[504] Was das BVerfG unter dem Begriff des gleichmäßigen Verwaltungsvollzuges versteht, bleibt aber bislang unklar, da es diesen – soweit ersichtlich – noch nicht näher erläutert hat. Hintergrund des Arguments ist wohl der Schutz der Behörden vor übermäßiger Arbeitsbelastung. Die Verwaltung kann nämlich durch rück-

---

BVerfG, Beschluss vom 21.10.1971 – 2 BvL 6/69 u.a., BVerfGE 32, 145 (156); deutlich BVerfG, Urteil vom 26.7.1972 – 2 BvF 1/71, BVerfGE 34, 9 (25); so auch BVerfG, Beschluss vom 15.1.2008 – 2 BvL 12/01, BVerfGE 120, 56 (79); BVerfG, Beschluss vom 8.12.2009 – 2 BvR 758/07, BVerfGE 125, 104 (132); kritisch *Desens*, NJW 2008, 2892 (2894).

502 Hierzu *Pestalozza*, FS 25 Jahre BVerfG, 1976, 519 (537); *J. Ipsen*, Rechtsfolgen der Verfassungswidrigkeit von Norm und Einzelakt, 1980, S. 139.

503 Vgl. soeben Kap. 1, C. II. 2. c) dd) (iii) (a); kritisch zur Evidenzrechtsprechung *Pestalozza*, FS 25 Jahre BVerfG, 1976, 519 (536 f.); *Axer*, NVwZ 2010, 624 (626 f.); *Axer*, DStR 2010, 1057 (1060); *Hey*, FS Spindler, 2011, 97 (101); *Schwindt*, Rechtsfolgen verfassungswidriger Steuergesetze, 2014, S. 161 ff.; kritisch *Kment*, in: Jarass/Pieroth, GG, 16. Auflage 2020, Art. 76 Rn. 2.

504 Vgl. etwa BVerfG, Beschluss vom 25.9.1992 – 2 BvL 5/91 u.a., BVerfGE 87, 153 (178); BVerfG, Beschluss vom 22.6.1995 – 2 BvL 37/91, BVerfGE 93, 121 (148 f.); BVerfG, Beschluss vom 4.2.2009 – 1 BvL 8/05, BVerfGE 123, 1 (38); BVerfG, Urteil vom 9.2.2010 – 1 BvL 1/09 u.a., BVerfGE 125, 175 (258); BVerfG, Urteil vom 17.12.2014 – 1 BvL 21/12, BVerfGE 138, 136 (251); BVerfG, Beschluss vom 23.6.2015 – 1 BvL 13/11 u.a., BVerfGE 139, 285 (319); BVerfG, Urteil vom 10.4.2018 – 1 BvL 11/14 u.a., BVerfGE 148, 147 (213 f.).

wirkende Entscheidungsaussprüche stark beansprucht werden, wenn bereits veranlagte Fälle neu veranlagt werden müssen.[505]

Gegen die Begründung der Weitergeltungsanordnung mit dem Argument des gleichmäßigen Verwaltungsvollzugs sind erhebliche Zweifel anzumelden. Der gleichmäßige Verwaltungsvollzug genießt keinen Verfassungsrang und ist damit nicht geeignet, die Grundrechte der Bürger zu beschränken. Dies wird von folgenden Überlegungen untermauert: Es mangelt schon an dem zwingenden Bedürfnis eines „gleichmäßigen" Verwaltungsvollzuges. Meint das BVerfG nur die bereits abgeschlossene Veranlagung, so setzt § 79 Abs. 2 BVerfGG ausreichende Grenzen, indem nur diejenigen Steuerbescheide betroffen sind, die noch nicht bestandskräftig sind. Diese noch abänderbaren Steuerfälle wären bei einer rückwirkenden Gesetzesänderung unter Umständen neu zu bewerten, jedenfalls dann, wenn sich eine Änderung der Steuerlast ergibt. Inwiefern eine solche Abänderung aber die Gleichmäßigkeit des Vollzuges behindern soll, ist bereits fraglich.

Will man unter dem gleichmäßigen Verwaltungsvollzug generell verstehen, dass die abgabenrechtlichen Gesetze in geregelten Bahnen und zeitnah vollzogen werden sollen, so besteht hierfür keine zwingende Notwendigkeit. Der Steuerpflichtige hat vielmehr ein berechtigtes Interesse daran, dass ein fehlerhafter Bescheid aufgehoben bzw. geändert wird. Wenn dies zu zeitlichen Engpässen und verzögerter Bearbeitung bei der Finanzbehörde führt, darf das nicht zulasten des Steuerpflichtigen vorgebracht werden. Es erscheint ungerecht, eine rückwirkende Gesetzesreformpflicht und damit einen Rückerstattungsanspruch allein deshalb zu verwehren, weil die steuerliche Bewertung eine gewisse Zeit in Anspruch nimmt. Für die Funktionsfähigkeit der Behörden ist letztlich die zuständige Gebietskörperschaft verantwortlich und muss gegebenenfalls durch Umstrukturierung der Beschäftigten und Neueinstellungen abhelfen. Personelle Defizite und hoher Verwaltungsaufwand dürfen aber keineswegs in den Risikobereich des Steuerpflichtigen verlagert und ihm angelastet werden.

Soll die Gleichmäßigkeit des Vollzuges bedeuten, dass eine Steuer wegen der Anwendungssperre der *ex tunc*-Unvereinbarkeitserklärung zeitweise gar nicht festgesetzt werden kann und dies zu einem ungleichmäßigen Vollzug im Sinne von aufschiebend oder stockend führt, so kann auch dies nicht zur Rechtfertigung der Weitergeltung dienen. Das BVerfG selbst könnte den regelungslosen Schwebezustand so gering wie möglich halten, indem es die teils ohnehin sehr großzügig bemessenen Weitergeltungsfris-

505 *Schwindt*, Rechtsfolgen verfassungswidriger Steuergesetze, 2014, S. 141.

ten kürzer festsetzt. Überdies liegt es in der Hand des Gesetzgebers, zeitnah tätig zu werden, sodass die Abgabe so bald als möglich wieder erhoben werden kann. Letztlich sind keinerlei verfassungsrechtliche Gründe erkennbar, die es rechtfertigen, eine verfassungswidrige Steuererhebung nur deshalb aufrecht zu erhalten, um einen „gleichmäßigen" – wohl im Sinne von reibungslosen – weiteren Vollzug zu gewähren. Die Finanzbehörden sind nicht vor gesteigertem Arbeitspensum zu schützen, insbesondere nicht zulasten der Grundrechte. Die Argumentation des BVerfG lässt schließlich nur die Vermutung zu, dass es die Wichtigkeit der Rücksichtnahme auf öffentliche Haushalte auch in Bezug auf die verwaltungstechnische Umsetzung bestärken wollte. Obige Ausführungen lassen einen solchen Rechtfertigungsansatz aber nach der hier vertretenen Ansicht nicht zu.

(v) Zwischenergebnis

Die Weitergeltungsanordnung kann auf das Interesse an einer verlässlichen Finanz- und Haushaltsplanung gestützt werden, wenn mindestens eine der folgenden drei Voraussetzungen vorliegt:

1. konkrete Anhaltspunkte, dass eine unerträgliche Beeinträchtigung der öffentlichen Haushalte sicher oder zumindest überwiegend wahrscheinlich ist, und/oder
2. die Erfüllung der Sozialstaatsaufgaben durch den sofortigen Wegfall bzw. die Unanwendbarkeit der Norm stark gefährdet wäre, und/oder
3. das Vertrauen des Gesetzgebers in den Bestand seiner Rechtssetzungsakte schützenswert ist und damit auch in den Erhalt der Einnahmen.

Fiskalische Interessen können dagegen nicht berücksichtigt werden, wenn

1. evidente Mängel im Gesetzgebungsverfahren festgestellt werden, oder
2. die gegenständlichen Normen stets verfassungsrechtlich umstritten waren und nur für einen vergleichsweise kurzen Anwendungszeitraum galten.

Darüber hinaus kann eine Weitergeltungsanordnung nicht mit dem Bedürfnis nach gleichmäßigem Verwaltungsvollzug für Zeiträume einer weitgehend schon abgeschlossenen Veranlagung gerechtfertigt werden.

ee) Verfassungsrechtliche Gründe gegen die Weitergeltung fiskalisch bedeutender Normen

Nachdem soeben herausgearbeitet wurde, welche Gründe die Berücksichtigung fiskalischer Belange im Wege der Weitergeltung verfassungswidrigen Abgabenrechts rechtfertigen, soll im folgenden Abschnitt geprüft werden, welche verfassungsrechtlichen Argumente gegen die Rücksichtnahme auf die finanziellen Auswirkungen zugunsten der öffentlichen Hand und des Gesetzgebers sprechen könnten.

(i) Vorrang der Verfassung, Art. 20 Abs. 3 GG

Zunächst könnte die Weitergeltung verfassungswidrigen Abgabenrechts gegen den Vorrang der Verfassung verstoßen. Die Verfassungsstaatlichkeit ist eines der zentralen Elemente der grundgesetzlichen Rechtsstaatlichkeit. Der Rechtsstaat setzt voraus, dass eine höchstrangige – alle Staatsgewalt bindende – Verfassung existiert.[506] Ihr ist der Vorrang der Verfassung immanent. Er gilt im Verhältnis zwischen Verfassungs- und einfachem Gesetzesrecht. Ein Widerspruch zwischen diesen beiden Ebenen ist zugunsten des Verfassungsrechts aufzulösen.[507] Der Vorrang der Verfassung gebietet überdies grundsätzlich die sofortige Herstellung einer verfassungsgemäßen Rechtslage.[508]

Gusy gelangt zu dem Ergebnis, dass das BVerfG verfassungswidrige steuerliche Vorschriften stets für nichtig erklären müsse, da der Vorrang der Verfassung ausschließlich zum Bestand verfassungsgemäßer Normen führen könne.[509] Auch *Habscheidt* teilt diese Ansicht, indem er aus Art. 1 Abs. 3, 20 Abs. 3 und 79 Abs. 1 und 3 GG die „Unverbrüchlichkeit der Verfassung“[510] herleitet, welche verlange, dass das BVerfG verfassungswidrige

506 *Görisch*, JuS 1997, 988 (989).
507 *Kleuker*, Gesetzgebungsaufträge des Bundesverfassungsgerichts, 1993, S. 33.
508 *Seer*, NJW 1996, 285 (287).
509 *Gusy*, Parlamentarischer Gesetzgeber und Bundesverfassungsgericht, 1985, S. 195.
510 So auch schon *Schick*, JZ 1969, 371 (373); *Hartmann*, DVBl. 1997, 1264 (1266); *Burghart*, NVwZ 1998, 1262 (1264); *Wernsmann*, Das gleichheitswidrige Steuergesetz, 2000, S. 63.

Gesetze stets für nichtig oder zumindest für rückwirkend unvereinbar erkläre.[511]

Diesen Ansichten ist allerdings lediglich bedingt zuzustimmen, da sie die Problematik nur eindimensional fassen. Richtig ist, dass der Vorrang der Verfassung prinzipiell verlangt, dass eine verfassungskonforme Rechtslage unmittelbar hergestellt wird – dies geschieht grundsätzlich durch Nichtigerklärung.[512] Wenn also eine einfachgesetzliche Abgabennorm gegen Verfassungsrecht verstößt, ist dem Verfassungsrecht Vorrang einzuräumen.

Von diesem Prinzip können jedoch Ausnahmen gemacht werden.[513] Der Grundsatz der Einheit der Verfassung[514] gebietet nämlich, dass bei der Kollision zweier Verfassungsrechtsgüter ein Ausgleich zwischen den Rechtsgütern zu suchen ist, bei dem kein Rechtsgut völlig geopfert werden darf, sog. Gebot der praktischen Konkordanz.[515] Dieses fordert, dass „nicht eine der widerstreitenden Rechtspositionen bevorzugt und maximal behauptet wird, sondern alle einen möglichst schonenden Ausgleich erfah-

511 *Habscheidt,* Der Anspruch des Bürgers auf Erstattung verfassungswidriger Steuern, 2003, S. 14, 43, 50.

512 *Schwindt,* Rechtsfolgen verfassungswidriger Steuergesetze, 2014, S. 43.

513 Vgl. *Heckmann,* Geltungskraft und Geltungsverlust von Rechtsnormen, 1997, S. 410; im Ansatz bereits *C. Böckenförde,* Die sogenannte Nichtigkeit verfassungswidriger Gesetze, 1966, S. 69, 89.

514 Der Grundsatz der Einheit der Verfassung besagt, dass die Verfassung immer im Gesamtzusammenhang zu sehen ist und die den Staat charakterisierende Werteordnung darstellt, siehe *Hesse,* Grundzüge des Verfassungsrechts der Bundesrepublik Deutschland, 20. Auflage 1999, § 2 Rn. 71; *Schladebach,* Der Staat 53 (2014), 263 (268); kritisch *E.-W. Böckenförde,* NJW 1974, 1529 (1534); *F. Müller,* Die Einheit der Verfassung - Kritik des juristischen Holismus, 2. Auflage 2007, S. 196 ff.

515 Ausführlich zur Prüfung von Kollisionsfällen *Stern,* Das Staatsrecht der Bundesrepublik Deutschland, Band III/2, 1994, § 82 II 4 und § 84 IV 7; vgl. auch *Lerche,* FS Stern, 1997, 197 (198); *Drüen,* FR 1999, 289 (291); *Hesse,* Grundzüge des Verfassungsrechts der Bundesrepublik Deutschland, 20. Auflage 1999, § 2 Rn. 72; *Wernsmann,* Das gleichheitswidrige Steuergesetz, 2000, S. 62 ff., 67 f.; *Dietz,* Verfassungsgerichtliche Unvereinbarerklärungen, 2011, S. 181 f.; *Schladebach,* Der Staat 53 (2014), 263 (267 ff.); *Schwindt,* Rechtsfolgen verfassungswidriger Steuergesetze, 2014, S. 44; *Degenhart,* Staatsrecht I, 35. Auflage 2019, Rn. 23; Epping, Grundrechte, 8. Auflage 2019, Rn. 91 ff.; *Lechner/Zuck,* in: Lechner/Zuck, BVerfGG, 8. Auflage 2019, Einleitung Rn. 83; *Hufen,* Staatsrecht II, 8. Auflage 2020, § 9 Rn. 30 ff.; *Manssen,* Staatsrecht II, 17. Auflage 2020, Rn. 175 ff.; kritisch *Fischer-Lescano,* KJ 2008, 166 ff.

ren".[516] Hierbei müssen sich nicht zwingend zwei (oder mehr) Grundrechte gegenüberstehen. Nach Rechtsprechung des BVerfG sind neben den Grundrechten auch „andere mit Verfassungsrang ausgestattete Rechtswerte" ausnahmsweise geeignet, sogar „uneinschränkbare Grundrechte in einzelnen Beziehungen zu begrenzen."[517] Zu diesen anderen Rechtswerten sollen zumindest besondere Schutzgüter des Staates und der Gemeinschaft zählen[518], nicht hingegen jegliche verfassungsrechtlichen Bestimmungen wie etwa Kompetenzregelungen des Grundgesetzes.[519] In Bezug auf eine verfassungswidrige einfachgesetzliche Steuernorm bedeutet dies, dass der rückwirkenden Beseitigung und Anwendungssperren Verfassungsrechtsgüter der öffentlichen Hand entgegenstehen können, die dazu führen, dass der Vorrang der Verfassung zurücktritt. Denn dann stehen nicht nur die den Steuerpflichtigen schützenden Grundrechte dem einfachgesetzlichen Steuerrecht gegenüber, sondern Verfassungsrecht streitet gegen Verfassungsrecht.

Gegenüberstehenden Verfassungsgütern müssen Grenzen gezogen werden, damit beide in der konkreten Situation optimale Geltung erlangen können. Diese Grenzziehung darf nicht weiter gehen als notwendig, um die Konkordanz der beiden Rechtsgüter herzustellen – sie muss insbesondere verhältnismäßig sein.[520] Die Grundrechtsbegrenzung muss geeignet sein, den Schutz des Rechtsguts zu bewirken, wegen dem sie vorgenommen wird. Hierzu muss sie erforderlich, also kein milderes Mittel gleichermaßen geeignet, und verhältnismäßig im engeren Sinne sein, d.h. in einem angemessenen Verhältnis zum Gewicht und der Bedeutung des Grundrechts stehen.[521] Trotz wechselseitiger Begrenzung ist von den ur-

516 BVerfG, Beschluss vom 16.5.1995 – 1 BvR 1087/91, BVerfGE 93, 1 (21 m.w.N.); vgl. auch BVerfG, Beschluss vom 26.5.1970 – 1 BvR 83/69 u.a., BVerfGE 28, 243 (261); BVerfG, Beschluss vom 17.12.1975 – 1 BvR 63/68, BVerfGE 41, 29 (51); BVerfG, Beschluss vom 16.10.1979 – 1 BvR 647/70 u.a., BVerfGE 52, 223 (247); BVerfG, Beschluss vom 3.11.1987 – 1 BvR 1257/85 u.a., BVerfGE 77, 240 (253); BVerfG, Beschluss vom 7.3.1990 – 1 BvR 266/86 u.a., BVerfGE 81, 278 (292); BVerfG, Beschluss vom 27.11.1990 – 1 BvR 402/87, BVerfGE 83, 130 (143).

517 BVerfG, Beschluss vom 26.5.1970 – 1 BvR 83/69 u.a., BVerfGE 28, 243 (261).

518 *Schladebach*, Der Staat 53 (2014), 263 (270).

519 *Kloepfer*, Verfassungsrecht, Bd. 2, 2010, § 51 Rn. 65 f.

520 *Hesse*, Grundzüge des Verfassungsrechts der Bundesrepublik Deutschland, 20. Auflage 1999, § 2 Rn. 72; so auch BVerfG, Beschluss vom 27.11.1990 – 1 BvR 402/87, BVerfGE 83, 130 (143).

521 *Hesse*, Grundzüge des Verfassungsrechts der Bundesrepublik Deutschland, 20. Auflage 1999, § 10 Rn. 318; differenzierend *Grabitz*, AÖR 98 (1973), 568 (576);

sprünglichen Schutzgehalten beider Güter möglichst viel zu bewahren.[522] Außerdem sind „Folgerisiken und Nebenwirkungen“ für die betroffenen Güter exakt auszuloten und einzubeziehen.[523]

Nach der Rechtsprechung des BVerfG ist zu ermitteln, welcher Verfassungsbestimmung in der konkret zu entscheidenden Frage das höhere Gewicht zukommt. Solange der Grundwert der schwächeren Norm respektiert wird, kann sie soweit zurückgedrängt werden, wie es „logisch und systematisch zwingend erscheint“.[524]

Der Rechtsgedanke, der hinter der praktischen Konkordanz steht, ist nach der hier vertretenen Ansicht auf die Fälle zu übertragen, bei denen die Grundrechte der Bürger den Verfassungsgütern entgegenstehen, die den Staat und seine Aufgabenwahrnehmung schützen. Hierbei soll kein Prinzip oder Verfassungsgut per se Vorrang genießen. Vielmehr gebietet die Verfassung selbst, dass beide Seiten Berücksichtigung finden. In welchem Maße die jeweiligen Interessen zu schützen sind und ein Zurücktreten der anderen Bedürfnisse fordern, ist für jeden Einzelfall gesondert zu untersuchen. Somit hat das BVerfG bei Entscheidungen im Abgabenrecht herauszuarbeiten, welche Verfassungsgüter konkret entgegenstehen und wie sie zu gewichten sind. Hierbei ist insbesondere zu fordern, dass auch die Grundrechte der Steuerpflichtigen Beachtung finden. Nach derzeitiger Rechtsprechung kann jedenfalls nicht von einem schonenden Ausgleich gesprochen werden, da die Weitergeltungsanordnung nur dem Gesetzgeber und der öffentlichen Hand zugutekommt, während der Steuerpflichtige weiterhin verfassungswidrige Abgaben entrichten muss. Welche Möglichkeiten bestehen, beide Seiten zu berücksichtigen, wird im Rahmen des im späteren Verlauf vorgestellten Abwägungsmodells noch umfassend erörtert.[525]

Jakobs, DVBl. 1985, 97 (99); *Stern*, Das Staatsrecht der Bundesrepublik Deutschland, Band III/2, 1994, § 84 IV 7; *Schladebach*, Der Staat 53 (2014), 263 (272); Epping, Grundrechte, 8. Auflage 2019, Rn. 91 ff.

522 *Schladebach*, Der Staat 53 (2014), 263 (271).

523 So bereits *Wendt*, AöR 104 (1979), 414 (463); *Stern*, Das Staatsrecht der Bundesrepublik Deutschland, Band III/2, 1994, § 84 IV 7.

524 BVerfG, Beschluss vom 26.5.1970 – 1 BvR 83/69 u.a., BVerfGE 28, 243 (261); vgl. zur praktischen Konkordanz außerdem BVerfG, Beschluss vom 17.12.1975 – 1 BvR 63/68, BVerfGE 41, 29 (50 f.); BVerfG, Beschluss vom 16.10.1979 – 1 BvR 647/70 u.a., BVerfGE 52, 223 (247); BVerfG, Beschluss vom 26.5.1993 – 1 BvR 208/93, BVerfGE 89, 1 (8 f.); BVerfG, Beschluss vom 16.5.1995 – 1 BvR 1087/91, BVerfGE 93, 1 (21).

525 Siehe hierzu unten unter Kap. 4, A. I. 1.

(ii) Beeinträchtigung des effektiven Rechtsschutzes, Art. 19 Abs. 4 GG

Harsche Kritik erfährt die Weitergeltungsanordnung insbesondere auch im Hinblick auf den effektiven Rechtsschutz. Das Grundrecht aus Art. 19 Abs. 4 GG gewährleistet nach der Rechtsprechung des Bundesverfassungsgerichts nicht nur einen Rechtsweg überhaupt, sondern darüber hinaus, dass der Rechtsschutz auch effektiv ist.[526] Die Norm verbürgt den Rechtsschutz des Einzelnen gegen subjektive Rechtsverletzungen durch Träger öffentlicher Gewalt.[527] Dieser richterliche Rechtsschutz besitzt selbst Grundrechtsqualität[528] und ist im Gefüge der Verteilung der Staatsgewalten eine zentrale Kompetenzentscheidung der Verfassung.[529] Allerdings kann die Judikative die Beurteilungs- und Prüfungsmaßstäbe nicht frei wählen, sondern ist allein dazu berufen, über die Einhaltung der Rechtsordnung zu wachen.[530] Art. 19 Abs. 4 GG gewährleistet hierbei einen möglichst lückenlosen, tatsächlich wirksamen Individualrechtsschutz zugunsten des Bürgers.[531] Dieser kann nur dann erreicht werden, wenn er so konzipiert ist, dass der Eingriff in die Grundrechte verhindert bzw. so weit wie möglich beseitigt wird.[532]

Für den betroffenen Steuerpflichtigen hat die Unvereinbarkeitserklärung mit Weitergeltungsanordnung massive Auswirkungen auf sein verfassungsrechtlich garantiertes grundrechtsgleiches Recht auf Kontrolle staatlicher Akte, indem der Individualrechtsschutz geradezu vereitelt wird.[533] Der Rechtsschutzsuchende darf grundsätzlich nicht um den Erfolg seiner

---

526 Ausdrücklich BVerfG, Beschluss vom 13.6.1979 – 1 BvR 699/77, BVerfGE 51, 268 (284).

527 Vgl. BVerfG, Beschluss vom 5.2.1963 – 2 BvR 21/60, BVerfGE 15, 275 (281); BVerfG, Beschluss vom 8.7.1982 – 2 BvR 1187/80, BVerfGE 61, 82 (110); BVerfG, Beschluss vom 23.5.2006 – 1 BvR 2530/04, BVerfGE 116, 1 (11 f.); *Papier*, HStR VIII, 2010, 491 (494).

528 *Papier*, HStR VIII, 2010, 507 (508); *Schmidt-Aßmann*, in: Maunz/Dürig, GG, Stand: Juli 2014, Art. 19 Abs. 4 Rn. 7.

529 *Papier*, HStR VIII, 2010, 507 (510).

530 *Papier*, HStR VIII, 2010, 507 (510).

531 BVerfG, Beschluss vom 12.11.1958 – 2 BvL 4/56 u.a., BVerfGE 8, 274 (326); BVerfG, Beschluss vom 23.4.1969 – 2 BvR 552/63, BVerfGE 25, 352 (365); BVerfG, Beschluss vom 19.6.1973 – 1 BvL 39/69 u.a., BVerfGE 35, 263 (274); BVerfG, Beschluss vom 16.12.1975 – 2 BvR 854/75, BVerfGE 41, 23 (26); BVerfG, Beschluss vom 20.4.1982 – 2 BvL 26/81, BVerfGE 60, 253 (269); *Papier*, HStR VIII, 2010, 507 (512).

532 *Habscheidt*, Der Anspruch des Bürgers auf Erstattung verfassungswidriger Steuern, 2003, S. 44.

533 *Hey*, FS 100 Jahre BFH, Band 1, 2018, 451 (462).

prozessualen Initiative gebracht werden.[534] Durch die Weitergeltungsanordnung bleiben jedoch auch Verfassungsbeschwerden gegen Vollzugsakte bzw. sie bestätigende Gerichtsentscheidungen erfolglos.[535] Wenn der Steuerpflichtige unter erheblichem Aufwand von Zeit und Kosten den Instanzenzug durchlaufen hat und schließlich das BVerfG die Verfassungswidrigkeit der gegenständlichen abgabenrechtlichen Norm feststellt, so hat er dennoch nicht gewonnen:[536] Der ergangene (und zu Recht angegriffene) Verwaltungsakt (Steuerbescheid) bleibt trotz materieller Verfassungswidrigkeit und fristgerechter Anfechtung bestehen, da er auf einer Rechtsgrundlage beruht, die aufgrund der Weitergeltungsanordnung anwendbar bleibt.[537] Die verfassungswidrige Abgabe darf sogar zukünftig weiterhin erhoben werden. Der Steuerpflichtige hält also eine Gerichtsentscheidung in den Händen, die die Verfassungswidrigkeit feststellt. Er kann den festgestellten Verfassungsverstoß im Ergebnis aber nicht geltend machen.[538] Das BVerfG müsste dem Steuerpflichtigen eigentlich zu seinem Recht verhelfen und Grundrechtsverstößen als „Hüter der Verfassung“[539] abhelfen – stattdessen ergeht seine Entscheidung zulasten des Steuerpflichtigen und verletzt seinen Individualrechtsschutz.[540]

Die Rechtsprechungslinie hat einen weiteren negativen Aspekt zur Konsequenz: Ein Bürger, der eine erhobene Steuer für verfassungswidrig hält, kann aufgrund der Spruchpraxis des BVerfG nicht vorhersehen, ob er trotz verfassungswidriger Besteuerung obsiegen wird.[541] Denn die Wahl des Rechtsfolgenausspruches folgt keinem stringenten Muster. Ganz im Gegenteil – mal sind die finanziellen Folgen geeignet, die Finanz- und Haushaltsplanung zu beeinträchtigen, ein andermal nicht – ohne dass hierfür

---

534 *Bethge*, in: M/S/K/B, BVerfGG, Stand: Februar 2019, § 31 Rn. 231.

535 *Bethge*, in: M/S/K/B, BVerfGG, Stand: Februar 2019, § 31 Rn. 232; hierzu auch *Werth*, FS 100 Jahre BFH, Band 1, 2018, 535 (552 f.).

536 *Schwenke*, DStR 1999, 404 (406).

537 Vgl. *Bilsdorfer*, INF 1993, 10 (13); *Balke*, BB 1995, 762 (762); *Drüen*, FR 1999, 289 (290); *Seer*, NJW 1996, 285 (290); *Bethge*, in: M/S/K/B, BVerfGG, Stand: Februar 2019, § 31 Rn. 232.

538 *Habscheidt*, Der Anspruch des Bürgers auf Erstattung verfassungswidriger Steuern, 2003, S. 45.

539 Verfassungsausschuss der Ministerpräsidenten-Konferenz der westlichen Besatzungszonen, Bericht über den Verfassungskonvent auf Herrenchiemsee vom 10. bis 23. August 1948, S. 45, online abrufbar unter: https://epub.ub.uni-muenchen.de/21036/1/4Polit.3455.pdf; zu dem Begriff mit weiteren Nachweisen *Laumen*, Die Vollstreckungskompetenz nach § 35 BVerfGG, 1997, S. 9 f.

540 *Werth*, FS 100 Jahre BFH, Band 1, 2018, 535 (553).

541 *Bendixen*, ZRP 2009, 85 (86).

konkrete Zahlen benannt werden und eine transparente Auseinandersetzung mit den befürchteten finanziellen Auswirkungen erfolgt. Auch die Dauer der Weitergeltung lässt keinen roten Faden erkennen. So schwanken die Weitergeltungsfristen zwischen ca. einem[542] bis hin zu fast sieben Jahren.[543] Ein ökonomisch denkender Betroffener wird sich gerade bei solch schwer vorhersehbaren Entscheidungen des BVerfG möglicherweise dagegen entscheiden, den Rechtsweg überhaupt zu beschreiten. Er wird faktisch davon abgehalten, seine Rechte geltend zu machen, da er möglicherweise verliert – obwohl er aus (verfassungs-)rechtlicher Sicht Recht hat. Dadurch wird der Individualrechtsschutz nach Art. 19 Abs. 4 GG stark beeinträchtigt.[544] Mit der Effektivität des Rechtsschutzes ist es daher grundsätzlich nicht zu vereinbaren, dass der Bürger abgewiesen wird, obwohl sich die von ihm vertretene Rechtsposition als richtig herausstellt.[545]

Daher darf das BVerfG die Grundrechte und den Individualrechtsschutz nur ganz ausnahmsweise beeinträchtigen.[546] Erneut zeigt sich, dass wegen Kollision von Verfassungsgütern die Abwägung zwischen den Fiskalinteressen und dem Interesse des Steuerpflichtigen an der Wahrung seiner Grundrechte geboten ist. Für die zu findende Lösung des Konflikts ist die Effektivität des Rechtsschutzes in die späteren Überlegungen miteinzubeziehen.[547]

(iii) Verstoß gegen das Verhältnismäßigkeitsprinzip

Fraglich ist, ob die Weitergeltungsanordnung zugunsten der fiskalischen Interessen gegen das Verhältnismäßigkeitsprinzip verstößt. Jeder staatliche Akt muss den Grundsatz der Verhältnismäßigkeit wahren, in dem sich das

---

542 Z.B. BVerfG, Beschluss vom 7.11.2006 – 1 BvL 10/02, BVerfGE 117, 1 (70).

543 So in BVerfG, Urteil vom 10.4.2018 – 1 BvL 11/14 u.a., BVerfGE 148, 147 (215).

544 *Drüen*, FR 1999, 289 (290); *Seer/Wendt*, NJW 2000, 1904 (1911); *Habscheidt*, Der Anspruch des Bürgers auf Erstattung verfassungswidriger Steuern, 2003, S. 49 f., 99; *Schwindt*, Rechtsfolgen verfassungswidriger Steuergesetze, 2014, S. 44. Zum Leerlauf des Steuerrechtsschutzes auch FG Niedersachsen, Beschluss vom 2.3.2007 – 7 V 21/07, EFG 2011, 773 (775).

545 So auch *Beiser*, RdW 2000, 707 (708).

546 *Schwindt*, Rechtsfolgen verfassungswidriger Steuergesetze, 2014, S. 44.

547 Hierzu unter Kap. 4, A. I. 1. e) ee).

Rechtsstaatsprinzip besonders ausprägt.[548] Er bindet sowohl den Gesetzgeber als auch die vollziehende und rechtsprechende Gewalt.[549] Der Verhältnismäßigkeitsgrundsatz – auch Übermaßverbot genannt – verlangt, dass die Maßnahme den betroffenen Bürger nicht übermäßig belastet.[550] Jeder staatliche Eingriff in die Grundrechte muss einen legitimen Zweck verfolgen, zur Erreichung dieses Zwecks geeignet und erforderlich sein und in einem angemessenen Verhältnis zu dem angestrebten Ziel stehen.[551]

Der Eingriff ist geeignet, wenn mit seiner Hilfe der gewünschte Erfolg gefördert werden kann.[552] Er ist erforderlich, wenn kein anderes gleichwirksames, aber weniger einschneidendes Mittel zur Verfügung steht.[553] Verhältnismäßig i.e.S. ist eine Maßnahme dann, wenn sie nicht außer Verhältnis zu deren Zweck bzw. Ziel steht.[554] Die Verhältnismäßigkeit i.e.S. erfordert eine „Gesamtabwägung zwischen der Schwere des Eingriffs und dem Gewicht und der Dringlichkeit der ihn rechtfertigenden Gründe" und dass der Eingriff den Betroffenen „nicht übermäßig belastet."[555] Die Belastung des Einzelnen muss „noch in einem vernünftigen Verhältnis zu den der Allgemeinheit erwachsenden Vorteilen"[556] stehen und der Eingriff darf „seiner Intensität nach nicht außer Verhältnis zur Bedeutung der Sa-

---

548 BVerfG, Beschluss vom 18.7.1973 – 1 BvR 23/73 u.a., BVerfGE 35, 382 (400 f.); vgl. auch BVerfG, Beschluss vom 15.12.1965 – 1 BvR 513/65, BVerfGE 19, 342 (348 f.); BVerfG, Beschluss vom 26.5.1981 – 2 BvR 215/81, BVerfGE 57, 250 (270); BVerfG, Beschluss vom 26.1.1982 – 1 BvR 1295/80 u.a., BVerfGE 59, 275 (278); BVerfG, Beschluss vom 19.10.1982 – 1 BvL 34/80 u.a., BVerfGE 61, 126 (134).

549 *Alleweldt,* Bundesverfassungsgericht und Fachgerichtsbarkeit, 2006, S. 64.

550 BVerfG, Beschluss vom 20.6.1984 – 1 BvR 1494/78, BVerfGE 67, 157 (178); BVerfG, Beschluss vom 9.3.1994 – 2 BvL 43/92 u.a., BVerfGE 90, 145 (173); BVerfG, Beschluss vom 5.2.2002 – 2 BvR 305/93, BVerfGE 105, 17 (36).

551 BVerfG, Beschluss vom 18.12.1974 – 1 BvR 430/65 u.a., BVerfGE 38, 281 (302); BVerfG, Beschluss vom 9.3.1994 – 2 BvL 43/92 u.a., BVerfGE 90, 145 (173); *Görisch,* JuS 1997, 988 (991); *Alleweldt,* Bundesverfassungsgericht und Fachgerichtsbarkeit, 2006, S. 64.

552 *Grzeszick,* in: Maunz/Dürig, GG, Stand: November 2006, Art. 20, Abschnitt VII Rn. 112.

553 BVerfG, Beschluss vom 16.3.1971 – 1 BvR 52/66 u.a., BVerfGE 30, 292 (316); BVerfG, Urteil vom 14.7.1999 – 1 BvR 2226/94 u.a., BVerfGE 100, 313 (375); *Grzeszick,* in: Maunz/Dürig, GG, Stand: November 2006, Art. 20, Abschnitt VII Rn. 113 ff.

554 *Grzeszick,* in: Maunz/Dürig, GG, Stand: November 2006, Art. 20, Abschnitt VII Rn. 117.

555 BVerfG, Beschluss vom 17.10.1990 – 1 BvR 283/85, BVerfGE 83, 1 (19).

556 BVerfG, Beschluss vom 18.12.1974 – 1 BvR 430/65 u.a., BVerfGE 38, 281 (302); BVerfG, Beschluss vom 12.5.1987 – 2 BvR 1226/83 u.a., BVerfGE 76, 1 (51).

che und den vom Bürger hinzunehmenden Einbußen“[557] sein. Der Grundsatz der Verhältnismäßigkeit soll Einzelfallgerechtigkeit und schonende Eingriffe in die Rechte der Bürger gewährleisten.[558] Geltung entfaltet er auf allen Ebenen staatlicher Gewalt, im Kern durch eine umfassende Güter- und Interessenabwägung.[559]

Eine umfassende Güter- und Interessenabwägung lassen die Entscheidungsgründe des BVerfG bei der Weitergeltungsanordnung wegen des Interesses an einer verlässlichen Finanz- und Haushaltsplanung aber zumeist vermissen.[560] Hierbei müsste es die gegenüberstehenden Interessen, insbesondere die finanziellen Folgen für betroffene Bürger und die öffentliche Hand jeweils getrennt aufzeigen und darlegen, dass es kein milderes, gleichwirksames Mittel als die Weitegeltungsanordnung gibt, um das Ziel, nämlich den Schutz der öffentlichen Haushalte, zu erreichen.

Habscheidt sieht in der Unvereinbarkeitserklärung mit Weitergeltungsanordnung einen Verstoß gegen das Übermaßverbot, wenn keine staatliche Notlage besteht und keine Anhaltspunkte für eine drohende Handlungsunfähigkeit des Staates vorliegen.[561] Zuzustimmen ist dieser Auffassung insoweit, als die Interessenabwägung tatsächlich zugunsten des Fiskus ausfallen muss, wenn ansonsten die Handlungsfähigkeit des Staates bedroht wäre. In diesen Fällen wäre ein Verstoß gegen das Übermaßverbot ausgeschlossen. Allerdings ist die Bedrohung der Handlungsfähigkeit des Staates aufgrund des Wegfalls bestimmter abgabenrechtlicher Regelungen ein unwahrscheinliches Szenario. Es kann entgegen der Meinung *Habscheidts* aber auch in anderen Fällen verhältnismäßig sein, die Interessen des Staates gegenüber den Interessen der Steuerpflichtigen vorzuziehen und durch eine Weitergeltungsanordnung zu schützen. Wie bereits gezeigt, können schwerwiegende Beeinträchtigungen der öffentlichen Haushalte oder der Vertrauensschutz des Gesetzgebers dafür streiten, die vorübergehende Weitergeltung verfassungswidrigen Steuerrechts zu dulden. Es wird jedoch noch der Frage nachzugehen sein, ob die Weitergeltung als

557 BVerfG, Urteil vom 15.12.1983 – 1 BvR 209/83 u.a., BVerfGE 65, 1 (54).

558 *Schmidt-Aßmann*, HStR II, 2004, 541 (591).

559 *Schmidt-Aßmann*, HStR II, 2004, 541 (592); *Alleweldt*, Bundesverfassungsgericht und Fachgerichtsbarkeit, 2006, S. 64.

560 Anders etwa BVerfG, Urteil vom 10.4.2018 – 1 BvL 11/14 u.a., BVerfGE 148, 147 (213 ff.); kritisch nun auch *Werth*, FS 100 Jahre BFH, Band 1, 2018, 535 (551).

561 *Habscheidt*, Der Anspruch des Bürgers auf Erstattung verfassungswidriger Steuern, 2003, S. 66.

solche tatsächlich das mildeste Mittel darstellt, oder nicht auch andere Wege denkbar sind.[562]

(iv) Verstoß gegen den Gewaltenteilungsgrundsatz, Art. 20 Abs. 2 S. 2 GG

Die Anordnung der Weitergeltung verstößt nach der hier vertretenen Auffassung nicht gegen den Gewaltenteilungsgrundsatz aus Art. 20 Abs. 2 S. 2 GG.[563]

Da die Weitergeltungsanordnung den Bürger verpflichtet, bis zur Neuregelung eine verfassungswidrige Abgabe zu entrichten, ist *Schwindt* der Auffassung, dass die Weitergeltungsanordnung selbst die Rechtsgrundlage für die weitere Erhebung der Steuer sei.[564] Dies ergebe sich daraus, dass eine „neuere und speziellere Regelung“ anstelle des bisher geltenden Rechts trete. Diese Ansicht hätte konsequenterweise einen Verstoß gegen den Gewaltenteilungsgrundsatz zur Folge, da sich das BVerfG die Funktion als Gesetzgeber anmaßen würde.

Diesem Ansatz ist jedoch aufgrund folgender Überlegungen entgegenzutreten: Durch die Anordnung der Weitergeltung wird kein neues Recht geschaffen. Sie umfasst lediglich die Fortgeltung des bestehenden Rechts[565] und kann damit keine eigene gesetzgeberische Gestaltungskomponente beinhalten. Hierfür spricht insbesondere die materielle Identität zwischen dem verfassungswidrigen Gesetz, das weiterhin angewandt werden darf und dem vom BVerfG überprüften. Auch ist kein vom Willen des Gesetzgebers losgelöster Willen des BVerfG zu erkennen. Vielmehr wird der gesetzgeberische Wille noch für einen gewissen Zeitraum respektiert, bis er die Rechtslage anpasst. Aus der Duldung der weiteren Anwendung kann kein eigenständiges Recht oder die Schaffung eines solchen abgeleitet werden. Damit kann im Ergebnis auch kein Verstoß gegen die Gewaltenteilung vorliegen.

---

562 Vgl. Abwägungsmodell unter Kap. 4, A. I. 1.

563 Vgl. zum Gewaltenteilungsgrundsatz bereits oben Kap. 1, C. I. 2. a) und zur Weitergeltungsanordnung Kap. 1, A. II. 3. c).

564 *Schwindt*, Rechtsfolgen verfassungswidriger Steuergesetze, 2014, S. 41 f.

565 Von einer Fortgeltung des verfassungswidrigen Gesetzes geht auch der BFH aus, siehe BFH, Urteil vom 18.10.1994 – VII R 20/94, BFHE 175, 519 (524) und die obigen Ausführungen in Kap. 1, A. II. 3. c).

(v) Verletzung der allgemeinen Handlungsfreiheit, Art. 2 Abs. 1 GG

Der Schutz des Budgets der öffentlichen Hand, den das BVerfG als Argument für die Weitergeltungsanordnung heranzieht, beeinträchtigt die Grundrechte der steuerpflichtigen Bürger. Die materielle Grundrechtsposition des Steuerpflichtigen wird entwertet und sein Folgenbeseitigungsanspruch[566] versagt, der ihm eigentlich bei grundrechtsverletzenden Staatseingriffen zustünde.[567] Stellt sich bei der Überprüfung einer abgabenrechtlichen Vorschrift heraus, dass sie verfassungswidrig ist, so ist der Steuerpflichtige – neben dem Grundrecht, das zur Verfassungswidrigerklärung führte – zumindest auch in seiner allgemeinen Handlungsfreiheit nach Art. 2 Abs. 1 GG verletzt.[568] Er hätte zur Beseitigung dieser Verletzung einen Anspruch auf Aufhebung oder Änderung der Steuerfestsetzung.[569] Außerdem ist er verpflichtet, eine verfassungswidrige Steuer weiterhin zu entrichten.

Das BVerfG verlagert so das Risiko der Verfassungswidrigkeit einer Steuernorm[570] – deren Ausgestaltung ausschließlich in der Verantwortungssphäre des Gesetzgebers liegt – allein aufgrund von finanziellen Auswirkungen auf die durch das Gesetz belasteten Steuerpflichtigen.[571] Jedoch sollte die Weitergeltungsanordnung gerade nicht das Ziel verfolgen, nur den Gesetzgeber und die öffentliche Hand zu schonen und das Risiko des Verfassungsverstoßes allein dem grundrechtsbetroffenen Steuerpflichtigen anzulasten.[572] Ansonsten wird „nicht nur über ein Gesetz durch ein Urteil mit Gesetzeskraft entschieden, sondern zugleich über den endgültigen

---

566 *Papier*, in: Maunz/Dürig, GG, Stand: Januar 2009, Art. 34 Rn. 62 ff.; *Voßkuhle/Kaiser*, JuS 2012, 1079 (1080 ff.); zum Folgenbeseitigungsanspruch beim Vollzug verfassungswidriger Gesetze jüngst *Detterbeck*, NVwZ 2019, 97 (98 ff.).

567 *Seer*, NJW 1996, 285 (290).

568 *Werth*, FS 100 Jahre BFH, Band 1, 2018, 535 (553 f.) spricht überdies von einer Verletzung der Eigentumsgarantie aus Art. 14 Abs. 1 GG.

569 *Seer*, NJW 1996, 285 (290).

570 *Osterloh*, Die Rechtsprechung des EuGH in ihrer Bedeutung für das nationale und internationale Recht der direkten Steuern, 2010, 105 (116) ist der Ansicht, die Rücksichtnahme auf die Steuergesetzgebung sei eine verhältnismäßige Risikoverteilung im Hinblick auf verfassungsrechtliche Konkretisierung, Fortbildung und verfassungsrechtliche Maßstäbe innerhalb eines komplexen Systems. Entgegen dieser Auffassung ist allerdings nicht erkennbar, auf welche Weise der Bürger am Steuerrechtssystem beteiligt sein soll, sodass es legitim wäre, auch ihm einen Teil des Risikos aufzubürden.

571 *Drüen*, FR 1999, 289 (291).

572 *Bethge*, in: M/S/K/B, BVerfGG, Stand: Februar 2019, § 31 Rn. 231.

Entzug der vom Gericht selbst festgestellten Grundrechte".[573] Erneut zeigt sich, dass der alleinigen Rücksichtnahme auf fiskalische Interessen erhebliche Zweifel entgegenstehen. Da der Grundrechtsschutz vereitelt wird, ist nach einem schonenderen Ausgleich zu suchen.[574]

(vi) Legitimation verfassungswidriger Zustände

Die Berücksichtigung von Finanzfolgen darf nicht dazu führen, dass der Dispositionsschutz des Steuerstaats eine verfassungswidrige Besteuerung legitimiert. Hinsichtlich dauerhafter Verfassungswidrigkeit ist dies schon anerkannt:[575] *„Der Finanzbedarf des Staates ist [...] niemals geeignet, eine verfassungswidrige Steuer zu rechtfertigen"*, so das BVerfG.[576]

Dies muss nach einigen Literaturstimmen auch für eine vorübergehende Verfassungswidrigkeit gelten.[577] Der Finanzbedarf könnte ansonsten jeder rückwirkenden Bereinigung der verfassungswidrigen Rechtslage entgegengebracht werden, sodass immer die Weitergeltung anzuordnen wäre.[578] Das Grundgesetz soll aber das Recht des Einzelnen vor Eingriffen durch den Staat schützen, nicht dessen Unrecht fördern.[579] Zwar gibt es in anderen Rechtsgebieten auch Institute wie Verjährung und Verwirkung, die ebenfalls das Unrecht aufrechterhalten. Der Unterschied zur Weitergeltung liegt aber darin, dass der Betroffene selbst die Wirkung dieser Institute durch eigenes Handeln – z.B. Einlegung von Rechtsmitteln und Einhaltung von Fristen – vermeiden kann.[580] Auf die Weitergeltungsanordnung fehlt eine solche Einflussmöglichkeit.

Vereinheitlichte man außerdem die Berücksichtigung der Rechtsfolgen als Entscheidungskriterium für alle Gerichtsbarkeiten, so käme es zu zwei-

---

573 *Bendixen*, ZRP 2009, 85 (86).

574 Vgl. Abwägungsmodell unter Kap. 4, A. I.

575 BVerfG, Beschluss vom 25.9.1992 – 2 BvL 5/91 u.a., BVerfGE 87, 153 (178 f.); *P. Kirchhof*, Stbg. 1995, 68 (70).

576 BVerfG, Beschluss vom 17.1.1957 – 1 BvL 4/54, BVerfGE 6, 55 (80); BVerfG, Beschluss vom 29.5.1990 – 1 BvL 20/84, BVerfGE 82, 60 (89); BVerfG, Beschluss vom 21.6.2006 – 2 BvL 2/99, BVerfGE 116, 164 (182).

577 *Seer*, NJW 1996, 285 (289); *Drüen*, FR 1999, 289 (294); *Habscheidt*, Der Anspruch des Bürgers auf Erstattung verfassungswidriger Steuern, 2003, S. 65; so nun auch *Werth*, FS 100 Jahre BFH, Band 1, 2018, 535 (553).

578 *Habscheidt*, Der Anspruch des Bürgers auf Erstattung verfassungswidriger Steuern, 2003, S. 65.

579 *Bendixen*, ZRP 2009, 85 (86).

580 *Bendixen*, ZRP 2009, 85 (86).

felhaften Ergebnissen. Im Zivilrechtsstreit etwa würde der Zahlungsanspruch des Klägers gekürzt, damit die Entscheidung für den Beklagten nicht allzu kostenintensiv wird.[581] Der Beklagte in einem Zivilprozess hat aber kein Recht auf eine Abwägung der Verhältnismäßigkeit, was nach *Moes* erst Recht im Verhältnis der grundrechtlichen Abwehransprüche gegen den Fiskus gelten müsse. Er meint, Grundrechtspositionen ins Verhältnis dazu zu setzen, wie viel ihre Wahrung den Staat koste, sei zwar nicht in jeder Hinsicht ausgeschlossen. Insbesondere könne ein Grundrechtseingriff dann gerechtfertigt sein, wenn ein schonenderer Eingriff Zusatzkosten verursachen würde, die nicht für vertretbar erachtet würden. Anders verhielte es sich aber, wenn man den Grundrechtseingriff auch unter Berücksichtigung einer solchen Kostenabwägung für verfassungswidrig hielte, ihn aber allein aus Sorge um die haushaltspolitischen Realfolgen der Nichtigerklärung wieder einschränke. Diese Kostenabwägung würde im Steuerrecht offensichtlich zu einer Pervertierung des Grundrechtsschutzes führen. Je größer das durch den verfassungswidrigen Besteuerungszugriff erlangte Gesamtsteueraufkommen, desto geringer sei die Wahrscheinlichkeit, dass eine Abwehr des Grundrechtseingriffs gelingen könne.[582]

Die angeführte Kritik sollte in der künftigen Rechtsprechungspraxis Berücksichtigung finden. *Steinmeyer* spitzt die Beeinflussung des Entscheidungsausspruches aufgrund finanzieller Auswirkungen zu, indem er schreibt: „*Ist ein bestimmtes Ergebnis juristisch unabweisbar, so kann der Richter dieses nicht mit dem Hinweis darauf in Frage stellen, daß es [...] wirtschaftlich bedenklich oder finanziell kaum tragbar sei*".[583] Die Legitimation verfassungswidriger Zustände durch Weitergeltungsanordnungen muss die absolute Ausnahme bleiben, solange das BVerfG keinen Mittelweg findet, bei dem auch die Grundrechte der Steuerpflichtigen gewahrt werden. Es darf nicht allein zulasten des Steuerpflichtigen gehen, wenn der Gesetzgeber verfassungswidriges Abgabenrecht erlässt.[584]

---

581 Vgl. *Moes*, StuW 2008, 27 (31).

582 Im Ganzen *Moes*, StuW 2008, 27 (31 f.).

583 *Steinmeyer*, Die Rechtsprechung des Europäischen Gerichtshofs, 1995, 93 (95).

584 Zur Berücksichtigung der Interessen von Fiskus und Steuerpflichtigen siehe das vorgeschlagene Abwägungsmodell unter Kap. 4, A. I. 1.

(vii) Sorgloser Umgang mit den Grundrechten

Wie weit das BVerfG den Gesetzgeber diszipliniert, hängt maßgeblich davon ab, welche Folgen die Verabschiedung verfassungswidriger Gesetze hat.[585] Es besteht die Gefahr, dass durch die ständige Rechtsprechung des BVerfG ein falsches Signal an den Gesetzgeber gesendet wird. Nach derzeitiger Lage hat die maßgebliche Steuerpolitik keinen Grund zur Sorge vor Bundesverfassungsgerichtsentscheidungen.

Wie die bisherige Untersuchung ergeben hat, sind Weitergeltungsanordnungen im Abgabenrecht primär das Resultat der Rücksichtnahme auf die Verlässlichkeit der Finanz- und Haushaltsplanung.[586] Denn je höher die Einnahmen aus einer verfassungswidrigen Norm sind, desto höher wären bei Nichtigkeitserklärung die Rückerstattungsansprüche der Steuerpflichtigen. Betrifft also der Verfassungsverstoß verhältnismäßig hohe Einnahmen, so scheint das BVerfG den Gesetzgeber tendenziell nur zur zukünftigen Neuregelung zu verpflichten.[587]

Für den Fiskus wirkt es sich damit günstig aus, wenn besonders hohe Einnahmen von der Entscheidung betroffen sind. Demgegenüber hat der Steuerpflichtige in dreifacher Hinsicht das Nachsehen: Er entrichtet zunächst eine Abgabe, die nicht oder nicht in diesem Umfang hätte erhoben werden dürfen. Zusätzlich kann er sie im Nachhinein trotz festgestellter Verfassungswidrigkeit nicht zurückverlangen. Schließlich muss er sie sogar bis zum Ablauf der Weitergeltungsfrist bzw. Neuregelung weiterhin entrichten.

Für den Gesetzgeber und die öffentliche Hand haben verfassungswidrige Steuergesetze dagegen nur selten Nachteile. Zwar muss der Gesetzgeber die Vorschriften abändern, allerdings erst ab einem Zeitpunkt in der Zukunft. Der Fiskus darf die verfassungswidrigen Steuereinnahmen aber mit hinreichender Wahrscheinlichkeit behalten. Durch diese Überlegungen dürften Risiko- und Verantwortungsbewusstsein des Gesetzgebers negativ beeinflusst werden.[588] Denn aufgrund der fiskalischen Rücksichtnahme

585 *Hey*, FS 100 Jahre BFH, Band 1, 2018, 451 (461).

586 Vgl. auch *Hey*, StuW 2015, 3 (14).

587 *J. Ipsen*, Rechtsfolgen der Verfassungswidrigkeit von Norm und Einzelakt, 1980, S. 217; *Balke*, BB 1995, 762 (762).

588 Ähnlich *Tipke*, Besteuerungsmoral und Steuermoral, 2000, S. 76; *Bendixen*, ZRP 2009, 85 (86).

wird das Risiko einer Nichtigkeitserklärung geschmälert.[589] Die Rechtsprechungspraxis des BVerfG könnte den Gesetzgeber zu einem sorglosen Umgang mit den Grundrechten anleiten, wenn bei Verfassungsverstößen mit gewichtigen Auswirkungen auf den Finanzhaushalt eine Weitergeltungsanordnung zu erwarten ist.[590] Eine Rückabwicklung verfassungswidriger Gesetze ist so gut wie nicht zu befürchten.[591] Die bisherige Spruchpraxis verleitet dazu, die verfassungsrechtlichen Grenzen im Interesse des Steueraufkommens auszutesten.[592] Entsprechend stellt *Hey* im Zusammenhang mit Steuergesetzgebung ganz deutlich klar: *„Aus der Notwendigkeit, Steuereinnahmen zu erzielen, lässt sich weder ableiten, der Gesetzgeber sei bei der Ausgestaltung der Steuern nicht an die Grundrechte gebunden, noch folgt hieraus eine Vergröberung des Prüfungsmaßstabs"*.[593]

Es ist davon auszugehen, dass der Gesetzgeber das verfassungsrechtliche Maß eher einhalten wird, wenn er davon ausgehen muss, dass Grundrechtsverletzungen rückwirkend zu bereinigen sind.[594]

III. Zusammenfassung Kapitel 1

Verletzt eine abgabenrechtliche Regelung den allgemeinen Gleichheitssatz und hat der Gesetzgeber mehrere Möglichkeiten, den Verfassungsverstoß zu beseitigen, so ist die Unvereinbarkeitserklärung der richtige Entscheidungsausspruch. Hierdurch werden der Gestaltungsraum des Gesetzgebers und der Gewaltenteilungsgrundsatz gewahrt. Eine Weitergeltungsanordnung ist überdies nur dann vertretbar, wenn weitere verfassungsrechtliche Gründe hinzutreten, die eine solche erforderlich machen.

Zugunsten der Steuerpflichtigen kann eine Weitergeltungsanordnung aus Gründen des Vertrauensschutz und der Rechtssicherheit ergehen. Zugunsten des Fiskus können Finanzfolgen zur Verhinderung eines Staatsbankrotts berücksichtigt werden. Allein der abstrakte Hinweis auf Ge-

589 So ähnlich auch *Seer*, NJW 1996, 285 (289); *Drüen*, FR 1999, 289 (290); *Steiner*, FS Leisner, 1999, 569 (571); *Seer/Wendt*, NJW 2000, 1904 (1911); *Habscheidt*, Der Anspruch des Bürgers auf Erstattung verfassungswidriger Steuern, 2003, S. 67.

590 Vgl. *Seer*, NJW 1996, 285 (290); *Sangmeister*, ZRP 2008, 252 (252) deklariert die Praxis des BVerfG als „'Verschonungs'-Rechtsprechung".

591 Vgl. *Habscheidt*, Der Anspruch des Bürgers auf Erstattung verfassungswidriger Steuern, 2003, S. 54.

592 Ähnlich bereits *Hey*, FR 2008, 1033 (1033).

593 *Hey*, FR 2008, 1033 (1036).

594 So auch jüngst *Hey*, FS 100 Jahre BFH, Band 1, 2018, 451 (462).

meinwohlbelange ist dagegen zu unbestimmt und nicht geeignet, die weitere Erhebung verfassungswidriger Abgaben zu rechtfertigen. Sehr viel häufiger streiten in der Praxis für die Berücksichtigung jedoch insbesondere der Vertrauensschutz des Gesetzgebers und die Verlässlichkeit der Finanz- und Haushaltsplanung. Wegen des Eingriffs in die Grundrechte der Steuerpflichtigen ist aber ein schonender Ausgleich zwischen den kollidierenden Verfassungsgütern zu finden, der die Interessen beider Seiten berücksichtigt.

In den Entscheidungsgründen des BVerfG fehlt zumeist eine Auseinandersetzung mit konkreten Zahlen der befürchteten finanziellen Auswirkungen. Daher bleibt „völlig unklar, aufgrund welcher Tatsachen das BVerfG die Gefährdung des öffentlichen Haushalts konstatiert".[595] Ein gelungenes Gegenbeispiel stellt dagegen die Entscheidung des BVerfG zur Verfassungsmäßigkeit des § 8c KStG aus dem Jahr 2017 dar.[596] Sie zeigt, dass es durchaus möglich ist, die fiskalischen Auswirkungen einer Nichtigerklärung in Zahlen darzulegen.[597]

D. *Fazit*

Die bisherige Untersuchung hat gezeigt, dass die Spruchpraxis des BVerfG in Bezug auf die Berücksichtigung der finanziellen Folgen durchgreifenden verfassungsrechtlichen Bedenken begegnet. Die analysierte Rechtsprechung lässt den Schluss zu, dass das BVerfG zu einer einseitigen Begünstigung der öffentlichen Hand und damit zu einer unproportionalen fiskalischen Rücksichtnahme neigt. Da dies zu erheblichen Eingriffen in die verfassungsrechtlich geschützten Güter der betroffenen Steuerpflichtigen führt, besteht ein Konflikt, der nach einer angemessenen Lösung sucht. Hierbei muss jedenfalls einfließen, dass die streitenden Verfassungsgüter in einen ausgewogenen Einklang zu bringen sind. Es ist gleichwohl zu betonen, dass es nicht die eine ideale Lösung für sämtliche Konstellationen geben kann. Vielmehr spielen verschiedene Parameter eine Rolle, die im konkreten Einzelfall eine differenzierte Behandlung erfordern. Nach einer Beleuchtung der ständigen Rechtsprechung des EuGH im Bereich finanzwirksamer Entscheidungen sollen im vierten Kapitel Lösungsansätze für verschiedene Szenarien vorgestellt werden.

---

595 In dieser Deutlichkeit *Werth*, FS 100 Jahre BFH, Band 1, 2018, 535 (550).
596 BVerfG, Beschluss vom 29.3.2017 – 2 BvL 6/11, BVerfGE 145, 106.
597 *Werth*, FS 100 Jahre BFH, Band 1, 2018, 535 (550).

Für eine Änderung der Spruchpraxis des BVerfG sprechen folgende Erwägungen: Zum einen sollten die Verfassungsrichter ihr Augenmerk wieder verstärkt auf das Individuum richten und weniger auf mögliche haushälterische Folgen ihrer Aussprüche. Dies fordert letztlich der Auftrag des BVerfG als Hüter der Verfassung.[598] Ferner müssen politische Erwägungen mehr in den Hintergrund treten, wenn das Gericht nicht seine unersetzliche Stellung als unabhängige Instanz im Gewaltendreieck verlieren möchte. Zudem könnte eine strengere Rechtsprechungslinie auch die Disziplinierung des Gesetzgebers bewirken. Dem Steuerpflichtigen sollte außerdem nicht zugemutet werden, jahrelang eine verfassungswidrige Steuer entrichten zu müssen und hierfür keine Kompensation zu erhalten.

598 Vgl. zum Begriff bereits die Nachweise in Fn. 539.

Zweites Kapitel: Finanzfolgen von Entscheidungen des Europäischen Gerichtshofs

Auch Entscheidungen des Europäischen Gerichtshofs können massive finanzielle Auswirkungen auf die Mitgliedstaaten der Union haben. Im Folgenden werden zunächst die für die weitere Untersuchung maßgeblichen Verfahren vor dem EuGH vorgestellt, insbesondere die Auslegung von Unionsrecht. Hierbei soll die ständige Rechtsprechung zur Beschränkung von Entscheidungswirkungen dargestellt und mit Blick auf die Berücksichtigung finanzieller Auswirkungen der Entscheidungen näher beleuchtet werden. Das Kapitel schließt mit Ausführungen zu den prozessualen Voraussetzungen für Wirkungsbeschränkungen und der Privilegierung von Rechtsmittelführern im Auslegungsverfahren.

A. *Maßgebliche Verfahren und Rechtsfolgenaussprüche des EuGH*

Der EuGH sichert die Wahrung des Rechts bei der Auslegung und Anwendung der EU-Verträge, Art. 19 Abs. 1 S. 2 EUV.[599] Als solcher entscheidet er letztinstanzlich über die Rechtmäßigkeit und die Auslegung von Unionsrecht.[600] Für die vorliegende Abhandlung ist neben dem Nichtigkeits- und dem Gültigkeitsverfahren insbesondere das Auslegungsverfahren von Bedeutung.

---

599 *Rosenkranz,* Die Beschränkung der Rückwirkung von Entscheidungen des Europäischen Gerichtshofs, 2015, S. 16.

600 *Rosenkranz,* Die Beschränkung der Rückwirkung von Entscheidungen des Europäischen Gerichtshofs, 2015, S. 16. Eine Übersicht über die Leitgedanken und Grundsätze der Rechtsprechung bietet *Zieger*, JöR 1973 (N.F. Bd. 22), 299 (327 ff.).

I. Nichtigkeitsklage gegen Unionsrechtsakte, Art. 263 AEUV

Die Nichtigkeitsklage bietet Rechtsschutz gegen bindende Akte von Organen der Europäischen Union,[601] die am Maßstab höherrangigen Unionsrechts auf ihre Rechtmäßigkeit hin überprüft werden.[602] Ist die Klage begründet, erklärt der EuGH die angefochtene Handlung für nichtig, Art. 264 Abs. 1 AEUV. Eine weitere Tenorierungsvariante sieht das Gesetz nicht vor.[603]

1. Gegenstand des Verfahrens

Art. 263 Abs. 1 AEUV ermöglicht die Anfechtung von Gesetzgebungsakten, Handlungen des Rates, der Kommission und der Europäischen Zentralbank, soweit es sich nicht um Empfehlungen oder Stellungnahmen handelt, und der Handlungen des Europäischen Parlaments und des Europäischen Rates mit Rechtswirkung gegenüber Dritten.[604] Gegenstand der Nichtigkeitsklage sind in der Praxis insbesondere Verordnungen, Richtlinien und Beschlüsse i.S.v. Art. 288 Abs. 2 bis 4 AEUV.[605]

---

601 *Dautzenberg*, in: Haritz/Menner/Bilitewski, UmwStG, 5. Auflage 2019, Einf. C Rn. 35: „Das Recht der EU zerfiel früher in das im EG-Vertrag normierte oder auf seiner Grundlage erlassene Recht der EG (Gemeinschaftsrecht) und das auf der Grundlage der Bestimmungen des Vertrages über die EU erlassene Recht (Unionsrecht). Seit der Fusion von EG und EU zur EU durch den Vertrag von Lissabon mit Wirkung ab 2009 hat sich diese Differenzierung erledigt; es wird daher zurecht nur noch von ‚Unionsrecht' gesprochen."

602 *Azizi/Erlbacher,* Das EuGH-Verfahren in Steuersachen, 2000, 235 (237); *Jann*, EuGRZ 2006, 523 (523); ausführlich zur Nichtigkeitsklage *Wusterhausen,* Die Wirkungen der Urteile des EuGH in der Zeit, 2016, S. 43 ff.

603 *Ludewig,* Die zeitliche Beschränkung der Wirkung von Urteilen des EuGH im Vorabentscheidungsverfahren, 2012, S. 55; *Wusterhausen,* Die Wirkungen der Urteile des EuGH in der Zeit, 2016, S. 48; *Ehricke*, in: Streinz, EUV/AEUV, 3. Auflage 2018, Art. 264 AEUV Rn. 2.

604 Zum Gegenstand einer Nichtigkeitsklage siehe *Streinz,* Europarecht, 11. Auflage 2019, Rn. 653 ff.

605 *Ludewig,* Die zeitliche Beschränkung der Wirkung von Urteilen des EuGH im Vorabentscheidungsverfahren, 2012, S. 55; vgl. auch *Streinz,* Europarecht, 11. Auflage 2019, Rn. 653.

2. Folge unionsrechtswidriger Handlungen

Wenn auch nicht gleichermaßen umstritten wie bei bundesverfassungsgerichtlichen Nichtigkeitsentscheidungen,[606] stellt sich dennoch auch bei der Unionsgerichtsbarkeit die Frage, ob die materielle Fehlerfolge der Nichtigkeit unionsrechtswidriger Handlungen *ipso iure* eintritt oder erst mit einer konstitutiven Entscheidung des Gerichtshofs.[607]

In der Unionsrechtsordnung findet sich hierzu jedenfalls keine ausdrückliche Regelung.[608] Nach wohl herrschender Auffassung endet das Nichtigkeitsklageverfahren mit einer gestaltenden Entscheidung des EuGH, sodass die Rechtslage erst hierdurch verändert wird.[609] Zur Begründung wird insbesondere auf den Wortlaut des Art. 264 Abs. 2 AEUV verwiesen, wonach der Gerichtshof die Wirkungen der Handlungen für „fortgeltend" erklären kann. Im Umkehrschluss bedeute dies, dass die Handlungen nicht *ipso iure* – von Anfang an und ohne rechtsgestaltenden Akt – nichtig sein können, da sie dann niemals eine rechtsgültige Wirkung hätten entfalten können.[610] Der Rechtsakt hat somit bis zur Entscheidung eine rechtlich verbindliche Wirkung, indem er von den Rechtsadressaten

---

606 Siehe hierzu die Ausführungen in Kap. 1, A. I. 1.

607 Ausführlich *Rosenkranz,* Die Beschränkung der Rückwirkung von Entscheidungen des Europäischen Gerichtshofs, 2015, S. 79 ff.; zur umstrittenen Rechtsfolge nichtiger Normen und Gesetze siehe die Ausführungen in Kap. 1, A. I. 1.

608 *Rosenkranz,* Die Beschränkung der Rückwirkung von Entscheidungen des Europäischen Gerichtshofs, 2015, S. 82.

609 Vgl. EuGH, Urteil vom 12.2.2008 – C-199/06, EuZW 2008, 145 Rn. 61 – CELF; *Gesser,* Die Nichtigkeitsklage nach Artikel 173 EGV, 1994, S. 7 f.; *D. Hein,* Die Inzidentkontrolle sekundären Gemeinschaftsrechts durch den Europäischen Gerichtshof, 2001, S. 98 f., 180 ff.; *Pechstein,* EU-Prozessrecht, 4. Auflage 2011, Rn. 343; *Gaitanides,* in: von der Groeben/Schwarze/Hatje, Europäisches Unionsrecht, 7. Auflage 2015, Art. 263 AEUV Rn. 5; *Gaitanides,* in: von der Groeben/Schwarze/Hatje, Europäisches Unionsrecht, 7. Auflage 2015, Art. 264 AEUV Rn. 3; *Rosenkranz,* Die Beschränkung der Rückwirkung von Entscheidungen des Europäischen Gerichtshofs, 2015, S. 82; *Cremer,* in: Calliess/Ruffert, EUV/AEUV, 5. Auflage 2016, Art. 263 AEUV Rn. 1; *Ehricke,* in: Streinz, EUV/AEUV, 3. Auflage 2018, Art. 263 AEUV Rn. 3 mit dem Hinweis, dass keine andere Rechtsfolge angeordnet werden kann, wenn die Klage begründet ist; *Schwarze/Voet van Vormizeele,* in: Schwarze, EU-Kommentar, 4. Auflage 2019, Art. 264 AEUV Rn. 4.

610 Vgl. *Rosenkranz,* Die Beschränkung der Rückwirkung von Entscheidungen des Europäischen Gerichtshofs, 2015, S. 82; *Cremer,* in: Calliess/Ruffert, EUV/AEUV, 5. Auflage 2016, Art. 263 AEUV Rn. 1.

zu befolgen ist und die Rechtslage mitgestaltet.[611] Gegen die *ipso-iure*-Nichtigkeitstheorie spricht demnach, dass erst die Nichtigkeitserklärung des EuGH zur Unwirksamkeit des überprüften Rechtsakts führt.[612]

3. Die zeitliche Wirkung von Nichtigkeitserklärungen

a) Nichtigkeit der Handlungen mit Wirkung ex tunc

Der Nichtigkeitsausspruch entfaltet seine Wirkung für und gegen alle,[613]soweit er Handlungen mit allgemeiner Wirkung betrifft – namentlich Verordnungen, Richtlinien und allgemeine Beschlüsse.[614] Der angegriffene Akt ist als „ungeschehen anzusehen".[615] In zeitlicher Hinsicht wirken die Nichtigkeitsentscheidungen damit grundsätzlich *ex tunc*.[616] Die Beteiligten werden in den Zustand zurückversetzt, der vor Erlass der gegenständlichen Handlung bestand.[617] Die für nichtig erklärten Handlungen dürfen von den Organen der Union und den Mitgliedstaaten nicht mehr

---

611 EuGH, Urteil vom 5.10.2004 – C-475/01, EuZW 2004, 729 Rn. 18 – Kommission/Hellenische Republik; *Pechstein*, EU-Prozessrecht, 4. Auflage 2011, Rn. 343; *Gaitanides*, in: von der Groeben/Schwarze/Hatje, Europäisches Unionsrecht, 7. Auflage 2015, Art. 264 AEUV Rn. 2.

612 *Willers*, Verfassungsgerichtliche Übergangsfristen im Mehrebenensystem, 2011, S. 36; *Rosenkranz*, Die Beschränkung der Rückwirkung von Entscheidungen des Europäischen Gerichtshofs, 2015, S. 82 f., weiterführende Überlegungen: S. 85 ff.

613 *Röttinger*, EuZW 1993, 117 (119); *Wusterhausen*, Die Wirkungen der Urteile des EuGH in der Zeit, 2016, S. 48 f.; *Dittert*, Europarecht, 5. Auflage 2017, S. 179.

614 *Waldhoff*, EuR 2006, 615 (626 m.w.N.); *Cremer*, in: Calliess/Ruffert, EUV/AEUV, 5. Auflage 2016, Art. 264 AEUV Rn. 2; *Ehricke*, in: Streinz, EUV/AEUV, 3. Auflage 2018, Art. 264 AEUV Rn. 3.

615 EuGH, Urteil vom 31.3.1971 – 22/70, Slg. 1971, 264 Rn. 59 f. – Kommission/Rat; vgl. hierzu auch *Seer/Müller*, IWB 2008, 255 (255 f.).

616 EuGH, Urteil vom 26.4.1988 – 97/86 u.a., Slg. 1988, 2200 Rn. 30 – Asteris; *Daig*, Nichtigkeits- und Untätigkeitsklagen im Recht der Europäischen Gemeinschaften, 1985, Rn. 268; *Röttinger*, EuZW 1993, 117 (119); *Jann*, EuGRZ 2006, 523 (523); *Waldhoff*, EuR 2006, 615 (626); *Seer/Müller*, IWB 2008, 255 (256); *Cremer*, in: Calliess/Ruffert, EUV/AEUV, 5. Auflage 2016, Art. 264 AEUV Rn. 3; *Wusterhausen*, Die Wirkungen der Urteile des EuGH in der Zeit, 2016, S. 48; *Dittert*, Europarecht, 5. Auflage 2017, S. 179; *Ehricke*, in: Streinz, EUV/AEUV, 3. Auflage 2018, Art. 264 AEUV Rn. 5.

617 *Seer/Müller*, IWB 2008, 255 (256); *Ehricke*, in: Streinz, EUV/AEUV, 3. Auflage 2018, Art. 264 AEUV Rn. 1.

angewandt werden.[618] Zu unterscheiden ist jedoch zwischen der Nichtigerklärung einer Verordnung und einer Richtlinie. Im Falle der Nichtigkeit einer Verordnung bleiben die Rechtsakte, die auf Grundlage der Verordnung vorgenommen wurden, wirksam.[619] Da sie infolge der Entscheidung jedoch rechtswidrig werden, weil sie ohne Rechtsgrundlage ergangen sind, müssen sie nach nationalem Recht[620] angefochten[621] bzw. aufgehoben werden.[622] Wird hingegen eine Richtlinie für nichtig erklärt, wird der nationale Umsetzungsakt nicht automatisch auch rechtswidrig. Dies ist nur dann der Fall, wenn er in der konkreten Ausgestaltung tatsächlich gegen Unionsrecht verstößt – etwa, weil er eine materiell identische Regelung aus der Richtlinie enthält.[623] Ansonsten hat die Nichtigkeit der Richtlinie nicht zwingend Auswirkungen auf das nationale Recht, da dieses auch ohne die Richtlinie hätte gesetzt werden dürfen und sie keine „echte Rechtsgrundlage" darstellt.[624]

b) Anordnung der fortgeltenden Wirkung, Art. 264 Abs. 2 AEUV

Von der grundsätzlichen *ex tunc*-Wirkung kann der EuGH bei Nichtigerklärung einer Handlung abweichen. Art. 264 Abs. 2 AEUV räumt ihm dabei einen weiten Entscheidungsspielraum ein.[625] Erklärt der Gerichtshof

---

618 *Rosenkranz,* Die Beschränkung der Rückwirkung von Entscheidungen des Europäischen Gerichtshofs, 2015, S. 22; *Cremer*, in: Calliess/Ruffert, EUV/AEUV, 5. Auflage 2016, Art. 264 AEUV Rn. 2; *Wusterhausen,* Die Wirkungen der Urteile des EuGH in der Zeit, 2016, S. 49.

619 *Ludewig,* Die zeitliche Beschränkung der Wirkung von Urteilen des EuGH im Vorabentscheidungsverfahren, 2012, S. 55 f.; *Ehricke*, in: Streinz, EUV/AEUV, 3. Auflage 2018, Art. 264 AEUV Rn. 4.

620 Die Durchsetzung der Rechte des Einzelnen muss nach nationalem Recht erfolgen, da keine einheitliche europäische Verfahrensordnung existiert, *Kotschnigg*, SWI 1998, 83 (84).

621 Bis zum Ablauf der Rechtsmittelfrist auf dem ordentlichen Rechtsweg, vgl. *Kotschnigg*, SWI 1998, 83 (84).

622 *Ludewig,* Die zeitliche Beschränkung der Wirkung von Urteilen des EuGH im Vorabentscheidungsverfahren, 2012, S. 56.

623 *Ludewig,* Die zeitliche Beschränkung der Wirkung von Urteilen des EuGH im Vorabentscheidungsverfahren, 2012, S. 56.

624 *Ludewig,* Die zeitliche Beschränkung der Wirkung von Urteilen des EuGH im Vorabentscheidungsverfahren, 2012, S. 56.

625 EuGH, Urteil vom 27.2.1985 – 112/83, Slg. 1985, 732 Rn. 18 – Société des produits de maïs; EuGH, Urteil vom 22.5.1985 – 33/84, Slg. 1985, 1613 Rn. 18 – Fragd; ähnlich bereits *Gleiss/Kleinmann*, NJW 1966, 1591 (1593); *Waldhoff*, EuR

eine Handlung für nichtig, so bezeichnet er, falls er dies für notwendig hält, diejenigen ihrer Wirkung, die als fortgeltend zu betrachten sind. Seit dem Vertrag von Lissabon erfasst Art. 264 Abs. 2 AEUV nicht nur Verordnungen,[626] sondern alle Handlungen der Union.[627] Aufgrund der ausdrücklichen gesetzlichen Kompetenz kann der EuGH somit die Wirkung aller Handlungen im Sinne von Art. 288 AEUV aufrechterhalten.[628] Ob die Anordnung „notwendig" i.S.d. Vorschrift ist, muss das Gericht durch Abwägung zwischen Gerechtigkeit und Rechtssicherheit nach pflichtgemäßem Ermessen ermitteln.[629] Der Wortlaut bestimmt sodann, dass die Handlung nichtig bleibt, jedoch die Wirkung der solchen fortgelten kann. Durch diese Fortgeltung bleiben auch die auf der Handlung beruhenden Durchführungsakte rechtmäßig.[630] Die Anfechtung oder Aufhebung nach nationalem Recht oder Unionsrecht ist damit ausgeschlossen.[631]

Wie das BVerfG kann also auch der EuGH grundsätzlich die zeitliche Wirkung seiner Entscheidungen beeinflussen.[632] Er hat mit der Regelung des Art. 264 Abs. 2 AEUV sogar eine ausdrückliche gesetzliche Rechtsgrundlage für die Anordnung der Fortgeltung der Handlung bis zu einem in der Zukunft liegenden Zeitpunkt, wenn dies die sachgerechteste Über-

---

2006, 615 (627); *Seer/Müller*, IWB 2008, 255 (256); *Cremer*, in: Calliess/Ruffert, EUV/AEUV, 5. Auflage 2016, Art. 264 AEUV Rn. 3.

626 Die Rechtsprechung hat die Anwendung der Vorschrift schon vor Ersetzung von „Verordnung" in Art. 231 Abs. 2 EG durch „Handlung" in Art. Art. 264 Abs. 2 AEUV über den Wortlaut hinaus auf Nichtigkeitsklagen gegen Richtlinien, Entscheidungen und Beschlüsse sowie auf einen Haushaltsplan ausgedehnt, siehe hierzu m.w.N. *Röttinger*, EuZW 1993, 117 (120); *Waldhoff*, EuR 2006, 615 (628); *Ludewig*, Die zeitliche Beschränkung der Wirkung von Urteilen des EuGH im Vorabentscheidungsverfahren, 2012, S. 58; *Cremer*, in: Calliess/Ruffert, EUV/AEUV, 5. Auflage 2016, Art. 264 AEUV Rn. 6.

627 „Verordnung" (ex-Art. 231 Abs. 2 EG) ist durch „Handlung" in Art. 264 Abs. 2 AEUV ersetzt worden, *Rosenkranz*, Die Beschränkung der Rückwirkung von Entscheidungen des Europäischen Gerichtshofs, 2015, S. 4, 113 f.; *Cremer*, in: Calliess/Ruffert, EUV/AEUV, 5. Auflage 2016, Art. 264 AEUV Rn. 3.

628 *Rosenkranz*, Die Beschränkung der Rückwirkung von Entscheidungen des Europäischen Gerichtshofs, 2015, S. 113; zum Konflikt zwischen Gerechtigkeit und Rechtssicherheit *Gleiss/Kleinmann*, NJW 1966, 1591 (1591).

629 Vgl. *Gleiss/Kleinmann*, NJW 1966, 1591 (1593).

630 *Ludewig*, Die zeitliche Beschränkung der Wirkung von Urteilen des EuGH im Vorabentscheidungsverfahren, 2012, S. 57.

631 *Ludewig*, Die zeitliche Beschränkung der Wirkung von Urteilen des EuGH im Vorabentscheidungsverfahren, 2012, S. 57.

632 So BVerfG, Beschluss vom 10.12.2014 – 2 BvR 1549/07, NZA 2015, 375 (378).

gangslösung darstellt.[633] Der Wortlaut gibt insoweit keinerlei Grenzen vor.[634] Der Vorschrift liegt derselbe Rechtsgedanke wie in § 79 Abs. 2 BVerfGG zugrunde[635] – die Lösung des Konflikts zwischen Rechtssicherheit und der Rechtmäßigkeit hoheitlichen Handelns.[636] Beispielsweise hat die Nichtigkeitserklärung einer EU-Verordnung zwar nicht unmittelbar die Unwirksamkeit mitgliedstaatlicher Anwendungsakte zur Folge, die auf der Verordnung beruhen.[637] Allerdings kann die Beschränkung der zeitlichen Wirkung angezeigt sein, da die ungültige Handlung in den Mitgliedstaaten nach nationalem Recht ansonsten zurückgenommen werden müssen[638] und dies unter Umständen zu gewichtigen Folgeproblemen wie Finanzierbarkeit und Verwaltungsaufwand führt.

Der EuGH hat in der Vergangenheit vielfach im Rahmen von Nichtigkeitsklagen die Rückwirkung der Entscheidungen über nichtige Verord-

633 Vgl. *Gleiss/Kleinmann*, NJW 1966, 1591 (1592); *Jann*, EuGRZ 2006, 523 (523); *Seer/Müller*, IWB 2008, 255 (256); *Ludewig*, Die zeitliche Beschränkung der Wirkung von Urteilen des EuGH im Vorabentscheidungsverfahren, 2012, S. 57 f.; *Cremer*, in: Calliess/Ruffert, EUV/AEUV, 5. Auflage 2016, Art. 264 AEUV Rn. 3.

634 *Ludewig*, Die zeitliche Beschränkung der Wirkung von Urteilen des EuGH im Vorabentscheidungsverfahren, 2012, S. 58.

635 *Everling*, FS Börner, 1992, 57 (58); *Kadelbach*, Das EuGH-Verfahren in Steuersachen, 2000, 119 (127).

636 *Waldhoff*, EuR 2006, 615 (627); *Cremer*, in: Calliess/Ruffert, EUV/AEUV, 5. Auflage 2016, Art. 264 AEUV Rn. 3.

637 *Waldhoff*, EuR 2006, 615 (627); *Cremer*, in: Calliess/Ruffert, EUV/AEUV, 5. Auflage 2016, Art. 264 AEUV Rn. 4.

638 Die Rückerstattung erbrachter Zahlungen, die auf dem nichtigen Akt beruhen, muss in separaten Klagen vor den nationalen Gerichten geltend gemacht werden, vgl. EuGH, Urteil vom 12.6.1980 – 130/79, Slg. 1980, 1888 Rn. 11 – Express Dairy Foods; siehe außerdem *Waldhoff*, EuR 2006, 615 (627); *Cremer*, in: Calliess/Ruffert, EUV/AEUV, 5. Auflage 2016, Art. 264 AEUV Rn. 2, 4 mit Verweis auf die §§ 48-51 VwVfG, die unter Berücksichtigung von Unionsrecht Anwendung finden, wenn die Klagefrist abgelaufen sein sollte.

nungen,[639] Richtlinien,[640] Beschlüsse,[641] Haushaltspläne der Europäischen Gemeinschaft[642] und sonstige Entscheidungen[643] eingeschränkt bzw. die Weitergeltung angeordnet.[644]

Eine konkrete Frist, bis zu deren Ablauf der europäische Gesetzgeber im Falle einer Anordnung nach Art. 264 Abs. 2 AEUV gehandelt haben muss,

---

639 Beispielsweise EuGH, Urteil vom 5.6.1973 – 81/72, Slg. 1973, 576 Rn. 15 – Kommission/Rat; EuGH, Urteil vom 6.10.1982 – 59/81, Slg. 1982, 3330 Rn. 39 – Kommission/Rat; EuGH, Urteil vom 20.3.1985 – 264/82, Slg. 1985, 861 Rn. 32 – Timex; EuGH, Urteil vom 26.3.1987 – 45/86, Slg. 1987, 1517 Rn. 23 – Kommission/Rat; EuGH, Urteil vom 28.6.1988 – 7/87, Slg. 1988, 3434 Rn. 29 – Kommission/Rat; EuGH, Urteil vom 27.9.1988 – 51/87, Slg. 1988, 5476 Rn. 22 – Kommission/Rat; EuGH, Urteil vom 16.7.1992 – C-65/90, Slg. I 1992, 4616 Rn. 22 ff. – Parlament/Rat; EuGH, Urteil vom 1.6.1994 – C-388/92, Slg. I 1994, 2081 Rn. 20 ff. – Parlament/Rat; EuGH, Urteil vom 10.6.1997 – C-392/95, Slg. I 1997, 3233 Rn. 25 ff. – Parlament/Rat; EuGH, Urteil vom 25.2.1999 – C-164/97 u.a., Slg. I 1999, 1153 Rn. 21 ff. – Parlament/Rat; EuGH, Urteil vom 13.12.2001 – C-93/00, Slg. I 2001, 10144 Rn. 47 f. – Parlament/Rat; EuGH, Urteil vom 21.1.2003 – C-378/00, Slg. I 2003, 982 Rn. 73 ff. – Kommission/Parlament und Rat; EuGH, Urteil vom 11.9.2003 – C-445/00, Slg. I 2003, 8586 Rn. 102 ff. – Österreich/Rat; EuGH, Urteil vom 10.1.2006 – C-178/03, Slg. I 2006, 129 Rn. 61 ff. – Kommission/Parlament und Rat; EuGH, Urteil vom 7.9.2006 – C-310/04, Slg. I 2006, 7318 Rn. 138 ff. – Spanien/Rat; EuGH, Urteil vom 28.11.2006 – C-414/04, Slg. I 2006, 11301 Rn. 56 ff. – Parlament/Rat; EuGH, Urteil vom 18.10.2007 – C-299/05, Slg. I 2007, 8730 Rn. 74 f. – Kommission/Parlament und Rat.

640 Z.B. EuGH, Urteil vom 7.7.1992 – C-295/90, Slg. I 1992, 4230 Rn. 22 ff. – Parlament/Rat; EuGH, Urteil vom 5.7.1995 – C-21/94, Slg. I 1995, 1845 Rn. 29 ff. – Parlament/Rat; EuGH, Urteil vom 6.5.2014 – C-43/12, NJW 2014, 2173 Rn. 52 ff. – Kommission/Parlament und Rat.

641 Vgl. EuGH, Urteil vom 7.3.1996 – C-360/93, Slg. I 1996, 1209 Rn. 32 ff. – Parlament/Rat; EuGH, Urteil vom 28.5.1998 – C-22/96, Slg. I 1998, 3242 Rn. 39 ff. – Parlament/Rat; EuGH, Urteil vom 19.11.1998 – C-159/96, Slg. I 1998, 7403 Rn. 51 ff. – Portugal/Kommission; EuGH, Urteil vom 11.9.2003 – C-211/01, Slg. I 2003, 8939 Rn. 34 ff. – Kommission/Rat; EuGH, Urteil vom 22.10.2013 – C-137/12, BeckRS 2013, 82004 Rn. 78 ff. – Kommission/Rat.

642 Siehe etwa EuGH, Urteil vom 3.7.1986 – 34/86, Slg. 1986, 2188 Rn. 51 – Rat/Parlament; EuGH, Urteil vom 31.3.1992 – C-284/90, Slg. I 1992, 2322 Rn. 37 – Rat/Parlament; EuGH, Urteil vom 7.12.1995 – C-41/95, Slg. I 1995, 4430 Rn. 43 ff. – Rat/Parlament.

643 EuGH, Urteil vom 26.3.1996 – C-271/94, Slg. I 1996, 1705 Rn. 36 ff. – Parlament/Rat; EuGH, Urteil vom 12.5.1998 – C-106/96, Slg. I 1998, 2745 Rn. 39 ff. – Vereinigtes Königreich/Kommission; EuGH, Urteil vom 30.5.2006 – C-317/04 u.a., Slg. I 2006, 4795 Rn. 71 ff. – Parlament/Rat und Kommission.

644 Hierzu sogleich Kap. 2, A. II. 3. c) cc).

hat der EuGH bisher – anders als das BVerfG – nicht vorgegeben.[645] Gleichwohl regelt Art. 266 Abs. 1 AEUV zumindest die Pflicht zum Handeln, indem die Organe, Einrichtungen oder sonstigen Stellen, denen das für nichtig erklärte Handeln zur Last fällt, die sich aus der Entscheidung ergebenden Maßnahmen zu ergreifen haben.[646] Der EuGH geht davon aus, dass er für eine konkrete Fristsetzung gar keine Kompetenz besitzt, hält die Behebung der rechtswidrigen Lage „innerhalb einer angemessenen Frist" jedoch für geboten.[647]

II. Vorabentscheidungsverfahren, Art. 267 AEUV

Nachdem soeben das Nichtigkeitsverfahren und die zeitliche Wirkung der Entscheidungen dargestellt wurde, soll im Folgen das Vorabentscheidungsverfahren beleuchtet werden. Hierzu werden zunächst allgemeine Aspekte erläutert und im Anschluss daran die Gültigkeits- und die Auslegungsentscheidung mit den jeweiligen Besonderheiten vorgestellt.

1. Funktion des Verfahrens

Funktion des Vorabentscheidungsverfahrens nach Art. 267 AEUV ist zum einen die Sicherung einer unionsweit einheitlichen Auslegung des Unionsrechts. Da unmittelbar geltendes europäisches Recht durch die nationalen Gerichte eigenverantwortlich angewendet und ausgelegt wird, kann es zwischen den einzelnen Mitgliedstaaten zu divergierenden Auslegungen und Entscheidungen kommen. Dies ist jedoch schädlich für den Binnenmarkt und mit den Zielen der Union nicht zu vereinbaren.[648] Der EuGH ist deswegen dazu berufen, die Wahrung des Rechts bei Auslegung und

---

645 *Jann*, EuGRZ 2006, 523 (523 f.).

646 Durch die Vorschrift sollen die betroffenen Stellen dazu angehalten werden, tätig zu werden. Die Vorschrift ist notwendig, um der Nichtigerklärung praktische Wirkung zukommen zu lassen, da im Falle der Begründetheit lediglich die Nichtigerklärung durch das Gericht erfolgt, aber keine konkrete Handlungs- oder Unterlassungspflicht tenoriert wird, vgl. hierzu *Wusterhausen*, Die Wirkungen der Urteile des EuGH in der Zeit, 2016, S. 50 f.

647 EuGH, Urteil vom 5.7.1995 – C-21/94, Slg. I 1995, 1845 Rn. 33 – Parlament/Rat; *Jann*, EuGRZ 2006, 523 (524).

648 *Ehricke*, in: Streinz, EUV/AEUV, 3. Auflage 2018, Art. 267 AEUV Rn. 6.

Anwendung der Verträge zu sichern, Art. 19 Abs. 1 EUV.[649] Um diesen Auftrag zu verwirklichen, ist ihm ein Auslegungsmonopol für das Unionsrecht zugewiesen.[650]

Daneben dient das Vorabentscheidungsverfahren der Wahrung des individuellen Rechtsschutzes. Der Einzelne muss die aufgrund eines Unionsakts ergangene Maßnahme zwar regelmäßig auf nationalem Rechtsweg angreifen. Ihm wird aber durch die Einbeziehung des EuGH im Rahmen der Vorabentscheidung die Möglichkeit gegeben, die Gültigkeit eines bestimmten Akts der Union inzident überprüfen zu lassen.[651] Das Vorabentscheidungsverfahren ermöglicht es nationalen Gerichten nämlich, dem EuGH Unionsrechtsnormen zur Auslegung oder Sekundärrecht zur Gültigkeitskontrolle vorzulegen.[652] Grund der Vorlage sind entweder Zweifel über die Auslegung einer primärrechtlichen Norm oder über die Auslegung oder Gültigkeit von sekundärrechtlichen Vorschriften.[653]

Etwa 70 % aller Rechtssachen vor dem EuGH[654] haben eine Vorabentscheidung zum Gegenstand, sodass sie die wohl wichtigste Verfahrensart darstellt.[655] Der EuGH entscheidet dabei ausschließlich über die Auslegung der Verträge (Art. 267 Abs. 1 lit. a AEUV) und die Gültigkeit und Auslegung von Handlungen der Unionsorgane (Art. 267 Abs. 1 lit. b AEUV).[656] Die Gültigkeit von Primärrecht kann grundsätzlich nicht im

---

649 *H.-F. Lange*, FS 100 Jahre BFH, Band 1, 2018, 865 (868).

650 *Ehricke*, in: Streinz, EUV/AEUV, 3. Auflage 2018, Art. 267 AEUV Rn. 6.

651 *Ehricke*, in: Streinz, EUV/AEUV, 3. Auflage 2018, Art. 267 AEUV Rn. 8.

652 *Keppert*, ÖStZ 1997, 165 (165); Deutscher Bundestag/Fachbereich Europa, Wirkungen des EuGH-Urteils in der Rs. C-141/15 – Deutsche Parkinson, 2016, S. 3, online abrufbar unter: https://www.bundestag.de/resource/blob/485862/ba3e0d3e56b5d34fe1a7738ac9b824a9/PE-6-151-16-pdf-data.pdf; *Wusterhausen*, Die Wirkungen der Urteile des EuGH in der Zeit, 2016, S. 54; *Wegener*, in: Calliess/Ruffert, EUV/AEUV, 5. Auflage 2016, Art. 267 AEUV Rn. 3.

653 *Ehricke*, in: Streinz, EUV/AEUV, 3. Auflage 2018, Art. 267 AEUV Rn. 37.

654 *Hirsch*, FS Offerhaus, 1999, 103 (103); *H.-F. Lange*, FS 100 Jahre BFH, Band 1, 2018, 865 (869); im Jahr 2018 gingen 568 Vorabentscheidungsersuchen ein (entspricht 66,9 % aller Verfahren), vgl. Gerichtshof der Europäischen Union, Jahresbericht 2018, Rechtsprechungstätigkeit, S. 130, online abrufbar unter: https://curia.europa.eu/jcms/upload/docs/application/pdf/2019-04/_ra_2018_de_web.pdf.

655 *Egger*, AnwBl 2001, 528 (528); *Finke*, IStR 2006, 212 (212); *Waldhoff*, EuR 2006, 615 (631); *Seer/Müller*, IWB 2008, 255 (257); siehe außerdem zur Vorabentscheidung im Abgabenverfahren *Weninger*, ÖStZ 1996, 114 ff.; ausführlich zum Vorabentscheidungsersuchen *Lange*, FS 100 Jahre BFH, Band 1, 2018, 865 (867 ff.).

656 *Ehricke*, in: Streinz, EUV/AEUV, 3. Auflage 2018, Art. 267 AEUV Rn. 13.

Rahmen eines Vorabentscheidungsgesuchs überprüft werden.[657] Unzulässig sind außerdem Fragen nach der Vereinbarkeit von nationalen Normen mit dem Unionsrecht, da der EuGH nicht die Kompetenz besitzt, über die Gültigkeit oder Auslegung von nationalem Recht zu entscheiden.[658]

2. Bindungswirkung der Vorabentscheidung

Für die Gerichte des Ausgangsverfahrens ist die ergehende Entscheidung des EuGH bindend (Bindungswirkung *inter partes*). Das bedeutet, dass die Gerichte bei ihrer Entscheidungsfindung nicht von der Antwort auf die Vorlagefrage abweichen dürfen, diese stattdessen der rechtlichen Bewertung zugrunde zu legen haben.[659]

Es stellt sich überdies die Frage nach der Bindungswirkung von Vorabentscheidungen über das Ausgangsverfahren hinaus. Ungültigkeitsentscheidungen entfalten auch außerhalb des Ausgangsverfahrens Bindungswirkung für alle anderen Gerichte, sodass auch diese die Handlung bei ihren Entscheidungen als ungültig anzusehen haben. Außerdem muss die Handlung von nationalen Stellen oder Unionsorganen unangewendet bleiben (Bindungswirkung *erga omnes*).[660] Ansonsten bestünde die Gefahr, dass rechtswidriges EU-Recht in manchen Mitgliedstaaten weiterhin Anwendung fände. Hinsichtlich der Auslegung von Unionsrecht ist richtigerweise ebenfalls von einer Bindungswirkung *erga omnes* auszugehen, da nur so ein unionsweit einheitliches Verständnis des Unionsrechts gewährleistet werden kann.[661] Eine infolge der Auslegung mit dem Unionsrecht unver-

---

657 *Wegener*, in: Calliess/Ruffert, EUV/AEUV, 5. Auflage 2016, Art. 267 AEUV Rn. 3.

658 EuGH, Urteil vom 15.7.1964 – 6/64, Slg. 1964, 1259 (1268) – Costa/E.N.E.L.; *Wegener*, in: Calliess/Ruffert, EUV/AEUV, 5. Auflage 2016, Art. 267 AEUV Rn. 4.

659 EuGH, Urteil vom 3.2.1977 – 52/76, Slg. 1977, 164 Rn. 26 f. – Benedetti/Munari; *Erasmy*, Arbeitgeber 1992, 856 (858); *Jann*, Das EuGH-Verfahren in Steuersachen, 2000, 13 (16); *Kadelbach*, Das EuGH-Verfahren in Steuersachen, 2000, 119 (122); *Schmitz/Stammler*, AÖR 136 (2011), 479 (480); *Wusterhausen*, Die Wirkungen der Urteile des EuGH in der Zeit, 2016, S. 53, 56; *Ehricke*, in: Streinz, EUV/AEUV, 3. Auflage 2018, Art. 267 AEUV Rn. 68.

660 EuGH, Urteil vom 13.5.1981 – 66/80, Slg. 1981, 1192 Rn. 13 – International Chemical Corporation; *Rosenkranz*, Die Beschränkung der Rückwirkung von Entscheidungen des Europäischen Gerichtshofs, 2015, S. 23; *Wegener*, in: Calliess/Ruffert, EUV/AEUV, 5. Auflage 2016, Art. 267 AEUV Rn. 50.

661 *Ehricke*, in: Streinz, EUV/AEUV, 3. Auflage 2018, Art. 267 AEUV Rn. 69 m.w.N.

einbare nationale Vorschrift muss von den innerstaatlichen Verwaltungsorganen unangewendet bleiben.[662]

Die zeitliche Bindungswirkung von Gültigkeits- und Auslegungsentscheidungen wird im Folgenden aufgrund der jeweiligen Besonderheiten getrennt dargestellt.

3. Ungültigkeit von Handlungen, Art. 267 Abs. 1 lit. b AEUV

a) Allgemeines

Im Wege der Vorabentscheidung kann der EuGH die Gültigkeit von Handlungen der Organe der Union, Einrichtungen und sonstigen Stellen der Union überprüfen. Gültigkeit meint die Rechtmäßigkeit der Maßnahme.[663] Diese wird am Maßstab des höherrangigen Rechts geprüft. Hierunter fallen das Primärrecht (EUV und AEUV), die Grundrechte-Charta, die allgemeinen Rechtsgrundsätze und die im Rang über dem Sekundärrecht stehenden völkerrechtlichen Abkommen.[664]

b) Folge unionsrechtswidriger Rechtsakte

Die Unionsrechtsordnung enthält keine Regelung, die die materielle Rechtsfolge von ungültigen Rechtsakten der Union bestimmt, sodass sich erneut die Frage stellt, ob die Handlung bereits von Anfang an *ipso iure* ungültig ist und das Gericht dies nur noch rein deklaratorisch feststellt oder ob die Ungültigkeit erst durch die Entscheidung bewirkt wird. Nach einer Auffassung soll die Feststellung der Ungültigkeit deklaratorisch und die Ungültigkeit damit bereits *ipso iure* eingetreten sein.[665] Hiergegen sprechen jedoch folgende Erwägungen: Der EuGH verlangt, dass ein Unions-

---

662 *Ehricke*, in: Streinz, EUV/AEUV, 3. Auflage 2018, Art. 267 AEUV Rn. 73.

663 *Ehricke*, in: Streinz, EUV/AEUV, 3. Auflage 2018, Art. 267 AEUV Rn. 23.

664 *Wegener*, in: Calliess/Ruffert, EUV/AEUV, 5. Auflage 2016, Art. 267 AEUV Rn. 14; *Ehricke*, in: Streinz, EUV/AEUV, 3. Auflage 2018, Art. 267 AEUV Rn. 25.

665 *Rosenkranz*, Die Beschränkung der Rückwirkung von Entscheidungen des Europäischen Gerichtshofs, 2015, S. 83 mit Verweis auf *Schilling*, Rang und Geltung von Normen in gestuften Rechtsordnungen, 1994, S. 573 f.; *Lewis*, Remedies and the Enforcement of European Community Law, 1996, S. 248; *Schwarze/Wunderlich*, in: Schwarze, EU-Kommentar, 4. Auflage 2019, Art. 267 AEUV Rn. 21.

rechtsakt solange angewandt wird, bis die Ungültigkeit gerichtlich festgestellt wird.[666] Damit geht er davon aus, dass der Handlung bis zur Entscheidung eine materielle Rechtswirkung zukommt. Dies widerspricht der These, dass sie von Anfang an ungültig ist. Darüber hinaus wurden die Prüfungsmaßstäbe des Nichtigkeits- und des Gültigkeitsverfahrens vom EuGH vereinheitlicht.[667] Die Wirkungen der beiden Entscheidungen sind ebenfalls identisch.[668] Bei der Gültigkeitsvorlage geht es, wie bei der Nichtigkeitsklage auch, um die Überprüfung, ob die vorgelegte Norm des Unionsrechts rechtswidrig ist.[669] Es ist deshalb nicht ersichtlich, weshalb ungültige Handlungen eine andere Rechtsfolge haben sollten als nichtige Handlungen. Der EuGH hat überdies festgestellt, dass sich die „Ungültigkeit einer Gemeinschaftsvorschrift unmittelbar aus dem diese Ungültigkeit feststellenden Urteil des Gerichtshofes" ergibt, sodass dies ebenfalls für die vorliegende Auffassung spricht.[670] Insbesondere kann der EuGH auch im Wege der Ungültigkeitsfestellung die Fortgeltung der Wirkung der Handlung gemäß Art. 264 Abs. 2 AEUV analog anordnen,[671] was wiederum gegen eine *ipso-iure*-Ungültigkeit spricht.[672] Insgesamt ist daher auch bei der Ungültigkeit der überprüften Handlung davon auszugehen, dass die Ungültigkeit erst infolge der EuGH-Entscheidung eintritt.

---

666 EuGH, Urteil vom 28.2.1989 – 201/87, Slg. 1989, 503 Rn. 21 f. – Cargill.

667 Vgl. *Pechstein*, EU-Prozessrecht, 4. Auflage 2011, Rn. 861; *Rosenkranz*, Die Beschränkung der Rückwirkung von Entscheidungen des Europäischen Gerichtshofs, 2015, S. 83.

668 *Pechstein*, EU-Prozessrecht, 4. Auflage 2011, Rn. 866; *Middeke*, in: Rengeling/Middeke/Gellermann, EU-Rechtsschutz, 3. Auflage 2014, § 10 Rn. 105; *Rosenkranz*, Die Beschränkung der Rückwirkung von Entscheidungen des Europäischen Gerichtshofs, 2015, S. 83.

669 Vgl. *Schwarze/Wunderlich*, in: Schwarze, EU-Kommentar, 4. Auflage 2019, Art. 267 AEUV Rn. 21.

670 EuGH, Beschluss vom 8.11.2007 – C-421/06, EuR 2009, 241 (253) – Fratelli Martini.

671 Dazu sogleich ausführlich unter Kap. 2, A. II. 3. c).

672 Im Ergebnis offengelassen *Rosenkranz*, Die Beschränkung der Rückwirkung von Entscheidungen des Europäischen Gerichtshofs, 2015, S. 83.

c) Fortgeltungsanordnung, Art. 264 Abs. 2 AEUV analog

In zeitlicher Hinsicht wirken Entscheidungen, die die Ungültigkeit der überprüften Handlung feststellen, grundsätzlich *ex tunc*.[673] Bei Ungültigkeitsentscheidungen wendet der EuGH aber gelegentlich Art. 264 Abs. 2 AEUV analog an.[674] Er kann somit anordnen, dass die rechtswidrige Handlung in ihrer Wirkung fortgilt. Die analoge Anwendung erfordert das Vorhandensein einer planwidrigen Regelungslücke sowie eine vergleichbare Interessenlage zwischen Nichtigkeits- und Ungültigkeitsentscheidungen.[675]

aa) Planwidrige Regelungslücke

Zum Vorliegen einer planwidrigen Regelungslücke ist zunächst festzustellen, dass weder Art. 267 AEUV Vorgaben über die Entscheidungswirkungen im Gültigkeitsverfahren enthält, noch eine andere Vorschrift der Verträge. Nachdem die Möglichkeit der Aufrechterhaltung für Nichtigkeitserklärungen gesetzlich geregelt ist, jedoch nicht für Gültigkeitsentscheidungen, liegt eine Regelungslücke vor. Diese ist auch planwidrig, weil das Unionsrecht gleichförmig angewendet werden soll und eine einheitliche

673 *Kotschnigg*, SWI 1998, 83 (83); *Kadelbach*, Das EuGH-Verfahren in Steuersachen, 2000, 119 (126); *Seer/Müller*, IWB 2008, 255 (257); *Wegener*, in: Calliess/Ruffert, EUV/AEUV, 5. Auflage 2016, Art. 267 AEUV Rn. 52; a.A. *Constantinesco*, Das Recht der Europäischen Gemeinschaften, 1977, S. 836 f.

674 Vgl. noch zum damaligen, aber materiell mit der jetzigen Rechtslage identischen ex-Art. 174 Abs. 2 EWG-Vertrag EuGH, Urteil vom 15.10.1980 – 145/79, Slg. 1980, 2919 Rn. 52 – Roquette Frères; EuGH, Urteil vom 27.2.1985 – 112/83, Slg. 1985, 732 Rn. 17 f. – Société des produits de maïs; EuGH, Urteil vom 29.6.1988 – 300/86, Slg. 1988, 3456 Rn. 24 – Van Landschoot; EuGH, Urteil vom 26.4.1994 – C-228/92, Slg. I 1994, 1465 Rn. 19 – Roquette Frères; *Keppert*, ÖStZ 1997, 165 (168); *Kokott/Henze*, NJW 2006, 177 (177); *Seer/Müller*, IWB 2008, 255 (257); *Frenz/Kühl*, DStZ 2009, 432 (435); *Ludewig*, Die zeitliche Beschränkung der Wirkung von Urteilen des EuGH im Vorabentscheidungsverfahren, 2012, S. 187; *Rosenkranz*, Die Beschränkung der Rückwirkung von Entscheidungen des Europäischen Gerichtshofs, 2015, S. 115; *Cremer*, in: Calliess/Ruffert, EUV/AEUV, 5. Auflage 2016, Art. 264 AEUV Rn. 6.

675 *Ahmling*, Analogiebildung durch den EuGH im Europäischen Privatrecht, 2012, S. 147; *Rosenkranz*, Die Beschränkung der Rückwirkung von Entscheidungen des Europäischen Gerichtshofs, 2015, S. 115.

Bestimmung der Entscheidungswirkungen erforderlich ist.[676] Es ist nicht ersichtlich, weshalb der Gesetzgeber auf eine Regelung verzichtet hat, ergibt sich doch die zeitliche Wirkung nicht aus dem Verfahrensgegenstand selbst.

bb) Vergleichbare Interessenlage

Neben der Regelungslücke müsste eine mit den Wirkungen der Nichtigkeitsentscheidung vergleichbare Interessenlage vorliegen. Soweit die Gültigkeit eines Sekundärrechtsakts in Frage steht, ist eine solche zu bejahen.[677] Die Übertragung der Grundsätze der Nichtigkeitsklage auf das Gültigkeitsverfahren ist schon deshalb zulässig, weil der EuGH in letzterem nicht einer nationalen Norm die Gültigkeit abspricht, sondern einer solchen des Unionsgesetzgebers.[678] Demzufolge geht es in beiden Verfahren um die Rechtmäßigkeitskontrolle von Sekundärrecht.[679] Das Gültigkeitsverfahren wird in der Literatur auch als „funktionelle[s] Äquivalent zur Nichtigkeitsklage" bezeichnet.[680] Um die Einheitlichkeit der Rechtsanwendung und -verfolgung zu wahren, ist Art. 264 Abs. 2 AEUV deshalb analog im Gültigkeitsverfahren anwendbar. Die Fortgeltung wird in der Regel mit „zwingenden Erwägung der Rechtssicherheit" begründet.[681]

676 *Rosenkranz,* Die Beschränkung der Rückwirkung von Entscheidungen des Europäischen Gerichtshofs, 2015, S. 115 f.; die analoge Anwendung ebenfalls bejahend *Behr,* FS Stein, 1987, 91 (107); Generalanwalt *Villalón*, Schlussanträge vom 8.12.2011 – C-533/10, BeckRS 2011, 81401 Rn. 43 – Civad; zur planwidrigen Regelungslücke im Unionsrecht *Ahmling,* Analogiebildung durch den EuGH im Europäischen Privatrecht, 2012, S. 148 ff.

677 Zur vergleichbaren Interessenlage im Unionsrecht *Ahmling,* Analogiebildung durch den EuGH im Europäischen Privatrecht, 2012, S. 161 ff.

678 Vgl. *Seer/Müller*, IWB 2008, 255 (257).

679 *Rosenkranz,* Die Beschränkung der Rückwirkung von Entscheidungen des Europäischen Gerichtshofs, 2015, S. 116.

680 *Dauses,* FS Everling, Band 1, 1995, 223 (225); *Waldhoff,* EuR 2006, 615 (631).

681 Vgl. etwa EuGH, Urteil vom 8.11.2001 – C-228/99, Slg. I 2001, 8434 Rn. 36 – Silos; EuGH, Urteil vom 22.12.2008 – C-333/07, NZBau 2009, 192 Rn. 122 – Société Régie Networks; EuGH, Urteil vom 9.11.2010 – C-92/09 u.a., EuZW 2010, 939 Rn. 93 – Schecke; *Schmitz/Stammler*, AÖR 136 (2011), 479 (490); *Rosenkranz,* Die Beschränkung der Rückwirkung von Entscheidungen des Europäischen Gerichtshofs, 2015, S. 116.

cc) Rechtsprechungsbeispiele

Nachdem nun festgestellt wurde, dass der EuGH im Rahmen von Nichtigkeits- und Gültigkeitsverfahren gemäß Art. 264 Abs. 2 AEUV Weitergeltungsanordnungen aussprechen kann, sollen diese nun anhand von mehreren Beispielen aus der Praxis veranschaulicht werden.

In einigen Entscheidungen hat der EuGH die Weitergeltung der unionsrechtswidrigen Lage angeordnet. So zum Beispiel geschehen in der Rs. *Parlament/Rat* vom 1.6.1994 im Rahmen der Nichtigerklärung einer Verordnung.[682] Das Gericht bestimmte, „die Wirkungen der für nichtig erklärten Verordnung aufrechtzuerhalten, bis der Rat nach ordnungsgemäßer Anhörung des Parlaments in diesem Bereich eine neue Regelung erlassen hat.“[683] Hierdurch sollte verhindert werden, dass „der Grad der Liberalisierung in Frage gestellt wird, der mit dieser Verordnung erreicht werden sollte.“[684] Zur zeitlichen Wirkung der Nichtigerklärung einer Verordnung wurde auch in der Rs. *Parlament/Rat* vom 28.11.2006 Stellung genommen. Um rechtliche Ungewissheit zu vermeiden, beantragte der Rat, die Wirkungen der Verordnung bis zum Erlass eines neuen Rechtsakts aufrechtzuerhalten.[685] Aus Gründen der Rechtssicherheit folgte der EuGH diesem Anliegen und ordnete zur Vermeidung schwerwiegender Nachteile für betroffene Unternehmen an, die Verordnung bis zu einem Zeitpunkt aufrechtzuerhalten, bis zu dem eine neue Verordnung entsprechend dem Urteil erlassen wird.[686]

In einer anderen Entscheidung über die Gültigkeit einer Verordnung wurde ebenfalls die Weitergeltung bis zur Neuregelung durch den Unionsgesetzgeber festgelegt. Zur Begründung hieß es, die Rechtswidrigkeit könne durch die Ungültigerklärung nicht beseitigt werden und der Wortlaut sei für mehrere Änderungsmöglichkeiten offen. Die Änderung solle vom

---

682 Verordnung (EWG) Nr. 2454/92 des Rates vom 23.7.1992 zur Festlegung der Bedingungen für die Zulassung von Verkehrsunternehmen zum Personenverkehr mit Kraftomnibussen innerhalb eines Mitgliedstaats, in dem sie nicht ansässig sind, ABl. L 251/92, S. 1.

683 EuGH, Urteil vom 1.6.1994 – C-388/92, Slg. I 1994, 2081 Rn. 22 – Parlament/Rat; vgl. auch *Koenig/Schreiber*, DÖV 2008, 450 (452 f.) mit weiteren Beispielen aus der Rechtsprechung des EuGH.

684 EuGH, Urteil vom 1.6.1994 – C-388/92, Slg. I 1994, 2081 Rn. 21 – Parlament/Rat.

685 EuGH, Urteil vom 28.11.2006 – C-414/04, Slg. I 2006, 11301 Rn. 56 – Parlament/Rat.

686 EuGH, Urteil vom 28.11.2006 – C-414/04, Slg. I 2006, 11301 Rn. 59 – Parlament/Rat.

Gesetzgeber unter Beachtung der maßgeblichen wirtschaftlichen und politischen Aspekte vorgenommen werden.[687]

Zu betonen ist, dass diese Rechtsprechung ausschließlich die Weitergeltung von Unionsrecht umfasst, indem die Verfahren Verstöße von Sekundärrecht gegen Primärrecht zum Gegenstand hatten. Nationales Recht kann im Wege dieser Verfahren nicht geprüft werden. Der Hauptgrund der Weitergeltungsanordnung liegt wohl vor allem bei Verordnungen in der Wahrung der Rechtssicherheit, da hierdurch ein regelungsloser und unsicherer Zustand vermieden wird.[688] Daneben ging es dem EuGH in zahlreichen Entscheidungen darum, das Vertrauen derjenigen zu schützen, die durch den Wegfall der für nichtig erklärten Handlung Nachteile erleiden könnten.[689] Bei ungültigen Handlungen gibt es sogar zahlreiche Entscheidungen, in denen der EuGH die Wirkungen der gegenständlichen Handlung aufrechterhalten hat, um die Geltendmachung von Zahlungen bzw. Rückerstattungen für die Zeit vor Verkündung der Entscheidung auszuschließen.[690] Ob eine Weitergeltung nationalen Rechts infrage kommt, wenn der EuGH Primärrecht auslegt und die Auslegung ergibt, dass nationales Recht hiermit nicht vereinbar ist, wird noch zu untersuchen sein.[691]

4. Auslegung der Verträge, Art. 267 Abs. 1 lit. a AEUV

Auf die Auslegungsentscheidung soll im weiteren Verlauf der Untersuchung ein besonderes Augenmerk gelegt werden. Diese Schwerpunktsetzung spiegelt auch die Realität vor dem Gerichtshof wider, da ca. 85 % al-

---

687 EuGH, Urteil vom 19.10.1977 – 124/76 u.a., Slg. 1977, 1796 Rn. 27 ff. – Moulins & Huileries de Pont-à-Mousson.

688 *Koenig/Schreiber*, DÖV 2008, 450 (452); *Neuschl/Schumm*, ZEuS 2008, 527 (540); ausführlich *Wusterhausen*, Die Wirkungen der Urteile des EuGH in der Zeit, 2016, S. 118 ff., 135 ff.

689 *Wusterhausen*, Die Wirkungen der Urteile des EuGH in der Zeit, 2016, S. 125 mit Verweis auf EuGH, Urteil vom 12.5.1998 – C-106/96, Slg. I 1998, 2745 Rn. 39 ff. – Vereinigtes Königreich/Kommission; EuGH, Urteil vom 7.9.2006 – C-310/04, Slg. I 2006, 7318 Rn. 138 ff. – Spanien/Rat.

690 Z.B. EuGH, Urteil vom 15.10.1980 – 109/79, Slg. 1980, 2885 Rn. 45 f. – Maïseries de Beauce; EuGH, Urteil vom 15.10.1980 – 145/79, Slg. 1980, 2919 Rn. 52 f. – Roquette Frères; EuGH, Urteil vom 15.10.1980 – 4/79, Slg. 1980, 2825 Rn. 45 f. – Providence agricole de la Champagne; vgl. *Wusterhausen*, Die Wirkungen der Urteile des EuGH in der Zeit, 2016, S. 136.

691 Hierzu Kap. 3, A. I. 3. b).

ler Vorabentscheidungsersuchen eine Auslegungsentscheidung anstrengen.[692]

a) Allgemeines

Wie bereits festgestellt, dient das Vorabentscheidungsverfahren der Wahrung der Einheit des Unionsrechts[693] sowie der gemeinsamen Ziele der Union.[694] Die einheitliche Rechtsanwendung ist essentiell für die Funktionsfähigkeit der Gemeinschaft.[695] Die Rechtsordnung der Europäischen Union enthält eine Vielzahl an unbestimmten und auslegungsbedürftigen Regelungen.[696] Gegenstand der Auslegungsfrage können dabei sämtliche Rechtssätze des Unionsrechts sein.[697] Erfasst sind der Unionsvertrag, der Vertrag über die Arbeitsweise der Europäischen Union sowie ungeschriebenes Primärrecht.[698] Neben der einheitlichen Auslegung soll außerdem die europäische Integration gefördert, Rechtssicherheit, Rechtsanwendungsgleichheit und Individualrechtsschutz gewährleistet werden.[699] Bei Auslegungsentscheidungen ist der EuGH mit zeitlichen Wirkungsbeschränkungen äußerst zurückhaltend (dazu sogleich).[700]

b) Wirkung ex tunc

Nach ständiger Rechtsprechung des Gerichtshofs wirkt die Auslegung einer unionsrechtlichen Regelung *ex tunc*, da die Richter die Bedeutung und Tragweite der Vorschrift seit deren Inkrafttreten erläutern und wie sie

---

692 *Stadler*, WuW 1994, 824 (825); *Hirsch*, FS Offerhaus, 1999, 103 (106); *H.-F. Lange*, FS 100 Jahre BFH, Band 1, 2018, 865 (869).

693 *Kadelbach*, Das EuGH-Verfahren in Steuersachen, 2000, 119 (121).

694 *Schwarze*, EuR 2013, 253 (253 f.).

695 *Jann*, Das EuGH-Verfahren in Steuersachen, 2000, 13 (16 f.).

696 *Schwarze*, EuR 2013, 253 (253).

697 *Ehricke*, in: Streinz, EUV/AEUV, 3. Auflage 2018, Art. 267 AEUV Rn. 17.

698 *Ehricke*, in: Streinz, EUV/AEUV, 3. Auflage 2018, Art. 267 AEUV Rn. 18.

699 *Hirsch*, FS Offerhaus, 1999, 103 (104, 115); *Eicker/Ketteler*, BB 2005, 131 (132); *Wegener*, in: Calliess/Ruffert, EUV/AEUV, 5. Auflage 2016, Art. 267 AEUV Rn. 1; *H.-F. Lange*, FS 100 Jahre BFH, Band 1, 2018, 865 (868).

700 *Schmitz/Stammler*, AÖR 136 (2011), 479 (490).

zu verstehen und anzuwenden ist.[701] Die Entscheidung wirkt nicht auf einen in der Vergangenheit liegenden Sachverhalt zurück, vielmehr entfaltet die ausgelegte Norm ihren Gehalt schon seit Inkrafttreten, der bis zur Entscheidung möglicherweise nicht oder nicht in ganzem Umfang von den Rechtsanwendern erkannt wurde.[702] Damit ist die Auslegung von allen nationalen Organen der Mitgliedstaaten auch auf diejenigen Rechtsverhältnisse anzuwenden, die vor Erlass der Entscheidung begründet wurden.[703] Dies überrascht nicht, da der Sinn einer Rechtsvorschrift nicht erst mit deren Auslegung entsteht, sondern ihr vielmehr schon seit ihrem Wirksamwerden innewohnt.[704] Ergibt die Auslegung, dass eine nationale Norm mit europäischem Recht unvereinbar ist, führt dies grundsätzlich rückwirkend zu deren Unanwendbarkeit.[705]

c) Beschränkung der zeitlichen Wirkung für die Vergangenheit

Wegen der oftmals immensen finanziellen Auswirkungen von Auslegungsentscheidungen ist es für die Mitgliedstaaten bedeutsam, ob und unter welchen Voraussetzungen Beschränkungen der zeitlichen Wirkung der Auslegung für die Vergangenheit oder die Weitergeltung des der Auslegung widersprechenden nationalen Rechts möglich sind.[706] Die europäischen Verträge enthalten keine Norm, die die Beschränkung der zeitli-

---

701 Ständige Rechtsprechung, vgl. nur EuGH, Urteil vom 6.7.1995 – C-62/93, Slg. I 1995, 1907 Rn. 39 – BP Soupergaz; EuGH, Urteil vom 11.8.1995 – C-367/93 u.a., Slg. I 1995, 2248 Rn. 42 – Roders; EuGH, Urteil vom 6.3.2007 – C-292/04, Slg. I 2007, 1872 Rn. 34 – Meilicke; EuGH, Urteil vom 19.10.2017 – C-101/16, DStR 2017, 2333 Rn. 64 – Paper Consultant; hierzu auch *Kotschnigg*, SWI 1998, 83 (83 f.); *Beiser*, RdW 2000, 707 (707 f.); *Fraberger*, Das EuGH-Verfahren in Steuersachen, 2000, 151 (154 f.); *Forsthoff*, DStR 2005, 1840 (1841); *Sedemund*, IStR 2005, 810 (811); *Jann*, EuGRZ 2006, 523 (524); *Lang*, IStR 2007, 235 (235); *Wiedmann*, EuZW 2007, 692 (692); *Frenz/Kühl*, DStZ 2009, 432 (433); *Wegener*, in: Calliess/Ruffert, EUV/AEUV, 5. Auflage 2016, Art. 267 AEUV Rn. 52.

702 Ähnlich *O. Klein*, IStR 2006, 209 (209); *Frenz/Kühl*, DStZ 2009, 432 (435).

703 *Fraberger*, Das EuGH-Verfahren in Steuersachen, 2000, 151 (155); *Koenig/Schreiber*, DÖV 2008, 450 (453); *Frenz/Kühl*, DStZ 2009, 432 (434).

704 *Keppert*, ÖStZ 1997, 165 (168); *Kadelbach*, Das EuGH-Verfahren in Steuersachen, 2000, 119 (126); siehe zu nationalen Ausschlussfristen ausführlich *Finke*, IStR 2006, 212, (212 ff.).

705 *Schmitz/Stammler*, AÖR 136 (2011), 479 (480); vgl. auch *Rosenkranz*, Die Beschränkung der Rückwirkung von Entscheidungen des Europäischen Gerichtshofs, 2015, S. 5.

706 *Finke*, IStR 2006, 212 (215 ff.).

chen Wirkung von Auslegungsentscheidungen zulassen oder verbieten.[707] Bei Auslegungsfragen kann der Gerichtshof jedenfalls nicht ohne Weiteres auf Art. 264 Abs. 2 AEUV zurückgreifen.[708] Die Auslegung von Unionsrecht ist nicht mit den Entscheidungen in Nichtigkeits- oder Ungültigkeitsverfahren vergleichbar.[709] Während Art. 264 Abs. 2 AEUV die Aufrechterhaltung der Wirkung eines nichtigen bzw. ungültigen Unionsakts erlaubt, kann die Auslegung von Unionsrecht nie zur Feststellung von Nichtigkeit oder Ungültigkeit führen, denn Gegenstand ist nicht die Vereinbarkeit der ausgelegten Unionsrechtsnorm mit höherrangigem Recht.[710] Es geht vielmehr um den Bedeutungsgehalt des europäischen Rechts. Die Beschränkung der Entscheidungswirkungen im Auslegungsverfahren führt also nicht zu der – nach Art. 264 Abs. 2 AEUV zulässigen – Anordnung der Weitergeltung nichtiger oder ungültiger Unionsrechtsakte, sondern zur Einschränkung der Geltungskraft einer rechtskonformen Vorschrift. Dies ist aber nicht von der Regelung des Art. 264 Abs. 2 AEUV erfasst. Mangels vergleichbarer Interessenlage scheidet eine analoge Anwendung mithin aus.[711]

Faktisch hat der EuGH mit der Auslegung von Unionsrecht einen weitreichenden Einfluss auf staatliche Rechtsordnungen, der unter Umständen zu schwerwiegenden Folgen innerhalb der Mitgliedstaaten führen kann.[712] Insbesondere können nationale Vorschriften aus dem Abgabenrecht betroffen sein, deren Unanwendbarkeit erhebliche finanzielle Auswirkungen haben kann.[713] Zu nennen ist hier beispielsweise die Entscheidung in der Rs. *Meilicke*, bei der die geschätzten Steuerausfälle in Deutschland bei rund

---

707 *Weiß*, EuR 1995, 377 (378) noch zum Auslegungsverfahren nach § 177 EGV, gleichwohl gibt es auch heute keine solche Norm; vgl. ebenfalls *Wiedmann*, EuZW 2007, 692 (692) zu ex-Art. 234 EG; *Rosenkranz*, Die Beschränkung der Rückwirkung von Entscheidungen des Europäischen Gerichtshofs, 2015, S. 118.

708 *Ludewig*, Die zeitliche Beschränkung der Wirkung von Urteilen des EuGH im Vorabentscheidungsverfahren, 2012, S. 187; unter Darstellung des Meinungsstandes *Rosenkranz*, Die Beschränkung der Rückwirkung von Entscheidungen des Europäischen Gerichtshofs, 2015, S. 121 ff.

709 *Waldhoff*, EuR 2006, 615 (631); vgl. allgemein zum Auslegungsverfahren und dessen Bindungswirkung *Germelmann*, EuR 2009, 254 (257 ff.); *Osterloh*, Die Rechtsprechung des EuGH in ihrer Bedeutung für das nationale und internationale Recht der direkten Steuern, 2010, 105 (113).

710 *Wusterhausen*, Die Wirkungen der Urteile des EuGH in der Zeit, 2016, S. 105 f.

711 *Wusterhausen*, Die Wirkungen der Urteile des EuGH in der Zeit, 2016, S. 107.

712 *Schwarze*, NJW 2005, 3459 (3466); *Schmitz/Stammler*, AÖR 136 (2011), 479 (480 f.).

713 *Schmitz/Stammler*, AÖR 136 (2011), 479 (481).

fünf Milliarden Euro lagen.[714] Unter bestimmten Umständen beschränkt der EuGH deshalb die zeitliche Wirkung der Auslegung.

Die Kompetenz zur Beschränkung der Entscheidungswirkungen von Auslegungsentscheidungen stützt der EuGH nahezu unstreitig auf den der Unionsrechtsordnung innewohnenden Grundsatz der Rechtssicherheit, den er zu wahren bestimmt ist.[715] Die Entscheidungswirkungen sind aber nur in seltenen Fällen zu beschränken, „in denen das Gesetzmäßigkeitsprinzip unverzichtbaren Anforderungen der Rechtssicherheit weichen muss".[716] Überwiegende Rechtsgrundsätze des Unionsrechts können somit eine Beschränkung rechtfertigen.[717] Vom Grundsatz der *ex tunc*-Wirkung von Auslegungsentscheidungen[718] sieht die Rechtsprechung daher seit Mitte der 70er Jahre „ganz ausnahmsweise"[719] ab.

d) Das Defrenne-Urteil als Leitentscheidung für zeitliche Beschränkungen

Erstmalig nahm der EuGH mit Urteil vom 8.4.1976 in der Rechtssache *Defrenne* zur zeitlichen Wirkung einer Entscheidung im Auslegungsverfahren

---

714 *Schmitz/Stammler*, AÖR 136 (2011), 479 (481); siehe hierzu ausführlich unter Kap. 2, C. I. 1. c).

715 EuGH, Urteil vom 8.4.1976 – 43/75, Slg. 1976, 456 Rn. 74 f. – Defrenne; *Dauses*, Das Vorabentscheidungsverfahren nach Artikel 177 EG-Vertrag, 2. Auflage 1995, S. 150; *Keppert*, ÖStZ 1997, 165 (168); *Lindemann/Hackemann*, IStR 2005, 786 (787); *Finke*, IStR 2006, 212 (215); *Lang*, IStR 2007, 235 (243); *Rosenkranz*, Die Beschränkung der Rückwirkung von Entscheidungen des Europäischen Gerichtshofs, 2015, S. 119 f.

716 *Osterloh*, Die Rechtsprechung des EuGH in ihrer Bedeutung für das nationale und internationale Recht der direkten Steuern, 2010, 105 (114); zur zeitlichen Beschränkung von Auslegungsentscheidungen bereits *Borchardt*, Die Rechtsprechung des Europäischen Gerichtshofs, 1995, 53 (66 f.); *Sedemund*, IStR 2005, 810 (811); *Frenz/Kühl*, DStZ 2009, 432 (435 ff.).

717 *Rainer*, IStR 1996, 328 (328); *Wusterhausen*, Die Wirkungen der Urteile des EuGH in der Zeit, 2016, S. 108.

718 *Weiß*, EuR 1995, 377 (378); *Rainer*, IStR 1996, 328 (328); *Kotschnigg*, SWI 1998, 83 (83); *Fraberger*, Das EuGH-Verfahren in Steuersachen, 2000, 151 (155); *Kokott/Henze*, NJW 2006, 177 (178); *Osterloh*, Die Rechtsprechung des EuGH in ihrer Bedeutung für das nationale und internationale Recht der direkten Steuern, 2010, 105 (106); *Schima*, Das Vorabentscheidungsverfahren vor dem EuGH, 3. Auflage 2015, S. 117; *Wegener*, in: Calliess/Ruffert, EUV/AEUV, 5. Auflage 2016, Art. 267 AEUV Rn. 52.

719 EuGH, Urteil vom 11.8.1995 – C-367/93 u.a., Slg. I 1995, 2248 Rn. 43 – Roders; vgl. auch EuGH, Urteil vom 6.3.2007 – C-292/04, Slg. I 2007, 1872 Rn. 35 – Meilicke.

Stellung.[720] Er stellte fest, dass die Garantie eines gleichen Arbeitsentgelts für Männer und Frauen in Art. 141 EG enthalten sei. Infolge der Vorlage drohten damals Entgeltnachzahlungsansprüche weiblicher Angestellter in hoher Zahl.[721]

In dieser Grundsatzentscheidung machte der EuGH deutlich, dass es zwar zutrifft,

> *„dass bei allen gerichtlichen Entscheidungen deren praktische Auswirkung sorgfältig erwogen werden müssen; dies darf aber nicht so weit gehen, dass die Objektivität des Rechts gebeugt und seine zukünftige Anwendung unterbunden wird, nur weil eine Gerichtsentscheidung für die Vergangenheit gewisse Auswirkungen haben kann.“*[722]

Im genannten Verfahren hatten zwei Mitgliedstaaten auf die finanziellen Folgen für die betroffenen Unternehmen hingewiesen, die sich aus der Entscheidung ergeben und unter Umständen zu deren Konkurs führen könnten.[723] Im Ergebnis schränkte der EuGH die Wirkung insoweit ein, dass nur diejenigen, die bereits Klage erhoben oder einen Rechtsbehelf eingelegt hatten, Ansprüche geltend machen konnten, die Lohn-/Gehaltsperioden betrafen, die vor dem Tag der Verkündung des Urteils lagen.[724] Für alle anderen Betroffenen entfaltete das Urteil erst Wirkung ab dem Urteilsspruch (*ex nunc*). Zur Begründung führte der Gerichtshof an, dass das Verhalten mehrerer Mitgliedstaaten und die Haltung der Kommission die Betroffenen zu ihrem gemeinschaftswidrigen Verhalten veranlasst habe und die zuwiderlaufende Praxis nach nationalem Recht nicht verboten gewesen sei.[725] Erschwerend komme hinzu, dass die Kommission trotz mehr-

---

720 *Borchardt*, Die Rechtsprechung des Europäischen Gerichtshofs, 1995, 53 (66); *Weiß*, EuR 1995, 377 (378); *Forsthoff*, DStR 2005, 1840 (1841); *O. Klein*, IStR 2006, 209 (209); *Waldhoff*, EuR 2006, 615 (629); *Wiedmann*, EuZW 2007, 692 (692); *Seer/Müller*, IWB 2008, 255 (258); *Schmitz/Krasniqi*, EuR 2010, 189 (190); *Schmitz/Stammler*, AÖR 136 (2011), 479 (489 f.); vgl. außerdem die Urteilsanmerkung von *Schwarze*, EuR 1977, 44 (44 ff.).

721 *Frenz/Kühl*, DStZ 2009, 432 (435).

722 EuGH, Urteil vom 8.4.1976 – 43/75, Slg. 1976, 456 Rn. 71 ff. – Defrenne; dem folgend auch EuGH, Urteil vom 9.3.2000 – C-437/97, Slg. I 2000, 1189 Rn. 57 – EKW/Wein & Co.; EuGH, Urteil vom 14.9.2006 – C-228/05, Slg. I 2006, 8417 Rn. 72 – Stradasfalti; vgl. *Keppert*, ÖStZ 1997, 165 (168); *Finke*, IStR 2006, 212 (215); *Kokott/Henze*, NJW 2006, 177 (178).

723 EuGH, Urteil vom 8.4.1976 – 43/75, Slg. 1976, 456 Rn. 69 f. – Defrenne.

724 EuGH, Urteil vom 8.4.1976 – 43/75, Slg. 1976, 456 Rn. 74 f. – Defrenne; hierzu auch *Schwarze*, EuR 1977, 44 (47 ff.).

725 EuGH, Urteil vom 8.4.1976 – 43/75, Slg. 1976, 456 Rn. 71 ff. – Defrenne.

facher Androhung von Vertragsverletzungsverfahren nicht tätig geworden sei, was einen falschen Eindruck der Wirkung der gegenständlichen Regelung vermittelt habe.[726] Ausnahmsweise fiel die Abwägung zwischen Rechtssicherheit und Rechtmäßigkeit damit zugunsten ersterer aus.[727]

Seit dem *Defrenne*-Urteil schränkt der EuGH die Wirkungen seiner Auslegungsentscheidungen (nur) ein, wenn kumulativ zwei Voraussetzungen vorliegen[728]:

- Guter Glaube der Betroffenen und
- die Gefahr schwerwiegender Störungen.[729]

Rechtsfolge der Beschränkung der Entscheidungswirkungen ist, dass sich niemand auf die Auslegung berufen kann, sofern Sachverhalte betroffen sind, die schon vor dem Zeitpunkt der Verkündung abgeschlossen waren[730] – es sei denn, derjenige hat bis zu diesem Zeitpunkt Klage erhoben oder jedenfalls einen Rechtsbehelf eingelegt (sog. Rückausnahme).[731]

---

726 EuGH, Urteil vom 8.4.1976 – 43/75, Slg. 1976, 456 Rn. 71 ff. – Defrenne.

727 Ausdrücklich *Frenz/Kühl*, DStZ 2009, 432 (435); vgl. zur Rücksichtnahme des EuGH auf die Rechtssicherheit bereits *Egger*, AnwBl 2001, 528 (528).

728 EuGH, Urteil vom 5.10.2006 – C-290/05 u.a., Slg. I 2006, 10155 Rn. 63 – Nádasdi und Németh; EuGH, Urteil vom 18.1.2007 – C-313/05, Slg. I 2007, 538 Rn. 56 – Brezinski; EuGH, Urteil vom 12.2.2009 – C-138/07, EuZW 2009, 329 Rn. 68 – Belgien/Cobelfret NV; EuGH, Urteil vom 3.6.2010 – C-2/09, BeckRS 2010, 90670 Rn. 50 – Kalinchev; EuGH, Urteil vom 19.7.2012 – C-263/11, BeckRS 2012, 81478 Rn. 59 – Rēdlihs; EuGH, Urteil vom 18.10.2012 – C-525/11, BeckRS 2012, 82057 Rn. 42 – Mednis; EuGH, Urteil vom 27.2.2014 – C-82/12, BeckRS 2014, 80471 Rn. 41 – Transportes Jordi Besora; EuGH, Urteil vom 14.4.2015 – C-76/14, IStR 2015, 559 Rn. 54 – Manea; EuGH, Urteil vom 29.9.2015 – C-276/14, MwStR 2015, 926 Rn. 45 – Wrocław; EuGH, Urteil vom 9.6.2016 – C-586/14, BeckRS 2016, 81169 Rn. 46 – Budisan; EuGH, Urteil vom 19.10.2017 – C-101/16, DStR 2017, 2333 Rn. 65 – Paper Consultant; EuGH, Urteil vom 28.2.2018 – C-672/16, DStRE 2018, 745 Rn. 59 – Imofloresmira; *Keppert*, ÖStZ 1997, 165 (168 f.); *Egger*, AnwBl 2001, 528 (530 f.); *Forsthoff*, DStR 2005, 1840 (1841); *Sedemund*, IStR 2005, 810 (811 f.); *Balmes/Ribbrock*, BB 2006, 17 (19); *Düsterhaus*, EuZW 2006, 393 (394); *O. Klein*, IStR 2006, 209 (209); *Wiedmann*, EuZW 2007, 692 (692 f.); *Seer/Müller*, IWB 2008, 255 (261); *Frenz/Kühl*, DStZ 2009, 432 (436); *Schmitz/Krasniqi*, EuR 2010, 189 (191); *Latzel*, EuR 2015, 415 (435).

729 Zu den Voraussetzungen genauer unter Kap. 2, C. II. 2. a) bb).

730 *Lindemann/Hackemann*, IStR 2005, 786 (787).

731 *Forsthoff*, DStR 2005, 1840 (1841). Ausführlich zur Rückausnahme Kap. 2, C. III.

Nach ständiger Rechtsprechung des EuGH ist nur er befugt, die Wirkung seiner Auslegung zeitlich zu beschränken.[732] Daraus folgt, dass nationale Gerichte nicht die rückwirkende Anwendung der Auslegung ausschließen können.[733] Lehnt der EuGH die Beschränkung ab oder enthält sich einer Aussage hierzu ganz, so sind die nationalen Gerichte und Behörden gezwungen, die Auslegung auch auf Rechtsverhältnisse vor der Verkündung der Entscheidung anzuwenden.[734] Die einheitliche Anwendung des Unionsrechts hat ebenfalls zur Folge, dass der nationale Gesetzgeber den Zeitraum der Wirkung der Auslegung nicht durch gegenläufige Gesetze aushebeln darf.[735]

Anordnungen, die die Wirkung der Auslegung auf einen Zeitpunkt in der Zukunft hinausschieben, sind der Rechtsprechung des EuGH bislang fremd. Ob solche rechtlich zulässig und angezeigt wären, wird noch zu untersuchen sein.[736]

B. Die widerstreitenden Interessen der Union, der Mitgliedstaaten und der Unionsbürger bei europarechtswidrigem Abgabenrecht

I. Divergierende Interessen

Insbesondere Auslegungsentscheidungen haben einen massiven Einfluss auf nationales Recht. Ergibt die von den Richtern festgestellte Bedeutung und Tragweite des ausgelegten Unionsrechts, dass nationales Recht damit nicht vereinbar ist, dürfen die betroffenen mitgliedstaatlichen Normen nicht mehr auf Sachverhalte mit europäischem Bezug angewendet werden. Sofern der EuGH die Wirkungen der Entscheidung nicht beschränkt, gilt die gewonnene Auslegung auch für Sachverhalte, die vor der Entscheidung verwirklicht wurden. Vor allem bei steuerrechtlichen Normen kann dies zu gravierenden finanziellen Einbußen der öffentlichen Haushalte füh-

---

732 Siehe nur EuGH, Urteil vom 27.3.1980 – 66/79 u.a., Slg. 1980, 1238 Rn. 11 – Salumi; EuGH, Urteil vom 27.3.1980 – 61/79, Slg. 1980, 1207 Rn. 18 – Denkavit Italiana; EuGH, Urteil vom 15.12.1995 – C-415/93, Slg. I 1995, 5040 Rn. 142 – Bosman; *Forsthoff*, DStR 2005, 1840 (1842); *Lang*, IStR 2007, 235 (241); *Wusterhausen*, Die Wirkungen der Urteile des EuGH in der Zeit, 2016, S. 208.

733 *Forsthoff*, DStR 2005, 1840 (1842).

734 *Wusterhausen*, Die Wirkungen der Urteile des EuGH in der Zeit, 2016, S. 208.

735 *Wusterhausen*, Die Wirkungen der Urteile des EuGH in der Zeit, 2016, S. 208 f.; vgl. hierzu jedoch die Möglichkeiten der Ausschlussfristen unter Kap. 2, B. III.

736 Siehe Kap. 3, A. I. 3. b).

ren.[737] Es stehen sich mithin dieselben Rechtspositionen und Interessen entgegen wie bei bundesverfassungsgerichtlichen Entscheidungen. Der Steuerpflichtige möchte keine unionsrechtswidrigen Abgaben entrichten, während der Fiskus die Einnahmequelle soweit wie möglich erhalten und Rückerstattungen vermeiden möchte und der Gesetzgeber einen angemessenen Zeitraum zur Anpassung der Rechtslage anstrebt.

II. Der EuGH als „Hüter des Unionsrechts"

Der Europäische Gerichtshof ist gehalten, sowohl Unions- als auch mitgliedstaatliche Interessen angemessen zu berücksichtigen und zu wahren.[738] Der Individualrechtsschutz der Unionsbürger[739] hat hierbei grundsätzlich einen untergeordneten Stellenwert, geht es doch bei dem europäischen Staatenverbund insbesondere um die Schaffung eines gemeinsamen Wirtschaftsraums und eines funktionierenden Binnenmarkts. Entgegen der gängigen Rechtsprechung des BVerfG schränkt der EuGH die Wirkung seiner Entscheidungen im abgabenrechtlichen Bereich grundsätzlich nicht ein,[740] sodass diese regelmäßig *ex tunc*-Wirkung entfalten[741] und einen Erstattungsanspruch der Steuerpflichtigen auslösen.[742]

III. Anspruch auf Erstattung unionsrechtswidrig erhobener Abgaben

Der Anwendungsvorrang des Unionsrechts[743] führt dazu, dass die Betroffenen einen Anspruch auf Erstattung solcher Abgaben haben, die ein Mit-

---

737 *Finke*, IStR 2006, 212 (212).

738 *Meilicke*, GS Gruson, 2009, 293 (301); *Schwarze*, EuR 2013, 253 (253 f.).

739 Die Gewähr effektiven Rechtsschutzes ist ein allgemeiner Rechtsgrundsatz, der den Verfassungstraditionen der Mitgliedstaaten zugrunde liegt und auch auf Unionsrecht Anwendung finden muss, *Wegener*, in: Calliess/Ruffert, EUV/AEUV, 5. Auflage 2016, Art. 19 EUV Rn. 41 m.w.N.

740 *Sangmeister*, ZRP 2008, 252 (252).

741 Allgemein zur Wirkung von EuGH-Entscheidungen *Kokott/Henze*, NJW 2006, 177 (177 f.).

742 *Fraberger*, Das EuGH-Verfahren in Steuersachen, 2000, 151 (155); *Sangmeister*, ZRP 2008, 252 (252); *Gröpl*, in: EU-WirtschaftsR-HdB, Stand: April 2015, J. Steuerrecht Rn. 232; siehe zum Erstattungsanspruch bereits oben unter Kap. 2, B. III.

743 Das Unionsrecht genießt gegenüber nationalem Recht Anwendungsvorrang, aber keinen Geltungsvorrang. Dies hat zur Folge, dass unionsrechtswidriges na-

gliedstaat unter Verstoß gegen das Unionsrecht erhoben hat.[744] Dies gilt jedenfalls immer dann, wenn die Wirkung der Entscheidung nicht beschränkt wurde. Aus der Gerichtsentscheidung selbst ergibt sich jedoch kein unmittelbarer Erstattungsanspruch.[745] Die Rückabwicklung richtet sich mangels einheitlicher Verfahrensregelungen auf EU-Ebene nach nationalem Recht.[746] Demgemäß ergibt sich der steuerrechtliche Erstattungsanspruch in Deutschland aus § 37 Abs. 2 AO, wenn der Steuerpflichtige eine Abgabe aufgrund einer gegen Unionsrecht verstoßenden nationalen Norm entrichtete, da er ohne materiell-rechtlichen Grund geleistet hat.[747] Natio-

---

tionales Recht nicht nichtig, sondern im Anwendungsbereich des Unionsrechts unanwendbar ist; vgl. Deutscher Bundestag/Fachbereich Europa, Wirkungen des EuGH-Urteils in der Rs. C-148/15 – Deutsche Parkinson, 2016, S. 3; EuGH, Urteil vom 15.7.1964 – 6/64, Slg. 1964, 1259 (1269 f.) – Costa/E.N.E.L.; EuGH, Urteil vom 22.10.1998 – C-10/97 u.a., Slg. I 1998, 6324 Rn. 21 – IN.CO.GE.'90; vgl. auch BVerfG, Urteil vom 21.6.2016 – 2 BvR 2728/13 u.a., BVerfGE 142, 123 (186 f.).

744 Siehe etwa EuGH, Urteil vom 14.1.1997 – C-192/95 u.a., Slg. I 1997, 180 Rn. 20 – Comateb; EuGH, Urteil vom 17.7.1997 – C-90/94, Slg. I 1997, 4142 Rn. 45 f. – Haahr Petroleum; EuGH, Urteil vom 17.7.1997 – C-114/95 u.a., Slg. I 1997, 4267 Rn. 40 – Texaco und Olieselskabet Danmark; EuGH, Urteil vom 2.12.1997 – C-188/95, Slg. I 1997, 6820 Rn. 38 – Fantask; EuGH, Urteil vom 22.10.1998 – C-10/97 u.a., Slg. I 1998, 6324 Rn. 24 – IN.CO.GE.'90; EuGH, Urteil vom 9.2.1999 – C-343/96, Slg. I 1999, 600 Rn. 23 – Dilexport; EuGH, Urteil vom 17.6.2004 – C-30/02, Slg. I 2004, 6068 Rn. 15 – Recheio - Cash & Carry; *Fraberger*, Das EuGH-Verfahren in Steuersachen, 2000, 151 (161); zur Rückforderung insgesamt *Tanzer*, Das EuGH-Verfahren in Steuersachen, 2000, 207 (209 ff.); *de Weerth*, RIW 2003, 131 (132); *de Weerth*, DB 2005, 1407 (1408); *Hahn*, IStR 2005, 145 (146); Generalanwalt *Jacobs*, Schlussanträge vom 17.3.2005 – C-475/03, Slg. I 2005, 9375 Rn. 72 – Banca popolare di Cremona; vgl. auch *Wiedmann*, EuZW 2007, 692 (692); *Mössner*, FS Rengeling, 2008, 339 (345 ff.); *Seer/Müller*, IWB 2008, 311 (312); *Ludewig*, Die zeitliche Beschränkung der Wirkung von Urteilen des EuGH im Vorabentscheidungsverfahren, 2012, S. 182 f.

745 *Boeker*, in: Hübschmann/Hepp/Spitaler, AO/FGO, Stand: September 2012, § 37 AO Rn. 26a.

746 EuGH, Urteil vom 9.2.1999 – C-343/96, Slg. I 1999, 600 Rn. 24 f. – Dilexport; EuGH, Urteil vom 17.6.2004 – C-30/02, Slg. I 2004, 6068 Rn. 16 f. – Recheio - Cash & Carry; BFH, Urteil vom 14.11.2018 – I R 47/16, FR 2019, 781 (783); *Lindemann/Hackemann*, IStR 2005, 786 (789); *de Weerth*, DB 2005, 1407 (1408); *de Weerth*, DStR 2008, 1669 (1670); *Seer/Müller*, IWB 2008, 311 (312); *Dittert*, Europarecht, 5. Auflage 2017, S. 118.

747 *Boeker*, in: Hübschmann/Hepp/Spitaler, AO/FGO, Stand: September 2012, § 37 AO Rn. 26a; weiterführend zum gemeinschaftsrechtlichen Erstattungsanspruch *Hahn*, DStZ 2003, 489 (490 ff.); siehe auch *Drüen/Kahler*, StuW 2005, 171 (181); *U. Lange*, Der Anspruch auf Erstattung gemeinschaftsrechtswidrig erhobener Steuern, 2008, S. 39 ff.; vgl. zudem *Drüen*, FS Schaumburg, 2009, 609 (610).

nale Ausschlussfristen für die Geltendmachung von Erstattungsansprüchen dürfen den Rückerstattungsanspruch aber grundsätzlich einschränken, solange sie nicht dazu führen, dass die Regelungen ungünstiger gestaltet sind als solche, die für rein innerstaatliche Erstattungsansprüche gelten.[748] Zudem darf die Ausübung von durch die Unionsrechtsordnung verliehenen Rechten wegen des Effektivitätsgebots nicht praktisch unmöglich oder wesentlich erschwert werden.[749] Ist ein Steuerbescheid bereits bestandskräftig, so kann die zu Unrecht entrichtete Steuer nach deutschem Recht nicht zurückverlangt werden.[750]

C. Kategorisierung und rechtliche Würdigung ausgewählter finanzwirksamer Entscheidungen des EuGH

Die im Folgenden dargestellten Urteile des EuGH stellen eine Auswahl bedeutender Auslegungsentscheidungen dar. Sie weisen allesamt konkrete Bezüge zwischen den finanziellen Folgen und der Beschränkung der Entscheidungswirkung auf. Nachdem bislang nur allgemeine Erwägungen zu den Verfahren vor dem EuGH angestellt wurden, soll nun eine eingehende Auseinandersetzung mit der Berücksichtigung der finanziellen Auswirkungen erfolgen. Insbesondere wird in der ersten Kategorie auf die ständige Rechtsprechung des EuGH einzugehen sein, nach der rein fiskalische Interessen der Mitgliedstaaten nicht geeignet sind, den rückwirkenden Entscheidungsspruch zu modifizieren. Dem nachgestellt ist die Spruchpraxis näher zu untersuchen, bei der die Voraussetzungen für eine Wirkungsbeschränkung vorlagen.

---

748 *Ribbrock*, BB 2006, 2611 (2614); *Rennert*, DVBl. 2007, 400 (400); bestandskräftige Steuerbescheide können nicht mehr nach §§ 172 ff. AO geändert werden, vgl. *de Weerth*, DStR 2008, 1669 (1671); *Seer/Müller*, IWB 2008, 311 (312); *Drüen*, FS Schaumburg, 2009, 609 (614); vgl. zu den Ausschlussfristen auch *Hahn*, IStR 2005, 145 (149 f.).

749 *Mössner*, FS Rengeling, 2008, 339 (345 m.w.N.).

750 Vgl. EuGH, Urteil vom 13.1.2004 – C-453/00, Slg. I 2004, 858 Rn. 24 – Kühne & Heitz; *P. Karpenstein*, DVBl. 1977, 61 (67); *Forsthoff*, DStR 2005, 1840 (1841); zur Rücknahme bestandskräftiger Bescheide *Potacs*, EuR 2004, 590 (595 ff.); *Mössner*, FS Rengeling, 2008, 339 (348 ff.).

I. Ablehnung rein fiskalischer Interessen als Rechtfertigung für eine Beschränkung der Entscheidungswirkung

1. Entscheidungen

In den folgenden drei Urteilen wurde die Rücksichtnahme auf rein fiskalische Interessen der Mitgliedstaaten vom EuGH abgelehnt. Dies führte jeweils dazu, dass die Auslegungsentscheidung nicht in ihrer Wirkung beschränkt wurde und damit *ex tunc* galt.

a) EuGH v. 31.3.1992 – Dansk Denkavit und Poulsen Trading

Die Auslegungsentscheidung vom 31.3.1992 hatte zur Folge, dass die streitgegenständliche dänische Arbeitsmarktabgabe[751] mit Gemeinschaftsrecht (Art. 33 der Richtlinie 77/388[752]) unvereinbar war.[753] Die Abgabe wurde damals überwiegend den umsatzsteuerpflichtigen Unternehmen auferlegt und betrug 2,5 % des Gesamtbetrags der innerhalb eines gewissen Zeitraums getätigten Verkäufe oder Leistungen.[754] Zweck der Erhebung war die Beschaffung staatlicher Mittel zur Finanzierung verschiedener Sozialleistungen durch den Mitgliedstaat Dänemark.[755]

Die dänische Regierung bat im Verfahren um die Beschränkung der zeitlichen Wirkung der Entscheidung. Hierzu trug der Regierungsvertreter in der mündlichen Verhandlung vor, dass das Urteil ansonsten unter anderem „äußerst schwerwiegende Auswirkungen […] auf die Staatsfinanzen" habe. Die Abgabe umfasse für den betroffenen Zeitraum 4 % der staatli-

751 Eingeführt durch das Gesetz Nr. 840 vom 18.12.1987 über die Arbeitsmarktabgabe („lov om arbejdsmarkedsbidrag") mit Wirkung ab 1.1.1988, vgl. EuGH, Urteil vom 31.3.1992 - C-200/90, Slg. I 1992, 2240 Rn. 3 – Dansk Denkavit und Poulsen Trading.

752 Im Wesentlichen ging es um den Verstoß der Abgabe gegen Art. 33 der Sechsten Richtlinie des Rates vom 17.5.1977 zur Harmonisierung der Rechtsvorschriften der Mitgliedstaaten über die Umsatzsteuern – Gemeinsames Mehrwertsteuersystem: einheitliche steuerpflichtige Bemessungsgrundlage, ABl. L 145/1977, S. 1.

753 EuGH, Urteil vom 31.3.1992 – C-200/90, Slg. I 1992, 2240 Rn. 15 – Dansk Denkavit und Poulsen Trading.

754 EuGH, Urteil vom 31.3.1992 – C-200/90, Slg. I 1992, 2240 Rn. 4 – Dansk Denkavit und Poulsen Trading.

755 EuGH, Urteil vom 31.3.1992 – C-200/90, Slg. I 1992, 2240 Rn. 3 – Dansk Denkavit und Poulsen Trading.

chen Einnahmen (7 Mrd. ECU[756]). Bei gerichtlicher Geltendmachung der Rückerstattung würde außerdem die Gerichtsbarkeit zusammenbrechen.[757] Der EuGH sah hierhin keine ausreichenden Gründe für die Beschränkung der Rückwirkung seines Urteils. Der Wortlaut der verletzten Vorschrift enthalte ein klares Verbot der streitigen Abgabe und dies sei auch schon in der Entscheidung vom 27.11.1985[758] erläutert worden.[759] Außerdem habe die Kommission bereits Ende Januar 1988, nur wenige Wochen nach Einführung der Abgabe, darauf hingewiesen, dass diese mit Blick auf Art. 33 der Richtlinie 77/388 Probleme hervorrufen könne. Unter diesen Umständen sei eine zeitliche Begrenzung der Wirkung des Urteils mangels Gutgläubigkeit des Mitgliedstaats nicht angebracht.[760]

b) EuGH v. 11.8.1995 – Roders

Der Gerichtshof wurde im Jahr 1993 um Vorabentscheidung ersucht. Die Auslegung von Art. 95 EWG-Vertrag sollte die Frage klären, ob die Erhebung der gegenständlichen Weinsteuer bei der Einfuhr in die Niederlande gegen Gemeinschaftsrecht verstieß. In einer zweiten Frage wurde der EuGH gebeten, zur zeitlichen Wirkung des Urteils Stellung zu nehmen, sofern die erste Frage positiv beantwortet würde.[761] Das Gericht machte jedoch keine Ausnahme vom Grundsatz der Rückwirkung der Entscheidung.[762] Die Auslegung und Tragweite von Art. 95 des EWG-Vertrags sei in der Rechtsprechung bereits umfangreich und zweifelsfrei geklärt worden.[763] Vonseiten der niederländischen Regierung wurde indes erfolglos

---

756 European Currency Unit, von 1979 bis 1999 Währungseinheit im Rahmen des Europäischen Währungssystems, sodann folgte die Umstellung der ECU zum Euro im Verhältnis 1:1, *Martiny*, in: MüKo BGB, 7. Auflage 2018, Anh. I Art. 9 Rom I-VO: Währungsrecht Rn. 53 f.

757 EuGH, Urteil vom 31.3.1992 – C-200/90, Slg. I 1992, 2240 Rn. 20 – Dansk Denkavit und Poulsen Trading.

758 EuGH, Urteil vom 27.11.1985 – 295/84, Slg. 1985, 3764 – Rousseau Wilmot.

759 EuGH, Urteil vom 31.3.1992 – C-200/90, Slg. I 1992, 2240 Rn. 21 – Dansk Denkavit und Poulsen Trading; hierzu auch *Weiß*, EuR 1995, 377 (385).

760 EuGH, Urteil vom 31.3.1992 – C-200/90, Slg. I 1992, 2240 Rn. 22 f. – Dansk Denkavit und Poulsen Trading.

761 EuGH, Urteil vom 11.8.1995 – C-367/93 u.a., Slg. I 1995, 2248 Rn. 11 – Roders.

762 EuGH, Urteil vom 11.8.1995 – C-367/93 u.a., Slg. I 1995, 2248 Rn. 44 – Roders.

763 EuGH, Urteil vom 11.8.1995 – C-367/93 u.a., Slg. I 1995, 2248 Rn. 45 – Roders mit Verweis auf EuGH, Urteil vom 27.5.1981 – 142/80 u.a., Slg. 1981, 1414 Rn. 33 – Essevi und Salengo.

vorgebracht, dass sie einen hohen finanziellen Schaden erleiden würde, wenn die Urteilswirkungen nicht beschränkt würden.

Dem Anliegen folgten die Richter jedoch nicht und betonten, dass *„die möglichen finanziellen Konsequenzen der Rechtswidrigkeit einer Steuer für eine Regierung für sich allein niemals die Beschränkungen eines Urteils"* rechtfertigen.[764] *„Wäre dies nicht so, würden die schwersten Verstöße außerdem günstiger behandelt, da sie es sind, die die bedeutendsten finanziellen Auswirkungen für die Mitgliedstaaten haben können"*, so der Gerichtshof.[765] Zudem würde der gerichtliche Schutz der Rechte der Steuerpflichtigen nach Auffassung des EuGH wesentlich eingeschränkt, wenn sich die Beschränkung nur auf die finanziellen Erwägungen stützen würde.[766]

c) EuGH v. 6.3.2007 – Meilicke

In der Rs. *Meilicke* war die Auslegung von Art. 56 und 58 EG Gegenstand des Verfahrens. Auf nationaler Ebene war fraglich, ob § 36 Abs. 2 Nr. 3 EStG a.F. mit der gemeinschaftsrechtlichen Kapitalverkehrsfreiheit vereinbar war, da die Vorschrift eine Doppelbesteuerung der ausgeschütteten Gewinne deutscher Gesellschaften verhinderte, während sich Steuerpflichtige, die Dividenden von Gesellschaften aus anderen Mitgliedstaaten erhielten, nicht auf die Norm berufen konnten.[767] Außerdem wurde im Rahmen des Verfahrens erörtert, ob eine Beschränkung der zeitlichen Wirkung aufgrund der Gefahr schwerwiegender wirtschaftlicher Nachteile auszusprechen war.[768]

---

764 EuGH, Urteil vom 11.8.1995 – C-367/93 u.a., Slg. I 1995, 2248 Rn. 48 – Roders mit Verweis auf EuGH, Urteil vom 31.3.1992 – C-200/90, Slg. I 1992, 2240 – Dansk Denkavit und Poulsen Trading.

765 EuGH, Urteil vom 11.8.1995 – C-367/93 u.a., Slg. I 1995, 2248 Rn. 48 – Roders.

766 EuGH, Urteil vom 11.8.1995 – C-367/93 u.a., Slg. I 1995, 2248 Rn. 49 – Roders.

767 *Billig*, FR 2007, 785 (785); zum Sachverhalt und Verfahren auch *Sedemund*, IStR 2005, 810 (810); *Delbrück/Hamacher*, IStR 2007, 627 (627 f.); *Müller-Gatermann*, Reaktionen von deutscher Gesetzgebung und Finanzverwaltung auf die EuGH-Rechtsprechung, 2008, 151 (162 ff.).

768 *Forsthoff*, DStR 2005, 1840 (1842); zum Sachverhalt und den Entscheidungsgründen *Thömmes*, IWB 2005, 1083 (1083 ff.); *Balmes/Ribbrock*, BB 2007, 647 (647 f.); *Billig*, FR 2007, 785 (785); *Kokott/Henze*, BB 2007, 913 (917); *Mössner*, FS Rengeling, 2008, 339 (340 ff.); *Tiedtke/Mohr*, EuZW 2008, 424 (427 f.).

aa) Schlussanträge der Generalanwälte für und gegen zeitliche Beschränkung

Die Bundesregierung schätzte die drohenden Steuerrückforderungen zunächst auf 13 bis 35 Mrd. Euro, später korrigierte sie diese dann auf ca. fünf Mrd. Euro,[769] sollte die Auslegung des EuGH dazu führen, dass das nationale Anrechnungsverfahren gemeinschaftswidrig war und die Urteilswirkungen nicht beschränkt werden.[770] Generalanwalt *Tizzano* bejahte deshalb die Gefahr schwerwiegender wirtschaftlicher Folgen, die Unsicherheit über die Tragweite des Gemeinschaftsrechts und die daraus resultierende Schutzwürdigkeit Deutschlands.[771] Er schlug in Reaktion auf den Antrag der Bundesregierung[772] vor, die Wirkung des Urteils deutlich einzuschränken.[773] Die Wirkung der Auslegung sollte nach ihm zwar nicht gänzlich für die Vergangenheit ausgeschlossen werden, aber zumindest bis zur Vorabentscheidung in der Sache *Verkooijen*[774] aus dem Jahr 2000.[775] Seitdem sei die Rechtslage bezüglich des Anrechnungsverfahrens geklärt

769 Generalanwalt *Tizzano*, Schlussanträge vom 10.11.2005 – C-292/04, Slg. I 2005, 1838 Rn. 35 – Meilicke; *Sedemund*, IStR 2005, 810 (812); *O. Klein*, IStR 2006, 209 (211).

770 *Forsthoff*, DStR 2005, 1840 (1842); *Ribbrock*, BB 2006, 2611 (2613); *Waldhoff*, EuR 2006, 615 (617). Kritisch zur Berechnung und zum Nachweis der Rückerstattungslasten der BRD *Sedemund*, IStR 2005, 810 (815); *Thömmes*, IWB 2005, 1083 (1091 f.); *Frischmuth*, StuB 2006, 149 (151); *Lang*, IStR 2007, 235 (236); sehr kritisch außerdem bereits *Meilicke*, DB 2005, 2658 (2658 f.), der bemängelt, dass die von der Regierung behauptete Haushaltsbelastung trotz ausdrücklichen Bestreitens der Verfahrensbeteiligten nicht nachgewiesen worden sei, der EuGH prüfte die Zahlen (wohl) nicht; zur Rückwirkungsproblematik in dem Verfahren *Meilicke*, GS Gruson, 2009, 293 (300 ff.).

771 Generalanwalt *Tizzano*, Schlussanträge vom 10.11.2005 – C-292/04, Slg. I 2005, 1838 Rn. 35 ff. – Meilicke; vgl. *Balmes/Ribbrock*, BB 2006, 17 (18); *O. Klein*, IStR 2006, 209 (209); *Billig*, FR 2007, 785 (786).

772 FG Köln, Beschluss vom 24.6.2004 – 2 K 2241/02, IStR 2004, 580 (Vorlagebeschluss); zum Hilfsantrag der Bundesregierung auch *Sedemund*, IStR 2005, 810 (811).

773 *Waldhoff*, EuR 2006, 615 (617).

774 EuGH, Urteil vom 6.6.2000 – C-35/98, Slg. I 2000, 4113 – Verkooijen.

775 Das nationale Anrechnungsverfahren wurde kurze Zeit später unter Berufung auf das Urteil *Verkooijen* abgeschafft, siehe Gesetz zur Senkung der Steuersätze und zur Reform der Unternehmensbesteuerung vom 23.10.2000, BGBl. I 2000, 1433; vgl. *Balmes/Ribbrock*, BB 2006, 17 (18); *Kokott/Henze*, NJW 2006, 177 (181); *Ribbrock*, BB 2006, 2611 (2613).

gewesen und ab diesem Zeitpunkt müsse der Mitgliedstaat (Deutschland) die Steuern rückerstatten.[776]

Die Generalanwältin *Stix-Hackl*, die als Nachfolgerin von Generalanwalt *Tizzano* im Verfahren auftrat, plädierte indes gegen die zeitliche Beschränkung des Urteilsspruchs.[777] Ihr Hauptvorwurf gegen die Bundesregierung lag darin, nicht ausreichend zu den schwerwiegenden wirtschaftlichen Auswirkungen vorgetragen zu haben.[778] Es reiche gerade nicht aus, nur die finanziellen Haushaltsauswirkungen darzustellen.[779] Für eine substantiierte Darlegung bedürfe es eines Nachweises der Gefahr schwerwiegender wirtschaftlicher Auswirkungen. Die veranschlagten fünf Mrd. Euro Rückerstattung umfassten einen Zeitraum von vier Jahren und wären nur erreicht, wenn alle betroffenen Steuerpflichtigen einen ordnungsgemäßen Rechtsbehelf eingelegt hätten. Wie viele Steuerpflichtige einen solchen erhoben hatten, habe die Bundesregierung aber nicht vorgelegt.[780]

bb) Entscheidungsgründe

Die Auslegung ergab, dass die nationale Regelung des § 36 Abs. 2 Nr. 3 EStG a.F. gemeinschaftswidrig war. Den Schlussanträgen von Generalanwältin *Stix-Hackl*[781] im Ergebnis folgend, beschränkte der EuGH die zeitliche Wirkung des Urteils nicht.[782] Eine Begrenzung der zeitlichen Wirkung könne nur in dem Urteil erfolgen, in welchem die Auslegungsfrage erst-

---

776 Generalanwalt *Tizzano*, Schlussanträge vom 10.11.2005 – C-292/04, Slg. I 2005, 1838 Rn. 63 – Meilicke.

777 Generalanwältin *Stix-Hackl*, Schlussanträge vom 5.10.2006 – C-292/04, Slg. I 2006, 1854 Rn. 57 ff. – Meilicke; *Ribbrock*, BB 2006, 2611 (2614); *Thömmes*, IWB 2006, 997 (999); im Vorfeld der Entscheidung ausdrücklich befürwortend *O. Klein*, IStR 2006, 209 (211).

778 Generalanwältin *Stix-Hackl*, Schlussanträge vom 5.10.2006 – C-292/04, Slg. I 2006, 1854 Rn. 61 ff. – Meilicke; *Ribbrock*, BB 2006, 2611 (2614); *Thömmes*, IWB 2006, 997 (999 f.); *Meilicke*, DB 2007, 650 (650).

779 *Ribbrock*, BB 2006, 2611 (2614).

780 *Ribbrock*, BB 2006, 2611 (2614).

781 Insgesamt zur zeitlichen Beschränkung von Entscheidungswirkungen: Generalanwältin *Stix-Hackl*, Schlussanträge vom 5.10.2006 – C-292/04, Slg. I 2006, 1854 Rn. 10 ff. – Meilicke; vgl. auch *Ribbrock*, BB 2006, 2611 (2613 ff.).

782 EuGH, Urteil vom 6.3.2007 – C-292/04, Slg. I 2007, 1872 Rn. 32 ff. – Meilicke; vgl. zum Sachverhalt und den von den Schlussanträgen in der Begründung abweichenden Entscheidungsgründen *Thömmes*, IWB 2006, 997 (998 f.); *Lang*, IStR 2007, 235 (235); *Seer/Müller*, IWB 2008, 255 (261 f.); kritisch zur Auffassung des EuGH *Tiedtke/Mohr*, EuZW 2008, 424 (428).

mals geklärt werde, wenn auch für einen anderen Mitgliedstaat.[783] In der Rs. *Verkoojen* sei über die entsprechende Auslegungsfrage bereits entschieden worden, ohne dass dort die Wirkung des Urteils beschränkt worden sei, sodass eine solche nun ausscheide.[784] Die Auslegung wirkte damit zurück bis auf den Zeitpunkt des Inkrafttretens der Vorschrift im Jahr 1977, wobei Rückerstattungsansprüche erst ab 1.1.1990 in Betracht kamen, da erst ab diesem Zeitpunkt ein Verstoß gegen die Kapitalverkehrs-Richtlinie vorliegen konnte.[785] Die finanziellen Interessen Deutschlands wurden somit nicht berücksichtigt.

2. Unbeachtlichkeit drohender Steuerausfälle und Steuerrückerstattungen

a) Gefestigte Rechtsprechung des EuGH

Wie die dargestellten Sachverhalte zeigen, lehnt es der EuGH bisher konsequent ab, allein den Umfang der finanziellen Folgen seiner Vorabentscheidungen durch zeitliche Beschränkung der Entscheidungswirkung zu berücksichtigen.[786] Obwohl er sich vermehrt mit Rechtssachen beschäftigt, die enorme fiskalische Auswirkungen haben können, war die Befürchtung, er müsse sich deshalb wohl zunehmend dem politischen Druck beugen, bislang unbegründet.[787] Grundsätzlich können demnach *„die finanziellen Konsequenzen, die sich aus einer Vorabentscheidung für einen Mitgliedstaat ergeben können, für sich allein die zeitliche Begrenzung der Wirkungen des betreffenden Urteils [nicht rechtfertigen]“*.[788]

---

783 Zur Begründung *Meilicke*, DB 2007, 650 (650).

784 EuGH, Urteil vom 6.3.2007 – C-292/04, Slg. I 2007, 1872 Rn. 36 ff. – Meilicke.

785 *Balmes/Ribbrock*, BB 2007, 647 (648); vgl. auch die Nachlese des Klägers zum Urteil: *Meilicke*, DB 2007, 650 (650 f.); sowie *Thömmes*, IWB 2007, 343 (343 ff.).

786 So auch schon *Weiß*, EuR 1995, 377 (385); *Janssen*, EuZW 2005, 257 (257); *Sedemund*, IStR 2005, 810 (811); *Waldhoff*, EuR 2006, 615 (634); *Schmitz/Stammler*, AÖR 136 (2011), 479 (491 f.); *Wusterhausen*, Die Wirkungen der Urteile des EuGH in der Zeit, 2016, S. 324 f.

787 Zu dieser Befürchtung *O. Klein*, IStR 2006, 209 (211).

788 EuGH, Urteil vom 17.2.2005 – C-453/02 u.a., Slg. I 2005, 1151 Rn. 44 – Linneweber; vgl. auch EuGH, Urteil vom 11.8.1995 – C-367/93 u.a., Slg. I 1995, 2248 Rn. 48 – Roders sowie EuGH, Urteil vom 19.10.1995 – C-137/94, Slg. I 1995, 3422 Rn. 37 – Richardson; EuGH, Urteil vom 13.2.1996 – C-197/94 u.a., Slg. I 1996, 530 Rn. 55 – Société Bautiia und Société francaise maritime; EuGH, Urteil vom 23.5.2000 – C-104/98, Slg. I 2000, 3644 Rn. 41 – Buchner; EuGH, Urteil vom 20.9.2001 – C-184/99, Slg. I 2001, 6229 Rn. 52 – Grzelczyk; EuGH, Urteil

Denn anderenfalls würden die schwersten Verstößen zur günstigsten Rechtsfolge führen, da sie oftmals die größten finanziellen Auswirkungen haben.[789] Ein besonders gravierender Unionsrechtsverstoß würde privilegiert.[790] Außerdem dürfen laut EuGH finanzielle Folgen nicht dazu führen, dass der gerichtliche Individualrechtsschutz eingeschränkt wird.[791] Befürworter der strikten Linie des EuGH bringen im Grunde dieselben Argumente vor wie sie gegen die Weitergeltungsanordnung des BVerfG im Raum stehen: Die Mitgliedstaaten könnten zu einem sorglosen Umgang mit Unionsrecht angeleitet werden, wenn keine Gefahr bestehe, dass die unter Verstoß gegen Unionsrecht erhobenen Steuern rückerstattet werden müssen.[792] Die finanziellen Auswirkungen auf die öffentlichen Haushalte der Mitgliedstaaten durch massive Steuerausfälle oder Rückerstattungsansprüche lässt der EuGH deshalb nicht genügen, um den Geltungsanspruch des objektiven Rechts einzuschränken.[793]

b) Pflicht zur Berücksichtigung finanzieller Auswirkungen

Fraglich ist, ob der EuGH die finanziellen Auswirkungen seiner Entscheidungen auf die Haushalte der Mitgliedstaaten mehr berücksichtigen müsste. Dies könnte sich aus den EU-Verträgen ergeben oder aber aus den gemeinschaftlichen Prinzipien der Union. Wie bereits festgestellt, ist die Aufgabe des Gerichtshofs die Wahrung des Rechts bei Auslegung und Anwen-

---

vom 18.9.2003 – C-168/01, Slg. I 2003, 9430 Rn. 42 – Bosal Holding; EuGH, Urteil vom 15.3.2005 – C-209/03, Slg. I 2005, 2151 Rn. 68 – Bidar; vgl. *Sedemund*, IStR 2005, 810 (811); *Kokott/Henze*, NJW 2006, 177 (179); *Waldhoff*, EuR 2006, 615 (634).

789 So ausdrücklich EuGH, Urteil vom 11.8.1995 – C-367/93 u.a., Slg. I 1995, 2248 Rn. 48 – Roders; *Kokott/Henze*, NJW 2006, 177 (180); *Schmitz/Stammler*, AÖR 136 (2011), 479 (492).

790 *Balmes/Ribbrock*, BB 2006, 17 (19); *Ribbrock*, BB 2006, 2611 (2611); *Waldhoff*, EuR 2006, 615 (634); *Schmitz/Stammler*, AÖR 136 (2011), 479 (497) kritisieren jedoch, dass die Schwere eines Rechtsverstoßes nicht pauschal an den finanziellen Auswirkungen gemessen werden könne.

791 EuGH, Urteil vom 11.8.1995 – C-367/93 u.a., Slg. I 1995, 2248 Rn. 48 – Roders; *Kokott/Henze*, NJW 2006, 177 (180).

792 *Kokott/Henze*, NJW 2006, 177 (180).

793 *Osterloh*, Die Rechtsprechung des EuGH in ihrer Bedeutung für das nationale und internationale Recht der direkten Steuern, 2010, 105 (109); insoweit kritisch zum Eingriff in die periodische Haushaltsplanung *Wiedmann*, EuZW 2007, 692 (692).

dung der Verträge. Unter Umständen wird das Unionsrecht aber nicht immer dann bestmöglich gewahrt, wenn jegliche Regelung zeitlich unbeschränkte Geltung erlangt. Nach *Wusterhausen* liegt der Rechtsschutzauftrag des Gerichtshofs gerade nicht nur im Schutz jeder einzelnen Regelung des Unionsrechts, sondern darüber hinaus auch in der Rücksichtnahme auf die finanzielle Stabilität der Mitgliedstaaten, die letztlich für die Finanzierbarkeit der Union verantwortlich sind. Die Gefährdung der nationalen Haushalte führe zwangsläufig zur Beeinträchtigung der finanziellen Basis der Europäischen Union. Daraus ergebe sich die Pflicht des EuGH, die finanziellen Auswirkungen seiner Entscheidungen auf die Mitgliedstaaten zu berücksichtigen.[794]

Allerdings darf dieses Verlangen nicht missverstanden werden: Die Berücksichtigung der finanziellen Folgen ist nicht gleichzusetzen mit der Rücksichtnahme auf selbige. Der EuGH berücksichtigt seit Jahrzehnten die finanziellen Auswirkungen, indem er sie ganz offenkundig in den Entscheidungsgründen erwähnt und abwägt.[795] Allerdings kommt er hierbei meist zu dem Ergebnis, dass auf die Finanzfolgen bei Würdigung des jeweiligen Einzelfalls keine Rücksicht zu nehmen ist, da die finanziellen Folgen allein nicht ausreichend und die andere Voraussetzung der Gutgläubigkeit nicht vorliegt.

c) Ausnahmsweise Beachtung bei Gefährdung der Handlungsfähigkeit des Mitgliedstaates

Die bloßen finanziellen Auswirkungen sollte der EuGH grundsätzlich weiterhin nicht als Rechtfertigungsgrund gelten lassen, wenn nicht weitere Umstände hinzutreten. Anders als bei nationalen Gerichten hat die Berücksichtigung finanzieller Folgen auf europäischer Ebene eine andere Dimension als im nationalen Bereich. Der EuGH muss zur Wahrung des Unionsrechts ganz besonders darauf achten, keine falschen Impulse zu geben.[796] Wenn der Gerichtshof rein fiskalische Interessen ausreichen ließe, um eine Beschränkung der Entscheidungswirkung zu begründen, so würde dies die sorgfältige Gestaltung des Rechts gefährden und das Signal sen-

---

794 Zum Ganzen *Wusterhausen*, Die Wirkungen der Urteile des EuGH in der Zeit, 2016, S. 325 f.

795 Ähnlich *Wusterhausen*, Die Wirkungen der Urteile des EuGH in der Zeit, 2016, S. 326.

796 *Wusterhausen*, Die Wirkungen der Urteile des EuGH in der Zeit, 2016, S. 329.

den, „dass selbst bewusste Verstöße gegen das Unionsrecht keinerlei finanzielle Konsequenzen nach sich ziehen."[797] Der Schutz des staatlichen Budgets darf nicht dazu führen, dass den Unionsbürgern ein finanzieller Schaden entsteht.

Wird durch die Entscheidung allerdings eine so hohe (Rück-)Zahlungsverpflichtung eines mitgliedstaatlichen Haushalts begründet, dass dieser in seiner Funktionsfähigkeit gestört würde, so stellt diese massive Beeinträchtigung einen vertretbaren Rechtfertigungsgrund für die zeitliche Beschränkung dar, auch wenn die weitere Voraussetzung der Gutgläubigkeit nicht vorliegt.[798] Wird eine derartige Situation vom betroffenen Mitgliedstaat dargelegt, so ist nach der hier vertretenen Ansicht von den sonstigen Voraussetzungen zur Entscheidungsbeschränkung abzusehen. In solch einem Fall wäre die strikte Einhaltung des Unionsrechts nicht geeignet, die Interessen und Ziele der Gemeinschaft bestmöglich zu verwirklichen.[799] Die gravierende Störung der öffentlichen Haushalte eines Mitglieds würde gleichfalls die finanzielle Stabilität der Union bedrohen.[800] Eine Wahrung des Unionsrechts „um jeden Preis" wäre an dieser Stelle vermessen.[801] Derselben Meinung war bereits Generalanwalt *Wahl*, der in seinen Schlussvorträgen einst ausführte, dass „besonders schwerwiegende finanzielle Konsequenzen" auch dann zur Beschränkung der zeitlichen Wirkung führen können, wenn „die zweite, die Gutgläubigkeit betreffende Voraussetzung nicht erfüllt ist."[802]

---

797 Deutlich *Wusterhausen*, Die Wirkungen der Urteile des EuGH in der Zeit, 2016, S. 329.

798 *Wusterhausen*, Die Wirkungen der Urteile des EuGH in der Zeit, 2016, S. 330.

799 Die Ziele der Union sind gemäß der nicht abschließenden Aufzählung des Art. 3 EUV neben der Förderung des Friedens, der Werte aus Art. 2 EUV und des Wohlergehens der Völker ein Raum der Freiheit, der Sicherheit und des Rechts ohne Binnengrenzen sowie die Schaffung eines Binnenmarkts mit freiem Wettbewerb. Daneben wird der wirtschaftliche, soziale und territoriale Zusammenhalt und die Solidarität zwischen den Mitgliedstaaten gefördert, vgl. zu den Zielen *Rossi*, in: Calliess/Ruffert, EUV/AEUV, 5. Auflage 2016, Art. 352 AEUV Rn. 30 ff.

800 *Wusterhausen*, Die Wirkungen der Urteile des EuGH in der Zeit, 2016, S. 331; vgl. auch EuGH, Urteil vom 8.11.2016 – C-41/15, EuZW 2016, 955 Rn. 55 – Dowling.

801 *Wusterhausen*, Die Wirkungen der Urteile des EuGH in der Zeit, 2016, S. 331.

802 Generalanwalt *Wahl*, Schlussanträge vom 24.10.2013 – C-82/12, BeckRS 2013, 82053 Rn. 58 – Transportes Jordi Besora; *Wusterhausen*, Die Wirkungen der Urteile des EuGH in der Zeit, 2016, S. 331.

3. Würdigung

Die stringente Spruchpraxis des EuGH mag auf den ersten Blick zu streng erscheinen – nimmt sie doch per se keine Rücksicht auf die Finanzfolgen der Entscheidung, wenn der Mitgliedstaat nicht auf die Unionskonformität seines nationalen Rechtsakts vertrauen durfte. Andererseits hat das Gericht durch die Entwicklung fester Voraussetzungen für Wirkungsbeschränkungen aber ein Instrument entwickelt, mit dem sich die Schutzwürdigkeit der öffentlichen Hand bestimmen lässt und diese dann auch durch Beschränkung der Rückwirkung anerkannt wird. Außerdem erachtet der EuGH nationale Ausschlussfristen grundsätzlich für zulässig.[803] Die Mitgliedstaaten können Ausschlussfristen gesetzlich regeln, um so Rückerstattungsansprüche etwa für bestandskräftige Steuerfestsetzung abzuwehren. Damit kann die Rückwirkung der EuGH-Entscheidungen bereits deutlich eingedämmt werden. Darüber hinaus ist erneut die Rolle des EuGH zu betonen. Er sichert die Auslegung und Wahrung der Verträge. Dieses Ziel kann er durch seine strenge Rechtsprechungslinie erreichen.

Bemerkenswert ist aber insbesondere auch, dass der EuGH prüft, ob der Mitgliedstaat darauf vertrauen durfte, dass sein Handeln unionsrechtskonform ist. An dieser Voraussetzung scheitert eine Vielzahl von Beschränkungsbegehren. Genau diese Bedingung ist jedoch geeignet, eine gerechte Lösung zu finden. Der EuGH gibt insofern jedem Mitgliedstaat die Chance, finanzielle Interessen erfolgreich darzutun – er muss lediglich gutgläubig und damit schutzwürdig gewesen sein (dazu sogleich).

II. Berücksichtigung der finanziellen Auswirkungen zugunsten der Mitgliedstaaten

In den folgenden Urteilen hat der EuGH die Wirkung der Auslegungsentscheidungen zeitlich begrenzt. Nach einer knappen Sachverhaltsdarstellung (1.) folgt eine ausführliche Auseinandersetzung mit den Beschränkungsvoraussetzungen (2.). Im Rahmen der Sachverhaltsdarstellung der Urteile sollen neben den wichtigsten Aussagen des EuGH auch relevante Anträge der Generalanwälte in den entsprechenden Rechtssachen hervorgehoben werden.

803 Siehe Kap. 2, B. III.

1. Entscheidungen

a) EuGH v. 16.7.1992 – Legros

Die erste Auslegungsentscheidung, die im Bereich des Abgabenrechts in ihrer Wirkung beschränkt wurde, war das Urteil in der Rs. *Legros* vom 16.7.1992. In ihren Ausführungen zur Sache hatten die Region Réunion und die Französische Republik beantragt, die zeitlichen Wirkungen des Urteils zu begrenzen, sollte die Auslegung dazu führen, dass die Abgabe („octroi de mer") mit dem EWG-Vertrag und dem Freihandelsabkommen mit Schweden unvereinbar ist.[804] Die Auslegung ergab eine solche Unvereinbarkeit. Der EuGH schloss Rechtsverhältnisse, die ihre Wirkung in der Vergangenheit erschöpft hatten, von den Urteilswirkungen aus, da die Einbeziehung und Rückerstattung der Abgabe

> *„das Finanzierungssystem der örtlichen Körperschaften [...] rückwirkend in seinen Grundlagen erschüttern würde."*[805]

Die Auslegung galt deshalb erst ab der Urteilsverkündung. Zur Begründung wurde das missverständliche Verhalten der Kommission vorgebracht, die ihr zunächst eingeleitetes Vertragsverletzungsverfahren nicht fortgesetzt und eine Entscheidung des Rates vorgeschlagen hatte, in der die Steuer aufgrund der bedeutenden wirtschaftlichen Stellung ausdrücklich gebilligt werden sollte.[806] Somit trug das Verhalten der Kommission maßgeblich dazu bei, dass die Steuer für rechtmäßig erachtet wurde und aus „zwingenden Gründen der Rechtssicherheit" eine Beschränkung des Urteils vorzunehmen war. Abgaben, die vor Erlass des Urteils entrichtet wurden, durften nicht zurückverlangt werden, es sei denn, der Betroffene hatte vor diesem Zeitpunkt Klage erhoben oder einen entsprechenden Rechtsbehelf eingelegt.[807]

b) EuGH v. 4.5.1999 – Sürül

Mit dem Auslegungsersuchen in der Rs. *Sürül* wurde der EuGH angerufen, um drei Fragen zur Anwendung der Systeme der sozialen Sicherheit der

---

804 EuGH, Urteil vom 16.7.1992 – C-163/90, Slg. I 1992, 4658 Rn. 28 – Legros.
805 EuGH, Urteil vom 16.7.1992 – C-163/90, Slg. I 1992, 4658 Rn. 34 – Legros.
806 EuGH, Urteil vom 16.7.1992 – C-163/90, Slg. I 1992, 4658 Rn. 32 – Legros.
807 EuGH, Urteil vom 16.7.1992 – C-163/90, Slg. I 1992, 4658 Rn. 31 ff. – Legros.

Mitgliedstaaten auf türkische Arbeitnehmer und deren Familienangehörige zu beantworten.[808] In der mündlichen Verhandlung baten die deutsche, französische und die Regierung des Vereinigten Königreichs um die Beschränkung der zeitlichen Wirkung. Sie trugen hierzu vor, dass die Entscheidung geeignet sei, viele Rechtsverhältnisse in Frage zu stellen, die auf den seit geraumer Zeit geltenden nationalen Regelungen beruhten, und dass die Urteilswirkungen zu schwerwiegenden finanziellen Konsequenzen für die Systeme der sozialen Sicherheit der Mitgliedstaaten führen könne.[809] Der Gerichtshof verwies in den Entscheidungsgründen auf seine ständige Rechtsprechung zur *ex tunc*-Wirkung von Auslegungsentscheidungen.[810] Da er zum ersten Mal über die Auslegung von Art. 3 Abs. 1 des Beschlusses Nr. 3/80 zu entscheiden hatte und das vorangegangene Urteil in der Rs. *Taflan-Met*[811] geeignet war, Ungewissheit über die Auslegung hervorzurufen, schlossen es nach Ansicht des EuGH zwingende Erwägungen der Rechtssicherheit aus, Rechtsverhältnisse vor dem Urteil in Frage zu stellen und so die Finanzierung der Sozialsicherheit der Mitgliedstaaten rückwirkend zu erschüttern.[812] Auf die Leistungsansprüche für Zeiten vor Erlass des Urteils durften sich im Wege einer Rückausnahme allerdings diejenigen berufen, die bis zum Erlass bereits Klage erhoben oder einen gleichwertigen Rechtsbehelf eingelegt hatten, da

> *„sonst der gerichtliche Schutz der Rechte, die die einzelnen aus dem Gemeinschaftsrecht herleiten, in nicht gerechtfertigter Weise eingeschränkt würde“.*[813]

c) EuGH v. 9.3.2000 – EKW/Wein & Co.

aa) Entscheidungsgründe

Die Auslegung in der Rs. *EKW/Wein & Co.* ergab, dass die österreichische Steuer auf alkoholische Getränke dem Gemeinschaftsrecht entgegen-

---

808 EuGH, Urteil vom 4.5.1999 – C-262/96, Slg. I 1999, 2743 – Sürül.

809 EuGH, Urteil vom 4.5.1999 – C-262/96, Slg. I 1999, 2743 Rn. 106 – Sürül.

810 EuGH, Urteil vom 4.5.1999 – C-262/96, Slg. I 1999, 2743 Rn. 107 – Sürül; siehe hierzu oben ausführlich Kap. 2, A. II. 4. b).

811 EuGH, Urteil vom 10.9.1996 – C-277/94, Slg. I 1996, 4100 – Taflan-Met.

812 EuGH, Urteil vom 4.5.1999 – C-262/96, Slg. I 1999, 2743 Rn. 109 ff. – Sürül.

813 EuGH, Urteil vom 4.5.1999 – C-262/96, Slg. I 1999, 2743 Rn. 112 – Sürül; zur sog. Rückausnahme Kap. 2, C. III.

stand.[814] Die österreichische Regierung hatte beantragt, die zeitliche Wirkung des Urteils einzuschränken, da die Verpflichtung zur Rückerstattung der bis zur Entscheidung rechtsgrundlos erhobenen Getränkesteuer schwerwiegende finanzielle Auswirkungen zur Folge hätte.[815] Befürchtet wurden Rückzahlungen i.H.v. etwa 22 Milliarden ATS[816] für die Jahre 1995 bis 1998 (etwa 0,9 % des österreichischen Bruttoinlandsprodukts).[817] Darüber hinaus hätten Vertreter der Kommission gegenüber der Republik Österreich vor deren Beitritt zur Europäischen Gemeinschaft versichert, dass die gegenständliche Getränkesteuer mit dem Gemeinschaftsrecht vereinbar sei.[818] Der EuGH sah sich daher ausnahmsweise veranlasst, dem Grundsatz der Rechtssicherheit vor der objektiven Rechtmäßigkeit Vorrang zu gewähren. So heißt es in der Begründung:

> „*Zwingende Gründe der Rechtssicherheit schließen es nämlich aus, dass Rechtsverhältnisse, die ihre Wirkungen in der Vergangenheit erschöpft haben, in Frage gestellt werden, da dies das Finanzierungssystem der österreichischen Gemeinden rückwirkend in seinen Grundlagen erschüttern würde*“.[819]

Zum Schutz der Haushalte der betroffenen Gemeinden waren Ansprüche ausgeschlossen, die auf Rückerstattung von vor Erlass des Urteils entrichteter oder fällig gewordener Steuern gerichtet waren – es sei denn, der Anspruchsinhaber hatte vor dem Urteilsspruch Klage erhoben oder einen entsprechenden Rechtsbehelf eingelegt.[820]

---

814 EuGH, Urteil vom 9.3.2000 – C-437/97, Slg. I 2000, 1189 – EKW/Wein & Co.; zum Sachverhalt und dem Urteilsspruch *Arnold*, ecolex 2000, 225 (225 ff.); *Ehrke*, ÖStZ 2000, 254 (254 ff.); *Kilches*, FJ 2000, 65 (65 ff.); *Marschner*, SWK 2000, 1128 (1128 ff.); *Finke*, IStR 2006, 212 (215); *Seer/Müller*, IWB 2008, 255 (260 f.).

815 EuGH, Urteil vom 9.3.2000 – C-437/97, Slg. I 2000, 1189 Rn. 56 – EKW/Wein & Co.

816 Schilling, österreichische Währung bis zur Einführung des Euro am 1.1.1999, Umrechnungskurs zum Euro: 1 Euro = 13,7603 ATS, siehe *Kilb*, EuZW 2002, 5 (8).

817 Generalanwalt *Saggio*, Schlussanträge vom 1.7.1999 – C-437/97, Slg. I 1999, 1161 Rn. 62 – EKW/Wein & Co.

818 EuGH, Urteil vom 9.3.2000 – C-437/97, Slg. I 2000, 1189 Rn. 56 – EKW/Wein & Co.; vgl. auch *Beiser*, RdW 2000, 707 (708).

819 EuGH, Urteil vom 9.3.2000 – C-437/97, Slg. I 2000, 1189 Rn. 59 – EKW/Wein & Co.

820 EuGH, Urteil vom 9.3.2000 – C-437/97, Slg. I 2000, 1189 Rn. 60 – EKW/Wein & Co.; zu den Auswirkungen *Arnold*, ecolex 2000, 225 (227 f.); vgl. außerdem *Beiser*, RdW 2000, 707 (707 ff.); *Bruckner/Keppert*, ÖStZ 2000, 195 (195 ff.); *Ehrke*,

bb) Abweichende Ansicht des Generalanwalts gegen zeitliche Beschränkung

Nach abweichender Ansicht des Generalanwalts *Saggio* war eine Beschränkung der zeitlichen Wirkung der Entscheidung in der vorgelegten Sache nicht angezeigt.[821] Er bemängelte im Rahmen der Verhandlungen, die Beschränkung würde

> *„zu der paradoxen Konsequenz führen, daß schwere Verstöße günstiger behandelt würden als weniger schwere, da die ersteren offenkundig für die Mitgliedstaaten größere finanzielle Auswirkungen haben können"*.[822]

Zudem führe seiner Ansicht nach

> *„die mangelnde Rückwirkung der Entscheidung [...] zu einer Art Legitimierung der gemeinschaftsrechtswidrigen nationalen Rechtsvorschriften für den gesamten Zeitraum vor Erlaß des Urteils"*.[823]

2. Rechtliche Würdigung

Nachdem nun die Rechtsprechung vorgestellt wurde, bei der die Wirkung der Entscheidungen beschränkt wurde, sollen im Folgenden die Voraussetzungen erörtert werden, die eine zeitliche Beschränkung von Auslegungsentscheidungen rechtfertigen.

Wie bereits festgestellt, hat der EuGH die Interessen der Mitgliedstaaten zu berücksichtigen, da er gemäß Art. 4 Abs. 2 S. 1 EUV die jeweilige nationale Identität der Mitgliedstaaten zu achten hat, die in ihren grundlegenden politischen und verfassungsmäßigen Strukturen zum Ausdruck kommt.[824] Durch die Wirkungsbeschränkung sucht der EuGH einen Ausgleich zwischen dem objektiven Recht und der Rechtssicherheit zu schaf-

---

ÖStZ 2000, 254 (255 ff.); *Kilches*, FJ 2000, 65 (66 f.); *Marschner*, SWK 2000, 1128 (1130); *Finke*, IStR 2006, 212 (215).

821 Generalanwalt *Saggio*, Schlussanträge vom 1.7.1999 – C-437/97, Slg. I 1999, 1161 Rn. 62 ff. – EKW/Wein & Co.; hierzu auch *Beiser*, RdW 2000, 707 (708).

822 Generalanwalt *Saggio*, Schlussanträge vom 1.7.1999 – C-437/97, Slg. I 1999, 1161 Rn. 65 – EKW/Wein & Co.; hierbei verwies *Saggio* auf EuGH, Urteil vom 11.8.1995 – C-367/93 u.a., Slg. I 1995, 2248 Rn. 48 – Roders.

823 Generalanwalt *Saggio*, Schlussanträge vom 1.7.1999 – C-437/97, Slg. I 1999, 1161 Rn. 65 – EKW/Wein & Co.

824 Siehe hierzu auch *Schwarze*, Die Wahrung des Rechts durch den Gerichtshof der Europäischen Union, 2014, S. 6 ff.

fen.[825] Gleichzeitig werden die Mitgliedstaaten aufgrund der seltenen Beschränkung der Entscheidungswirkung angehalten, bei der (Steuer-)Gesetzgebung intensiv zu prüfen, ob sie europarechtskonform ist, um späteren Rückerstattungsansprüchen vorzubeugen.[826]

a) Beschränkungsvoraussetzungen für Auslegungsentscheidungen

> „*Der Gerichtshof kann sich nur ausnahmsweise nach dem der Gemeinschaftsrechtsordnung innewohnenden allgemeinen Grundsatz der Rechtssicherheit veranlaßt sehen, mit Wirkung für die Betroffenen die Möglichkeit zu beschränken, sich auf die Auslegung einer Bestimmung durch den Gerichtshof zu berufen, um in gutem Glauben begründete Rechtsverhältnisse in Frage zu stellen.*“[827]

Diese oder inhaltlich vergleichbare Aussagen finden sich in zahlreichen Entscheidungen des EuGH, in denen eine zeitliche Beschränkung thematisiert wurde. Bei Auslegungsentscheidungen sieht sich der EuGH demnach „nur ganz ausnahmsweise“[828] durch den Grundsatz der Rechtssicherheit[829] veranlasst, die zeitliche Wirkung der Entscheidung und somit das objektive Recht zu vernachlässigen.[830] Für eine solche Beschränkung müssen zwei Kriterien kumulativ erfüllt sein: der „gute Glaube der Betroffenen“ und

---

825 *Rosenkranz,* Die Beschränkung der Rückwirkung von Entscheidungen des Europäischen Gerichtshofs, 2015, S. 131.

826 *Drüen,* FS Schaumburg, 2009, 609 (627).

827 EuGH, Urteil vom 4.5.1999 – C-262/96, Slg. I 1999, 2743 Rn. 108 – Sürül; EuGH, Urteil vom 14.9.2006 – C-228/05, Slg. I 2006, 8417 Rn. 72 – Stradasfalti; mit ähnlichem Wortlaut EuGH, Urteil vom 5.10.2006 – C-290/05 u.a., Slg. I 2006, 10155 Rn. 63 – Nádasdi und Németh; ähnlich auch EuGH, Urteil vom 18.1.2007 – C-313/05, Slg. I 2007, 538 Rn. 56 – Brezinski.

828 Aus jüngerer Zeit EuGH, Urteil vom 19.10.2017 – C-101/16, DStR 2017, 2333 Rn. 65 – Paper Consultant.

829 Grundsatz in diesem Zusammenhang bereits früh erwähnt in: EuGH, Urteil vom 8.4.1976 – 43/75, Slg. 1976, 456 Rn. 74 f. – Defrenne; EuGH, Urteil vom 2.2.1988 – 24/86, Slg. 1988, 398 Rn. 32 ff. – Blaizot; EuGH, Urteil vom 17.5.1990 – C-262/88, Slg. I 1990, 1944 Rn. 41 ff. – Barber; EuGH, Urteil vom 16.7.1992 – C-163/90, Slg. I 1992, 4658 Rn. 30 – Legros; EuGH, Urteil vom 6.3.2007 – C-292/04, Slg. I 2007, 1872 Rn. 35 – Meilicke; vgl. *Weiß,* EuR 1995, 377 (384, Fn. 50); *Lang,* IStR 2007, 235 (235).

830 Vgl. *Weiß,* EuR 1995, 377 (381).

die „Gefahr schwerwiegender Störungen“, die im Folgenden eingehend zu beleuchten sind.[831]

In nur 23 von insgesamt über 2000 das Steuerrecht betreffende Auslegungsentscheidungen seit 1976[832] wurde die Möglichkeit der zeitlichen Beschränkung in den Entscheidungsgründen konkret erörtert.[833] Bei ledig-

831 EuGH, Urteil vom 19.10.2017 – C-101/16, DStR 2017, 2333 Rn. 65 – Paper Consultant mit Verweis auf EuGH, Urteil vom 10.5.2012 – C-338/11 u.a., DStR 2012, 1016 Rn. 59 – Santander Asset Management und EuGH, Urteil vom 22.9.2016 – C-110/15, GRUR 2017, 155 Rn. 60 – Microsoft Mobile Sales International. Siehe zu den Voraussetzungen Kap. 2, C. II. 2. a) bb).

832 Es existieren keine offiziellen Zahlen zu Entscheidungen, die sich ausdrücklich mit der Beschränkungen der zeitlichen Wirkung befassen. Gleichwohl ermöglicht die Online-Recherche auf der Homepage des EuGH (www.curia.europa.e u) durch eine Suchmaske die Entscheidungen nach Rechtsgebiet und Schlagworten zu filtern. Durch diese Recherche ergaben sich die genannten Daten aus dem Bereich des Steuerrechts (zuletzt überprüft am 19.5.2020).

833 Erstmals in EuGH, Urteil vom 31.3.1992 – C-200/90, Slg. I 1992, 2240 Rn. 20 ff. – Dansk Denkavit und Poulsen Trading; sodann EuGH, Urteil vom 16.7.1992 – C-163/90, Slg. I 1992, 4658 Rn. 28 ff. – Legros; EuGH, Urteil vom 11.8.1995 – C-367/93 u.a., Slg. I 1995, 2248 Rn. 48 ff. – Roders; EuGH, Urteil vom 13.2.1996 – C-197/94 u.a., Slg. I 1996, 530 Rn. 44 ff. – Société Bautiia und Société francaise maritime; EuGH, Urteil vom 3.7.1997 – C-330/95, Slg. I 1997, 3817 Rn. 27 f. – Goldsmiths; EuGH, Urteil vom 9.3.2000 – C-437/97, Slg. I 2000, 1189 Rn. 55 ff. – EKW/Wein & Co.; EuGH, Urteil vom 4.10.2001 – C-294/99, Slg. I 2001, 6813 Rn. 34 ff. – Athinaiki Zythopoiia; EuGH, Urteil vom 17.2.2005 – C-453/02 u.a., Slg. I 2005, 1151 Rn. 39 ff. – Linneweber; EuGH, Urteil vom 30.3.2006 – C-184/04, Slg. I 2006, 3064 Rn. 52 ff. – Uudenkaupungin kaupunki; EuGH, Urteil vom 14.9.2006 – C-228/05, Slg. I 2006, 8417 Rn. 70 ff. – Stradasfalti; EuGH, Urteil vom 5.10.2006 – C-290/05 u.a., Slg. I 2006, 10155 Rn. 61 ff. – Nádasdi und Németh; EuGH, Urteil vom 18.1.2007 – C-313/05, Slg. I 2007, 538 Rn. 54 ff. – Brezinski; EuGH, Urteil vom 17.7.2008 – C-426/07, BeckRS 2008, 70795 Rn. 40 ff. – Krawczyński; EuGH, Urteil vom 12.2.2009 – C-138/07, EuZW 2009, 329 Rn. 66 ff. – Belgien/Cobelfret NV; EuGH, Urteil vom 3.6.2010 – C-2/09, BeckRS 2010, 90670 Rn. 48 ff. – Kalinchev; EuGH, Urteil vom 19.7.2012 – C-263/11, BeckRS 2012, 81478 Rn. 56 ff. – Rēdlihs; EuGH, Urteil vom 18.10.2012 – C-525/11, BeckRS 2012, 82057 Rn. 39 ff. – Mednis; EuGH, Urteil vom 27.2.2014 – C-82/12, BeckRS 2014, 80471 Rn. 37 ff. – Transportes Jordi Besora; EuGH, Urteil vom 15.10.2014 – C-331/13, BeckRS 2014, 82159 Rn. 40 ff. – Nicula; EuGH, Urteil vom 14.4.2015 – C-76/14, IStR 2015, 559 Rn. 52 ff. – Manea; EuGH, Urteil vom 29.9.2015 – C-276/14, MwStR 2015, 926 Rn. 43 ff. – Wrocław; EuGH, Urteil vom 9.6.2016 – C-586/14, BeckRS 2016, 81169 Rn. 44 ff. – Budisan; EuGH, Urteil vom 19.10.2017 – C-101/16, DStR 2017, 2333 Rn. 62 ff. – Paper Consultant; EuGH, Urteil vom 28.2.2018 – C-672/16, DStRE 2018, 745 Rn. 55 ff. – Imofloresmira. Jedoch wird nicht jeder Antrag auf Wirkungsbe-

lich zwei dieser Urteile (Rs. *Legros*[834] und Rs. *EKW/Wein & Co.*[835]) beschränkte der EuGH die Wirkung der Entscheidung tatsächlich.[836]

Abgelehnt wurde die Beschränkung in allen anderen Fällen entweder aufgrund fehlender Unsicherheit über die Auslegung des Unionsrechts oder weil die Darlegung der finanziellen Auswirkungen aus Sicht des EuGH allein niemals zur zeitlichen Beschränkung führen können – oder aber im Einzelfall zu gering waren, als dass die Erstattung einer unionsrechtswidrigen Abgabe die Gefahr schwerwiegender Störungen hervorgerufen hätte. Teils wurden die finanziellen Auswirkungen gar nicht oder unzureichend nachgewiesen. Insbesondere aber will der EuGH nicht schwerste Verstöße günstiger behandeln, da diese in der Regel die spürbarsten finanziellen Folgen mit sich bringen. Darüber hinaus möchte er den gerichtlichen Schutz der Rechte des Steuerpflichtigen nicht wesentlich einschränken.

aa) Objektivität des Rechts und Rechtssicherheit als Abwägungskriterien

Zieht der EuGH in Betracht, die Entscheidungswirkung zu beschränken und die Auslegung erst ab Verkündung gelten zu lassen, so wägt er zwischen Rechtssicherheit und der Objektivität des Rechts ab. Zwar hat letztlich auch die Bindung an das objektive Recht zum Ziel, Rechtssicherheit zu schaffen und zu gewährleisten, sodass die beiden Grundsätze nicht völlig gegensätzlicher Natur sind.[837] Allerdings muss die Objektivität des Rechts bei der Beschränkung der Entscheidungswirkung für die Vergan-

---

schränkungen sodann in den Entscheidungsgründen diskutiert. Als Beispiel sei hier die Rs. *Banca popolare di Cremona* genannt, in der aus den Schlussanträgen des Generalanwalts hervorgeht, dass die italienische Regierung die Beschränkung der zeitlichen Wirkung beantragt hatte. In der Urteilsbegründung wird die Beschränkung aber nicht erwähnt, vgl. Generalanwalt *Jacobs*, Schlussanträge vom 17.3.2005 – C-475/03, Slg. I 2005, 9375 Rn. 73 ff. – Banca popolare di Cremona und die daraufhin ergangene Entscheidung: EuGH, Urteil vom 3.10.2006 – C-475/03, Slg. I 2006, 9440 – Banca popolare di Cremona.

834 Siehe hierzu bereits Kap. 2, C. II. 1. a).

835 Siehe hierzu bereits Kap. 2, C. II. 1. c).

836 EuGH, Urteil vom 16.7.1992 – C-163/90, Slg. I 1992, 4658 Rn. 28 ff. – Legros; EuGH, Urteil vom 9.3.2000 – C-437/97, Slg. I 2000, 1189 Rn. 55 ff. – EKW/Wein & Co.

837 *Rosenkranz*, Die Beschränkung der Rückwirkung von Entscheidungen des Europäischen Gerichtshofs, 2015, S. 133.

genheit gänzlich zurücktreten, sodass sie in dieser Konstellation nicht zur Geltung gelangt.

(i) Rechtssicherheit

Der Unionsrechtsordnung wohnt der allgemeine Grundsatz der Rechtssicherheit inne.[838] Ihm liegt zugrunde, dass der Rechtsadressat die Möglichkeit haben soll, sich an der geltenden Rechtslage zu orientieren und sein Verhalten hieran auszurichten. Dementsprechend steht der Grundsatz für die Erkennbarkeit, Verlässlichkeit und Berechenbarkeit des Unionsrechts.[839] Außerdem soll die Wahrung der Rechtssicherheit zu einer einheitlichen Anwendung der Unionsrechtsordnung beitragen.[840] An der Rücksichtnahme auf Rechtssicherheit haben demnach insbesondere auch die Mitgliedstaaten ein Interesse, da sie infolge einer gewonnenen Auslegung durch den EuGH die Rechtslage grundsätzlich rückwirkend anzupassen haben, wenn das nationale Recht dem Europarecht entgegensteht.

(ii) Objektivität des Rechts

Während die Rücksichtnahme auf die Rechtssicherheit dazu führen kann, dass rechtswidrige Gesetze weiter angewendet werden dürfen und materielle Folgen für die Vergangenheit nicht rückabzuwickeln sind, fordert die Objektivität des Rechts, dass die Staatsgewalten an die Gesetze gebunden sind und diese auch vollziehen. Hervorzuheben sei an dieser Stelle die klare Haltung des EuGH, der davon ausgeht, dass

> *„bei allen gerichtlichen Entscheidungen deren praktischen Auswirkungen sorgfältig zu erwägen sind, dass dies aber nicht so weit gehen darf, dass die Objektivität des Rechts gebeugt und seine zukünftige Anwendung unterbun-*

838 EuGH, Urteil vom 16.7.1992 – C-163/90, Slg. I 1992, 4658 Rn. 30 – Legros; EuGH, Urteil vom 6.3.2007 – C-292/04, Slg. I 2007, 1872 Rn. 35 – Meilicke; EuGH, Urteil vom 19.10.2017 – C-101/16, DStR 2017, 2333 Rn. 65 – Paper Consultant; *Osterloh,* Die Rechtsprechung des EuGH in ihrer Bedeutung für das nationale und internationale Recht der direkten Steuern, 2010, 105 (109); *Latzel,* EuR 2015, 415 (419); vgl. auch die Nachweise in Fn. 829.

839 *Rosenkranz,* Die Beschränkung der Rückwirkung von Entscheidungen des Europäischen Gerichtshofs, 2015, S. 132.

840 *Rosenkranz,* Die Beschränkung der Rückwirkung von Entscheidungen des Europäischen Gerichtshofs, 2015, S. 132.

den wird, nur weil eine Gerichtsentscheidung für die Vergangenheit gewisse Auswirkungen haben kann".[841]

Der EuGH hält die Objektivität des Rechts somit für ein besonders schützenswertes Gut. Die Realfolgen der Entscheidung sind also grundsätzlich nicht geeignet, das objektive Recht zu beugen. Bleibt ein unionsrechtswidriges Gesetz aufgrund einer Rückwirkungsbeschränkung für die Vergangenheit anwendbar, so wird die Geltung des Unionsrechts aber zeitweise suspendiert.[842] Gleichzeitig wird der einzelne Rechtsadressat daran gehindert, seine Rechte geltend zu machen, indem er sich für einen bestimmten Zeitraum nicht auf die Geltung der Unionsrechtsordnung berufen kann.[843] Dies stellt eine empfindliche Beeinträchtigung der Individualrechte dar.[844] Festzuhalten ist, dass sich die beiden Güter der Rechtssicherheit und des objektiven Rechts insbesondere dann gegenüberstehen, wenn schwere finanzielle Auswirkungen der zu treffenden Entscheidung zu befürchten sind.

(iii) Erforderlichkeit einer interessengerechten Abwägung

Wenn sich zwei gewichtige Rechtsgrundsätze gegenüberstehen, muss eine Abwägung vorgenommen und ein schonender Ausgleich gefunden werden. Weder die alleinige Wahrung des einen, noch des anderen Wertes kann beide schützenswerten Seiten gleichermaßen zufriedenstellen.[845] Dies entspricht auch der Rechtsprechung des EuGH, wonach die Auswir-

---

841 EuGH, Urteil vom 2.2.1988 – 24/86, Slg. 1988, 398 Rn. 30 – Blaizot; EuGH, Urteil vom 16.7.1992 – C-163/90, Slg. I 1992, 4658 Rn. 30 – Legros; EuGH, Urteil vom 9.3.2000 – C-437/97, Slg. I 2000, 1189 Rn. 57 – EKW/Wein & Co.; EuGH, Urteil vom 19.9.2000 – C-177/99 u.a., Slg. I 2000, 7050 Rn. 66 – Ampafrance; EuGH, Urteil vom 14.9.2006 – C-228/05, Slg. I 2006, 8417 Rn. 72 – Stradasfalti; *Rosenkranz,* Die Beschränkung der Rückwirkung von Entscheidungen des Europäischen Gerichtshofs, 2015, S. 132.

842 Allgemein zur Beschränkung von Gerichtsentscheidungen auf die Zukunft *Larenz,* Methodenlehre der Rechtswissenschaft, 6. Auflage 1991, S. 434 f.; siehe zum Unionsrecht *Kokott/Henze,* BB 2007, 913 (917); *Seer/Müller,* IWB 2008, 255 (263); *Rosenkranz,* Die Beschränkung der Rückwirkung von Entscheidungen des Europäischen Gerichtshofs, 2015, S. 132 f.

843 *Rosenkranz,* Die Beschränkung der Rückwirkung von Entscheidungen des Europäischen Gerichtshofs, 2015, S. 133.

844 *Drüen/Kahler,* StuW 2005, 171 (181); *Rosenkranz,* Die Beschränkung der Rückwirkung von Entscheidungen des Europäischen Gerichtshofs, 2015, S. 133.

845 Zum Gebot der praktischen Konkordanz siehe bereits Kap. 1, C. II. 2. c) ee) (i).

kungen der Entscheidung erwogen werden müssen, die Abwägung aber nicht nur aufgrund bestimmter unerwünschter Realfolgen zulasten des objektiven Rechts gehen darf. Die Abwägung fällt nach ständiger Rechtsprechung des EuGH zugunsten einer Beschränkung der zeitlichen Wirkung aus, wenn zwei Voraussetzungen vorliegen (dazu sogleich).

bb) Vorliegen zweier kumulativer Voraussetzungen

Der EuGH spricht die Beschränkung der zeitlichen Wirkungen von Auslegungsentscheidungen aus, wenn

> *„zwei grundlegende Kriterien erfüllt sind, nämlich **guter Glaube** der Betroffenen und die **Gefahr schwerwiegender Störungen**"*.[846]

Er führte hierzu näher aus, dass diese Lösung stets nur dann gewählt wurde, wenn

> *„zum einen die **Gefahr schwerwiegender wirtschaftlicher Auswirkungen** bestand, die insbesondere mit der großen Zahl von Rechtsverhältnissen zusammenhingen, die gutgläubig eingegangen worden waren, und wenn zum anderen sich herausstellte, dass die Einzelnen und die nationalen Behörden zu einem mit der Gemeinschaftsregelung unvereinbaren Verhalten veranlasst worden waren, weil eine **objektive und bedeutende Unsicherheit hinsichtlich der Tragweite der Gemeinschaftsbestimmungen** bestand, zu der gegebenenfalls auch das Verhalten anderer Mitgliedstaaten oder der Kommission beigetragen hatte."*[847]

(i) Gefahr schwerwiegender wirtschaftlicher Auswirkungen

Nach ständiger Rechtsprechung des EuGH kann die zeitliche Beschränkung der Auslegungsentscheidung angezeigt sein, wenn durch die *ex tunc*-Regelfolge schwerwiegende Störungen[848] drohen. Hiermit sind zumeist fi-

---

846 Vgl. die Nachweise in Fn.831; Hervorhebungen durch die Verfasserin.

847 EuGH, Urteil vom 15.3.2005 – C-209/03, Slg. I 2005, 2151 Rn. 69 – Bidar; EuGH, Urteil vom 19.10.2017 – C-101/16, DStR 2017, 2333 Rn. 66 m.w.N. – Paper Consultant; Hervorhebungen durch die Verfasserin.

848 Diese Formulierung wurde bspw. gewählt in EuGH, Urteil vom 28.9.1994 – C-57/93, Slg. I 1994, 4567 Rn. 21 – Vroege; EuGH, Urteil vom 12.10.2000 – C-372/98, Slg. I 2000, 8699 Rn. 42 – Cooke; EuGH, Urteil vom 21.3.2013 –

nanzielle Folgen gemeint, während rein praktische Schwierigkeiten wie etwa Verwaltungs- bzw. Vollzugsmehraufwand zur Herstellung eines unionsrechtskonformen Zustands nicht ausreichen.[849] In der Berücksichtigung der schwerwiegenden wirtschaftlichen Auswirkungen kommt die Verantwortlichkeit des EuGH für die Realfolgen seiner Entscheidungen zum Ausdruck.[850] Auch er kann sich nicht gänzlich vor ihnen verschließen. Es wäre überdies inkonsequent, einerseits etwa ausgeglichene Haushalte seitens der Mitgliedstaaten zu verlangen (Art. 126 Abs. 1 AEUV) und sie zugleich in starrer Durchsetzung des Unionsrechts finanziell zu destabilisieren.[851]

Für die Beschränkung der zeitlichen Wirkung muss objektiv feststehen, dass die Entscheidung schwerwiegende finanzielle Folgen für den betroffenen Mitgliedstaat haben kann.[852] Diese Gefahr muss daher rühren, dass wegen der Rückwirkung der Auslegungsentscheidung eine Vielzahl von

---

C-92/11, NJW 2013, 2253 Rn. 59 m.w.N. – RWE Vertrieb; EuGH, Urteil vom 17.9.2014 – C-562/12, BeckRS 2014, 81856 Rn. 81 – Liivimaa Lihaveis MTÜ.

849 *Egger*, AnwBl 2001, 528 (531); *Wusterhausen*, Die Wirkungen der Urteile des EuGH in der Zeit, 2016, S. 182. In einer Entscheidung heißt es: „Die Regierung des Vereinigten Königreichs macht ferner geltend, dass eine Bejahung der Vorlagefrage ohne Begrenzung der zeitlichen Wirkung des Urteils zu erheblichen administrativen und praktischen Schwierigkeiten führen würde, da die zuständigen Behörden anhand der Auslegung des Gerichtshofes bis zu 10 000 seit 1993 bearbeitete Vorgänge überprüfen müssten." Der EuGH ließ diese Begründung aber nicht gelten, indem er ausführte: „Die von der Regierung des Vereinigten Königreichs angeführten administrativen und praktischen Schwierigkeiten wegen der Überprüfung zahlreicher Vorgänge können schwerwiegenden Störungen nicht gleichgestellt werden", EuGH, Urteil vom 12.10.2000 – C-372/98, Slg. I 2000, 8699 Rn. 41, 43 – Cooke; vgl. auch EuGH, Urteil vom 30.3.2006 – C-184/04, Slg. I 2006, 3064 Rn. 56 – Uudenkaupungin kaupunki; hierzu ebenfalls *Schaer*, Rechtssicherheit und Vertrauensschutz als Grenzen rückwirkender Rechtsprechung im europäischen Arbeitsrecht, 2010, S. 66 f. und *Rosenkranz*, Die Beschränkung der Rückwirkung von Entscheidungen des Europäischen Gerichtshofs, 2015, S. 232 f.; a.A. wohl *Bydlinski*, JBl 2001, 2 (24); *Klappstein*, Die Rechtsprechungsänderung mit Wirkung für die Zukunft, 2009, S. 215; *Schmitz/Stammler*, AÖR 136 (2011), 479 (497 f.).

850 *Rosenkranz*, Die Beschränkung der Rückwirkung von Entscheidungen des Europäischen Gerichtshofs, 2015, S. 225.

851 *Schnitger*, Die Grenzen der Einwirkung der Grundfreiheiten des EG-Vertrages auf das Ertragsteuerrecht, 2006, S. 143; *Rosenkranz*, Die Beschränkung der Rückwirkung von Entscheidungen des Europäischen Gerichtshofs, 2015, S. 225.

852 *Kokott/Henze*, NJW 2006, 177 (182).

Rechtsverhältnissen betroffen ist.[853] Wirkt die Entscheidung des EuGH zeitlich unbeschränkt, so steht es allen Betroffenen grundsätzlich offen, sich für sämtliche, auch in der Vergangenheit verwirklichte Sachverhalte auf die gewonnene Auslegung des EuGH zu berufen. Hieraus kann besonders im abgabenrechtlichen Bereich eine hohe Zahl an Rückerstattungsansprüchen entstehen, die sodann eine massive finanzielle Belastung für den zahlungspflichtigen Mitgliedstaat zur Folge haben kann.[854]

(a) Begriff und Ausmaß der Auswirkungen

Welches Ausmaß vom Begriff der schwerwiegenden wirtschaftlichen Auswirkungen konkret erfasst ist, ist nicht abschließend geklärt. Jedenfalls ist die Voraussetzung wohl weit zu verstehen und kann direkte finanzielle Konsequenzen begreifen als auch indirekte, die sich infolge des Entscheidungsspruchs für die Vergangenheit ergeben.[855] In diesem Sinne können sowohl Auswirkungen auf die nationalen Staatshaushalte (vorwiegend im Rahmen von Abgabensachen) vorgetragen werden als auch auf Privatpersonen oder -rechtssubjekte oder aber öffentlich-rechtliche Träger wie etwa Universitäten.[856] Maßgeblich für die Berücksichtigung ist überdies die konkrete Reichweite der Auswirkungen. Hierbei spielen nationale Verjährungs- und Ausschlussfristen bzw. die Bestandskraft eine maßgebliche Rolle, da diese beispielsweise abgabenrechtliche Rückerstattungsansprüche begrenzen können. Der EuGH hat damit zu eruieren, wie viele Rechtsverhältnisse überhaupt (noch) von der Entscheidung berührt sein können.[857] Bei steuerrechtlichen Sachverhalten sind nach Rechtsprechung des EuGH nur diejenigen Beträge in die Erwägungen einzustellen, die tatsächlich zurückgezahlt werden müssten.[858]

---

853 *Wusterhausen,* Die Wirkungen der Urteile des EuGH in der Zeit, 2016, S. 180 m.w.N.

854 *Wusterhausen,* Die Wirkungen der Urteile des EuGH in der Zeit, 2016, S. 180.

855 *Rosenkranz,* Die Beschränkung der Rückwirkung von Entscheidungen des Europäischen Gerichtshofs, 2015, S. 228.

856 *Rosenkranz,* Die Beschränkung der Rückwirkung von Entscheidungen des Europäischen Gerichtshofs, 2015, S. 228.

857 *Rosenkranz,* Die Beschränkung der Rückwirkung von Entscheidungen des Europäischen Gerichtshofs, 2015, S. 229.

858 EuGH, Urteil vom 18.1.2007 – C-313/05, Slg. I 2007, 538 Rn. 59 f. – Brezinski; EuGH, Urteil vom 3.6.2010 – C-2/09, BeckRS 2010, 90670 Rn. 54 f. – Kalinchev; EuGH, Urteil vom 19.7.2012 – C-263/11, BeckRS 2012, 81478 Rn. 62 f. – Rēdlihs; *Rosenkranz,* Die Beschränkung der Rückwirkung von Entscheidungen

Bei welchem Ausmaß der finanziellen Auswirkungen der EuGH eine zeitliche Beschränkung für gerechtfertigt ansieht, lässt sich nicht anhand bestimmter Schwellenwerte beurteilen. Der Wegfall von 4 % des gesamten Steueraufkommens Dänemarks veranlasste ihn jedenfalls nicht zur Beschränkung der zeitlichen Wirkung in der Rs. *Dansk Denkavit*.[859] Dass der EuGH keine starren Grenzen setzt, ist nachvollziehbar, da in den verschiedenen Mitgliedstaaten zum einen unterschiedliche finanzielle Verhältnisse vorherrschen. Zum anderen kann er sich so sein richterliches Ermessen für den konkreten Einzelfall bewahren.[860] Es ist darüber hinaus zu bedenken, dass sich die Auswirkungen nicht immer für den Mitgliedstaat als solchen – etwa die Bundesrepublik – ergeben, sondern auch die Bundesländer und Kommunen betroffen sein können, die oftmals finanzschwächer sind als der Staat. Insgesamt lässt sich lediglich feststellen, dass die Hürden für die Annahme schwerwiegender wirtschaftlicher Auswirkungen vom EuGH sehr hoch angesetzt werden. Unter Bezugnahme auf die ergangenen Urteile kann konstatiert werden, dass die finanziellen Folgen jedenfalls dann als schwerwiegend einzustufen sind, wenn das betroffene öffentlich-rechtliche Finanzierungssystem „in seinen Grundlagen erschüttert" werden würde.[861]

Zu berücksichtigen sind grundsätzlich die wirtschaftlichen Auswirkungen für alle Mitgliedstaaten – auch wenn sie nicht am Verfahren beteiligt waren. Denn auch ohne Veranlassung des Auslegungsgesuchs können sich die wirtschaftlichen Folgen der Entscheidung auch in anderen Mitgliedstaaten bemerkbar machen. Demgemäß können auch andere als die Parteien des Verfahrens[862] die Beschränkung der Entscheidung beantragen.[863] Die Ermittlung der zugrunde zu legenden Zahlen obliegt allerdings demjenigen, der sich darauf beruft.[864] Der EuGH kann die aufgeschlüsselten

---

des Europäischen Gerichtshofs, 2015, S. 229 f.; zum unionsrechtlichen Steuerrückerstattungsanspruch siehe bereits ausführlich unter Kap. 2, B. III.

859 *Schmitz/Stammler*, AÖR 136 (2011), 479 (492); zur Entscheidung bereits Kap. 2, C. I. 1. a).

860 *Wusterhausen*, Die Wirkungen der Urteile des EuGH in der Zeit, 2016, S. 182.

861 Hierzu soeben Kap. 2, C. II. 1.

862 Prozessual ist dies möglich über die Beteiligungsrechte nach Art. 23 EuGH-Satzung i.V.m. Art. 96 Abs. 1 lit. b EuGH-VerfO und die Möglichkeit der Wiedereröffnung der mündlichen Verhandlung nach Art. 83 EuGH-VerfO; vgl. *Rosenkranz*, Die Beschränkung der Rückwirkung von Entscheidungen des Europäischen Gerichtshofs, 2015, S. 227.

863 *Rosenkranz*, Die Beschränkung der Rückwirkung von Entscheidungen des Europäischen Gerichtshofs, 2015, S. 227.

864 *Rosenkranz*, Die Beschränkung der Rückwirkung von Entscheidungen des Europäischen Gerichtshofs, 2015, S. 233.

Zahlen einer Schlüssigkeitsprüfung unterziehen und den Vortrag als unzureichend ablehnen.[865]

Die erforderliche Gefahr solcher schwerwiegenden Auswirkungen soll dann gegeben sein, wenn der Eintritt mit einer gewissen Wahrscheinlichkeit droht.[866] Eine mit an Sicherheit grenzende Wahrscheinlichkeit wird vonseiten der Literatur dagegen nicht gefordert.[867] Dies überzeugt, da es praktisch kaum möglich sein wird, den Eintritt der Auswirkungen genau vorherzusagen.

(b) Gutgläubigkeit

Eine Beschränkung der Entscheidungswirkungen hängt darüber hinaus davon ab, dass der von den Finanzfolgen Betroffene – meist die mitgliedstaatliche öffentliche Hand – gutgläubig war, d.h. von der Vereinbarkeit der nationalen Vorschrift mit Unionsrecht ausging.[868] Nur, wer finanzielle Einbußen erleidet, weil er auf einen bestimmten Inhalt des Unionsrechts vertraut hat, soll nach der Rechtsprechung des EuGH schutzwürdig sein.[869]

Guter Glaube kann nur dann vorgelegen haben, wenn zum Zeitpunkt der Entstehung der Rechtsverhältnisse bzw. der Dispositionen Unklarheit oder Unsicherheit über die objektive Bedeutung und Tragweite des Uni-

865 Z.B. EuGH, Urteil vom 29.11.2001 – C-366/99, Slg. I 2001, 9413 Rn. 77 – Griesmar; EuGH, Urteil vom 15.3.2005 – C-209/03, Slg. I 2005, 2151 Rn. 70 – Bidar; EuGH, Urteil vom 30.3.2006 – C-184/04, Slg. I 2006, 3064 Rn. 57 – Uudenkaupungin kaupunki; EuGH, Urteil vom 19.12.2013 – C-209/12, NJW 2014, 452 Rn. 37 – Endress; *Rosenkranz*, Die Beschränkung der Rückwirkung von Entscheidungen des Europäischen Gerichtshofs, 2015, S. 233.

866 *Rosenkranz*, Die Beschränkung der Rückwirkung von Entscheidungen des Europäischen Gerichtshofs, 2015, S. 242.

867 Darlegung und Beweis des zwingenden Eintritts wird nicht gefordert – wäre aber nach der hier vertretenen Ansicht im Vorfeld ohnehin nicht möglich, vgl. zur Darlegung der Gefährdungslage *Lindemann/Hackemann*, IStR 2005, 786 (788); *Schaer*, Rechtssicherheit und Vertrauensschutz als Grenzen rückwirkender Rechtsprechung im europäischen Arbeitsrecht, 2010, S. 77 f.; *Rosenkranz*, Die Beschränkung der Rückwirkung von Entscheidungen des Europäischen Gerichtshofs, 2015, S. 242.

868 *Lindemann/Hackemann*, IStR 2005, 786 (788); *Wiedmann*, EuZW 2007, 692 (693).

869 *Rosenkranz*, Die Beschränkung der Rückwirkung von Entscheidungen des Europäischen Gerichtshofs, 2015, S. 226.

onsrechts bestand.[870] Entscheidend ist damit auf den Zeitpunkt abzustellen, in dem die Rechtsverhältnisse begründet wurden.[871]

(ii) Objektive und bedeutende Unsicherheit hinsichtlich der Tragweite der Unionsrechtsbestimmung

Es ist deshalb der Frage nachzugehen, wann eine objektive und bedeutende Unsicherheit über die Tragweite des maßgeblichen Unionsrechts vorliegt.[872] Das Kriterium gilt je nach Antragsteller sowohl für Private als auch für juristische Personen des öffentlichen Rechts.[873] Der Praxisrelevanz entsprechend wird der Prüfungspunkt im Folgenden anhand der Geltendmachung durch einen Mitgliedstaat dargestellt.

(a) Bedeutung

Der Begriff der Unsicherheit ist missverständlich.[874] Gemeint ist nicht, dass der Rechtsanwender (nationale Behörden[875]) unsicher ist, welche Rechtslage gilt. Vielmehr ist er von einer bestimmten Rechtslage überzeugt und handelt dieser folgend – aus seiner Sicht – unionskonform.[876] Eine Unsicherheit liegt damit vor, wenn das Unionsrecht mehreren Auslegungsmöglichkeiten zugänglich ist.[877] Ist die Unsicherheit zu bejahen, ge-

---

870 *Wiedmann*, EuZW 2007, 692 (693).

871 *Forsthoff*, DStR 2005, 1840 (1842).

872 Hierzu ebenfalls ausführlich *Wusterhausen*, Die Wirkungen der Urteile des EuGH in der Zeit, 2016, S. 188 ff.

873 Ist eine natürliche oder juristische Person Antragsteller/in, müsste gleichfalls das Bestehen einer objektiven und bedeutenden Unsicherheit dargelegt und ggf. bewiesen werden, siehe auch *Wusterhausen*, Die Wirkungen der Urteile des EuGH in der Zeit, 2016, S. 189.

874 *Rosenkranz*, Die Beschränkung der Rückwirkung von Entscheidungen des Europäischen Gerichtshofs, 2015, S. 148.

875 Zu den Vertrauenden ausführlich *Rosenkranz*, Die Beschränkung der Rückwirkung von Entscheidungen des Europäischen Gerichtshofs, 2015, S. 212 ff.

876 *Ludewig*, Die zeitliche Beschränkung der Wirkung von Urteilen des EuGH im Vorabentscheidungsverfahren, 2012, S. 130; *Säcker/Mengering*, BB 2013, 1859 (1865); *Rosenkranz*, Die Beschränkung der Rückwirkung von Entscheidungen des Europäischen Gerichtshofs, 2015, S. 148 f.

877 *Rosenkranz*, Die Beschränkung der Rückwirkung von Entscheidungen des Europäischen Gerichtshofs, 2015, S. 147 f.

währt der EuGH eine Art Vertrauensschutz, weil er davon ausgeht, dass der Mitgliedstaat gutgläubig und nicht dazu veranlasst war, anders zu handeln. Er war schlicht der Auffassung, europarechtskonform zu agieren.

Zur Unsicherheit kann insbesondere ein uneindeutiges Verhalten anderer Mitgliedstaaten oder der Kommission beitragen, uneindeutige Richtlinien oder Rechtsprechung des EuGH.[878] Die Mitgliedstaaten können vorbringen, durch das Verhalten anderer Mitgliedstaaten oder EU-Organen in ihrer Sichtweise bestärkt worden zu sein.[879] Ebenfalls kann zur Begründung angeführt werden, dass die bisherige Judikatur missverständlich war.[880]

Im Einzelfall muss der Gerichtshof prüfen, ob der nationale Gesetzgeber oder die Behörden das Unionsrecht gewissenhaft beachtet und bei erkannter Unsicherheit nicht versäumt haben, diese durch Klärung zu beseitigen.[881]

(b) Vertrauensbegründendes Verhalten der Kommission und anderer Organe

In der Literatur findet sich der Vorschlag, der EuGH solle die Voraussetzung der objektiven Unsicherheit auch auf die Fälle ausdehnen, in denen der Mitgliedstaat ohne weitere Umstände davon ausging, dass sein nationales Recht unionsrechtskonform ist.[882] Wenn gerade kein Austausch mit anderen EU-Organen über die Rechtslage stattfand, habe der Mitgliedstaat keinen Anlass, die Unionskonformität zu hinterfragen.[883] Demnach sollte nicht eine aktive und positive Rechtsunsicherheit maßgeblich sein, sondern vielmehr danach gefragt werden, ob es seitens des Mitgliedstaats begründeten Anlass zu Zweifeln an der Rechtmäßigkeit der streitigen Regelung gab.[884] Im Umkehrschluss wäre der Vertrauensschutz abzusprechen, wenn positive Zweifel an der Regelung vorgelegen haben. Dieser Aspekt

---

878 Z.B. EuGH, Urteil vom 15.3.2005 – C-209/03, Slg. I 2005, 2151 Rn. 70 – Bidar; *Lindemann/Hackemann*, IStR 2005, 786 (788 m.w.N.); *Sedemund*, IStR 2005, 810 (811 f.); *Seer/Müller*, IWB 2008, 255 (261).

879 So z.B. EuGH, Urteil vom 16.7.1992 – C-163/90, Slg. I 1992, 4658 Rn. 30 ff. – Legros; *Schmitz/Stammler*, AÖR 136 (2011), 479 (491).

880 EuGH, Urteil vom 4.5.1999 – C-262/96, Slg. I 1999, 2743 Rn. 110 – Sürül.

881 *Seer/Müller*, IWB 2008, 255 (261).

882 *Schmitz/Stammler*, AÖR 136 (2011), 479 (496 f.).

883 *Schmitz/Stammler*, AÖR 136 (2011), 479 (497).

884 *Schmitz/Stammler*, AÖR 136 (2011), 479 (497).

wäre aber in der Praxis nur schwer überprüfbar, da der Mitgliedstaat pauschal darauf hinweisen könnte, keinen Anlass zu Zweifeln gehabt zu haben. Das Gegenteil zu beweisen, könnte zu erheblichen Schwierigkeiten führen.

Bezeichnet die Kommission eine nationale Vorschrift dagegen ausdrücklich als unionskonform, so sollen Mitgliedstaaten hierauf vertrauen dürfen und in diesem Vertrauen auch nicht nachträglich enttäuscht werden. Umstritten ist dagegen, ob das Schweigen bzw. Untätigbleiben der Kommission das Vertrauen in eine bestimmte Rechtslage begründen kann.[885]

(c) Untätigbleiben der Kommission als vertrauensbegründender Umstand?

Kritisch wurde in diesem Zusammenhang beispielsweise die Begründung des EuGH in der Rs. *Defrenne* gesehen,[886] nach der das bloße Schweigen der Kommission als Billigung eines bestimmten Verhaltens des Mitgliedstaats verstanden wurde.[887] Im Rechtsverkehr gilt Schweigen jedoch nicht als Zustimmung. Diesem Grundsatz folgend wurde die Rechtsprechung zu Recht kritisiert.[888]

Droht die Kommission dagegen zunächst mit Einleitung eines Vertragsverletzungsverfahrens, folgt dieser Drohung jedoch kein solches, so geht der EuGH ebenfalls davon aus, dass die bloße Untätigkeit der Kommission ein schutzwürdiges Vertrauen des Mitgliedstaats begründen kann.[889] Schweigt die Kommission nach einer Androhung, so hat der Mitgliedstaat nach der hier vertretenen Auffassung aber zumindest infolge der Androhung positive Kenntnis, dass die Norm möglicherweise gegen Europarecht verstößt und daraufhin überprüft werden sollte. Anders gewendet: Wenn die Kommission, aus welchen Gründen auch immer, nicht oder nicht rechtzeitig ein angedrohtes Verfahren einleitet, könnte der Mitgliedstaat

---

885 Hierzu und zum Verhalten anderer Unionsorgane ausführlich *Rosenkranz*, Die Beschränkung der Rückwirkung von Entscheidungen des Europäischen Gerichtshofs, 2015, S. 189 ff.

886 Zur Begründung: EuGH, Urteil vom 8.4.1976 – 43/75, Slg. 1976, 456 Rn. 71 f. – Defrenne; ähnlich EuGH, Urteil vom 16.7.1992 – C-163/90, Slg. I 1992, 4658 Rn. 32 f. – Legros.

887 Vgl. *Sedemund*, IStR 2005, 810 (812); *O. Klein*, IStR 2006, 209 (210); *Wiedmann*, EuZW 2007, 692 (693).

888 Kritisch *Sedemund*, IStR 2005, 810 (815); *O. Klein*, IStR 2006, 209 (210).

889 *O. Klein*, IStR 2006, 209 (210).

dies sogar zu seinen Gunsten vorbringen.[890] Sachgerechter wäre es deshalb, nicht auf die Untätigkeit der Kommission abzustellen, sondern Vertrauensschutz nur dann anzuerkennen, wenn die Kommission den Mitgliedstaat durch ein positives Tun in seiner Rechtsauffassung bestärkt und einen zurechenbaren Rechtsschein setzt.[891]

Dieser Argumentation folgend wäre es verfehlt, den Mitgliedstaaten Vertrauensschutz zuzugestehen, wenn die Kommission (jedenfalls bis zur Gerichtsentscheidung) noch gar keine Zweifel am nationalen Recht geäußert oder ein angedrohtes Verfahren nicht weiterverfolgt hat. Im Ergebnis reichen die bloße Untätigkeit bzw. das Schweigen der Kommission nicht aus, um schutzwürdiges Vertrauen zu begründen.

(d) Ausschluss des Vertrauensschutzes

Eine objektive Unsicherheit kann daher erst recht nicht behauptet werden, wenn die Kommission ein Vertragsverletzungsverfahren eingeleitet hat[892] oder sie den Mitgliedstaat auf mögliche Rechtsprobleme bei einer nationalen Vorschrift hingewiesen hat. Auch in diesen Fällen kann nicht mehr von Gutgläubigkeit des Mitgliedstaats ausgegangen werden.[893]

Der Vertrauensschutz kann auch beim Vorliegen anderer Umstände nicht geltend gemacht werden. Hierzu zählt etwa eine geklärte Rechtslage,[894] wenn die streitige Rechtsfrage oder eine ähnliche bereits durch den

---

890 Ähnlich bereits *O. Klein*, IStR 2006, 209 (210).

891 *Sedemund*, IStR 2005, 810 (815); *Balmes/Ribbrock*, BB 2006, 17 (19); *O. Klein*, IStR 2006, 209 (210).

892 EuGH, Urteil vom 11.8.1995 – C-367/93 u.a., Slg. I 1995, 2248 Rn. 45 – Roders; EuGH, Urteil vom 27.2.2014 – C-82/12, BeckRS 2014, 80471 Rn. 44 – Transportes Jordi Besora; *Rosenkranz*, Die Beschränkung der Rückwirkung von Entscheidungen des Europäischen Gerichtshofs, 2015, S. 211.

893 EuGH, Urteil vom 31.3.1992 – C-200/90, Slg. I 1992, 2240 Rn. 22 – Dansk Denkavit und Poulsen Trading; EuGH, Urteil vom 27.2.2014 – C-82/12, BeckRS 2014, 80471 Rn. 44 f. – Transportes Jordi Besora; *Rosenkranz*, Die Beschränkung der Rückwirkung von Entscheidungen des Europäischen Gerichtshofs, 2015, S. 211.

894 *Altmeyer*, Vertrauensschutz im Recht der Europäischen Union und im deutschen Recht, 2003, S. 116; *Saßenroth*, Die Bestandskraft deutscher Steuerbescheide im Licht der Rechtsprechung des EuGH, 2009, S. 53; *Rosenkranz*, Die Beschränkung der Rückwirkung von Entscheidungen des Europäischen Gerichtshofs, 2015, S. 203.

EuGH geklärt wurde und der Unionsverstoß damit erkennbar bzw. vorhersehbar war.[895]

(iii) Kumulierung von objektiver Unsicherheit und Gefahr schwerwiegender wirtschaftlicher Auswirkungen

Wie bereits festgestellt, beschränkt der EuGH die zeitliche Wirkung seiner Auslegungsentscheidungen nur dann, wenn beide Kriterien der Gutgläubigkeit und der schwerwiegenden wirtschaftlichen Auswirkungen kumulativ vorliegen. Stellt er während des Verfahrens bereits fest, dass keine Unsicherheit bezüglich der Auslegung des Unionsrechts vorlag, so entfällt die Prüfung der wirtschaftlichen Auswirkungen.[896] Dies steht auch in Einklang mit der ständigen Rechtsprechung des EuGH, dass finanzielle Folgen für sich genommen niemals eine Rückwirkungsbeschränkung rechtfertigen können.

cc) Kritische Würdigung

Das Kriterium der Gefahr schwerwiegender wirtschaftlicher Auswirkungen stößt im Schrifttum nicht nur auf Zustimmung. So erachten einige Kritiker die Hürden als zu hoch und fordern die Lockerung der Voraussetzungen.[897] Des Weiteren wird die Grenzziehung für das Vorliegen der Kriterien als willkürlich empfunden.[898] Es lassen sich jedoch gute Gründe für die Rechtsprechung des EuGH anführen.

Da es sich in der ganz überwiegenden Zahl der Entscheidungen um schwerwiegende Auswirkungen auf nationale öffentliche Haushalte han-

---

895 EuGH, Urteil vom 11.8.1995 – C-367/93 u.a., Slg. I 1995, 2248 Rn. 45 – Roders; *Seer/Müller*, IWB 2008, 255 (261).

896 *Wusterhausen*, Die Wirkungen der Urteile des EuGH in der Zeit, 2016, S. 201 m.w.N. aus der Rechtsprechung.

897 So etwa *Schwarze*, NJW 2005, 3459 (3464 f.); ähnlich *Waldhoff*, EuR 2006, 615 (635 f.), der insgesamt eine stärkere Berücksichtigung mitgliedstaatlicher Interessen und Folgenorientierung fordert; *Tiedtke/Mohr*, EuZW 2008, 424 (427); vgl. *Rosenkranz*, Die Beschränkung der Rückwirkung von Entscheidungen des Europäischen Gerichtshofs, 2015, S. 243.

898 *Schaer*, Rechtssicherheit und Vertrauensschutz als Grenzen rückwirkender Rechtsprechung im europäischen Arbeitsrecht, 2010, S. 74 f.; vgl. *Rosenkranz*, Die Beschränkung der Rückwirkung von Entscheidungen des Europäischen Gerichtshofs, 2015, S. 243.

delt, soll nicht stets der einzelne Bürger bzw. Steuerpflichtige das Nachsehen haben, wenn etwa eine unionsrechtswidrige Steuer erhoben wurde. Zudem dürfen die Rechte des Einzelnen nur dann beschnitten werden, wenn ansonsten unerträgliche Folgen für die Haushalte drohen. Dies erscheint vor dem Hintergrund gerecht, dass der Steuerpflichtige in Abgabensachen eigentlich einen Rückerstattungsanspruch hat. Dieser darf nicht leichtfertig durch höchstrichterliche Rechtsprechung ausgehöhlt werden. Zudem kann noch eine rein praktische Erwägung vorgebracht werden: Je eher die Mitgliedstaaten damit rechnen müssen, dass die Auslegung zurückwirkt und deshalb die Gefahr besteht, hohe Rückerstattungen leisten zu müssen, umso eher sind sie gehalten, bei der Rechtssetzung gewissenhaft zu arbeiten und die Vereinbarkeit der nationalen Normen mit Europarecht sorgfältig zu prüfen. So dient die Rechtsprechung des Gerichtshofs mittelbar der Disziplinierung der Mitgliedstaaten hinsichtlich unionsrechtskonformer Gesetzgebung.

Gleichwohl ist der Kritik insofern zuzustimmen, als dass die Spruchpraxis als äußerst streng empfunden werden kann – gerade auch mit Blick auf die viel großzügigere Rechtsprechung des BVerfG. Der EuGH sollte nicht nur zur „Statuierung eines Exempels“ an den hohen Maßstäben festhalten. Die derzeitige Linie vermittelt den Eindruck, dass es nahezu unmöglich ist, die Beschränkungsvoraussetzungen zu erfüllen.

Zudem kann es im Ausnahmefall geboten sein, die rein finanziellen Auswirkungen ausreichen zu lassen, um die Wirkung der Entscheidung zu beschränken. Denn es ist nicht im Sinne der Staatengemeinschaft, dass ein Mitgliedstaat finanziell erschüttert und womöglich die Stabilität der gesamten Union gefährdet wird.[899] Immerhin betrifft die zeitliche Rückwirkung doch nur noch nicht bestandskräftige Fälle, sodass jedenfalls der Kreis der betroffenen Individuen nicht im unbestimmbaren Bereich liegt.

---

899 In diese Richtung Generalanwalt *Wahl*, Schlussanträge vom 24.10.2013 – C-82/12, BeckRS 2013, 82053 Rn. 58 – Transportes Jordi Besora: „Allerdings ist meines Erachtens nicht kategorisch auszuschließen, dass der Gerichtshof in bestimmten ganz außergewöhnlichen Fällen, in denen eine Rückwirkung besonders schwerwiegende finanzielle Konsequenzen hätte, eine Beschränkung der zeitlichen Wirkung seines Urteils auch dann in Erwägung ziehen könnte, wenn die zweite, die Gutgläubigkeit betreffende Voraussetzung nicht erfüllt ist. So verhielte es sich insbesondere dann, wenn die finanziellen Folgen angesichts des Umfangs der obwaltenden Fahrlässigkeit als eindeutig unverhältnismäßig einzustufen wären“; zustimmend *Wusterhausen*, Die Wirkungen der Urteile des EuGH in der Zeit, 2016, S. 203 ff.; vgl. außerdem EuGH, Urteil vom 8.11.2016 – C-41/15, EuZW 2016, 955 Rn. 55 – Dowling.

Insgesamt aber ist die Rechtsprechungslinie des EuGH begrüßenswert, da hierdurch verhindert wird, dass die gröbsten Verstöße gegen Unionsrecht privilegiert werden und der gerichtliche Rechtsschutz gewahrt wird.

Auch durch das Kriterium der Gutgläubigkeit kann der EuGH sachlich abgrenzen, ob derjenige, der sich auf den Schutz der Wirkungsbeschränkung beruft, überhaupt schützenswert ist. Wenn dies nicht der Fall ist, weil die Unionsrechtswidrigkeit offensichtlich war oder bei gehöriger Anstrengung hätte erkannt werden müssen, ist eine Begünstigung des Beschwerten grundsätzlich nicht angemessen.

b) Prozessuale Voraussetzungen

Zuletzt stellt sich noch die Frage, welche prozessualen Schritte seitens des Betroffenen erforderlich sind, um eine Rückwirkungsbeschränkung zu erreichen.

(i) Antragserfordernis

Bei Nichtigerklärungen, Ungültigkeitsfeststellungen und Auslegungsentscheidungen prüft der EuGH von Amts wegen, ob die Voraussetzungen für eine Wirkungsbeschränkung vorliegen. Der Antrag einer Partei ist damit aus verfahrensrechtlicher Sicht nicht erforderlich.[900] Allerdings machen die Parteien durch einen entsprechenden Antrag regelmäßig auf die finanziellen Auswirkungen aufmerksam – diese müssen vom Antragsteller dargelegt und ggf. bewiesen werden (dazu sogleich).[901] Das Ersuchen der Wirkungsbeschränkung durch eine Partei ist damit technisch eine Aufforderung an den Gerichtshof, von seiner Befugnis zur Wirkungsbeschränkung Gebrauch zu machen.[902]

900 *Rainer*, IStR 1996, 328 (329); *Rosenkranz*, Die Beschränkung der Rückwirkung von Entscheidungen des Europäischen Gerichtshofs, 2015, S. 406 f.; *Wusterhausen*, Die Wirkungen der Urteile des EuGH in der Zeit, 2016, S. 390.

901 *Schmitz/Krasniqi*, EuR 2010, 189 (191); *Wusterhausen*, Die Wirkungen der Urteile des EuGH in der Zeit, 2016, S. 390 f. m.w.N. aus der Rechtsprechung.

902 *Rosenkranz*, Die Beschränkung der Rückwirkung von Entscheidungen des Europäischen Gerichtshofs, 2015, S. 406; ähnlich *Wusterhausen*, Die Wirkungen der Urteile des EuGH in der Zeit, 2016, S. 394.

(ii) Darlegungs- und Beweislast

Um eine Beschränkung der zeitlichen Wirkung von EuGH-Entscheidungen zu erreichen, müssen die Betroffenen im Verfahren darlegen und ggf. beweisen, dass die Voraussetzungen erfüllt sind.[903] Insbesondere bei dem Vortrag der erwarteten finanziellen Folgen sollen Pauschalierungen nicht ausreichen.[904] Allerdings ist die Bezeichnung als Darlegungs- und Beweislast ungenau. Zum einen kennt das Unionsrecht keine spezielle Regelung zum Beweisrecht im Rahmen von Wirkungsbeschränkungen.[905] Es handelt sich jedenfalls nicht um die verfahrensrechtliche Darlegungslast, bei der bestimmte Tatsachen von der Partei vorgetragen werden müssen, die sich hierauf zu ihren Gunsten berufen möchte. Bei dieser wandelt sich die Darlegungslast im Bestreitensfalle in eine Beweislast um. Bei der Rückwirkungsbeschränkung gibt es – wie soeben gezeigt – keinen prozessrechtlich zwingenden Antrag der Parteien. *Rosenkranz* weist deshalb zu Recht darauf hin, dass es widersprüchlich wäre, zwar keine Pflicht zur Antragstellung anzunehmen, aber gleichwohl eine Beweislast aufzuerlegen. Richtigerweise muss man davon sprechen, dass das Vorbringen der Parteien nicht ausreicht, um die Voraussetzungen für die Wirkungsbeschränkung als vorliegend anzusehen. „Beweisbelastet" im untechnischen Sinne ist dann die Partei, die die Beschränkung zu ihren Gunsten wünscht.[906] Hintergrund ist, dass der EuGH faktisch nicht in der Lage ist, die wirtschaftlichen Auswirkungen in den einzelnen Mitgliedstaaten hinreichend zu ermitteln und

---

903 Vgl. EuGH, Urteil vom 31.3.1992 – C-200/90, Slg. I 1992, 2240 Rn. 21 – Dansk Denkavit und Poulsen Trading; EuGH, Urteil vom 20.9.2001 – C-184/99, Slg. I 2001, 6229 Rn. 54 – Grzelczyk; ausdrücklich mit Verweisen in die Rechtsprechung: Generalanwältin *Stix-Hackl*, Schlussanträge vom 5.10.2006 – C-292/04, Slg. I 2006, 1854 Rn. 29 ff. – Meilicke; *Egger*, AnwBl 2001, 528 (529) schlägt vor, dass auch Private die Beschränkung der zeitlichen Wirkung im Rahmen des Verfahrens „anregen" sollen, wenn dies für sie von Vorteil ist; *Sedemund*, IStR 2005, 810 (815); *Wiedmann*, EuZW 2007, 692 (693); *C. Müller*, Die Begrenzung der zeitlichen Wirkung von EuGH-Entscheidungen, 2009, S. 99; ausführlich *Schaer*, Rechtssicherheit und Vertrauensschutz als Grenzen rückwirkender Rechtsprechung im europäischen Arbeitsrecht, 2010, S. 75 ff.

904 Vgl. EuGH, Urteil vom 20.9.2001 – C-184/99, Slg. I 2001, 6229 Rn. 54 – Grzelczyk; *Kokott/Henze*, NJW 2006, 177 (182); *Waldhoff*, EuR 2006, 615 (636); vgl. auch *Wiedmann*, EuZW 2007, 692 (693); *Schmitz/Stammler*, AÖR 136 (2011), 479 (491); *Rosenkranz*, Die Beschränkung der Rückwirkung von Entscheidungen des Europäischen Gerichtshofs, 2015, S. 423.

905 *Wusterhausen*, Die Wirkungen der Urteile des EuGH in der Zeit, 2016, S. 392.

906 *Rosenkranz*, Die Beschränkung der Rückwirkung von Entscheidungen des Europäischen Gerichtshofs, 2015, S. 419 f.

nachvollziehbar zu prognostizieren.[907] Aus dieser praktischen Schwierigkeit heraus verlangt er, dass die vorbringende Partei die Verlässlichkeit der Angaben nachweisen möge.[908] Der Fall *Meilicke* hat exemplarisch gezeigt, wie die Bundesrepublik Deutschland die erwarteten finanziellen Auswirkungen der Entscheidung nur sehr unpräzise und unsubstantiiert behauptet hat.[909] Drohende Steuerrückforderungen schätzte die Bundesregierung zunächst auf 13 bis 35 Mrd. Euro, später korrigierte sie diese dann auf ca. fünf Mrd. Euro,[910] sollte die Auslegung des EuGH dazu führen, dass das nationale Anrechnungsverfahren gemeinschaftswidrig war und die Urteilswirkungen nicht beschränken werden.[911] Die Mitgliedstaaten haben drohende Rückerstattungsansprüche oder Steuerausfälle aber detailliert und durch Berechnungen darzulegen.[912] Hierzu wäre z.B. eine nachvollziehbare Prognose durch Kalkulation der durchschnittlich zu erwartenden Rückforderungsansprüche geeignet.[913] Der erwartete Betrag ist konkret zu beziffern und durch Berechnungen einschließlich der voraussichtlich betroffenen Anzahl an Rechtsverhältnissen darzulegen.[914] Unwidersprochenes

---

907 Vgl. auch *Huep*, Beschränkung einer Rückwirkung neuer richterlicher Erkenntnisse auf ältere Sachverhalte, 2001, S. 106; *Schaer*, Rechtssicherheit und Vertrauensschutz als Grenzen rückwirkender Rechtsprechung im europäischen Arbeitsrecht, 2010, S. 79; *Wusterhausen*, Die Wirkungen der Urteile des EuGH in der Zeit, 2016, S. 394.

908 EuGH, Urteil vom 14.9.2006 – C-228/05, Slg. I 2006, 8417 Rn. 76 – Stradasfalti; *Rosenkranz*, Die Beschränkung der Rückwirkung von Entscheidungen des Europäischen Gerichtshofs, 2015, S. 424.

909 *Sedemund*, IStR 2005, 810 (815); *Wiedmann*, EuZW 2007, 692 (693); zu den praktischen Schwierigkeiten eines Nachweises *Lang*, IStR 2007, 235 (236 f.).

910 Generalanwalt *Tizzano*, Schlussanträge vom 10.11.2005 – C-292/04, Slg. I 2005, 1838 Rn. 35 – Meilicke; *Sedemund*, IStR 2005, 810 (812); *Klein*, IStR 2006, 209 (211).

911 *Forsthoff*, DStR 2005, 1840 (1842); *Ribbrock*, BB 2006, 2611 (2613); *Waldhoff*, EuR 2006, 615 (617). Kritisch zur Berechnung und zum Nachweis der Rückerstattungslasten der BRD *Sedemund*, IStR 2005, 810 (815); *Thömmes*, IWB 2005, 1083 (1091 f.); *Frischmuth*, StuB 2006, 149 (151); *Lang*, IStR 2007, 235 (236); sehr kritisch außerdem bereits *Meilicke*, DB 2005, 2658 (2658 f.), der bemängelt, dass die von der Regierung behauptete Haushaltsbelastung trotz ausdrücklichen Bestreitens der Verfahrensbeteiligten nicht nachgewiesen worden sei, der EuGH prüfte die Zahlen (wohl) nicht; zur Rückwirkungsproblematik in dem Verfahren *Meilicke*, GS Gruson, 2009, 293 (300 ff.).

912 *Kokott/Henze*, NJW 2006, 177 (182); *Frenz/Kühl*, DStZ 2009, 432 (436).

913 *Wiedmann*, EuZW 2007, 692 (693).

914 Siehe beispielsweise EuGH, Urteil vom 13.3.2007 – C-524/04, Slg. I 2007, 2157 Rn. 130 – Test Claimants in the Thin Cap Group; *Wusterhausen*, Die Wirkungen der Urteile des EuGH in der Zeit, 2016, S. 186.

Vorbringen wird dabei grundsätzlich als wahr unterstellt, bei Einwänden anderer Beteiligter wird die Pflicht zur weiteren Klärung und Substantiierung ausgelöst.[915] Der EuGH hat das Vorbringen sodann auf seine Schlüssigkeit zu prüfen.[916] Er geht vorgelegten Zahlen und Schätzungen sehr gewissenhaft nach, wie mehrere Entscheidungen belegen. So hat er die Beschränkung der Entscheidungswirkungen bereits mehrmals abgelehnt, weil die vorgelegten Nachweise nur lückenhaft, zu großzügig oder nicht nachvollziehbar waren.[917] Allerdings ist dies nur die Regel, von der der EuGH nötigenfalls abweicht. So hat er in der Rs. *Defrenne* festgestellt, dass der Gesamtbetrag der in Betracht kommenden Entgelte unbekannt sei, schätzte diesen gleichwohl sehr hoch ein.[918]

III. Rückausnahme von der zeitlichen Beschränkung

1. Wahrung des Individualrechtsschutzes

Bei Auslegungsentscheidungen,[919] die der EuGH zeitlich beschränkt, gehört die sog. Rückausnahme[920] zur gefestigten Spruchpraxis des EuGH.

---

915 Vgl. EuGH, Urteil vom 9.3.2000 – C-437/97, Slg. I 2000, 1189 Rn. 56 – EKW/Wein & Co.; Generalanwältin *Stix-Hackl*, Schlussanträge vom 5.10.2006 – C-292/04, Slg. I 2006, 1854 Rn. 63 – Meilicke; *Rosenkranz*, Die Beschränkung der Rückwirkung von Entscheidungen des Europäischen Gerichtshofs, 2015, S. 422.

916 *Rosenkranz*, Die Beschränkung der Rückwirkung von Entscheidungen des Europäischen Gerichtshofs, 2015, S. 420.

917 EuGH, Urteil vom 15.3.2005 – C-209/03, Slg. I 2005, 2151 Rn. 70 – Bidar; EuGH, Urteil vom 14.9.2006 – C-228/05, Slg. I 2006, 8417 Rn. 76 – Stradasfalti; *Wusterhausen*, Die Wirkungen der Urteile des EuGH in der Zeit, 2016, S. 186 f.

918 EuGH, Urteil vom 8.4.1976 – 43/75, Slg. 1976, 456 Rn. 74 f. – Defrenne; *Wusterhausen*, Die Wirkungen der Urteile des EuGH in der Zeit, 2016, S. 187.

919 Die folgende Darstellung beschränkt sich auf Auslegungsentscheidungen, da diese – anders als Nichtigkeits- und Ungültigkeitsentscheidungen – für die vorliegende Untersuchung von großer Bedeutung sind. Bei Nichtigkeitsentscheidungen gab es bislang, soweit ersichtlich, noch keine Rückausnahmen, bei Gültigkeitsvorlagen nur ganz vereinzelt. Zur Rückausnahme bei Unwirksamkeitsentscheidungen ausführlich und im Ergebnis eine einheitliche Behandlung aller Verfahren fordernd *Rosenkranz*, Die Beschränkung der Rückwirkung von Entscheidungen des Europäischen Gerichtshofs, 2015, S. 368 ff.

920 Für den bestimmten Personenkreis gilt die Ausnahme der zeitlichen Beschränkung der Entscheidung nicht, sodass eine Ausnahme von der Ausnahme gemacht wird – daher rührt der Begriff der Rückausnahme, vgl. *Wusterhausen*, Die Wirkungen der Urteile des EuGH in der Zeit, 2016, S. 401.

Ihm allein obliegt die Entscheidung darüber, ob von der ausnahmsweisen zeitlichen Begrenzung der Auslegungsentscheidung wiederum Ausnahmen gemacht werden.[921] Folge der Rückausnahme ist, dass sich die Privilegierten auch für in der Vergangenheit liegende Sachverhalte auf die gewonnene Auslegung des EuGH berufen können.[922] Leitentscheidung hierzu war ebenfalls das Urteil in der Rs. *Defrenne*.[923] Der EuGH begünstigt nicht nur diejenigen, die tatsächlich Anlass der gerichtlichen Rechtsklärung waren, sondern auch die, die vor Verkündung der Entscheidung bereits Rechtsbehelfe eingelegt haben. Dies erscheint im Bereich des Unionsrecht gerecht, da es vorwiegend vom Verhalten und den rechtlichen Vorgaben der nationalen Gerichtsbarkeiten abhängt, ob und wann ein Vorabentscheidungsersuchen vor dem EuGH angestrengt wird. Die alleinige Privilegierung des letztlich zufälligen Anlassfalls wäre nicht sachgerecht.[924] Werden die Verfahren allerdings in Medien und Fachliteratur öffentlich begleitet, besteht das Risiko, dass sog. „Trittbrettfahrer" noch kurzfristig Rechtsbehelfe einlegen und damit von der Privilegierung profitieren, obwohl sie selbst mit der Verfolgung des Rechts kaum Kosten oder Mühen hatten.

Der EuGH selbst begründet die Rückausnahme insbesondere mit der Wahrung des effektiven Rechtsschutzes.[925] Dieser Gedanke überzeugt: Er möchte gezielt diejenigen belohnen, die unter Eingehung entsprechender finanzieller Risiken den Schritt wagen, (Unions-)Recht gerichtlich geltend zu machen. Würde der Rechtsschutzsuchende trotz Obsiegens im Rechtsstreit die Früchte nicht ernten dürfen, würde ihm jegliche Motivation genommen, diesen Streit überhaupt anzustrengen.[926] Rechtsschutz kann

---

921 *Keppert*, ÖStZ 1997, 165 (169); *Waldhoff*, EuR 2006, 615 (630); *Seer/Müller*, IWB 2008, 255 (260).

922 *Rosenkranz*, Die Beschränkung der Rückwirkung von Entscheidungen des Europäischen Gerichtshofs, 2015, S. 358.

923 EuGH, Urteil vom 8.4.1976 – 43/75, Slg. 1976, 456 Rn. 74 f. – Defrenne; *Keppert*, ÖStZ 1997, 165 (169).

924 *Kokott/Henze*, NJW 2006, 177 (182).

925 EuGH, Urteil vom 26.4.1994 – C-228/92, Slg. I 1994, 1465 Rn. 26 f. – Roquette Frères; vgl. *Rosenkranz*, Die Beschränkung der Rückwirkung von Entscheidungen des Europäischen Gerichtshofs, 2015, S. 358 f.; *Wusterhausen*, Die Wirkungen der Urteile des EuGH in der Zeit, 2016, S. 401.

926 *Kadelbach*, Das EuGH-Verfahren in Steuersachen, 2000, 119 (128); *Forsthoff*, DStR 2005, 1840 (1843); *Kokott/Henze*, NJW 2006, 177 (182); *Waldhoff*, EuR 2006, 615 (630); *Rosenkranz*, Die Beschränkung der Rückwirkung von Entscheidungen des Europäischen Gerichtshofs, 2015, S. 362; *Cremer*, in: Calliess/Ruffert, EUV/AEUV, 5. Auflage 2016, Art. 264 AEUV Rn. 4.

eben nur dann effektiv sein, wenn der Kläger durch einen zulässigen und begründeten Rechtsbehelf auch zum gerichtlichen Erfolg gelangt.[927] Veranlasst ein Steuerpflichtiger, dass die richtige Auslegung einer Vorschrift offenbart wird, so soll er sich hierauf zu seinen Gunsten berufen können.[928] Anderenfalls würde der EuGH riskieren, dass den Bürgern der Antrieb zur Geltendmachung ihres Rechts fehlt, obwohl er zur effektiven Umsetzung des Unionsrechts darauf angewiesen ist.[929] Die Ausdehnung auf alle Rechtsbehelfsführer ist deshalb gerechtfertigt, weil es oftmals von Zufall abhängt, ob und wann eine Rechtsfrage von den nationalen Gerichten vorgelegt wird. Da aber auch diese Personen alles Notwendige getan haben, um ihr Recht zu verfolgen, sollen auch sie von der tatsächlichen Rechtslage profitieren.[930]

2. Kritische Würdigung der Rechtsprechungspraxis

Kritiker bemängeln, dass die Beschränkung der Entscheidungswirkung wegen der Rückausnahme heutzutage nahezu keinen Effekt mehr hat. Die anhängigen Verfahren werden durch die Fachpresse publik gemacht und sind somit öffentlich bekannt.[931] Steuerberater und Rechtsanwälte werden ihren Mandanten raten, Rechtsmittel einzulegen – allein schon, um eine mögliche Haftung abzuwenden.[932] Insofern droht die Beschränkung zumindest bei besonders medienwirksamen Entscheidungen ins Leere zu laufen, wenn es zu massenhaften Klageerhebungen und gleichwertigen Rechtsbehelfen kommt.

Brisante und medienwirksame Verfahren wie die Rs. *Meilicke*[933] haben gezeigt, dass drohende Steuerrückerstattungsansprüche unter anderem des-

---

927 *Wusterhausen,* Die Wirkungen der Urteile des EuGH in der Zeit, 2016, S. 402.

928 *Düsterhaus*, EuZW 2006, 393 (395); „die Klägerin des Ausgangsverfahrens sähe sich damit des Anspruchs auf wirksamen gerichtlichen Rechtsschutz [...] beraubt", so EuGH, Urteil vom 26.4.1994 – C-228/92, Slg. I 1994, 1465 Rn. 27 – Roquette Frères.

929 *Saßenroth,* Die Bestandskraft deutscher Steuerbescheide im Licht der Rechtsprechung des EuGH, 2009, S. 54.

930 *Wusterhausen,* Die Wirkungen der Urteile des EuGH in der Zeit, 2016, S. 402 f.

931 Zu dieser Kritik bereits Generalanwalt *Jacobs*, Schlussanträge vom 17.3.2005 – C-475/03, Slg. I 2005, 9375 Rn. 84 – Banca popolare di Cremona.

932 *Forsthoff*, DStR 2005, 1840 (1843); ähnlich *Kokott/Henze*, NJW 2006, 177 (182); *Wusterhausen,* Die Wirkungen der Urteile des EuGH in der Zeit, 2016, S. 406.

933 EuGH, Urteil vom 6.3.2007 – C-292/04, Slg. I 2007, 1872 – Meilicke; siehe hierzu Kap. 2, C. I. 1. c).

halb so hoch geschätzt wurden, weil die Verfahren über lange Zeit medial begleitet wurden und somit eine große Zahl Steuerpflichtiger noch Rechtsbehelfe einlegten, um von der Entscheidung zu profitieren.[934] Um die Anzahl der „Trittbrettfahrer“ bzw. den „Mitnahmeeffekt“ zu begrenzen, wurde teilweise von den Generalanwälten und im Schrifttum vorgeschlagen, den letztmöglichen Zeitpunkt der Rechtsbehelfseinlegung bei prominenten Verfahren zu verschieben. So plädierte Generalanwalt *Tizzano* in der Rs. *Meilicke* etwa dafür, die Rückausnahme nur denjenigen zu gewähren, die den Rechtsbehelf vor dem Tag, an dem der Eingang des Vorlagebeschlusses im Amtsblatt der EU mitgeteilt wurde, eingelegt hatten.[935] Ferner sprach sich die Generalanwältin *Stix-Hackl* dafür aus, den Zeitpunkt der Verlesung der ersten Schlussanträge ihres Vorgängers *Jacobs* als maßgeblichen Zeitpunkt anzusetzen.[936]

Die Vorschläge wurden vom EuGH allerdings nicht beachtet, obwohl sie der Sache nach verständlich sind: Es sollen nur Personen bevorzugt werden, die aufgrund des (noch) ungewissen Ausgangs ein höheres Prozessrisiko getragen haben, da sie frühzeitig tätig wurden.[937] Allerdings darf eine solche Praxis nicht dazu führen, dass eine Art Wettlauf der Rechtsschutzsuchenden provoziert wird, da – wie bereits aufgezeigt – der Vorlagezeitpunkt maßgeblich vom nationalen Verfahrensrecht und damit zu einem gewissen Grad vom Zufall abhängt. Auch trägt der frühzeitige Rechtsschutzsuchende nicht zwingend ein höheres Prozessrisiko – beispielsweise bei offensichtlichen Unionsrechtsverstößen.[938] *Wusterhausen* schlägt deshalb vor, keinen generellen Stichtag für die Berücksichtigungsfähigkeit der Rechtsbehelfsführer festzulegen. Er hält es für sinnvoller, dass der EuGH den Zeitpunkt im Einzelfall bestimmt und hierbei darauf abstellt, ab welchem Zeitpunkt die Wahrscheinlichkeit des Unterliegens im konkreten Einzelfall so stark gesunken war, dass bei Einlegung des Rechtsbehelfs nur noch ein geringes Prozessrisiko bestand.[939] Sollte der EuGH

---

934 *Wusterhausen,* Die Wirkungen der Urteile des EuGH in der Zeit, 2016, S. 405 f. m.w.N.

935 Generalanwalt *Tizzano*, Schlussanträge vom 10.11.2005 – C-292/04, Slg. I 2005, 1838 Rn. 62, 64 – Meilicke.

936 Generalanwältin *Stix-Hackl*, Schlussanträge vom 14.3.2006 – C-475/03, Slg. I 2006, 9394 Rn. 172 f., 187 – Banca popolare di Cremona; zum Ganzen *Wusterhausen,* Die Wirkungen der Urteile des EuGH in der Zeit, 2016, S. 407.

937 Zum Ganzen *Wusterhausen,* Die Wirkungen der Urteile des EuGH in der Zeit, 2016, S. 407.

938 *Wusterhausen,* Die Wirkungen der Urteile des EuGH in der Zeit, 2016, S. 408.

939 *Wusterhausen,* Die Wirkungen der Urteile des EuGH in der Zeit, 2016, S. 411 f.

zukünftig Maßnahmen gegen etwaige Rechtsbehelfsfluten ergreifen wollen, wäre dieser Vorschlag ein möglicher Weg zur Eindämmung des Problems.[940]

IV. Zusammenfassung der wichtigsten Erkenntnisse

Die dargestellte Rechtsprechung zeigt, dass die Luxemburger Richter der Kritik trotzen und die Wirkung der Auslegungsentscheidungen grundsätzlich nicht beschränken. So hat sich aber – abgesehen von rein haushälterischen Erwägungen – gezeigt, dass die strenge Folge der Rückwirkung den berechtigten Interessen der Betroffenen nicht in jedem Fall gerecht wird. Der EuGH macht deshalb Ausnahmen von seiner strengen Linie.[941] Er beschränkt die zeitliche Wirkung der Auslegungsentscheidungen dann auf die Zeit nach Verkündung der Entscheidung (*ex nunc*).[942] Diesen Rechtsfolgenausspruch wählt er, wenn schwerwiegende Gründe dafürsprechen und eine objektive und bedeutsame Unsicherheit über die Tragweite des Unionsrechts bestand.[943] Indes können die finanziellen Auswirkungen der Unionsrechtswidrigkeit auf nationale Haushalte der betroffenen Mitgliedstaaten nach Auffassung des EuGH für sich genommen keine Beschränkung der zeitlichen Wirkung der Entscheidung rechtfertigen. Insofern besteht eine große Diskrepanz zwischen der Rechtsprechung des BVerfG und des EuGH.[944]

Dem Gerichtshof wurde deshalb bereits öfters vorgeworfen, er berücksichtige neben sozialpolitischen die wirtschaftlichen und finanziellen Folgen seiner Entscheidungen nicht ausreichend.[945] Auch haben in der Vergangenheit mehrfach Mitgliedstaaten und Teile der Literatur dafür plädiert, der EuGH möge die zeitliche Wirkung der Auslegungsentscheidung

---

940 Hierzu auch Kap. 4, B. II. 2.

941 *Ludewig*, Die zeitliche Beschränkung der Wirkung von Urteilen des EuGH im Vorabentscheidungsverfahren, 2012, S. 51.

942 *Jann*, EuGRZ 2006, 523 (524); *Kokott/Henze*, NJW 2006, 177 (183); *Sangmeister*, ZRP 2008, 252 (253); *Gröpl*, in: EU-WirtschaftsR-HdB, Stand: April 2015, J. Steuerrecht Rn. 232.

943 EuGH, Urteil vom 27.3.1980 – 61/79, Slg. 1980, 1207 Rn. 17 – Denkavit Italiana; *Jann*, EuGRZ 2006, 523 (524); *Waldhoff*, EuR 2006, 615 (616); *Gröpl*, in: EU-WirtschaftsR-HdB, Stand: April 2015, J. Steuerrecht Rn. 232.

944 So auch *Sangmeister*, ZRP 2008, 252 (252).

945 *Clever*, ZfSH/SGB 1991, 561 (561 ff.); *Clever*, Sozialer Fortschritt 1992, 1 (1 ff.); *Schiefer*, DB 1993, 38 (38 ff.); *Erasmy*, Arbeitgeber 1992, 1005 (1005 ff.); *Steinmeyer*, Die Rechtsprechung des Europäischen Gerichtshofs, 1995, 93 (93).

aufgrund der befürchteten finanziellen Belastung auf die Zukunft beschränken.[946] Gleichwohl gibt es aber auch Befürworter der strengen Linie des Gerichtshofs.[947]

Erwähnenswert ist daneben das Institut der Rückausnahme, die der EuGH in Auslegungsentscheidungen denjenigen gewährt, die vor Erlass der Entscheidung auf nationaler Ebene bereits Rechtsbehelfe eingelegt oder Klage erhoben haben, um den gerichtlichen Schutz der Unionsbürger nicht einzuschränken.

D. Zusammenfassung Kapitel 2

Nichtigkeitsentscheidungen über bindende Akte der Unionsorgane wirken grundsätzlich *ex tunc*. Abweichend hiervon kann der EuGH gemäß Art. 264 Abs. 2 AEUV die Wirkung der nichtigen Handlung als fortgeltend bezeichnen, wenn er dies für notwendig hält. Gleiches gilt in analoger Anwendung der genannten Vorschrift für Ungültigkeitsentscheidungen im Vorabentscheidungsverfahren nach Art. 267 AEUV.

Die Auslegung von Unionsrecht ist das am häufigsten ersuchte Verfahren vor dem EuGH. Nach ständiger Rechtsprechung wirken auch diese Entscheidungen *ex tunc*, da das Gericht lediglich die Bedeutung und Tragweite des Unionsrechts seit Inkrafttreten der ausgelegten Vorschrift feststellt. Nur ganz ausnahmsweise beschränkt es die Wirkungen der Entscheidung. Hierfür müssen zwei Voraussetzungen kumulativ erfüllt sein: der gute Glaube der Betroffenen und die Gefahr schwerwiegender wirtschaftlicher Auswirkungen. Um schwerste Verstöße der Mitgliedstaaten, die regelmäßig zu den höchsten Rückerstattungsansprüchen führen, nicht zu begünstigen und den effektiven Rechtsschutz nicht auszuhöhlen, reichen nach Ansicht des EuGH die finanziellen Auswirkungen für sich genommen nie für eine Beschränkung der Entscheidungswirkung aus.[948] So rückte er auch bei zurückzuerstattenden Milliardenbeträgen bislang nicht von

946 *Waldhoff*, EuR 2006, 615 (635); *Wiedmann*, EuZW 2007, 692 (692); *Cremer*, in: Calliess/Ruffert, EUV/AEUV, 5. Auflage 2016, Art. 264 AEUV Rn. 6; ähnlich bereits *Schwarze*, NJW 2005, 3459 (3466).

947 So z.B. *Drüen/Kahler*, StuW 2005, 171 (181); *O. Klein*, IStR 2006, 209 (211); vgl. *Wiedmann*, EuZW 2007, 692 (692).

948 EuGH, Urteil vom 11.8.1995 – C-367/93 u.a., Slg. I 1995, 2248 Rn. 48 – Roders; vgl. insbesondere Kap. 2, C. I. 2.

seinen strikten Voraussetzungen ab.[949] Interessant sind in diesem Zusammenhang auch Entscheidungen aus jüngerer Zeit, in denen der Gerichtshof die Voraussetzungen für das Vorliegen der schwerwiegenden Beeinträchtigung weiter verschärft hat. So könne die Gefahr der schwerwiegenden wirtschaftlichen Folgen nur dann bejaht werden, wenn er selbst die finanziellen Auswirkungen aufgrund der von ihm vorgenommenen Auslegung des gegenständlichen Unionsrechts bestimmen kann. Wenn die finanziellen Folgen dagegen noch davon abhängen, wie das vorlegende nationale Gericht des Mitgliedstaates unter Zugrundelegung der Auslegung entscheiden wird, so lehnte der Gerichtshof den Nachweis der Gefahr schwerwiegender wirtschaftlicher Auswirkungen als nicht erbracht an, sodass die Beschränkung der zeitlichen Wirkung ausschied.[950] Liegen dagegen beide Voraussetzungen der Gutgläubigkeit und der Gefahr schwerwiegender wirtschaftlicher Auswirkungen vor, so beschränkt er die Wirkung seiner Auslegungsentscheidung auf den Zeitpunkt der Verkündung (*ex nunc*). Dies hat zur Folge, dass eine Berufung auf die gewonnene Auslegung erst ab Verkündung der Entscheidung möglich ist.

Eine Rechtsordnung bewährt sich insbesondere dadurch, dass sie einen effektiven Rechtsschutz bietet.[951] Wird die zeitliche Wirkung einer Gerichtsentscheidung beschränkt, so hat dies stets zur Folge, dass der Rechtsgewährleistungsanspruch des Bürgers unbefriedigt bleibt, da für die Vergangenheit ein europarechtswidriger Zustand aufrechterhalten wird.[952] Der EuGH sieht deshalb für einen bestimmten Personenkreis eine Privilegierung vor.[953] Die zeitliche Beschränkung einer Auslegungsentscheidung gilt nicht für diejenigen, die bereits vor dem Verkündungsdatum der Entscheidung Klage erhoben oder einen gleichwertigen Rechtsbehelf in der Sache eingelegt hatten.[954] Die Rückausnahme dient der Wahrung des ef-

---

949 Vgl. EuGH, Urteil vom 31.3.1992 – C-200/90, Slg. I 1992, 2240 Rn. 20 f. – Dansk Denkavit und Poulsen Trading; *Wusterhausen*, Die Wirkungen der Urteile des EuGH in der Zeit, 2016, S. 184.

950 *Wusterhausen*, Die Wirkungen der Urteile des EuGH in der Zeit, 2016, S. 185 mit Verweis auf EuGH, Urteil vom 13.3.2007 – C-524/04, Slg. I 2007, 2157 Rn. 131 ff. – Test Claimants in the Thin Cap Group; EuGH, Urteil vom 21.3.2013 – C-92/11, NJW 2013, 2253 Rn. 60 ff. – RWE Vertrieb; EuGH, Urteil vom 17.9.2014 – C-562/12, BeckRS 2014, 81856 Rn. 82 ff. – Liivimaa Lihaveis MTÜ.

951 *Schwarze*, FS Starck, 2007, 645 (645).

952 So ausdrücklich *Wiedmann*, EuZW 2007, 692 (692).

953 *Düsterhaus*, EuZW 2006, 393 (395).

954 *Wiedmann*, EuZW 2007, 692 (693).

fektiven Rechtsschutzes.[955] Gäbe es diese nicht, so würde „die individualschützende Seite des Vorabentscheidungsverfahrens beschädigt“.[956]

955 *Saßenroth,* Die Bestandskraft deutscher Steuerbescheide im Licht der Rechtsprechung des EuGH, 2009, S. 54; *Osterloh,* Die Rechtsprechung des EuGH in ihrer Bedeutung für das nationale und internationale Recht der direkten Steuern, 2010, 105 (110).

956 *Waldhoff,* EuR 2006, 615 (636).

Drittes Kapitel: Vergleich der Rechtsprechung von BVerfG und EuGH im Bereich finanzwirksamer Entscheidungen

Im ersten Kapitel wurde die Rechtsprechung des BVerfG dargestellt, die sich im Zusammenhang mit Normen etabliert hat, deren Eliminierung aus der Rechtsordnung auf Schwierigkeit stößt. Um insbesondere die negativen finanziellen Auswirkungen einer Nichtigkeitserklärung abzufedern, hat das BVerfG zwei weitere Rechtsfolgenaussprüche entwickelt. Das anschließende zweite Kapitel befasste sich vertieft mit den Finanzfolgen von Auslegungsentscheidungen des EuGH. Hierbei kristallisierte sich ein deutlicher Unterschied zwischen den beiden Gerichten heraus. Im folgenden Abschnitt sollen nun die wichtigsten Gegensätze aufgezeigt werden. Sodann ist zu klären, weshalb die beiden Gerichte unterschiedliche Standpunkte vertreten und was jeweils dafürspricht. Das Kapitel schließt mit der Beantwortung der Frage, ob der EuGH die Wirkung von Auslegungsentscheidungen im Einzelfall auf einen Zeitpunkt in der Zukunft verschieben sollte, wenn ansonsten massive finanzielle Folgen zu befürchten sind.

A. Divergierende Maßstäbe bei Berücksichtigung finanzieller Auswirkungen

Bei beiden Gerichten findet die Berücksichtigung der Finanzfolgen oftmals Eingang in die Überlegungen der Richterbank und anschließend in die Begründung des Tenors. Die Rechtsprechung des EuGH steht dabei im Rahmen von finanzwirksamen Entscheidungen aber in starkem Kontrast zu der vom BVerfG regelmäßig ausgesprochenen Unvereinbarkeitserklärung mit Weitergeltungsanordnung.[957] Gerade im Bereich des Abgabenrechts, in dem Normverwerfungen mitunter enorme Auswirkungen auf öffentliche Haushalte haben, könnte es angezeigt sein, dass sich die Rechtsprechung des EuGH künftig an der Praxis des BVerfG orientiert.[958] Der folgende Vergleich beschränkt sich bezüglich der EuGH-Rechtsprechung

---

957 Vgl. *Schmitz/Stammler*, AÖR 136 (2011), 479 (481); *Werth*, FS 100 Jahre BFH, Band 1, 2018, 535 (555).

958 Befürwortend *Schmitz/Stammler*, AÖR 136 (2011), 479 (495).

auf Entscheidungen im Auslegungsverfahren, da diese den engsten Bezug zum nationalen Recht und den dortigen Finanzfolgen aufweisen.

I. Die elementaren Unterschiede

1. Rücksichtnahme auf rein fiskalische Interessen und Verwaltungsvollzug

Dem BVerfG stehen bei der verfassungsrechtlichen Überprüfung von Gesetzen verschiedene Rechtsfolgenaussprüche zur Verfügung: die Nichtigkeitserklärung, die Unvereinbarkeitserklärung mit *ex tunc*-Wirkung sowie die Weitergeltungsanordnung. Während nur wenige verfassungswidrige Normen des Abgabenrechts für nichtig[959] erklärt werden, wird sehr häufig die Unvereinbarkeit mit Weitergeltungsanordnung[960] erklärt, die – zumindest für den Fiskus – das deutlich weniger einschneidende Mittel darstellt.[961] Für die Vergangenheit hat die öffentliche Hand nämlich keine Rückerstattungsansprüche der betroffenen Steuerpflichtigen zu befriedigen und die verfassungswidrige Abgabe darf sogar noch für einen begrenzten Zeitraum in der Zukunft weiterhin erhoben werden.[962] Demgegenüber müssen die (Grund-)Rechte der betroffenen Steuerpflichtigen zurücktreten. Das BVerfG begründet diese Spruchpraxis zumeist mit dem Interesse an einem gleichmäßigen Verwaltungsvollzug und einer verlässlichen Finanz- und Haushaltsplanung.[963] In der Regel steht damit der Schutz staatlicher Belange und insbesondere dessen Budget im Vordergrund. Zurücktreten müssen dagegen unter anderem der effektive Rechtsschutz nach Art. 19 Abs. 4 GG,[964] die allgemeine Handlungsfreiheit[965] und der Rücker-

959 Siehe zur Nichtigkeitserklärung Kap. 1, A. I.

960 Zur rechtlichen Zulässigkeit Kap. 1, A. II. 3. c) bb); zu den Fallgruppen der Weitergeltungsanordnung im Steuerrecht Kap. 1, A. II. 3. c) aa) und ausführlich unter Kap. 1, C.

961 Zu den widerstreitenden Interessen zwischen Fiskus und Steuerpflichtigen siehe insbesondere Kap. 1, B. I.

962 Zum Rückerstattungsanspruch bei den verschiedenen Rechtsfolgenaussprüchen bereits ausführlich unter Kap.1, B. II.

963 Zur Rechtfertigung der Weitergeltungsanordnung wegen des Interesses an einer verlässlichen Finanz- und Haushaltsplanung Kap.1, C. II. 2. c) dd) und zum Argument des gleichmäßigen Verwaltungsvollzugs Kap. 1, C. II. 2. c) dd) (iv).

964 Vgl. Kap. 1, C. II. 2. c) ee) (ii) zum effektiven Rechtsschutz und zur fehlenden Privilegierung des Anlassfalls Kap. 1, B. III. 3.

965 Oben Kap. 1, C. II. 2. c) ee) (v).

stattungsanspruch bei Erhebung verfassungswidriger Steuern.[966] Zudem fehlt es an einer wirksamen Kontrolle des Steuergesetzgebers, wenn eine Rückabwicklungspflicht für die Vergangenheit in den meisten Fällen sehr unwahrscheinlich ist und er davon ausgehen kann, dass das BVerfG zugunsten des Fiskus entscheiden wird.

Der EuGH kann ebenfalls die Beschränkung der zeitlichen Wirkung seiner Entscheidungen anordnen. Vor allem bei Auslegungsersuchen plädieren die Mitgliedstaaten für eine gesteigerte Rücksichtnahme auf die finanzielle Reichweite der Entscheidung, denn diese findet weitaus weniger Beachtung als in der Rechtsprechung des BVerfG. Nach Ansicht des EuGH soll aber das Individuum nicht um seinen Rechtsschutz gebracht werden[967] und Verfehlungen der nationalen Gesetzgeber nicht noch privilegiert werden.[968] So reichen rein finanzielle Auswirkungen nach ständiger Rechtsprechung des EuGH nicht aus, die zeitliche Wirkung der Entscheidung zu beschränken.[969] Das Gericht stützt diesen strengen Standpunkt auf die Tatsache, dass ansonsten schwerste Verstöße günstiger behandelt würden, weil sie die bedeutendsten finanziellen Auswirkungen für die Mitgliedstaaten mit sich bringen.[970] Auch Schwierigkeiten bezüglich des Verwaltungsvollzugs akzeptiert der EuGH nicht zur Begründung einer Abweichung vom Grundsatz der *ex tunc*-Wirkung seiner Auslegung.[971]

2. Wahrung der Individualrechte

Fraglich ist, wie umfassend die beiden Gerichte die Individualrechte wahren, wenn die Entscheidung wirtschaftlich bedeutsame Vorschriften betrifft. Dem BVerfG obliegt die wichtige Aufgabe, über die Einhaltung der Verfassung zu wachen. Der EuGH ist demgegenüber dafür zuständig, die Wahrung des Unionsrechts bei Auslegung und Anwendung zu sichern und die Rechtmäßigkeit von Rechtsakten der Union zu überprüfen. Während also die primäre Rolle des BVerfG der Schutz des Einzelnen vor staatlichen Eingriffen in die Grundrechte ist, soll der EuGH zuvörderst die Zie-

---

966 Ausführlich *Habscheidt*, Der Anspruch des Bürgers auf Erstattung verfassungswidriger Steuern, 2003.

967 Vgl. EuGH, Urteil vom 4.5.1999 – C-262/96, Slg. I 1999, 2743 Rn. 112 – Sürül.

968 EuGH, Urteil vom 11.8.1995 – C-367/93 u.a., Slg. I 1995, 2248 Rn. 48 – Roders.

969 Kap. 2, C. I.

970 EuGH, Urteil vom 11.8.1995 – C-367/93 u.a., Slg. I 1995, 2248 Rn. 48 – Roders.

971 EuGH, Urteil vom 12.10.2000 – C-372/98, Slg. I 2000, 8699 Rn. 41 ff. – Cooke; vgl. Kap. 2, C. II. 2. a) bb) (i).

le der EU – insbesondere einen funktionierenden Binnenmarkt – schützen.

Die Gerichte scheinen ihre Rollen im Bereich des Abgabenrechts aber miteinander zu tauschen: Während das BVerfG die Rechte und Interessen der betroffenen Steuerpflichtigen bei der Weitergeltungsanordnung nahezu gänzlich außer Acht lässt, betont der EuGH, dass der Rechtsschutz der Steuerpflichtigen wesentlich beschnitten würde, wenn eine Entscheidungsbeschränkung allein auf finanzielle Folgen gestützt würde.[972] Der Rechtssuchende genießt im Auslegungsverfahren zudem eine privilegierte Stellung. Wird ausnahmsweise die zeitliche Wirkung beschränkt, so gilt diese nicht für denjenigen, die rechtzeitig Rechtsmittel eingelegt hat (Rückausnahme).[973] Somit steht für das BVerfG der Budgetschutz der öffentlichen Hand im Vordergrund, für den EuGH dagegen der Individualrechtsschutz des Einzelnen.

3. Entscheidungswirkungen

a) Status quo

Bei der Festlegung der Entscheidungswirkungen lassen sich in zeitlicher Hinsicht einige Parallelen finden, mehr aber stechen auch hier die gegensätzlichen Sichtweisen der beiden Gerichte hervor. Der Begriff der Beschränkung von Entscheidungswirkungen stammt dabei aus der Rechtsprechung des EuGH. Eine solche ist im Abgabenrecht bislang – soweit ersichtlich – erst zwei Mal ergangen.[974] Sie hat zur Folge, dass die Auslegung nicht für den Zeitraum vor der Verkündung der Entscheidung gilt. Eine Aufschiebung der Wirkung der Auslegung dergestalt, dass nationale unionsrechtswidrige Vorschriften weiterhin anwendbar bleiben, kennt die unionsgerichtliche Rechtsprechung bei Auslegungsentscheidungen dagegen nicht .

Wie bereits erörtert wurde, beschränkt das BVerfG die Wirkung seiner Entscheidungen regelmäßig nicht nur für die Vergangenheit, sondern lässt sie durch die Weitergeltungsanordnung erst ab einem Zeitpunkt in der

---

972 EuGH, Urteil vom 11.8.1995 – C-367/93 u.a., Slg. I 1995, 2248 Rn. 49 – Roders.

973 Zur Privilegierung von Rechtsmittelführern durch den EuGH Kap. 1, B. III. 2 und Kap. 2, C. III.

974 EuGH, Urteil vom 16.7.1992 – C-163/90, Slg. I 1992, 4658 – Legros; EuGH, Urteil vom 9.3.2000 – C-437/97, Slg. I 2000, 1189 – EKW/Wein & Co.

Zukunft zur Geltung kommen – bis zum Ablauf der Weitergeltungsfrist dürfen die verfassungswidrigen Normen noch angewandt werden.[975] Im Vergleich zur Rechtsprechung des EuGH, nach der zur Beschränkung der zeitlichen Wirkungen zwei Voraussetzungen kumulativ vorliegen müssen,[976] ist das BVerfG weitaus großzügiger, was die Rechtfertigung einer Weitergeltungsanordnung anbelangt. Feste Voraussetzungen oder ausführliche Begründungen bietet das BVerfG zumeist nicht. Floskelhaft stützt das Gericht die Anordnung auf das Interesse an einer verlässlichen Finanz- und Haushaltsplanung und einem gleichmäßigen Verwaltungsvollzug, ohne konkrete Zahlen der befürchteten Auswirkungen zu nennen.[977]

b) Aufschiebung der Wirkung von Auslegungsentscheidungen?

Fraglich ist, ob der EuGH nach dem Vorbild des BVerfG ebenfalls eine Art Weitergeltungsanordnung zugunsten des nationalen Gesetzgebers aussprechen könnte. Zur Beantwortung dieser Frage ist zunächst die Wirkung der Auslegungsentscheidung in Erinnerung zu rufen: Ergibt die Auslegung von Unionsrecht, das nationales Recht hiermit nicht vereinbar ist, so ist dieses wegen des Anwendungsvorrangs des Europarechts nicht mehr auf Sachverhalte mit unionsrechtlichem Bezug anwendbar. Wegen der hieraus resultierenden Konsequenzen könnte es angezeigt sein, dass der EuGH eine Frist gewährt, bis zu der der nationale Gesetzgeber die Rechtslage unionskonform zu gestalten hat und die bisherigen Regelungen bis dahin weiter anwendbar sind. Zu klären ist deshalb, ob der EuGH die Wirkung der Auslegungsentscheidung auf einen Zeitpunkt in der Zukunft aufschieben sollte.

aa) Die „Berliner Erklärung" – ein Appell des BMF an den EuGH

Zahlreiche Stimmen in der Literatur haben sich bereits dafür ausgesprochen, dass sich der EuGH ein Beispiel an der Rechtsprechung des BVerfG nehmen und den Mitgliedstaaten eine Frist zugestehen soll, bis zu deren

---

975 Ausführlich Kap. 1, A. II. 3. c).

976 Guter Glaube und die Gefahr schwerwiegender wirtschaftlicher Beeinträchtigung, siehe hierzu die Leitentscheidung: EuGH, Urteil vom 8.4.1976 – 43/75, Slg. 1976, 456 – Defrenne.

977 Ausführlich Kap. 1, C. II. 2. c).

Ablauf sie die nationale Rechtslage für die Zukunft anpassen müssen.[978] Sollte der Mitgliedstaat dem Gesetzesänderungsauftrag nicht nachkommen, so stünde der Kommission und anderen Mitgliedstaaten die Einleitung eines Vertragsverletzungsverfahrens zur Verfügung.[979] In seinen Schlussanträgen in der Rs. *Banca popolare di Cremona* hat auch Generalanwalt *Jacobs* ausdrücklich auf die Rechtsprechung des BVerfG verwiesen.[980]

Das BMF rief vor einigen Jahren eine international besetzte Expertenkommission[981] zu diesem Thema ins Leben und gab die Erstellung eines rechtsvergleichenden Forschungsgutachtens in Auftrag. Dieses wurde sodann im Jahr 2008 unter dem Arbeitstitel: „Beschränkung der Urteilswirkungen im Falle der Feststellung der Verfassungswidrigkeit einer Rechts-

978 Siehe etwa *Janssen*, EuZW 2005, 257; *Schwarze*, NJW 2005, 3459 (3465); *Wunderlich/Albath*, DStZ 2005, 547 (552) für den Bereich der direkten Steuern; *Schwarze*, Europäisches Wirtschaftsrecht, 2007, Rn. 740; *Koenig/Schreiber*, DÖV 2008, 450 (450 ff.); zu dieser Möglichkeit auch *Neuschl/Schumm*, ZEuS 2008, 527 (530 ff.); dagegen *Schaer*, Rechtssicherheit und Vertrauensschutz als Grenzen rückwirkender Rechtsprechung im europäischen Arbeitsrecht, 2010, S. 98 ff.; für die Beibehaltung der bisherigen Rechtsprechungspraxis, in der die Wirkung der Entscheidungen nur ganz ausnahmsweise beschränkt wird: *Balmes/Ribbrock*, BB 2006, 17 (19); so auch *Billig*, FR 2007, 785 (787).

979 *Schwarze*, NJW 2005, 3459 (3465); *Schwarze*, Europäisches Wirtschaftsrecht, 2007, Rn. 740.

980 Generalanwalt *Jacobs*, Schlussanträge vom 17.3.2005 – C-475/03, Slg. I 2005, 9375 Rn. 86 – Banca popolare di Cremona: „Dabei könnte man sich von dem oft vom deutschen Bundesverfassungsgericht gewählten Vorgehen leiten lassen – die Unvereinbarkeitserklärung wird einem späteren Zeitpunkt vorbehalten, vor dem sich Einzelne bei Forderungen gegenüber dem Staat nicht auf die Unvereinbarkeit berufen können, wobei der fragliche Zeitpunkt so gewählt wird, dass genug Zeit besteht, um neue Rechtsvorschriften zu erlassen."

981 Die Kanzlei Nörr Stiefenhofer Lutz hat gemeinsam mit Prof. *Dr. Friedhelm Hufen* und der Kommission bestehend aus Prof. *Dr. Rainer Arnold* (Großbritannien), Prof. *Dr. David Capitant* (Frankreich), Prof. *Dr. Emilio Castorina* (Italien), Prof. *Dr. Kostas Chryssogonos* (Griechenland), Prof. *Dr. Dr. Santiago González-Varas Ibánez* (Spanien), Prof. *Dr. Joakim Nergelius* (Schweden), *Colm O'Cinneide*, LL.M. (Irland), Prof. *Dr. Patricia Popelier* (Belgien), Rechtsanwalt *Dr. Holger Schmitz* (Deutschland), Prof. *Dr. Werner Schroeder* (Österreich) und Prof. *Dr. Miroslaw Wyrzykowski* (Polen) die Rechtslage in den Mitgliedstaaten der EU hinsichtlich der Beschränkung der Entscheidungswirkungen bei Verfassungswidrigkeit von Rechtsnormen untersucht, vgl. *Hufen*, Beschränkung von Urteilswirkungen im Falle der Feststellung der Verfassungswidrigkeit von Rechtsnormen – Rechtsgutachten Teil 1, 2008, S. 13 (Fn. 1), online abrufbar unter: https://www.bundesfinanzministerium.de/Content/DE/Standardartikel/Themen/Europa/RechtsgutachtenTeil 1.pdf;jsessionid=C5EA46DDE43B65CCD6FEBAB98F79656F.delivery2-master?__blob=publicationFile&v=3.

norm" veröffentlicht. Aufgabe war es, die Praxis der Gerichte der EU-Mitgliedstaaten zu eruieren[982] und darzustellen, ob dort gerichtliche Kompetenzen zur Überprüfung und Verwerfung von Rechtsakten existieren, welche Rechtsfolgen eine Verwerfung auf den Bestand der Normen haben und unter welchen Voraussetzungen die Möglichkeit der zeitlichen Beschränkung der Urteilswirkungen besteht.[983] Hieraus sollte ein allgemeiner Rechtsgrundsatz der Unionsgemeinschaft aufgezeigt werden, der wiederum vom EuGH zu wahren bestimmt wäre.

Die Expertengruppe kam in ihrer „Berliner Erklärung"[984] zu dem Ergebnis, dass die bisherige Berücksichtigung gewichtiger mitgliedstaatlicher Belange vom EuGH grundsätzlich zu begrüßen sei. Sie entspreche den europarechtlichen Prinzipien der Loyalität, der Beachtung der Verhältnismäßigkeit und dem Gebot zur Achtung der Identität der Mitgliedstaaten.[985] Jedoch forderte sie darüber hinaus, die mitgliedstaatlichen Interessen in Zukunft noch stärker anzuerkennen.[986] Hierzu gab die Kommission die Empfehlung ab, die Wirkungen der EuGH-Entscheidungen bei Vorabentscheidungsverfahren auf *ex nunc* zu beschränken bzw. bestenfalls auf einen Zeitpunkt in der Zukunft festzulegen und den Gesetzgeber zur Beseitigung des unionsrechtswidrigen Zustands aufzufordern, wenn gewichtige mitgliedstaatliche Belange betroffen sind.[987]

Folgende Belange erachtete die Kommission als besonders gewichtig:

- „Das Offenhalten EU-rechtskonformer Handlungsalternativen für die Gesetzgeber der Mitgliedstaaten,
- die Rechtssicherheit und de[n] Vertrauensschutz der Bürger,

---

982 Eine Übersicht über die Normenkontrollsysteme der EU-Mitgliedstaaten bietet *Hufen,* Beschränkung von Urteilswirkungen im Falle der Feststellung der Verfassungswidrigkeit von Rechtsnormen – Kurzfassung, 2008, S. 7, online abrufbar unter: https://www.bundesfinanzministerium.de/Content/DE/Standardartikel/Themen/Europa/Kurzfassung.pdf;jsessionid=A0DFD74FEB17EADAAD9A71D146A1F9F4.delivery2-replication?__blob=publicationFile&v=3.

983 Vgl. *Hufen,* Beschränkung von Urteilswirkungen im Falle der Feststellung der Verfassungswidrigkeit von Rechtsnormen – Kurzfassung, 2008, S. 3 f.

984 *Hufen,* Beschränkung von Urteilswirkungen im Falle der Feststellung der Verfassungswidrigkeit von Rechtsnormen – Rechtsgutachten Teil 1, 2008, S. 13 ff.

985 *Hufen,* Beschränkung von Urteilswirkungen im Falle der Feststellung der Verfassungswidrigkeit von Rechtsnormen – Rechtsgutachten Teil 1, 2008, S. 13; vgl. auch *Schmitz/Krasniqi*, EuR 2010, 189 (203).

986 *Sangmeister*, ZRP 2008, 252 (253).

987 *Hufen,* Beschränkung von Urteilswirkungen im Falle der Feststellung der Verfassungswidrigkeit von Rechtsnormen – Rechtsgutachten Teil 1, 2008, S. 14; vgl. hierzu auch *Sangmeister*, ZRP 2008, 252 (153).

- de[n] Schutz vor unverhältnismäßigem Verwaltungsaufwand,
- die Vermeidung schwerwiegender Einbußen für die öffentlichen Haushalte und die Sicherheit der Finanzplanung auch im Hinblick auf europarechtliche Defizitgrenzen,
- die Verhinderung von Regelungslücken sowie
- sonstige gewichtige Gründe des Gemeinwohls."[988]

Zur Erläuterung dieses Ergebnisses wurde angeführt, dass Vorabentscheidungsverfahren in ihren rechtlichen und tatsächlichen Folgen mit denen einer Normenkontrolle vergleichbar seien und unter anderem insbesondere im Steuerrecht schwerwiegende Einbußen für die Staatshaushalte bedingen.[989] Der Rechtsvergleich habe gezeigt, dass Normverwerfungsentscheidungen in den meisten Mitgliedstaaten *ex nunc*-Wirkung entfalten.[990] In den Nationen, die für Normverwerfungsentscheidungen eine *ex tunc*-Wirkung vorsehen, bestehe stets – entweder durch gesetzliche Regelung oder Ermessensentscheidung des Gerichts – die Möglichkeit zur Abweichung von dem Grundsatz der rückwirkenden Entscheidung. So ermöglichen die Ausnahmen, von einer Rückwirkung abzusehen oder den Eintritt der Wirkungen in die Zukunft zu verlagern.[991] Daraus lasse sich ein „gemeinsame[s] Verfassungsverständnis der Mitgliedstaaten" herleiten, wonach Normverwerfungsentscheidungen modifiziert werden können, um unangemessene Auswirkungen zu verhindern.[992] Zur Modifikation von Auslegungsentscheidungen sei der Ausschluss der *ex tunc*-Wirkung geeignet

---

988 *Hufen,* Beschränkung von Urteilswirkungen im Falle der Feststellung der Verfassungswidrigkeit von Rechtsnormen – Rechtsgutachten Teil 1, 2008, S. 14.

989 *Hufen,* Beschränkung von Urteilswirkungen im Falle der Feststellung der Verfassungswidrigkeit von Rechtsnormen – Rechtsgutachten Teil 1, 2008, S. 14.

990 *Hufen,* Beschränkung von Urteilswirkungen im Falle der Feststellung der Verfassungswidrigkeit von Rechtsnormen – Rechtsgutachten Teil 1, 2008, S. 15; vgl. hierzu ausführlich den Ländervergleich in *Hufen,* Beschränkung von Urteilswirkungen im Falle der Feststellung der Verfassungswidrigkeit von Rechtsnormen – Rechtsgutachten Teil 2, 2008, online abrufbar unter: https://www.bundesfinanzministerium.de/Content/DE/Standardartikel/Themen/Europa/LaenderberichteTeil 2.pdf;jsessionid=A0DFD74FEB17EADAAD9A71D146A1F9F4.delivery2-replication?__blob=publicationFile&v=3; siehe auch *Schmitz/Krasniqi,* EuR 2010, 189 (196 ff.).

991 *Hufen,* Beschränkung von Urteilswirkungen im Falle der Feststellung der Verfassungswidrigkeit von Rechtsnormen – Kurzfassung, 2008, S. 9.

992 *Hufen,* Beschränkung von Urteilswirkungen im Falle der Feststellung der Verfassungswidrigkeit von Rechtsnormen – Rechtsgutachten Teil 1, 2008, S. 15.

oder die Verschiebung des Wirkungseintritts auf einen Zeitpunkt in der Zukunft.[993]

Die gutachterliche Untersuchung führt an, dass in insgesamt 16 Mitgliedstaaten „spezifische Interessen" beim Erlass von Normverwerfungsentscheidungen berücksichtigt würden.[994] Der Schutz des Staatshaushalts vor starken finanziellen Auswirkungen und ungewollter fiskalischer Belastung finde sich nicht nur in der Rechtsprechung des deutschen BVerfG, sondern auch in der belgischen, französischen, österreichischen, polnischen, portugiesischen und spanischen Verfassungsrechtsprechung.[995] Insgesamt seien die Wahrung der Rechtssicherheit, Vermeidung von Regelungslücken, Achtung des Grundsatzes der Gewaltenteilung, Berücksichtigung gravierender Auswirkungen auf den Staatshaushalt und die Haushaltsplanung, der gleichmäßige Verwaltungsvollzug sowie der Schutz des Allgemeinwohls und Billigkeitsaspekte zentrale Erwägungen der mitgliedstaatlichen Gerichte bei der Beschränkung von Entscheidungswirkungen.[996]

Im Ergebnis wird vorgeschlagen, im Rahmen von Vorabentscheidungen eine Beschränkung der zeitlichen Wirkung auf den Zeitpunkt der Gerichtsentscheidung (*ex nunc*) vorzunehmen.[997] Darüber hinaus bestehe auch die Möglichkeit, den Wirkungseintritt in die Zukunft zu verschieben oder den Gesetzgeber lediglich aufzufordern, eine Korrektur des europarechtswidrigen Zustands vorzunehmen.[998]

---

993 *Hufen*, Beschränkung von Urteilswirkungen im Falle der Feststellung der Verfassungswidrigkeit von Rechtsnormen – Rechtsgutachten Teil 1, 2008, S. 15.

994 *Hufen*, Beschränkung von Urteilswirkungen im Falle der Feststellung der Verfassungswidrigkeit von Rechtsnormen – Rechtsgutachten Teil 1, 2008, S. 89, 92.

995 In Frankreich müssen aber bei der Verfassungswidrigkeit von Rechtsverordnungen und Satzungen noch weitere Gründe hinzutreten, damit eine Berücksichtigung der finanziellen Interessen in Frage kommt, hierzu insgesamt *Hufen*, Beschränkung von Urteilswirkungen im Falle der Feststellung der Verfassungswidrigkeit von Rechtsnormen – Rechtsgutachten Teil 1, 2008, S. 91.

996 *Hufen*, Beschränkung von Urteilswirkungen im Falle der Feststellung der Verfassungswidrigkeit von Rechtsnormen – Kurzfassung, 2008, S. 11.

997 *Hufen*, Beschränkung von Urteilswirkungen im Falle der Feststellung der Verfassungswidrigkeit von Rechtsnormen – Rechtsgutachten Teil 1, 2008, S. 13 f.; *Schmitz/Krasniqi*, EuR 2010, 189 (204).

998 *Hufen*, Beschränkung von Urteilswirkungen im Falle der Feststellung der Verfassungswidrigkeit von Rechtsnormen – Rechtsgutachten Teil 1, 2008, S. 13 f.; *Schmitz/Krasniqi*, EuR 2010, 189 (204).

bb) Wertung

Es ist nunmehr die Frage zu klären, ob der Gerichtshof bei seinen Auslegungsentscheidungen eine Übergangsfrist aussprechen darf oder gar muss, um dem nationalen Gesetzgeber Zeit zur Herstellung einer unionsrechtskonformen Rechtslage zu gewähren.[999] Konsequenz wäre, dass sich der Einzelne bis zu dem gewählten Zeitpunkt nicht auf die Auslegung berufen könnte.[1000] Die Wirkung der Entscheidung würde in die Zukunft verschoben, die erkannte Auslegung erst ab einem Zeitpunkt in der Zukunft gelten. Im Folgenden wird daher von der Aufschiebung der Wirkung gesprochen. Bis zum Ablauf der Aufschiebung würde ein von der Auslegung abweichendes Verständnis des Unionsrechts seitens der Mitgliedstaaten nicht zur Unanwendbarkeit von nationalem Recht führen. Faktisch käme es zu einer Weitergeltung von mitgliedstaatlichem unionsrechtswidrigen Rechts.

Die in den EU-Mitgliedstaaten geübte Praxis deutet jedenfalls auf die Tendenz hin, auf die Rückwirkung von Normverwerfungsentscheidungen zu verzichten, wenn diese ansonsten unangemessene Auswirkungen zur Folge hätte.[1001] In denjenigen Mitgliedstaaten, in denen Normverwerfun-

---

999 Für einen befristeten Aufschub des Eintritts der Entscheidungswirkungen, um den Mitgliedstaaten eine Übergangsfrist zur Anpassung der Rechtslage zu gewähren *Schmitz/Stammler*, AÖR 136 (2011), 479 (496); für die Möglichkeit der temporären Durchbrechung des Anwendungsvorrangs *Schwarze*, NJW 2005, 3459 (3465); *Wunderlich/Albath*, DStZ 2005, 547 (552 f.); *Waldhoff*, EuR 2006, 615 (635); *Ehlers/Eggert*, JZ 2008, 585 (590); *Neuschl/Schumm*, ZEuS 2008, 527 (543 ff.); *Ludewig*, Die zeitliche Beschränkung der Wirkung von Urteilen des EuGH im Vorabentscheidungsverfahren, 2012, S. 189 ff.; gegen die Übergangsfristen sprechen etwa *Wiedmann*, EuZW 2007, 692 (694); *Koenig/Ciszewski*, WiVerw 2008, 103 (111); *C. Müller*, Die Begrenzung der zeitlichen Wirkung von EuGH-Entscheidungen, 2009, S. 97 f.; *Schaer*, Rechtssicherheit und Vertrauensschutz als Grenzen rückwirkender Rechtsprechung im europäischen Arbeitsrecht, 2010, S. 100; vgl. *Wusterhausen*, Die Wirkungen der Urteile des EuGH in der Zeit, 2016, S. 414 (Fn. 1325), der im Übrigen auch für die Weitergeltung plädiert, siehe S. 415 ff.; zu der hier nicht aufgeworfenen Frage der Unionsrechtskonformität bundesverfassungsgerichtlicher Übergangsregelungen, die auch Primärrecht – etwa Grundfreiheiten – zeitweise suspendieren *Beljin*, NVwZ 2008, 156 (156 ff.); *Hüsken*, ZfWG 2009, 13 (13 ff.).

1000 Vgl. *C. Müller*, Die Begrenzung der zeitlichen Wirkung von EuGH-Entscheidungen, 2009, S. 96.

1001 *Hufen*, Beschränkung von Urteilswirkungen im Falle der Feststellung der Verfassungswidrigkeit von Rechtsnormen – Rechtsgutachten Teil 1, 2008, S. 15; *Schmitz/Krasniqi*, EuR 2010, 189 (204).

gen grundsätzlich *ex tunc* wirken, existieren zumindest gesetzliche Regelungen (oder richterliche Rechtsfortbildungen) zur Abweichung vom Grundsatz der Rückwirkung.[1002]

Neben der Tatsache, dass die Auslegung von Unionsrecht bereits keinen normverwerfenden Charakter besitzt, sprechen die folgenden Gründe gegen eine Aufschiebung der Wirkung bei Auslegungsentscheidungen.

(i) Beeinträchtigung der Unionsziele

Gemäß Art. 19 Abs. 1 S. 2 EUV sichert der EuGH die Wahrung des Rechts bei Auslegung und Anwendung der Verträge. Der Begriff „Recht" ist dabei weit zu verstehen.[1003] Umfasst sind alle Normen der Unionsrechtsordnung, die eine verbindliche Rechtswirkung entfalten.[1004] Neben Primär- und Sekundärrecht sind auch alle ungeschriebenen allgemeinen Rechtsgrundsätze erfasst.[1005] Rechtsgrundsätze, die den Rechts- und Verfassungsordnungen der Mitgliedstaaten gemeinsam sind, bilden für den EuGH richtungsweisende Anhaltspunkte für die Auslegung und Weiterentwicklung des geschriebenen Unionsrechts.[1006] Was die einzelnen allgemeinen Rechtsgrundsätze der Mitgliedstaaten sind, ist methodisch durch eine wertende Rechtsvergleichung der gemeinsamen nationalen Wertungen und Traditionen zu ermitteln.[1007] Hierbei müssen im Ergebnis nicht sämtliche Mitgliedstaaten übereinstimmen, jedoch sollte ein gewisser Grundkonsens der Rechtsüberzeugungen vorherrschen[1008] – wie etwa bei den im Gutachten untersuchten Grundsätzen der zeitlichen Beschränkung von Entscheidungen bei Feststellung der Verfassungswidrigkeit von Normen. Die Expertenkommission kam zu dem Ergebnis, dass die Verfassungsgerichte der Mitgliedstaaten mit dem Instrument der Wirkungsbeschränkung oder Weitergeltungsanordnung vertraut sind und dieses bei Vorliegen gewichti-

---

1002 *Schmitz/Krasniqi*, EuR 2010, 189 (204).

1003 *Schmitz/Krasniqi*, EuR 2010, 189 (205) noch zum gleichlautenden ex-Art. 220 Abs. 1 EGV; *Wegener*, in: Calliess/Ruffert, EUV/AEUV, 5. Auflage 2016, Art. 19 EUV Rn. 10.

1004 *Schmitz/Krasniqi*, EuR 2010, 189 (205); *Wegener*, in: Calliess/Ruffert, EUV/AEUV, 5. Auflage 2016, Art. 19 EUV Rn. 10.

1005 *Schmitz/Krasniqi*, EuR 2010, 189 (205); *Wegener*, in: Calliess/Ruffert, EUV/AEUV, 5. Auflage 2016, Art. 19 EUV Rn. 10.

1006 *Lecheler*, ZEuS 2003, 337 (347); *Schmitz/Krasniqi*, EuR 2010, 189 (205).

1007 *Schmitz/Krasniqi*, EuR 2010, 189 (205).

1008 *Schmitz/Krasniqi*, EuR 2010, 189 (205).

ger Gründe gewählt wird, um die negativen Folgen einer rückwirkenden Beseitigung von Normen zu vermeiden. Aus diesem gemeinsamen Verfassungsverständnis sei ein allgemeiner Rechtsgrundsatz zu entnehmen, so die Kommission. Hiernach können die Wirkungen von Normverwerfungsentscheidungen modifiziert werden, wenn ansonsten unangemessene Auswirkungen eintreten würden.[1009]

Zu beachten ist aber auch der wertende Aspekt bei dieser unionsweiten Rechtsvergleichung. Neben der weitgehenden Übereinstimmung in den einzelnen Mitgliedstaaten ist insbesondere erforderlich, dass der ermittelte Rechtsgrundsatz auch der „Struktur, der Funktionsfähigkeit und den Zielen der Union am besten entspricht."[1010] Indem aber die Aufschiebung der Wirkung von Auslegungsentscheidungen dazu führt, dass Unionsrecht nicht gewahrt wird, sondern vielmehr das Gegenteil der Fall ist, ist der ermittelte Konsens zwischen den Mitgliedstaaten nicht geeignet, einen allgemeinen Rechtsgrundsatz zu bilden, der ohne Weiteres auch vom EuGH zu berücksichtigen ist. Die Wahrung des objektiven Rechts wäre nicht gewährleistet.

(ii) Suspendierung des Anwendungsvorrangs

Überdies könnte der Anwendungsvorrang einer Aufschiebung der Wirkung der Auslegung entgegenstehen. Hierbei ist insbesondere der Unterschied zwischen primärrechtswidrigem Sekundärrecht und unionsrechtswidrigem nationalen Recht entscheidend.

Zunächst ist festzuhalten, dass der EuGH bisher ausschließlich unionsrechtswidriges Sekundärrecht für zeitweise weiter anwendbar erklärte.[1011] Unionsprimärrecht genießt Geltungsvorrang vor dem Sekundärrecht. Wenn der EuGH primärrechtswidrige Sekundärrechtsakte für zeitweise

1009 *Hufen,* Beschränkung von Urteilswirkungen im Falle der Feststellung der Verfassungswidrigkeit von Rechtsnormen – Rechtsgutachten Teil 1, 2008, S. 15.

1010 *Wusterhausen,* Die Wirkungen der Urteile des EuGH in der Zeit, 2016, S. 328; siehe auch *H. Ipsen,* Europäisches Gemeinschaftsrecht, 1972, § 5 Rn. 22; *Schwarze,* Die Befugnis zur Abstraktion im europäischen Gemeinschaftsrecht, 1976, S. 224; *Danwitz,* Europäisches Verwaltungsrecht, 2008, S. 213; *Oppermann/Classen/Nettesheim,* Europarecht, 8. Auflage 2018, § 9 Rn. 35; zu den allgemeinen Grundsätzen des Unionsrechts *Lecheler,* Der Europäische Gerichtshof und die allgemeinen Rechtsgrundsätze, 1971; *Lecheler,* ZEuS 2003, 337 (338 ff.); *Schwarze,* DVBl. 2011, 721 (721 ff.).

1011 *Koenig/Schreiber,* DÖV 2008, 450 (453); *Neuschl/Schumm,* ZEuS 2008, 527 (539).

fortgeltend erklärt, suspendiert er den Geltungsvorrang des Primärrechts für diesen Zeitraum.[1012] Dies hat zur Folge, dass das primärrechtswidrige Sekundärrecht zeitweise in der gesamten Europäischen Union fortgilt, sodass in allen Mitgliedstaaten dasselbe Unionsrecht gilt.

Auf nationales Recht übertragen würde Folgendes gelten: Der Anwendungsvorrang des Unionsrechts würde suspendiert, wenn die Auslegung erst ab einem Zeitpunkt in der Zukunft gilt und dem nationalen Gesetzgeber somit Zeit zur Herstellung eines unionsrechtmäßigen Zustands zugestanden würde. Denn grundsätzlich führt der Konflikt von mitgliedstaatlichem Recht und Unionsrecht dazu, dass ersteres auf Sachverhalte mit europäischem Bezug nicht anzuwenden ist.[1013] Das innerstaatliche Recht bliebe aber wegen des Aufschubs für einen bestimmten Zeitraum anwendbar – obwohl es eigentlich wegen des Anwendungsvorrangs unangewendet bleiben müsste.[1014] Da zudem oftmals nur ein einzelner Mitgliedstaat von der Entscheidung des EuGH betroffen ist, kann es zu Spannungen mit anderen Rechtsordnungen kommen und Binnenmarkthindernisse entstehen. Dürfen etwa Apotheken ausschließlich nach deutschem Recht von Personenhandelsgesellschaften, nicht aber von Kapitalgesellschaften geführt werden, stellt dies eine unzulässige Zugangshürde dar. Bei einer Aufschiebung der Wirkung der Auslegung des EuGH bliebe es für eine Zeit lang bei diesem Hindernis, wohingegen es in anderen Mitgliedstaaten nicht vorliegen würde.[1015] Während also aufgrund der uneinheitlichen Rechtslage das Unionsrecht nicht in allen Mitgliedstaaten in gleicher Weise Anwendung finden würde und Binnenmarkthindernisse entstehen könnten, führt eine unionsweite Weitergeltung von Sekundärrecht demgegenüber nicht zu uneinheitlichen Ergebnissen, sodass Binnenmarkthindernisse gerade vermieden werden können.[1016] Das Ziel der Union, einen gemeinsamen Binnenmarkt herzustellen und zu wahren, würde also mit der Weitergeltung von nationalem unionsrechtswidrigen Recht untergraben.[1017] Deshalb ist der Aufschub der Wirkung bei Auslegungsentscheidungen zugunsten nationaler Gesetzgeber grundsätzlich abzulehnen. Gegen eine Aufschiebung auf einen Zeitpunkt in der Zukunft spricht bei Auslegungen außerdem, dass der Anwendungsvorrang des Unionsrechts

---

1012 *Koenig/Schreiber*, DÖV 2008, 450 (453).
1013 *Neuschl/Schumm*, ZEuS 2008, 527 (535).
1014 *Koenig/Schreiber*, DÖV 2008, 450 (453).
1015 Zum Beispiel *Koenig/Schreiber*, DÖV 2008, 450 (453).
1016 *Ehlers/Eggert*, JZ 2008, 585 (589); *Koenig/Schreiber*, DÖV 2008, 450 (453).
1017 *Koenig/Schreiber*, DÖV 2008, 450 (453).

die Effektivität und Einheitlichkeit des Unionsrechts schützen soll und nicht das Vertrauen mitgliedstaatlicher Organe in den Fortbestand von unionsrechtswidrigem nationalen Recht.[1018]

(iii) Verstoß gegen die Vertragstreue, Art. 4 Abs. 3 EUV

Es ist ferner zu erwägen, ob die Aufschiebung der Wirkung einer Auslegungsentscheidung zu einem Verstoß gegen die Vertragstreue nach Art. 4 Abs. 3 EUV führen würde. *Ludewig* kommt hier zu dem Ergebnis, dass bei einer Verschiebung des Stichtags der Entscheidungswirkungen keine Befreiung von der Pflicht zur Vertragstreue erteilt werde. Vielmehr gelte die Auslegung des Unionsrechts in jedem Fall für die Vergangenheit und die Zukunft, es könne sich nur nicht jeder darauf berufen. Die Mitgliedstaaten würden also bei einer Weitergeltung ihres nationalen Rechts unionsrechtswidrig handeln, müssten nur nicht mit Konsequenzen für ihren Verstoß rechnen.[1019] Er hält eine Übergangsfrist im Lichte von Art. 4 Abs. 3 EUV aber nur in absoluten Ausnahmefällen für sinnvoll und zulässig, wenn die wirtschaftlichen Auswirkungen so einschneidend wären, dass ein sofortiger Wegfall der Anwendbarkeit der Regelung nicht zumutbar wäre.[1020] Die Anordnung einer Übergangsfrist sei *ultima ratio* und die Mitgliedstaaten müssten alles dafür tun, um die Folgen der Weitergeltung zu minimieren. Hierzu gehört zum einen das alsbaldige gesetzgeberische Tätigwerden, ggf. schon nach den Schlussanträgen der Generalanwälte am Gesetzentwurf zu arbeiten, wenn sich an dieser Stelle bereits abzeichne, dass die Entscheidung zulasten des Mitgliedstaats ausfallen könnte.[1021] Von den Mitgliedstaaten könne jedenfalls verlangt werden, das erforderlich gewordene Gesetzgebungsverfahren zu priorisieren und so schnell wie möglich durchzuführen.[1022]

1018 *Ehlers/Eggert*, JZ 2008, 585 (589).

1019 *Ludewig*, Die zeitliche Beschränkung der Wirkung von Urteilen des EuGH im Vorabentscheidungsverfahren, 2012, S. 188 f.

1020 *Ludewig*, Die zeitliche Beschränkung der Wirkung von Urteilen des EuGH im Vorabentscheidungsverfahren, 2012, S. 189; für die Anordnung in nur seltenen Ausnahmefällen ebenfalls *Wusterhausen*, Die Wirkungen der Urteile des EuGH in der Zeit, 2016, S. 416 f.

1021 *Ludewig*, Die zeitliche Beschränkung der Wirkung von Urteilen des EuGH im Vorabentscheidungsverfahren, 2012, S. 189 f.

1022 *Ludewig*, Die zeitliche Beschränkung der Wirkung von Urteilen des EuGH im Vorabentscheidungsverfahren, 2012, S. 190.

Dieser Auffassung ist jedoch kritisch entgegenzutreten. Indem die Mitgliedstaaten im Falle einer Aufschiebung der Wirkung weiterhin sehenden Auges unionsrechtswidrig handeln dürften, wären sie zeitweise von der Vertragstreuepflicht entbunden.[1023] Gerade weil keine Konsequenzen zu befürchten sind, wird Art. 4Abs. 3 EUV bis zur Änderung der nationalen Rechtslage missachtet, die Ziele der Union beeinträchtigt.[1024] Einen Anreiz zum schnellstmöglichen Tätigwerden würde es aus Sicht der betroffenen Mitgliedstaaten jedenfalls nicht geben, da kaum die Möglichkeit bestehen wird, die Gesetzgebungstätigkeit zeitnah und effektiv zu kontrollieren. Dies spricht ebenfalls gegen den zeitweisen Aufschub der Auslegungswirkung.[1025] Wird die Wirkung der Entscheidung dagegen nicht auf einen Zeitpunkt in der Zukunft verschoben, so liegt es letztlich in der Hand des nationalen Gesetzgebers, negative Auswirkungen durch schnelle Gesetzeskorrektur abzuwenden,[1026] sodass diese Lösung geeigneter ist, die Einhaltung des Unionsrechts und damit die Vertragstreue zu fördern.

(iv) Ausnahme: Unanwendbarkeit führt zu unionsrechtsfernerem Zustand

Aus Sicht der Mitgliedstaaten wäre die Aufschiebung der Wirkung der Auslegung vor allem in abgabenrechtlichen Belangen wünschenswert – könnten sie doch die Rechtslage unter geringem Zeitdruck anpassen, insbesondere aber Steuerbescheide auf Grundlage der unionsrechtswidrigen Norm weiterhin erlassen und vollstrecken, während bereits gezahlte Steuern nicht zurückerstattet werden müssten.[1027]

1023 So auch *C. Müller,* Die Begrenzung der zeitlichen Wirkung von EuGH-Entscheidungen, 2009, S. 97.

1024 Zur Freistellung von Art. 4 Abs. 3 EUV sei der EuGH nicht befugt, vgl. *C. Müller,* Die Begrenzung der zeitlichen Wirkung von EuGH-Entscheidungen, 2009, S. 97 f., wobei es nach a.A. hierfür keine Anhaltspunkte in der Rechtsordnung gäbe, *Wusterhausen,* Die Wirkungen der Urteile des EuGH in der Zeit, 2016, S. 415.

1025 Mit Hinweis auf den fehlenden Anreiz bzw. den Verlust des Drohpotentials und der Abschreckungswirkung bei einer Aufschiebung auch schon *Janssen,* EuZW 2005, 257 (257); *Wiedmann,* EuZW 2007, 692 (694); *Schaer,* Rechtssicherheit und Vertrauensschutz als Grenzen rückwirkender Rechtsprechung im europäischen Arbeitsrecht, 2010, S. 100.

1026 *Schmitz/Stammler,* AÖR 136 (2011), 479 (488 f.).

1027 *Ludewig,* Die zeitliche Beschränkung der Wirkung von Urteilen des EuGH im Vorabentscheidungsverfahren, 2012, S. 187; *Wusterhausen,* Die Wirkungen der

Ein Aufschub der Entscheidungswirkung könnte aber allenfalls dann im Sinne der gesamten Union sein, wenn die sofortige Unanwendbarkeit einer Regelung zu einer Gesetzeslücke führen würde, die nicht akzeptabel wäre und der Unionsrechtsordnung noch ferner stünde als die zeitweise tolerierte weitere Anwendung der europarechtswidrigen nationalen Norm.[1028] Der EuGH hat bei seinen Entscheidungen durch umfassende Abwägung einen Ausgleich zwischen Rechtssicherheit und Rechtmäßigkeit herzustellen.[1029] Ergibt diese Interessenabwägung, dass die Rechtssicherheit im Einzelfall stärker wiegt, so kommen Übergangsfristen ausnahmsweise in Betracht.[1030] Wie auch bei Nichtigkeits- und Gültigkeitsentscheidungen können besondere Umstände dafür streiten, den nationalen Gesetzgeber vor der sofortigen Unanwendbarkeit einer innerstaatlichen Vorschrift zu schützen. Somit kann der durch Primärrecht gewährleistete Binnenmarkt nicht immer zwingend dem – ebenfalls im Primärrecht angesiedelten – Rechtsgrundsatz der Rechtssicherheit entgegenstehen.[1031] Etwaige Übergangsfristen sollten aber kurzgehalten werden, um schnellstmöglich zu einem europarechtskonformen Zustand zurückzukehren.[1032] Unter welchen Umständen ein solcher Aufschub der Wirkung einer Auslegungsentscheidung infrage kommt, soll im anschließenden Kapitel beleuchtet werden.[1033]

II. Mögliche Gründe für den unterschiedlichen Umgang mit Finanzfolgen

Neben den soeben genannten Gründen, die gegen eine Aufschiebung der Wirkung bei Auslegungsentscheidungen sprechen, lassen sich die aufgezeigten Unterschiede zwischen den Rechtsprechungslinien bezüglich der Berücksichtigung von Finanzfolgen nach der hier vertretenen Ansicht auf einen weiteren wesentlichen Aspekt zurückführen.

Urteile des EuGH in der Zeit, 2016, S. 417; befürwortend bereits *Waldhoff*, EuR 2006, 615 (635).

1028 Hierzu OVG Münster, Beschluss vom 28.6.2006 – 4 B 961/06, EuZW 2006, 603 (605); *Ehlers/Eggert*, JZ 2008, 585 (589 f.); vgl. *Hüsken*, ZfWG 2009, 13 (15).

1029 *Wusterhausen*, Die Wirkungen der Urteile des EuGH in der Zeit, 2016, S. 415.

1030 *Wusterhausen*, Die Wirkungen der Urteile des EuGH in der Zeit, 2016, S. 415 f.

1031 So ausdrücklich *Wusterhausen*, Die Wirkungen der Urteile des EuGH in der Zeit, 2016, S. 416.

1032 *Wusterhausen*, Die Wirkungen der Urteile des EuGH in der Zeit, 2016, S. 417.

1033 Siehe Kap. 4, B. II. 3. c).

Betrachtet man die Auswirkungen der jeweiligen Entscheidungen, wird deutlich, dass Entscheidungen des EuGH einen deutlich weitreichenderen Einfluss haben als die des BVerfG. Zwar haben letztere auch eine bedeutende Wirkung, indem sie gemäß § 31 BVerfGG von Behörden und Gerichten wie Gesetze befolgt werden müssen.[1034] Der EuGH muss darüber hinaus aber immer bedenken, dass seine Entscheidungen auch von allen anderen Mitgliedstaaten zu beachten sind. Hieraus kann folgender Rückschluss gezogen werden: Wenn der EuGH eine großzügige Rechtsprechung zugunsten der öffentlichen Haushalte der Mitgliedstaaten übt, könnte dies zu einem sorglosen Umgang mit dem Unionsrecht führen und so weitere Verstöße der 27 Mitgliedstaaten provozieren. Sollten die Mitgliedstaaten feststellen, dass das Unionsgericht überwiegend Rücksicht auf die finanziellen Folgen für das Haushaltsbudget nimmt, dann könnte dies etwa dazu anleiten, Steuern zu erheben, ohne sie sorgfältig auf die Vereinbarkeit mit Europarecht zu prüfen und unionskonform zu gestalten. Denn wenn keine Konsequenzen zu befürchten sind, fehlt den Gerichtsentscheidungen ein gewisses Sanktionspotential. Die hohen Hürden des EuGH könnten also dem weiten Wirkungsradius seiner Entscheidungen geschuldet sein. Will man die Gesetzgeber disziplinieren und Achtsamkeit fördern, so stellt die strenge Linie des EuGH ein geeignetes Mittel dar. Außerdem ist der EuGH auf den Einzelnen angewiesen, der den gerichtlichen Weg beschreitet, um die Einhaltung des Unionsrechts überprüfen zu lassen. Fiele die Gerichtsentscheidung im Ergebnis regelmäßig zugunsten des Staates aus, ginge die Motivation der EU-Bürger verloren, Rechtsschutz zu suchen.

B. Keine generelle Vorzugswürdigkeit einer Spruchpraxis

Die Gegenüberstellung der beiden Rechtsprechungslinien hat gezeigt, dass der größte Unterschied in der (Nicht-)Berücksichtigung finanzieller Folgen der Entscheidung liegt. Zu klären ist, ob die eine oder andere Spruchpraxis vorzugswürdig ist, sind sie doch so grundlegend verschieden und stehen sie gleichermaßen in der Kritik.

Der Forderung, der EuGH möge seine Rechtsprechung über die zeitliche Wirkung seiner Entscheidungen generell an der Praxis des BVerfG ori-

1034 Vgl. BVerfG, Beschluss vom 16.3.2005 – 2 BvL 7/00, BVerfGE 112, 268 (277); *G. Kirchhof*, in: Herrmann/Heuer/Raupach, EStG/KStG, Stand: April 2020, Einführung zum EStG Rn. 141.

entieren, ist jedenfalls entgegenzutreten. Der Judikatur des BVerfG wird mitunter sogar vorgeworfen, weder vorbildlich noch nachahmenswert zu sein.[1035] Sie nehme zu sehr Rücksicht auf die finanziellen Interessen des Steuergesetzgebers.[1036] Das Gericht treffe die Wahl des seiner Auffassung nach geeigneten Ausspruchs nicht nach Maßgabe objektiver Rechtsverletzung, sondern anhand der – oftmals nur schwer nachvollziehbaren – Auswirkungen der Entscheidung, sodass Kritiker bisweilen von „Rechtsfolgenlotterie“ sprechen.[1037] Zu Recht wird die überwiegende Berücksichtigung der fiskalischen Auswirkungen kritisiert, da der Grundrechtsschutz, dem das BVerfG eigentlich verschrieben ist, häufig vernachlässigt wird. Zu wenig nimmt das BVerfG die Wahrung der Grundrechte ins Visier, wenn es um die Verwerfung bedeutender Normen des Abgabenrechts geht.

Würde der EuGH dieser Rechtsprechungslinie folgen, so würde der festgestellte unionswidrige Zustand konserviert und nicht beseitigt werden. Es könnten unionsrechtswidrige Abgaben erhoben werden, ohne dass dies mit negativen Auswirkungen auf den Haushalt verbunden wäre. Einzig müssen die Normen gegebenenfalls für die Zukunft geändert werden.[1038] Die Linie des EuGH, die zeitliche Wirkung der Entscheidungen von einer Abwägung objektiven Rechts und Rechtssicherheit bzw. Vertrauensschutz[1039] abhängig zu machen – und gleichzeitig darauf zu verzichten, sich allein vom Ausmaß der fiskalischen Folgen leiten zu lassen – ist grundsätzlich zu begrüßen.[1040] Bei nachweisbar existenziellen Folgen für die Mitgliedstaaten kann das (Unions-)Recht im Ausnahmefall zurücktreten, aber nur dann, wenn dem Mitgliedstaat ein schutzwürdiges Vertrauen zugestanden werden kann.[1041] „Vor allem darf die Beschränkung der Wirkung **keine bloße Frage der Masse** werden. Kann der nationale Gesetzgeber erwarten, dass die Sanktion ausbleibt, wenn die zu erwartende Summe der Erstattungsansprüche nur ein genügend großes Ausmaß annimmt, wird er zu einem **gemeinschaftsrechtlich-illoyalen Verhalten** geradezu animiert.“[1042]

1035 In dieser Deutlichkeit *Seer/Müller*, IWB 2008, 255 (262).

1036 *Werth*, FS 100 Jahre BFH, Band 1, 2018, 535 (555).

1037 *Seer/Müller*, IWB 2008, 255 (262 f.).

1038 *Seer/Müller*, IWB 2008, 255 (263).

1039 Rechtssicherheit und Vertrauensschutz zählen zu den allgemeinen Rechtsgrundsätzen der Union, vgl. *Schwarze*, NJW 1986, 1067 (1070).

1040 So auch *Seer/Müller*, IWB 2008, 255 (263 f.).

1041 *Seer/Müller*, IWB 2008, 255 (264) Vgl. Kap. 4, B. II. 3. c).

1042 Hervorhebungen im Original bei *Seer/Müller*, IWB 2008, 255 (264).

Berechtigterweise wird kritisch darauf hingewiesen, dass der Verstoß nur genügend Breitenwirkung entfalten muss, um nicht mehr gut gemacht werden zu müssen.[1043] Die konsequente Rechtsprechung des EuGH überzeugt für den Bereich der Union, da sie geeignet ist, die Durchsetzung des Gemeinschaftsrechts sicherzustellen und die nationalen Gesetzgeber darüber hinaus zu unionsrechtskonformer Gesetzgebung anzuleiten.[1044] Gleichwohl wäre eine Herabsetzung der allzu hohen Hürden für eine Berücksichtigung fiskalischer Interessen wünschenswert.[1045]

Das BVerfG gewährt dem deutschen Fiskus demgegenüber umfangreichen budgetären Dispositionsschutz.[1046] Nach der derzeitigen Rechtsprechung muss das Gesetz zumeist lediglich ab einem Zeitpunkt in der Zukunft nachgebessert werden. Die öffentliche Hand wird in Sicherheit gewogen, dass sie verfassungswidrige Steuereinnahmen nahezu immer behalten darf. Der EuGH setzt demgegenüber strengere Maßstäbe für die Veränderung der Entscheidungswirkungen an. Indem er guten Glauben voraussetzt, kann er verhindern, dass die Mitgliedstaaten die Geltung des Unionsrechts im Wege des Gerichtsverfahrens beeinflussen, wenn sie auf rein finanzielle Auswirkungen verweisen.[1047]

Eine unreflektierte Orientierung des BVerfG an der Rechtsprechung des EuGH ist jedoch ebenfalls nicht angezeigt. Auch wenn die Untersuchung ergeben hat, dass die Rechtsprechung des BVerfG im Bereich des Abgabenrechts die finanziellen Interessen des Staates mitunter zu sehr schont, so sind diese nicht ganz so unbeachtlich, wie es der EuGH demgegenüber vertritt. Der Fiskus ist in bestimmten Fällen schutzwürdig. Zudem braucht der Gesetzgeber gewisse zeitliche Freiräume, um ein gutes verfassungskonformes Gesetz zu erlassen. Eine grundsätzliche Rückwirkung von Entscheidungen des BVerfG ist damit verfassungsrechtlich nicht immer angezeigt. Gleiches gilt für Auslegungsentscheidungen des EuGH.[1048]

Auch wenn die europäische Rechtsprechung nicht gänzlich als Vorbild dienen kann und ebenfalls änderungsbedürftig erscheint,[1049] sendet der

---

1043 *Seer/Müller*, IWB 2008, 255 (264).

1044 *Wunderlich/Albath*, DStZ 2005, 547 (552).

1045 So auch *Schwarze*, NJW 2005, 3459 (3464 f.); *Tiedtke/Mohr*, EuZW 2008, 424 (427), hierzu Kap. 4, B. II. 1.

1046 Drüen, FR 1999, 289 (289 ff.); Seer, NJW 285 (285 ff.); *Tiedtke/Mohr*, EuZW 2008, 424 (427).

1047 *Rosenkranz*, Die Beschränkung der Rückwirkung von Entscheidungen des Europäischen Gerichtshofs, 2015, S. 135.

1048 Vgl. Kap. 4, B. II. 3. c).

1049 Weiterführende Überlegungen zum Änderungsbedarf unter Kap. 4, B. II.

EuGH doch ein deutliches Signal an die Gesetzgeber, bei ihrer Tätigkeit penibel auf die Vereinbarkeit mit höherrangigem Recht zu achten, da bei Verstößen die entsprechenden Konsequenzen zu tragen sind.

Viertes Kapitel: Berücksichtigung von Finanzfolgen

Die Finanzfolgen der Gerichtsentscheidungen sind sowohl vom BVerfG als auch vom EuGH grundsätzlich in die Überlegungen zur Wahl des Rechtsfolgenausspruchs einzubeziehen. In diesem abschließenden Kapitel werden nun einige Ansätze vorgestellt, die die bisherigen Rechtsprechungsgrundsätze der beiden Gerichte erweitern können, um die widerstreitenden Interessen gerecht zu berücksichtigen. Den Schwerpunkt der Darstellung bildet das Abwägungsmodell, welches für das BVerfG erarbeitet wurde, gefolgt von ergänzenden Überlegungen zur Spruchpraxis des EuGH.

A. *Bundesverfassungsgericht*

Die folgenden Ausführungen sollen zunächst Lösungsansätze für die Berücksichtigung der finanziellen Auswirkungen von Bundesverfassungsgerichtsentscheidungen vorstellen. Diese erfassen die Hauptanwendungsfälle und formulieren den jeweils angemessenen Ausspruch, wobei die betroffenen Interessen abgewogen werden und nach einer möglichst schonenden Auflösung der verfassungsrechtlichen Spannungen gesucht wird. Die Analyse der Spruchpraxis des BVerfG im Bereich des Abgabenrechts hat ergeben, dass das Gericht überwiegend fiskalische Interessen berücksichtigt. Ziel ist daher insbesondere, der „Unterordnung des Grundrechte der Bürger unter das Diktat des Staatshaushalts“[1050] entgegenzuwirken.

Nach derzeitiger Verfassungsrechtsprechung besteht im Bereich finanzwirksamer Entscheidungen eine Schieflage zuungunsten der Individualinteressen der Steuerpflichtigen. Es ist nicht mit der Verfassung vereinbar, dass die öffentliche Hand verfassungswidrige Abgaben erheben darf und der Steuerpflichtige trotz festgestellter Grundrechtsverletzung wegen der Weitergeltungsanordnung keine Möglichkeit hat, zu Unrecht entrichtete Abgaben zurückzuverlangen. Vielmehr muss er diese sogar bis zur Neuregelung weiterhin leisten. Andererseits kann es den öffentlichen Haushalten nicht zugemutet werden, für jeglichen Fehler bei der Rechtssetzung

1050 So kritisch *Habscheidt,* Der Anspruch des Bürgers auf Erstattung verfassungswidriger Steuern, 2003, S. 108.

mit Rückerstattung in voller Höhe einstehen zu müssen. Es streiten insofern gute Gründe dafür, das Budget von Bund, Ländern oder Gemeinden im Einzelfall zu schützen. Das Missverhältnis bei der Berücksichtigung widerstreitender Verfassungsgüter gilt es aber aufzuheben. Stattdessen ist eine Lösung anzustreben, die sowohl der Verfassungswidrigkeit der Norm als auch der notwendigen Schonung von Fiskus und Gesetzgeber Rechnung trägt.[1051]

I. Abwägungsmodell nach der Schutzwürdigkeit der Betroffenen

Kern des vorliegenden Abwägungsmodells ist die Abkehr von der bisherigen „Alles-oder-nichts"-Rechtsprechung und die Entschärfung des verfassungsrechtlichen Konflikts nach Maßgabe der Schutzwürdigkeit von Fiskus, Gesetzgeber und Steuerpflichtigen. Das Modell soll differenzierte Anhaltspunkte für die Wahl des Rechtsfolgenausspruchs darbieten, wenn das BVerfG über verfassungswidriges Abgabenrecht mit großer finanzieller Bedeutung zu entscheiden hat. Die Abwägung widerstreitender Interessen ist im Verfassungsrecht zwingend notwendig, um eine verhältnismäßige Entscheidung treffen zu können. Im Folgenden werden drei Kategorien vorgestellt, bei denen die Abwägung zunächst weder zugunsten der einen noch der anderen Seite ausfällt (1.), auf der zweiten Ebene die Interessen der betroffenen Steuerpflichtigen überwiegen (2. a) und in der dritten Konstellation staatliche Interessen das stärkere Gewicht begründen können (2. b).

1. Der Regelfall – Schutzwürdigkeit von Fiskus und Steuerpflichtigen

Bei der Mehrzahl der Fälle im abgabenrechtlichen Bereich kann keine der betroffenen Parteien überwiegende Interessen geltend machen. Dies ist dann der Fall, wenn eine Interessenabwägung zwischen den widerstreitenden Verfassungsrechtsgütern kein eindeutiges Ergebnis liefert. Es sind vielmehr oftmals beide Seiten gleichermaßen schutzwürdig. Diese Fälle suchen nach einer Möglichkeit, bei der alle gewichtigen Gründe angemessen berücksichtigt werden, sodass kein Rechtsgut gänzlich zurücktreten muss. Mittelpunkt ist letztlich die ausgewogene Rücksichtnahme auf Grundrechte, Vertrauensschutz und zwingende Erwägungen der öffentlichen Haus-

---

1051 Vgl. auch *Heckmann*, Geltungskraft und Geltungsverlust von Rechtsnormen, 1997, S. 409.

haltsplanung. Dass ein Interessenausgleich stattfinden muss, fordert nicht zuletzt der Vorrang der Verfassung.[1052] Der folgende Vorschlag fordert das Inkrafttreten der verfassungskonformen Neuregelung zum Tag der Entscheidungsverkündung. Zusätzlich zu dieser sog. Unvereinbarkeitserklärung *ex nunc* soll die vorläufige Weitergeltung der verfassungswidrigen Vorschriften aus Gründen der Rechtssicherheit angeordnet werden, um die unerwünschten Folgen einer Anwendungssperre zu vermeiden.

a) Erfasste Sachverhalte: Beeinträchtigung der Finanz- und Haushaltsplanung

Die Untersuchung derjenigen Rechtssachen, bei denen das BVerfG eine Weitergeltungsanordnung insbesondere mit dem Interesse an einer verlässlichen Finanz- und Haushaltsplanung begründet hat, hat ergeben, dass der sofortige Wegfall bzw. die Unanwendbarkeit einer Norm oder eines ganzen Gesetzes dazu führen kann, dass die öffentlichen Haushalte stark beeinträchtigt werden. Zum einen durch Rückerstattungsansprüche, die die Steuerpflichtigen für die Vergangenheit geltend machen, zum anderen durch den Wegfall der Einnahmen, die bislang auf Grundlage der verfassungswidrigen Regelung generiert wurden. Die Beschwer der Haushalte und deren Finanzplanung ist bei Nichtigkeitserklärungen am stärksten, indem die Norm mit Entscheidungsverkündung unmittelbar aus der Rechtsordnung ausscheidet und noch nicht bestandskräftige Steuerbescheide rückabgewickelt werden müssen. Weitere Einnahmen dürfen zudem nicht mehr auf die Norm gestützt werden. Bei der Unvereinbarkeitserklärung mit *ex tunc*-Wirkung führt die Anwendungssperre zumeist auch zum zeitweiligen Wegfall der laufenden Einnahmen. Einzig bei der Weitergeltungsanordnung bleibt es bei der weiteren Anwendung der betroffenen Vorschriften. Die Erhebung der Steuer ist befristet erlaubt und eine Rückerstattung damit ausgeschlossen. Dies führt jedoch zu mehreren Verfassungsverstößen und benachteiligt die Steuerpflichtigen dauerhaft und unangemessen.[1053] Deshalb soll der neue Regelausspruch die Weitergeltungsanordnung – in der bekannten Form – ablösen.

1052 Das BVerfG als den „Garant auch für die tatsächliche Einhaltung der Verfassung" bezeichnend *Frenz*, DÖV 1993, 847 (851); *Heckmann*, Geltungskraft und Geltungsverlust von Rechtsnormen, 1997, S. 410.

1053 Zur Verfassungsmäßigkeitsprüfung Kap. 1, C. II. 2. c) ee).

Diese erste Kategorie erfasst Sachverhalte, in denen Steuernormen für verfassungswidrig erkannt werden, eine Rückabwicklung für die Vergangenheit aber zu erheblichen Schwierigkeiten führen würde – insbesondere hinsichtlich der periodischen Haushaltsplanung und Finanzierbarkeit einer Rückerstattung, aber auch wegen der verwaltungstechnischen Herausforderung. So wurde in den Entscheidungsgründen vom BVerfG mehrfach darauf hingewiesen, dass eine rückwirkende Neuregelung der verlässlichen Haushaltsplanung entgegenstehe,[1054] der gleichmäßige Verwaltungsvollzug behindert werde,[1055] die Nichtigkeitserklärung unvertretbare fiskalische Auswirkungen mit sich brächte[1056] und es zudem bis zur Neuregelung zu einer regelungslosen Übergangszeit käme, in der die betroffenen Steuerfälle nicht abgewickelt werden könnten.[1057] Die folgenden Ausführungen sollen aber zeigen, dass die Weitergeltungsanordnung nicht die einzig mögliche Entscheidungsvariante ist, um den befürchteten Folgen entgegenzuwirken. Die sogleich zu erläuternde Unvereinbarkeitserklärung *ex nunc* kann die negativen Auswirkungen einer Rückabwicklung ebenfalls abfedern und zusätzlich die Grundrechte der betroffenen Steuerpflichtigen besser wahren.[1058]

b) Rechtsfolgenausspruch: Unvereinbarkeitserklärung ex nunc

Das BVerfG kann den Gesetzgeber dazu verpflichten, die Rechtslage zu einem in der gerichtlichen Feststellung genannten Zeitpunkt verfassungskonform zu gestalten.[1059] Dieser kann entweder in der Vergangenheit liegen (Unvereinbarkeitserklärung *ex tunc*). Wiederholt hat es diesen Zeitpunkt jedoch im Wege der Weitergeltungsanordnung in die Zukunft verlegt, sodass erst ab diesem eine verfassungskonforme Rechtslage zu schaffen war.

Nach dem hiesigen Vorschlag sollen diese beiden Aussprüche um einen dritten ergänzt werden: die Unvereinbarkeitserklärung *ex nunc*.

Die Unvereinbarkeit *ex nunc* hat zur Folge, dass der Gesetzgeber verpflichtet ist, das Inkrafttreten der Neuregelung, die den Verfassungsverstoß

1054 Vgl. etwa BVerfG, Beschluss vom 25.9.1992 – 2 BvL 5/91 u.a., BVerfGE 87, 153 (178 f.).
1055 So z.B. BVerfG, Beschluss vom 7.11.2006 – 1 BvL 10/02, BVerfGE 117, 1 (70).
1056 BVerfG, Beschluss vom 13.2.2008 – 2 BvL 1/06, BVerfGE 120, 125 (167 f.).
1057 Vgl. BVerfG, Urteil vom 17.12.2014 – 1 BvL 21/12, BVerfGE 138, 136 (250).
1058 Siehe zu den Vorteilen dieses Ausspruchs sogleich Kap. 4, A. I. 1. e).
1059 Vgl. etwa BVerfG, Urteil vom 6.3.2002 – 2 BvL 17/99, BVerfGE 105, 73 (134).

beseitigt, auf das Verkündungsdatum der Gerichtsentscheidung festzulegen. Auf Sachverhalte, die den Tatbestand der verfassungswidrigen Norm bereits vor der Verkündung der Entscheidung verwirklicht haben, ist das verfassungswidrige Gesetz noch anzuwenden. Wie die hieraus entstehenden Folgen abgefedert werden können, wird noch zu untersuchen sein.[1060]

c) Vorläufige Weitergeltung wegen Planungs- und Rechtssicherheit

Fraglich ist, ob die verfassungswidrigen Normen bis zur Neuregelung einer Anwendungssperre unterliegen sollten, wie dies bei der Unvereinbarkeitserklärung *ex tunc* der Fall ist.[1061] Kritiker könnten der Unanwendbarkeit der verfassungswidrigen Norm bis zur Neuregelung jedenfalls vorwerfen, die Unvereinbarkeitserklärung *ex nunc* führe dazu, dass bis zur Gesetzesänderung ein regelungsloser Schwebezustand eintrete. Denn wie bei der Unvereinbarkeitserklärung *ex tunc*, bei der der Gesetzgeber zur rückwirkenden Neuregelung verpflichtet wird, unterliegt die betroffene Norm ab der Gerichtsentscheidung eigentlich einer Anwendungssperre. Von diesem Zeitpunkt bis zur Neuregelung wissen weder die Finanzverwaltung, die Gerichte, noch die Steuerpflichtigen, wie die Gesetzesänderung ausgestaltet sein wird. Überdies müssten laufende Verfahren ausgesetzt werden. Die Neuregelung könnte etwa bei einem Verstoß gegen den allgemeinen Gleichheitssatz die bisher nicht Begünstigten einbeziehen. Es könnte gleichfalls aber auch die Begünstigung insgesamt wegfallen. Während der regelungslosen Zeit könnten aber die bisher Erfassten die Begünstigung aufgrund der Anwendungssperre nicht geltend machen, was gerade nicht erwünscht ist. Die Begünstigung darf durch die Neuregelung ohnehin nicht für die Vergangenheit entfallen, da auch hier das Rückwirkungsverbot greift.[1062] Es wäre also nicht gerecht, diese bis zur Neuregelung einzufrieren. Außerdem wäre in der Übergangszeit – je nach betroffener Vorschrift – eine Steuer gar nicht zu entrichten, sodass die Steuerpflichtigen Rücklagen bilden müssten, falls sich aus der Neuregelung eine Steuerlast ergeben sollte. Daraus folgt ein erhebliches Maß an Rechts- und Planungsunsicherheit. Problematisch an der regelungslosen Übergangszeit wäre zudem der Stillstand des Einnahmeflusses, der sich bei den öffentlichen Haushalten schwerwiegend bemerkbar machen könnte.

1060 Zur möglichen (Teil-)Rückerstattung Kap. 4, A. I. 1. f).
1061 Siehe Kap. 1, A. II. 3. a).
1062 Hierzu bereits Kap. 1, A. II. 3. b).

Aus den genannten Gründen ist von einer Anwendungssperre bis zur Neuregelung abzusehen. Vielmehr sollte die verfassungswidrige Norm für vorläufig anwendbar erklärt werden, bis der Gesetzgeber – rückwirkend auf das Datum der Entscheidungsverkündung – eine Gesetzesänderung erlässt. Einen ähnlichen Weg hat das BVerfG vor langer Zeit in einem Urteil zur Einkommensteuer eingeschlagen. Zwar ordnete es keine *ex nunc*-, sondern *ex tunc*-Reformpflicht an. Zur Begründung der vorläufigen Weitergeltung führte es aber aus, dass die Unvereinbarkeitserklärung

> *„grundsätzlich zur Folge [hat], daß die betroffenen Normen in dem sich aus dem Tenor ergebenden Umfang nicht mehr angewendet werden dürfen. Ausnahmsweise sind verfassungswidrige Vorschriften aber voll oder teilweise weiter anzuwenden, wenn die Besonderheit der für verfassungswidrig erklärten Norm es aus verfassungsrechtlichen Gründen, insbesondere aus solchen der Rechtssicherheit, notwendig macht, die verfassungswidrige Vorschrift als Regelung für die Übergangszeit fortbestehen zu lassen, damit in dieser Zeit nicht ein Zustand entsteht, der von der verfassungsmäßigen Ordnung noch weiter entfernt ist als der bisherige. Im vorliegenden Fall ist es geboten, ausnahmsweise im Interesse der Rechtssicherheit die weitere Anwendung der angegriffenen Normen bis zu einer gesetzlichen Neuregelung […] zuzulassen. Für die Neuregelung, die umfangreiche und zeitraubende Vorarbeiten erfordert, muß dem Gesetzeber ausreichend Zeit zur Verfügung stehen. Für die Übergangszeit muß aber verhindert werden, daß ein rechtliches Vakuum entsteht und bei den betroffenen Steuerpflichtigen wie bei den Behörden Unsicherheit über die Rechtslage herrscht.“*[1063]

Die weitere Anwendung dürfe indessen bei der gleichheitswidrig belasteten Gruppe nur im Wege vorläufiger Steuerfestsetzung erfolgen (§ 165 AO[1064]) – so das Gericht – damit den Steuerpflichtigen später, d.h. nach Inkrafttreten der Neuregelung, nicht die Rechtskraft von Verwaltungs- und Gerichtsentscheidungen entgegengehalten werden könne. Sollte der Ge-

---

1063 BVerfG, Urteil vom 3.11.1982 – 1 BvR 620/78 u.a., BVerfGE 61, 319 (356); hierzu auch *Habscheidt*, Der Anspruch des Bürgers auf Erstattung verfassungswidriger Steuern, 2003, S. 11.

1064 Durch § 165 AO kann die Steuer vorläufig festgesetzt werden. Hierdurch unterliegt die Festsetzungsfrist – soweit der Vorläufigkeitsvermerk reicht – einer Ablaufhemmung nach § 171 Abs. 8 AO, sodass der Bescheid auch nach Ablauf der regulären Festsetzungsfrist geändert werden kann, vgl. *Hey*, Steuerplanungssicherheit als Rechtsproblem, 2002, S. 782.

setzgeber dem Reformauftrag nicht bis zu dem vorgegebenen Datum[1065] nachkommen, so sei die Vorschrift nicht mehr anwendbar, bis er die beanstandeten Normen für die Zeit seit Inkrafttreten verfassungskonform überarbeitet habe.[1066]

Die soeben zitierten Entscheidungsgründe machen deutlich, dass eine vorläufige Weitergeltungsanordnung sinnvoll ist, wenn es die Rechtssicherheit gebietet – und dass die Reformpflicht dennoch auf einen Zeitpunkt vor Ablauf der Weitergeltungsfrist festgesetzt werden kann.

Ergibt die Neuregelung sodann, dass die Steuerlast geringer ist als vorher, so sind noch nicht bestandskräftige Bescheide zu ändern und zu hoch entrichtete Steuerbeträge gemäß § 37 Abs. 2 AO zurückzuerstatten. Sollten nunmehr etwa auch die bislang Unbegünstigten von einem Tatbestand einbezogen werden, ist die Steuerschuld entsprechend der Begünstigung herabzusetzen. Für die bereits von der Begünstigung Erfassten ergibt sich keine Änderung der Steuerlast und damit muss die Festsetzung nicht geändert und für die Vergangenheit rückabgewickelt werden.

Der unmittelbare Wegfall von Steuereinnahmen kann für den Zeitraum bis zur Neuregelung zu erheblichen finanziellen Engpässen führen, die auch nicht kurzfristig überbrückbar sind. Können etwa die Kommunen bis zur Neuregelung keine Gewerbesteuer erheben, so führt dies zu einem schwerwiegenden Haushaltsdefizit, sodass bereits verschuldete Gemeinden handlungsunfähig werden könnten, da kein finanzielles Polster zur Verfügung steht. Positiv an der übergangsweisen Weitergeltung ist deshalb auch, dass der Zahlungsfluss an die öffentlichen Haushalte nicht unvermittelt abreißt und so keine tiefschürfenden finanziellen Notstände drohen. Hervorzuheben ist außerdem, dass der Verfassungsverstoß früher bereinigt wird als bei der regulären Weitergeltungsanordnung, da das Inkrafttreten der Neuregelung auf den Verkündungstag der Gerichtsentscheidung datiert werden muss.

d) Richterliche Rechtsfortbildung

Da das Gesetz die Unvereinbarkeitserklärung in den §§ 31 Abs. 2 S. 2 und 3, 79 Abs. 1 BVerfGG nur erwähnt, ohne Tatbestand und Rechtsfolge zu regeln, stellt sich die Frage nach der rechtlichen Grundlage für den *ex*

1065 Die Weitergeltungsfrist betrug 2 Jahre und 2 Monate, vgl. BVerfG, Urteil vom 3.11.1982 – 1 BvR 620/78 u.a., BVerfGE 61, 319 (356).

1066 BVerfG, Urteil vom 3.11.1982 – 1 BvR 620/78 u.a., BVerfGE 61, 319 (356 f.).

nunc-Ausspruch. Zu Beginn der vorliegenden Arbeit wurde jedenfalls festgestellt, dass eine verfassungswidrige Norm nicht bereits von Anfang an ohne weiteren Rechtsakt (*ipso iure*) nichtig ist. Vielmehr tritt die rückwirkende Nichtigkeit erst dann ein, wenn das BVerfG die Norm tatsächlich für nichtig erklärt (Vernichtbarkeitslehre).[1067] Dem BVerfG ist es den bisherigen Ausführungen zufolge möglich, von der Nichtigkeit abweichende Rechtsfolgen auszusprechen. Im ersten Kapitel wurde gezeigt, dass es eine Norm für mit dem Grundgesetz unvereinbar erklären kann, was verschiedene zusätzliche Möglichkeiten eröffnet. So erklärt es bislang die rückwirkende Unvereinbarkeit oder ordnet die vorübergehende Weitergeltung der verfassungswidrigen Regelung an. Genau zwischen diesen beiden Rechtsfolgen liegt nun die Unvereinbarkeitserklärung *ex nunc*.

Fraglich ist, ob sich hierfür eine tragfähige Grundlage finden lässt. Nach der soeben genannten Vernichtbarkeitslehre ist der Weg für von der Nichtigkeit abweichende Entscheidungen jedenfalls nicht versperrt.[1068] Die Entscheidungsvarianten des BVerfG müssen jedoch den verfassungsrechtlichen Rahmen wahren und zu einem bestmöglichen Schutz der Grundrechte führen. Angesichts der Tatsache, dass es sich bei der vorgeschlagenen Unvereinbarkeitserklärung *ex nunc* mit Blick auf die Beeinträchtigung der Grundrechte um ein weniger einschneidendes Mittel, also ein „Minus“ zur bisherigen Weitergeltungsanordnung handelt, muss dieser Rechtsfolgenausspruch im Umkehrschluss verfassungsrechtlich zulässig sein. Denn wenn die Weitergeltungsanordnung anerkannt wird, so muss es dem BVerfG – ebenfalls im Wege richterlicher Rechtsfortbildung[1069] – erst recht möglich sein, eine Rechtsfolge auszusprechen, die der Verfassung besser zur Geltung verhilft als die Weitergeltung des verfassungswidrigen Rechts. Das Rechtsstaatsprinzip selbst ermöglicht durch die Grundsätze der Verhältnismäßigkeit, der Rechtssicherheit und des Vertrauensschutzes, dass das BVerfG eine Entscheidung trifft, die die individuellen Grundrechte vor Eingriffen des Staates bestmöglich schützt, aber auch staatliche Interessen berücksichtigt, wenn diesen Verfassungsrang zukommt. Durch ein flexibles Rechtsfolgenmanagement kann das BVerfG situationsgerecht entscheiden.

1067 Ausführlich zur Folge verfassungswidriger Normen Kap. 1, A. I. 1.

1068 Vgl. hierzu Kap. 1, A. I. 1.

1069 Zur Weitergeltungsanordnung als Produkt richterlicher Rechtsfortbildung bereits Kap. 1, A. II. 3. c) bb) (v).

e) Positive Auswirkungen dieses Lösungsansatzes

Für die Unvereinbarkeitserklärung *ex nunc* sprechen im Vergleich zur schlichten Weitergeltungsanordnung diverse Vorzüge, die nun im Einzelnen dargelegt werden. Insbesondere soll die im ersten Kapitel angeführte Kritik gegen die Weitergeltungsanordnung aus Rücksichtnahme auf die „Verlässlichkeit der Finanz- und Haushaltsplanung“[1070] aufgegriffen und anhand des neuen Lösungsansatzes entkräftet werden.

aa) Keine komplizierte Rückabwicklung für die Vergangenheit

Prinzipiell hat das BVerfG bereits selbst den ersten Stein für die Unvereinbarkeitserklärung *ex nunc* gelegt, indem es mehrfach betonte, dass eine Rückabwicklung für die Vergangenheit aus mehreren Gründen ausscheide. Es hat nur zur Abwendung dieser komplizierten Rückabwicklung stets zum Mittel der Weitergeltungsanordnung gegriffen. Dabei liegt die Unvereinbarkeitserklärung mit *ex nunc*-Wirkung eigentlich näher. Indem der Gesetzgeber verpflichtet wird, eine Regelung ab dem Verkündungsdatum der Gerichtsentscheidung in Kraft zu setzen, entfällt die rückwirkende Änderung der Rechtslage für den Zeitraum vor der Entscheidung. Bis zum Verkündungsdatum ist noch das alte Recht anzuwenden. Wegen der vorläufigen Weitergeltung muss der Gesetzgeber allerdings die Grundsätze zur Rückwirkung beachten, wenn er die Rechtslage bis zum Entscheidungsdatum rückwirkend bereinigt.

bb) Geringfügige Beeinträchtigung der periodischen Haushaltsplanung

Aus Rücksichtnahme auf die periodische Haushaltsplanung und die Tatsache, dass die jährlichen Ein- und Ausgaben der öffentlichen Hand bereits zum Jahresbeginn verplant sind, sind rückwirkende Rechtsänderungen schädlich und in den Fällen zu vermeiden, in denen hohe Rückerstattungen drohen. Dies soll aber nicht dazu führen, dass der Steuerpflichtige auch für die Zukunft eine verfassungswidrige Steuer entrichten muss, nur um die Haushaltsplanung nicht zu beeinträchtigen. Durch die vorgeschlagene Unvereinbarkeit *ex nunc* mit vorübergehender Weitergeltungsanordnung werden die Haushalte aber nicht ungebührlich beschwert. Die ange-

1070 Zur Kritik oben unter Kap. 1, C. II. 2. c) ee).

ordnete Frist gibt dem Haushaltsgesetzgeber ausreichend Zeit, um die Neuregelung einzukalkulieren. Gleichzeitig muss der Fiskus nicht unmittelbar ab der Gerichtsentscheidung auf die laufenden Einnahmen verzichten. Er kann zugleich bereits Vorkehrungen treffen, die etwaige Rückerstattungsansprüche finanziell abfedern, sobald die Neuregelung in Kraft tritt. Insgesamt kann dieser Ansatz zu einem schonenden Übergang zur Verfassungsmäßigkeit führen.

cc) Motivation des Gesetzgebers zur zügigen Herstellung einer verfassungskonformen Rechtslage

Der Gesetzgeber hat es selbst in der Hand, ob er die Neuregelung schon vor Ablauf der Weitergeltungsfrist verkündet. Je schneller er gestalterisch tätig wird und die verfassungswidrige Rechtslage beseitigt, desto geringer sind die Auswirkungen auf den Verwaltungsvollzug und die laufenden Einnahmen und Ausgaben. Insbesondere bei einfachen Sachverhalten wie etwa zu niedrig angesetzten Freibeträgen ist ein schnelles Änderungsverfahren unproblematisch. Auch ein verfassungswidriger Begünstigungsausschluss kann leicht durch eine Ergänzung oder Streichung der Begünstigung beseitigt werden. Insofern kann die Unvereinbarkeitserklärung *ex nunc* einen gewissen Druck auf den Gesetzgeber ausüben, schnell zu handeln und so – letztlich im Interesse aller – einen verfassungsmäßigen Zustand wiederherstellen.

dd) Wahrung des gesetzgeberischen Gestaltungsspielraums

Durch die Unvereinbarkeitserklärung *ex nunc* kann der Gestaltungsspielraum des Gesetzgebers ebenso gewahrt werden wie bei den anderen bekannten Rechtsfolgenaussprüchen.[1071] Es wird keine Vorgabe hinsichtlich des Inhalts der Neuregelung gemacht, lediglich in zeitlicher Hinsicht wird das Datum des Inkrafttretens vorgegeben. Diesbezüglich hat der Gesetzgeber aber selbst keinen Entscheidungsspielraum, da er grundsätzlich zur rückwirkenden Beseitigung eines Verfassungsverstoßes verpflichtet ist. Die Beschränkung auf das Verkündungsdatum kommt ihm allenfalls zugute,

---

1071 Zu dieser Problematik Kap. 1, C. I. 2. a).

da er sich nicht mit rückwirkender Gesetzesänderung für den Zeitraum vor der Entscheidung befassen muss.[1072]

ee) Schonender Eingriff in die Grundrechte

Durch die Unvereinbarkeitserklärung *ex nunc* gelingt ein schonender Eingriff in die Grundrechte. Die verfassungswidrige Steuererhebung wird ab dem Verkündungsdatum wiedergutgemacht, indem ab diesem Zeitpunkt eine gesetzliche Regelung in Kraft treten muss, die den Verfassungsverstoß beseitigt. Zwar darf die Steuer aufgrund der übergangsweisen Weitergeltung noch erhoben werden, ist aber rückwirkend der Verfassung entsprechend zu ändern. Der Zeitpunkt, ab dem die Grundrechte (wieder) gewahrt werden, wird also im Vergleich zur schlichten Weitergeltungsanordnung deutlich nach vorne verlegt. Der Steuerpflichtige muss nicht – wie bisher – eine mit dem Grundgesetz unvereinbare Abgabe weiterhin entrichten, ohne im Nachhinein einen Rückerstattungsanspruch zu haben, wenn sich seine Steuerlast infolge der Neuregelung mindert. Zwar kann er wohl in den meisten Fällen nicht die gesamte Steuer zurückverlangen. Dies ist aber sachgerecht, da er dem Grunde nach mit der Belastung durch die Steuer rechnen muss. Der Grundrechtsverstoß wird dennoch beseitigt, wenn er im Nachhinein nur noch die Steuerschuld zu begleichen hat, die ihm verfassungsgemäß aufgebürdet werden durfte. Das BVerfG legitimiert den Verfassungsverstoß nicht mehr in der Weise, wie es bei der Unvereinbarkeitserklärung mit Weitergeltungsanordnung der Fall ist – denn bei diesem Ausspruch wird der Verfassungsverstoß geradezu in Stein gemeißelt. Ab der Entscheidung ist die Verfassungsrechtslage für alle Beteiligten und Betroffenen klar, sodass von diesem Zeitpunkt an die Schutzwürdigkeit des Steuerpflichtigen gegenüber einer verfassungswidrigen Steuererhebung überwiegen muss. Dies rechtfertigt die Pflicht des Gesetzgebers zur Anpassung der Rechtslage auf den Zeitpunkt der Verkündung der Gerichtsentscheidung.

Des Weiteren kann der effektive Rechtsschutz nach Art. 19 Abs. 4 GG durch die Unvereinbarkeitserklärung *ex nunc* umfassender gewährleistet werden als bei der klassischen Unvereinbarkeit mit Weitergeltungsanordnung. Die ständige Rechtsprechung des BVerfG wird dahingehend kritisiert, dass der Steuerpflichtige, der sich für eine gerichtliche Geltendmachung seiner Rechte entscheidet, keinen Erfolg verzeichnen kann, wenn

1072 Zur rückwirkenden Gesetzesänderung oben unter Kap. 1, A. II. 3. b).

die Weitergeltung der angegriffenen Vorschriften erklärt wird.[1073] Obwohl die Verfassungswidrigkeit feststeht, erlangt der Rechtsschutzsuchende hieraus keinen Vorteil oder Anspruch, da die Fortgeltung den Verfassungsverstoß weder für die Vergangenheit noch für die nähere Zukunft beseitigt. Ergeht hingegen eine Unvereinbarkeitserklärung *ex nunc*, so erstreitet der Betroffene die Verpflichtung des Gesetzgebers, die Rechtslage auf den Zeitpunkt des Verkündungsdatums verfassungskonform zu gestalten. Zwar bleibt die verfassungswidrige Regelung noch für eine Übergangszeit anwendbar. Dies ist dem Einzelnen aber zumutbar, da die Grundrechte durch die Neuregelung mit Inkrafttreten zum Tag der Verkündung rückwirkend gewahrt werden.

Wie bereits geprüft wurde, gebietet der Vorrang der Verfassung grundsätzlich, dass sofort eine verfassungsmäßige Rechtslage hergestellt wird. Kollidieren allerdings Verfassungsrechtsgüter miteinander, so ist ein Ausgleich zu suchen, bei dem keines dieser Rechtsgüter völlig geopfert wird.[1074] Diesem Gebot der praktischen Konkordanz wird die Unvereinbarkeitserklärung *ex nunc* mit übergangsweiser Weitergeltung gerecht. Während einerseits die periodische Haushaltsplanung berücksichtigt werden muss sowie der Vertrauensschutz des Gesetzgebers in den Bestand seiner grundsätzlich zulässigen Steuererhebung, so müssen andererseits die Grundrechte des Steuerpflichtigen gewahrt werden. Der Konflikt kann also grundsätzlich nicht nur zugunsten der einen oder der anderen Seite gelöst werden, denn dies käme der unerwünschten Opferung eines Rechtsguts gleich. Demgemäß ist es gerechtfertigt, dass der Gesetzgeber die Rechtslage nicht rückwirkend für die Zeit vor der Entscheidung bereinigen muss, da dies in den konkreten Fällen zu erheblichen bis unüberbrückbaren finanziellen Schwierigkeiten führen würde. In diesem Umfang treten die Grundrechte des Steuerpflichtigen im Wege der praktischen Konkordanz zurück, kommen jedoch ab Entscheidungsausspruch voll zur Geltung. Insofern stellt die Erklärung der Unvereinbarkeit ab Verkündung die behutsame „goldene Mitte“ zwischen Belastung und Rücksichtnahme dar.

Die vorgeschlagene Lösung ist auch verhältnismäßig.[1075] Der legitime Zweck des Ausspruchs ist der soeben dargestellte schonende Ausgleich kollidierender Verfassungsgüter. Wie geschildert, ist er geeignet, diesen Zweck zu fördern. Ein gleichermaßen wirksames, aber weniger einschnei-

---

1073 Kap. 1, C. II. 2. c) ee) (ii).

1074 Kap. 1, C. II. 2. c) ee) (i).

1075 Ausführlich zum Verhältnismäßigkeitsprinzip Kap. 1, C. II. 2. c) ee) (iii).

dendes Mittel ist nicht ersichtlich. So sind die Rechtsfolgen der Nichtigkeit, Unvereinbarkeitserklärung *ex tunc* oder der Weitergeltungsanordnung jeweils für die einen oder anderen Güter einschneidender. Zuletzt ist die Unvereinbarkeit *ex nunc* auch verhältnismäßig i.e.S., da die Gesamtabwägung zwischen der Schwere des Eingriffs in die Grundrechte des Steuerpflichtigen und dem Gewicht der fiskalischen sowie gesetzgeberischen Bedürfnisse ergibt, dass ein Mittelweg gefunden werden muss, der beide Seiten schützt. Der Steuerpflichtige muss „nur" auf die Geltung seiner Grundrechte für die Vergangenheit verzichten. Aus den genannten staatlichen Belangen, insbesondere dem Schutz vor rückwirkender Gesetzesänderung und Rückabwicklung erscheint die *ex nunc*-Unvereinbarkeit ein erträglicher Einschnitt in die Grundrechte des betroffenen Steuerpflichtigen zu sein, kommt er doch zumindest ab der Erkenntnis der Verfassungswidrigkeit durch das BVerfG voll zu seinem Recht. Vorteilhaft ist zuletzt auch die vorläufige Weitergeltung der verfassungswidrigen Normen, da hierdurch Regelungslücken vermieden werden und für ein stabiles rechtliches Umfeld gesorgt wird.[1076] Gleichwohl wird der Verfassungsverstoß ab der Entscheidung nicht für immer konserviert, da er rückwirkend zum Entscheidungsdatum zu beseitigen ist.

ff) Angemessene Berücksichtigung der fiskalischen und gesetzgeberischen Interessen

Die Unvereinbarkeitserklärung *ex nunc* kommt neben den fiskalischen auch den gesetzgeberischen Interessen entgegen, wenn auch in abgeschwächter Form im Vergleich zur klassischen Weitergeltungsanordnung. Es darf bei den Rechtsfolgenaussprüchen nämlich nicht außer Acht gelassen werden, dass das BVerfG auch zu einschneidenderen Mitteln wie der Unvereinbarkeitserklärung *ex tunc* oder gar der Nichtigkeit greifen könnte. Indem nun aber dem Gesetzgeber eine angemessene Frist gewährt wird, bis zu der die Rechtslage angeglichen werden muss, kann ein wohldurchdachtes und verfassungskonformes Gesetz entstehen. Gleichzeitig können Haushaltspläne angepasst werden und sich die Behörden auf eine geänderte Festsetzung einstellen.

1076 Zu den zahlreichen negativen Folgen fehlender Steuerplanungssicherheit *Hey*, Steuerplanungssicherheit als Rechtsproblem, 2002, S. 94 ff., insbesondere S. 99 ff.

f) Weitere Maßnahme zum vollumfänglichen Schutz der Grundrechte

Problematisch ist, dass durch die vorgeschlagene Lösung der Verfassungsverstoß für die Zeit vor der Entscheidungsverkündung nicht zu beheben ist. Daraus folgt, dass für die Vergangenheit keine Steuerrückerstattung vorgesehen ist. Der Gesetzgeber hat dem BVerfG aber den Auftrag erteilt, die Grundrechte vor staatlichen Eingriffen zu schützen.

Nachteilig an den Rechtsfolgenaussprüchen, die nicht zur gänzlichen Rückabwicklung einer verfassungswidrig erhobenen Steuer führen, ist insbesondere, dass das BVerfG den Steuergesetzgeber nicht mehr wirksam zu kontrollieren vermag.[1077] Denn auch die soeben vorgeschlagene Lösung, ein Gesetz erst ab dem Verkündungsdatum bereinigen zu müssen, kann nicht das Unrecht für die Vergangenheit wiedergutmachen, in der der Steuerpflichtige eine der Verfassung widersprechenden Abgabe entrichten musste. Zu Recht kann man dieses Ergebnis als bedrückend empfinden, werden manche Steuern – wie etwa die Erbschaftsteuer – offenkundig über viele Jahre oder gar Jahrzehnte verfassungswidrig erhoben. Möchte man nun den Druck auf die Politik erhöhen, verfassungskonforme Gesetze zu gestalten und hierdurch mehr Disziplin und Verantwortungsbewusstsein erreichen, so kommen die im Folgenden vorgestellten Alternativen zusätzlich zum Ausspruch der Unvereinbarkeit *ex nunc* in Betracht. Zwar würde der Fiskus hierdurch stärker belastet, dafür kann jedoch der Grundrechtsschutz noch besser zur Geltung kommen. Denn es mag trotz aller Vorteile, die der eingebrachte Ansatz mit sich bringt, seltsam anmuten, dass die Regierung nach derzeitiger Spruchpraxis des BVerfG fast nie eine Rückerstattung für die Vergangenheit zu befürchten hat – und umgekehrt der Steuerpflichtige keinen Anspruch auf eine solche Rückerstattung geltend machen kann.

aa) (Teil-)Rückerstattung verfassungswidrig erhobener Steuern

Optional könnte sich das BVerfG deshalb dazu entschließen, die Unvereinbarkeitserklärung *ex nunc* mit einem (Teil-)Rückerstattungsanspruch zu kombinieren. Man sollte sich gerade im abgabenrechtlichen Bereich stets vergegenwärtigen, dass das überprüfte Gesetz nicht erst ab dem Entschei-

---

1077 *Kanzler*, StuW 1996, 215 (226); *Tipke*, Besteuerungsmoral und Steuermoral, 2000, S. 76; *Habscheidt*, Der Anspruch des Bürgers auf Erstattung verfassungswidriger Steuern, 2003, S. 54.

dungsspruch gegen das Grundgesetz verstößt, sondern in den allermeisten Fällen schon seit seines Erlasses verfassungswidrig ist. Um die bis zur Gerichtsentscheidung erzielten verfassungswidrigen Steuereinnahmen nicht ohne Weiteres der öffentlichen Hand zu überlassen, könnte das BVerfG eine Rückerstattung der bis zur Entscheidung entrichteten Abgaben anordnen. In Betracht käme eine nach der Dauer und Höhe der Entrichtung sowie der Intensität des Grundrechtseingriffs zu richtende Rückzahlungsverpflichtung an die belasteten Steuerpflichtigen. Die materiellen Auswirkungen wären aber jedenfalls von § 79 Abs. 2 BVerfGG begrenzt, nach dem nicht mehr anfechtbare Entscheidungen, die auf der für verfassungswidrig erklärten Norm beruhen, unberührt bleiben müssen.

bb) Unterschied zur Nichtigkeits- und Unvereinbarkeitserklärung ex tunc

Da bei der Anordnung einer Rückerstattung im Grunde dieselbe Rechtsfolge eintritt wie bei Nichtigkeit oder der Unvereinbarkeitserklärung *ex tunc*, ist nun zu erläutern, wodurch sich die oben vorgestellte Rückerstattung von den beiden anderen Aussprüchen unterscheidet.

Die Nichtigkeit hat zur Folge, dass die Norm unmittelbar aus der Rechtsordnung entfernt wird und so zu behandeln ist, als habe sie nie existiert. Eine nichtige Steuer ist deshalb – in den Grenzen des § 79 Abs. 2 GG und § 176 Abs. 1 AO – gänzlich rückabzuwickeln. Ergeht eine Unvereinbarkeitserklärung ohne Weitergeltungsanordnung (d.h. *ex tunc*), so ist der Gesetzgeber verpflichtet, die Rechtslage rückwirkend auf den Zeitpunkt der Normenkollision an die Verfassung anzupassen. Bis zur Neuregelung darf die betroffene Regelung nicht angewandt werden. Vermindert sich die Steuerschuld infolge der Gesetzesänderung, so haben die betroffenen Steuerpflichtigen einen entsprechenden Rückerstattungsanspruch.

Die soeben vorgeschlagene Rückerstattung soll aber nicht die rückwirkende Anpassung der Rechtslage fingieren. Es geht vielmehr darum, einen Ausgleich dafür zu schaffen, dass mitunter jahrelang eine verfassungswidrige Steuer erhoben wurde. Insofern strebt die Rückerstattung nach einer billigen Kompensation des Verfassungsverstoßes. Der Steuerpflichtige soll einen gewissen Geldbetrag zurückbekommen, ohne dass das Gesetz rückwirkend geändert wird und sich der Anspruch hiernach richten müsste.

cc) Stundung der Rückerstattung

Problematisch ist, dass die Weitergeltung nach ständiger Rechtsprechung gerade dann angeordnet wird, wenn der Haushalt nach Ansicht des BVerfG nicht in der Lage ist, finanzielle Einbußen und Erstattungsansprüche zu stemmen. Denkbar wäre deshalb die Anordnung der Stundung. Unter einer Stundung versteht man das Hinausschieben der Fälligkeit einer Forderung.[1078] Sie dient der kurzfristigen Überbrückung einer angespannten Finanzlage des Schuldners.[1079] Das BVerfG könnte also anstelle einer endgültigen Beschränkung der Grundrechte die Fälligkeit der Rückerstattungsansprüche für den Zeitraum nach hinten verschieben, den die öffentliche Hand braucht, um die finanziellen Mittel hierfür bereitzustellen bzw. zu generieren.[1080]

Durch die Weitergeltungsanordnung kann nach bisheriger Rechtsprechung kein Rückerstattungsanspruch geltend gemacht werden, sodass der Verfassungsverstoß für die Ewigkeit verfestigt wird. Um dem entgegenzutreten, soll es nach hier vertretener Ansicht möglich sein, die geldliche Kompensation für den Zeitraum zuzusprechen, der vor der Gerichtsentscheidung lag. Wird im Verfahren vorgetragen, dass die Haushaltssituation einer sofortigen Rückerstattung entgegensteht, so soll dieser Umstand gerade nicht dazu führen, dass dann gänzlich auf eine Rückzahlungspflicht verzichtet wird. Um der Verfassung zumindest zu einem späteren Zeitpunkt zu entsprechen, erscheint der Aufschub der Fälligkeit damit als moderates Mittel. Ergibt eine Verhältnismäßigkeitsprüfung, dass wegen der Steuerrückerstattungsansprüche ernstliche Störungen des finanziellen Gleichgewichts von Bund, Ländern oder Gemeinden zu erwarten sind und die angeordnete Rückzahlung zu nicht stemmbaren Einbußen des betroffenen Haushalts führen würde, kann das BVerfG ausnahmsweise eine Stundung bestimmen. Hierzu muss aber derjenige, der sich auf die finanziellen Defizite beruft, diese substantiiert im Verfahren darlegen. Diesen detaillierten Vortrag hat das BVerfG sodann auf Schlüssigkeit zu prüfen.

Zwar darf die Abgabe nach der vorgeschlagenen Lösung noch bis zum Ablauf der Weitergeltungsfrist – bis zu diesem Zeitpunkt hat der Gesetzgeber zu reagieren – weiterhin erhoben werden. Hinzutreten kann die Anordnung eines Rückerstattungsanspruchs für die Vergangenheit, da bis zur

---

1078 *Rüsken*, in: Klein, AO, 15. Auflage 2020, § 222 Rn. 1.

1079 *Rüsken*, in: Klein, AO, 15. Auflage 2020, § 222 Rn. 19.

1080 Im Ansatz bereits *Habscheidt,* Der Anspruch des Bürgers auf Erstattung verfassungswidriger Steuern, 2003, S. 58.

Entscheidung verfassungswidrige Abgaben erhoben wurden. Verfassungsrechtliche Gründe können im konkreten Einzelfall zwar dafür streiten, dass die Beschränkung eines Erstattungsanspruchs vorerst hingenommen werden muss. Um aber den Steuerpflichtigen nicht dauerhaft zu benachteiligen, müssen auch ihm Zugeständnisse gemacht werden. Ein solches beiderseitiges Entgegenkommen könnte durch die vorgeschlagene Stundung des Rückerstattungsanspruchs geschehen.[1081] *In concreto* könnte der Steuerpflichtige seinen Anspruch wegen verfassungswidrig erhobener Steuern für die Vergangenheit geltend machen, nur eben zeitlich versetzt. Dadurch müsste der Steuerpflichtige zwar kurzzeitig auf seine Kompensation warten. Er würde aber die verfassungswidrige Abgabe oder zumindest einen Teil davon – anders als bisher – zumindest zu einem späteren Zeitpunkt tatsächlich zurückerhalten.

dd) Rückerstattung in Raten

Außerdem bestünde die Möglichkeit, die angeordnete Rückerstattung in Raten vorzusehen.[1082] So wäre etwa eine jährliche Rückzahlung von 10 % der verfassungswidrig erhobenen Abgabe möglich. Aber auch andere anteilige Rückzahlungsvorgaben könnte das Gericht in freiem Ermessen wählen und hierbei die haushälterischen Auswirkungen in die Bestimmung der Ratenhöhe einfließen lassen. Es könnte den Finanzbehörden die Höhe der Rückerstattung auch freistellen unter der Vorgabe von bspw. jährlich mindestens 10 %, sodass auch eine schnellere Rückzahlung möglich wäre.

Der Verwaltungsaufwand wird bei einer Stundung wohl geringer sein, sodass auch dieser Umstand vom BVerfG zu berücksichtigen wäre. Ebenfalls ist zu eruieren, wen die finanziellen Folgen der Rückerstattung konkret treffen. Während für defizitäre Gemeindehaushalte eine Ratenzah-

1081 Ähnlich bereits zu rückwirkender Gesetzeskorrektur im Steuerrecht *G. Kirchhof*, in: Herrmann/Heuer/Raupach, EStG/KStG, Stand: April 2020, Einführung zum EStG Rn. 123, der zunächst feststellt, dass der „Verweis auf die Haushaltsfolgen [den] Vertrauensschutz gerade bei hohen Abgabenlasten, also bei tiefen Grundrechtseingriffen nicht strukturell schwächen [darf]“ und sodann vorschlägt, auf „erhebliche haushaltsrechtl. Probleme […] mit Übergangsregelungen wie einer abgestuften Rückerstattung“ zu reagieren, „indes nicht mit der Vereinnahmung verfassungswidriger Abgaben.“

1082 Ohne nähere Auseinandersetzung hiermit *Habscheidt*, Der Anspruch des Bürgers auf Erstattung verfassungswidriger Steuern, 2003, S. 58.

lung das mildere Mittel darstellen wird, kann der Bund einen einmalig fälligen Betrag im Wege der Stundung eher verkraften. In Zeiten sprudelnder Steuereinnahmen[1083] scheint eine Stundung oder Ratenzahlung zugunsten des Bundeshaushalts jedenfalls unangemessen.

ee) Vorteile gegenüber Unvereinbarkeitserklärung ex tunc

Nachdem nun der Vorschlag gemacht wurde, für die Vergangenheit einen Rückerstattungsanspruch anzuordnen, die verfassungswidrige abgabenrechtliche Norm ab dem Verkündungstag für unvereinbar zu erklären und vorläufig eine Weitergeltung zu erlauben unter der Vorgabe, das Inkrafttreten der Neuregelung auf den Verkündungstermin zu legen, stellt sich abschließend die Frage nach den Vorteilen des gesamten Lösungsansatzes gegenüber einer Unvereinbarkeitserklärung mit *ex tunc*-Wirkung.

Insgesamt liegen vier wesentliche Unterschiede vor, die sich günstig für alle Beteiligten auswirken. Erstens kommt es nicht zu einer Anwendungssperre der betroffenen Regelungen, sodass kein regelungsloser Schwebezustand entsteht, in welchem große Rechtsunsicherheit herrscht. Zweitens kann dem Steuerpflichtigen vom BVerfG ein Rückerstattungsanspruch für vergangene Zeiträume zugestanden werden, was bei einer rückwirkenden Neuregelung nicht der Fall ist. Drittens findet die Tatsache Berücksichtigung, dass die Verfassungsrechtslage erst ab der Entscheidung des Gerichts abschließend geklärt ist. Dies spiegelt sich in der Reformpflicht wider, die den Gesetzgeber lediglich zur Änderung der Rechtslage ab dem Verkündungsdatum zwingt. Zuletzt wird insbesondere auch auf die Interessen von Fiskus und Gesetzgeber Rücksicht genommen, ohne dabei den Grundrechtsschutz auszuhöhlen. Der Gesetzgeber bekommt Zeit, um die Neuregelung zu erlassen, während die betroffenen Haushalte durch die vorläufige Weitergeltungsanordnung nicht mit sofortigen Einnahmeausfällen und Rückerstattungsansprüchen konfrontiert werden. Hierdurch wird – ganz im Sinne des BVerfG – das Interesse an der verlässlichen Finanz- und Haushaltsplanung geschützt. Daneben muss der Steuerpflichti-

---

1083 Bund, Länder und Gemeinden durften zusammen für das Haushaltsjahr 2019 erneut mit einem bemerkenswerten Überschuss von 40 Mrd. Euro rechnen, 2018 waren es sogar 45,3 Mrd. Euro, FAZ vom 5.12.2019, online abrufbar unter: https://www.faz.net/-gqe-9u3bv; vgl. zum Rekordüberschuss des Bundes i.H.v. 13,5 Mrd. Euro auch die SZ vom 13.1.2020, online abrufbar unter: www.sz.de/1.4753443.

ge aber nicht auf eine verfassungskonforme Rechtslage verzichten. Diese wird rückwirkend auf den Zeitpunkt der Verkündung der Entscheidung wiederhergestellt. Für die davor vergangene Zeit kann das Gericht die Rückerstattung der verfassungswidrigen Abgaben anordnen, sodass auch für die Vergangenheit ein der Verfassung näherer Zustand geschaffen wird. Die Wahrung der Verfassung ist letztlich Auftrag und Ziel des Bundesverfassungsgerichts.

2. Besondere Ausnahmefälle

Der soeben vorgestellte Ansatz erfasst den Regelfall, dass eine verfassungswidrige Steuer erhoben wurde und sowohl Fiskus als auch Gesetzgeber ein verfassungsrechtlich geschütztes Interesse daran haben, dass die Rechtslage jedenfalls nicht für die Vergangenheit bereinigt werden muss, während der Steuerpflichtige erwartet, keine vom BVerfG als verfassungswidrig erkannte Steuer entrichten zu müssen und eine solche zurückerstattet zu bekommen.

Es können aber Konstellationen auftreten, bei denen die gegenüberstehenden Interessen nicht gleich schwer wiegen, sodass der Mittelweg der Unvereinbarkeitserklärung *ex nunc* nicht die ideale Lösung darstellt. Diese Sonderfälle sollen nun vorgestellt und jeweils einem sachgerechten Rechtsfolgenausspruch zugeführt werden.

a) Überwiegende Schutzwürdigkeit der Steuerpflichtigen

Die folgenden Ausführungen befassen sich mit Sachverhalten, bei denen die Steuerpflichtigen eine überwiegende Schutzwürdigkeit geltend machen können und staatliche Belange zurücktreten müssen.

aa) Erfasste Sachverhalte

(i) Verfassungswidrige Steuerfindung

Von der überwiegenden Schutzwürdigkeit der Steuerpflichtigen sind zunächst die Fälle der verfassungswidrigen Steuerfindung erfasst. Auf einen Verstoß gegen Art. 105 Abs. 2 GG i.V.m. Art. 106 Abs. 1 GG hat das BVerfG, will es sachgerecht entscheiden, mit der Erklärung der Nichtigkeit zu reagieren. Die hier vertretene Ansicht lehnt sich dabei an die Entscheidung über die Kernbrennstoffsteuer aus dem Jahr 2017[1084] an. Zu Recht konnte das Interesse an einer verlässlichen Finanz- und Haushaltsplanung nicht zur Rechtfertigung eines von der Nichtigkeit abweichenden Ausspruchs vorgebracht werden. Der Gesetzgeber hat nur dann ein schützenswertes Interesse an einer geordneten und stabilen Finanzplanung, wenn die Verfassungsmäßigkeit weder von der Finanzverwaltung angezweifelt, noch andere Gründe vorliegen, aufgrund derer die Verfassungswidrigkeit erkennbar war. In beiden Fällen darf er nicht damit rechnen, dass seine Normen Bestand haben.[1085] Sähe sich der Gesetzgeber nicht der Gefahr ausgesetzt, die neu gefundene Steuer rückabwickeln zu müssen, so stünde leichtfertiger bis hin zu missbräuchlicher Steuerfindung Tür und Tor offen.

Das finanzielle Risiko einer verfassungswidrigen Steuerfindung sollte überdies nicht auf den Steuerpflichtigen abgewälzt werden, der keinen unmittelbaren Einfluss auf die gestalterische Tätigkeit des Gesetzgebers hat.

(ii) Verfassungswidrige Neuregelungen mit kurzem Anwendungszeitraum

Entscheidet das BVerfG über Neuregelungen, die erst einen kurzen Geltungszeitraum beanspruchen, so tritt die Schutzwürdigkeit der öffentlichen Hand ebenfalls zurück. Im Unterschied zur Steuerfindung wird hier keine gänzlich neue Steuer erhoben, sondern die bestehenden gesetzlichen Regelungen werden geändert. Der Fiskus kann bei kurzen Anwendungszeiträumen noch keinen Vertrauensschutz in den Bestand der neuen gesetzlichen Vorschriften geltend machen. Aus haushälterischen Erwägungen ließe sich eine Weitergeltungsanordnung daher nicht rechtfertigen. Erschwerend kann hinzukommen, dass die Finanzverwaltung Zweifel an der Verfassungsmäßigkeit der betroffenen Normen äußert und deshalb mit vorläufigen Regelungen reagiert.[1086] Indem die Weitergeltung einer stets

---

1084 Vgl. BVerfG, Beschluss vom 13.4.2017 – 2 BvL 6/13, BVerfGE 145, 171.

1085 Vgl. zum Vertrauensschutz des Gesetzgebers Kap. 1, C. II. 2. c) dd) (iii) und zur Ablehnung dieses unter Berücksichtigung der Rechtsprechung zur Kernbrennstoffsteuer Kap. 1, C. II. 2. c) dd) (iii) (c).

1086 Vgl. zu einem solchen Fall etwa BVerfG, Beschluss vom 6.7.2010 – 2 BvL 13/09, BVerfGE 126, 268 (285 f.); BMF, Schreiben vom 6.10.2009, BStBl. I 2009, S. 1148; hierzu und mit weiteren Beispielen aus der Rechtsprechung Kap. 1, C. II. 2. c) dd) (iii) (c).

umstrittenen Norm nicht angeordnet werden darf, wird verhindert, dass der Gesetzgeber Gesetze erlässt und der Fiskus hieraus Einnahmen generiert, die erkennbar verfassungsrechtlich zweifelhaft sind. Andernfalls könnte der Gesetzgeber jede erdenkliche Abgabe erheben, ohne finanzielle Konsequenzen befürchten zu müssen.

(iii) Evidenter Mangel im Gesetzgebungsverfahren

Zuletzt muss ein evidenter Mangel im Gesetzgebungsverfahren nach der Rechtsprechung des BVerfG zur Nichtigkeit der Vorschriften führen.[1087] In diesen Fällen ist der Gesetzgeber auch nach der hier vertretenen Auffassung nicht schutzwürdig.[1088] Ihm allein obliegt es, das Gesetzgebungsverfahren ordnungsgemäß durchzuführen. Das Risiko der Fehlerhaftigkeit des legislatorischen Verfahrens kann bei schwerwiegenden Mängeln keinesfalls auf den Steuerpflichtigen abgewälzt werden.

bb) Rechtsfolgenausspruch: Nichtigkeit oder Unvereinbarkeit ex tunc

Bei verfassungswidriger Steuerfindung ist die Nichtigerklärung des gesamten Gesetzes der zwingende Rechtsfolgenausspruch. Etwas anderes gilt, wenn die Gesetzeslage einer bestehenden Steuer so geändert wird, dass sie nun nicht mehr mit der Verfassung in Einklang steht. Auch hier ist die rückwirkende Beseitigung der verfassungswidrigen Rechtslage die erforderliche Rechtsfolge. Die Unvereinbarkeitserklärung mit *ex tunc*-Wirkung wird aber in den meisten Fällen sachgerechter sein, etwa dann, wenn die Nichtigkeit zum Wegfall einer Begünstigung führen würde oder die Rechtslage ohne die Regelung aus anderen Gründen unerwünscht ist. Die Anwendungssperre verhindert, dass altes Recht anstelle des verfassungswidrigen tritt.

Die Nichtigkeit ist damit vorrangig dann zu erklären, wenn sie zur unmittelbaren Wiederherstellung eines verfassungskonformen Zustands führt. Ist sie hierzu ungeeignet, ist die Unvereinbarkeit *ex tunc* auszuspre-

1087 BVerfG, Beschluss vom 8.12.2009 – 2 BvR 758/07, BVerfGE 125, 104 (132).

1088 Zu dieser Problematik bereits oben ausführlich unter Kap. 1, C. II. 2. c) dd) (iii) (d).

chen.[1089] Für die durch die Norm belasteten Steuerpflichtigen machen die beiden Aussprüche im Ergebnis faktisch keinen Unterschied. Aus der Erklärung der Nichtigkeit als auch bei Unvereinbarkeit mit *ex tunc*-Wirkung folgt ein Rückerstattungsanspruch des Steuerpflichtigen, soweit die weiteren Voraussetzungen des § 37 Abs. 2 AO vorliegen. Es sind dabei die Grenzen des § 79 Abs. 2 BVerfGG zu beachten.[1090]

b) Überwiegende Schutzwürdigkeit von Gesetzgeber und Fiskus

Am Maß der Schutzwürdigkeit können kollidierende Verfassungsgüter interessengerecht berücksichtigt werden. Dementsprechend soll der im Folgenden angeführte Ansatz auf Fälle anzuwenden sein, in denen Fiskus und Gesetzgeber ein höheres Maß an Schutzwürdigkeit geltend machen können als die belastete Steuerpflichtigen.

aa) Zwei kumulative Voraussetzungen

(i) Strukturell zulässige und langjährig erhobene Steuer

Diese Variante soll Sachverhalte erfassen, bei denen das BVerfG über die Verfassungsmäßigkeit strukturell zulässiger Steuern entscheidet. Gemeint sind all diejenigen Steuern, die dem Grunde nach gemäß der Finanzverfassung erhoben werden dürfen und auch schon seit geraumer Zeit Geltung beanspruchen (Art. 105, 106 GG). Auch das BVerfG erkennt es zugunsten des Fiskus an, wenn eine steuerliche Belastung dem Grunde nach legitimiert ist und der Erhebung dieser Steuer als solche keine verfassungsrechtlichen Zweifel entgegenstehen.[1091]

1089 Vgl. auch *Habscheidt,* Der Anspruch des Bürgers auf Erstattung verfassungswidriger Steuern, 2003, S. 107.

1090 Zur Rechtsfolge der Nichtigkeit siehe Kap. 1, A. I und zum Rückerstattungsanspruch bei Nichtigkeit oben unter Kap. 1, B. II. 1 und Kap. 1, A. II. 3 zur Unvereinbarkeitserklärung mit *ex tunc*-Wirkung.

1091 Siehe hierzu ausdrücklich die beiden Entscheidungen BVerfG, Beschluss vom 4.2.2009 – 1 BvL 8/05, BVerfGE 123, 1 (Kap. 1, C. II. 2. c) (vi)) und BVerfG, Urteil vom 10.4.2018 – 1 BvL 11/14 u.a., BVerfGE 148, 147 (Kap. 1, C. II. 2. c) (viii)).

(ii) Nicht ersichtliche Verfassungsrechtslage

Zur Klarstellung: In den meisten Fällen entscheidet das BVerfG über dem Grunde nach zulässige Steuern. Damit Fiskus und Gesetzgeber schutzwürdiger als die Steuerpflichtigen sind, ist das Hinzutreten einer weiteren Voraussetzung erforderlich.

Bei einer nicht klar ersichtlichen Verfassungsrechtslage sind die fiskalischen und gesetzgeberischen Belange zu berücksichtigen. Dem Gesetzgeber ist eine angemessene Frist zur Neuregelung zuzugestehen.[1092] Hiervon können insbesondere eine geänderte Verfassungsauslegung durch das BVerfG oder neue verfassungsrechtliche Anforderungen erfasst sein, auf die sich der Gesetzgeber erst einstellen muss.[1093] Es kann etwa vorkommen, dass ein ursprünglich verfassungskonformes Gesetz wegen des Wandels der verfassungsrechtlichen Anforderungen der Gesellschaft erst im Laufe seiner Geltungszeit verfassungswidrig wird.[1094] Dazu zählen nur besondere Einzelfälle, in denen die Verfassungsrechtslage schlechthin nicht derart erkennbar war, dass der Gesetzgeber bereits im Gesetzgebungsverfahren auf die verfassungsrechtlichen Besonderheiten hätte achten müssen. Die Schutzwürdigkeit ist gegeben, weil dem Gesetzgeber kein Vorwurf gemacht werden kann, wenn die Rechtslage objektiv nicht ersichtlich war, bis das BVerfG die verfassungsrechtlichen Anforderungen in seiner Entscheidung formuliert hat. Eine Nichtigkeitserklärung würde das Risiko der Verfassungswidrigkeit gänzlich auf den Gesetzgeber und den Fiskus abwälzen, was in diesen Sonderfällen nicht sachgerecht erscheint. Der Vorwurf kann dann auch nicht darin liegen, dass der Gesetzgeber die verfassungswidrige Rechtslage hätte vermeiden können, wenn er die Normen sorgfältiger erarbeitet hätte. Zu betonen ist allerdings, dass diese Fallgruppe sehr restriktiv zu handhaben ist und nur in besonders zu begründenden Ausnahmen greifen kann, da ansonsten eine Ausdehnung auf sämtliche Sachverhalte vor dem BVerfG droht. Schließlich ist die Verfassungsrechtslage in allen gerichtlichen Verfahren nicht unumstritten und eindeutig, sonst wäre die Rechtssache nicht bis zum BVerfG vorgedrungen. Es können aber – wie die bisherige Rechtsprechung zeigt[1095] – im Einzelfall Verfassungsan-

---

1092 BVerfG, Beschluss vom 7.5.2013 – 2 BvR 909/06 u.a., BVerfGE 133, 377 (423 f.); ausführlich unter Kap. 1, C. II. 2. c) dd) (iii) (a).

1093 BVerfG, Urteil vom 27.6.1991 – 2 BvR 1493/89, BVerfGE 84, 239 (284 f.); BVerfG, Beschluss vom 16.3.2005 – 2 BvL 7/00, BVerfGE 112, 268 (284).

1094 So auch *Mayer/Muzak*, in: Mayer/Muzak, B-VG, 5. Auflage 2015, Art. 140 II. 4., allerdings zum österreichischen Verfassungsrecht.

1095 Kap. 1, C. II. 2. c) dd) (iii) (a).

forderungen entstanden sein, die für den Gesetzgeber so nicht erkennbar waren.

bb) Geringere Schutzwürdigkeit der Steuerpflichtigen

Der Steuerpflichtige ist in den genannten Konstellationen deshalb nicht schutzwürdig, weil er dem Grunde nach mit der Abgabenerhebung rechnen musste. Als Beispiele können hier etwa die Einkommensteuer, Gewerbesteuer, Grundsteuer oder Umsatzsteuer genannt werden. Eine Steuerrückerstattung in voller Höhe wäre nicht gerecht, wenn sich eine Steuernorm im Laufe der Zeit als verfassungswidrig herausstellt. Der Steuerpflichtige hat zwar eine in der überprüften Fassung verfassungswidrige Steuerlast getragen – gleichwohl durfte er aber zu keinem Zeitpunkt berechtigterweise davon ausgehen, dass er den Steuerbetrag gar nicht schuldet, da der Gesetzgeber den Erhebungswillen durch die gesetzliche Regelung zum Ausdruck gebracht hat. Eine (rückwirkende) Befreiung von der Steuerschuld wäre demnach nicht angemessen. Der Steuerpflichtige musste mit der Erhebung rechnen – auch wenn diese verfassungskonform hätte ausgestaltet sein sollen.[1096] Das Risiko des Steuerausfalls hat auch der Fiskus aus den genannten Gründen nicht zu tragen, da die Verfassungsrechtslage weder für ihn noch für den Steuerpflichtigen klar ersichtlich war.

cc) Rechtsfolgenausspruch: kurze Weitergeltungsfrist

Um der überwiegenden Schutzwürdigkeit des Gesetzgebers und der öffentlichen Hand Rechnung zu tragen, ist eine Unvereinbarkeitserklärung mit Weitergeltungsanordnung der adäquate Rechtsfolgenausspruch. Nach der hier vertretenen Ansicht ist eine Weitergeltungsfrist von höchstens eineinhalb Jahren anzuordnen. Innerhalb dieses Zeitraums ist es dem Gesetzgeber möglich und zumutbar, das verfassungswidrige Gesetz zu überarbeiten. Bei weniger komplizierten Sachverhalten sollte die Weitergeltungsfrist entsprechend kürzer ausfallen.

1096 Siehe zum Vertrauensschutz des Gesetzgebers aus Art. 106 GG ausführlich oben unter Kap. 1, C. II. 2. c) dd) (iii) (b).

II. Zusammenfassende Darstellung des Abwägungsmodells

Das soeben vorgestellte Abwägungsmodell besteht im Wesentlichen aus drei Konstellationen. Der Regelfall liegt vor, wenn das Hauptargument gegen eine rückwirkende Neuregelung auf Budgetschutz der öffentlichen Hand lautet und eine Rückabwicklung für die Vergangenheit zu erheblichen finanziellen Schwierigkeiten führen würde. Dann ist eine Unvereinbarkeitserklärung mit *ex nunc*-Wirkung der sachgerechteste Ausspruch. Dieser wird kombiniert mit einer übergangsweisen Weitergeltungsanordnung. Hierdurch werden die fiskalischen Auswirkungen abgefedert, der Gesetzgeber hat Zeit, den Verfassungsverstoß zu beseitigen und der Steuerpflichtige genießt infolge der Neuregelung ab Verkündung eine verfassungskonforme Rechtslage.

Für die Zeit vor der Entscheidungsverkündung kann das BVerfG zusätzlich einen – in seinem Ermessen stehenden – Rückerstattungsanspruch anordnen, wenn es diesen aufgrund der Umstände des Einzelfalls für angemessen hält. Das Ermessen umfasst hierbei entweder eine gänzliche oder teilweise Rückerstattung der bis zur Entscheidung verfassungswidrig erhobenen Steuer. In Härtefällen ist die Festlegung einer Stundung oder Ratenzahlung des Erstattungsanspruchs möglich, wenn eine schlüssige Darlegung ergibt, dass die haushälterischen Folgen einer sofortigen Rückzahlung schlechterdings unerträglich wären. Insgesamt berücksichtigt der Regelfall die Rechte und Interessen von Steuerpflichtigen, Fiskus und Gesetzgeber in einem ausgewogenen Verhältnis.

Das Abwägungsmodell fasst zwei weitere Konstellationen. Erstere zugunsten der Steuerpflichtigen, wenn entweder eine neue Steuer gefunden wurde, die nicht mit der Verfassung in Einklang steht, eine gesetzliche Neuregelung dazu geführt hat, dass die Steuererhebung verfassungswidrig wurde oder das Gesetzgebungsverfahren einer Steuernorm von einem evidenten Mangel geprägt ist. Folge muss die sofortige Eliminierung aus der Rechtsordnung sein oder zumindest die rückwirkende Ausbesserung der betroffenen Vorschriften. Die dritte Fallgruppe erfasst das Vorliegen einer überwiegenden Schutzwürdigkeit von Fiskus und Gesetzgeber, wenn eine Steuer vereinnahmt wurde, die als solche strukturell zulässig war und die Erhebung dem Grunde nach keinen verfassungsrechtlichen Zweifeln begegnete, sie aber aufgrund einer – bis zur Entscheidung des BVerfG – nicht ersichtlichen Verfassungsrechtslage gegen Grundrechte verstieß. Rechtsfolge darf hier aus Rücksichtnahme auf haushälterische Interessen eine kurze Weitergeltungsfrist zum schonenden Übergang zu einer verfassungskonformen Rechtslage sein.

Insgesamt soll das Abwägungsmodell auf die jeweils schützenswerten Güter angemessen eingehen und diese bestmöglich zur Geltung zu bringen. Die differenzierte Lösung ermöglicht insbesondere bei Kollision von Grundrechten mit dem berechtigten Interesse an einer verlässlichen Finanz- und Haushaltsplanung, einen schonenderen Ausgleich zu finden, der den Betroffenen gleichermaßen zugutekommt. Die bisherige Rechtsprechungslinie wird in ihren Grundzügen beibehalten, lediglich in zeitlicher Hinsicht verändert, um noch besser auf die Grundrechte Rücksicht zu nehmen, die das BVerfG vorrangig zu wahren hat.

III. Strengere Anforderungen an die Darlegung der finanziellen Auswirkungen

Insgesamt ist von den Beteiligten im Verfahren als auch vom BVerfG zu fordern, dass für die Berücksichtigung von Finanzfolgen ein strengerer Maßstab hinsichtlich der Darlegung der konkret befürchteten Auswirkungen angelegt wird. Außerdem ist eine umfassende und transparente Auseinandersetzung hiermit in den Entscheidungsgründen notwendig.

1. Vortrag der voraussichtlich eintretenden finanziellen Folgen

Wie auch vor dem EuGH soll es erforderlich sein, dass die entsprechenden Beteiligten bzw. äußerungsberechtigten öffentlichen Stellen[1097] im Verfahren vortragen, inwieweit sich die Entscheidung mindestens finanziell auswirken wird, sollten sie eine Weitergeltungsanordnung wegen der Gefahr schwerwiegender finanzieller Beeinträchtigung erreichen wollen. Hierbei ist keine prozessuale Darlegungs- und Beweislast einzuhalten. Ein formelles Antragserfordernis auf einen bestimmten Rechtsfolgenausspruch besteht ebenfalls nicht. Jedoch sollte das BVerfG konkrete Zahlen in die Interessenabwägung einfließen lassen, um die Realfolgen der Entscheidung besser einschätzen zu können.

1097 Vgl. §§ 77, 82 Abs. 3, 94 BVerfGG.

2. Keine Weitergeltungsanordnung bei fehlender oder unzureichender Darlegung

Eine Weitergeltungsanordnung sollte nicht in Frage kommen, wenn die betroffenen öffentlichen Stellen nicht vortragen, dass durch die Entscheidung des BVerfG erhebliche finanzielle Engpässe zu erwarten sind, die nicht ohne Weiteres aufgefangen werden können. Hierdurch soll sichergestellt werden, dass die Weitergeltungsanordnung nur als *ultima ratio* gewählt und nicht pauschal zugunsten der öffentlichen Haushalte angeordnet wird. Zur Darlegung ist erforderlich, dass konkrete Zahlen anhand von Schätzungen vorgelegt werden, die transparent darstellen, mit welchen Einbußen gerechnet wird. Hierbei ist insbesondere auch erforderlich, dass diejenigen Fälle von der Analyse ausgeschlossen sind, die bereits bestandskräftig zur entsprechenden Steuerart veranlagt wurden. In die richtige Richtung gehen damit bereits die Entscheidungen des BVerfG vom 7.5.2013[1098] und 29.3.2017,[1099] in deren Begründungen angeführt wurde, dass die entsprechenden Stellen die Zahlen nicht hinreichend dargelegt haben.

3. Höherer Begründungsaufwand

Überdies wäre wünschenswert, dass das BVerfG in seinen Entscheidungsgründen einen höheren Begründungsaufwand betreibt. Richtungsweisend war insofern bereits die Entscheidung zur Einheitsbewertung der Grundsteuer. Zuvor wurden zahlreiche Entscheidungen floskelhaft auf die „Verlässlichkeit der Finanz- und Haushaltsplanung“ gestützt, ohne näher auf die besonderen Anforderungen dieser oder der konkret befürchteten Missstände in den Haushaltskassen einzugehen. Für mehr Transparenz und Nachvollziehbarkeit der Entscheidungsgründe der Richter ist eine umfassendere Offenlegung der entscheidungstragenden Erwägungen zu fordern.

B. Europäischer Gerichtshof

Der EuGH hat zur Berücksichtigung der finanziellen Auswirkungen seiner Entscheidungen eigene Maßstäbe gesetzt, die die Luxemburger Richter seit

---

1098 BVerfG, Beschluss vom 7.5.2013 – 2 BvR 909/06 u.a., BVerfGE 133, 377.

1099 BVerfG, Beschluss vom 29.3.2017 – 2 BvL 6/11, BVerfGE 145, 106.

Jahrzehnten streng anlegen. Die im zweiten Kapitel beleuchteten Grundsätze zur Wirkungsbeschränkung von Auslegungsentscheidungen sind sinnvoll und können im Grunde beibehalten werden. Allerdings sind Anpassungen denkbar, die die Interessen der Betroffenen möglicherweise angemessener berücksichtigen. Abschließend stellt sich damit die Frage, welche unionsgerichtlichen Ansätze im Bereich finanzwirksamer Entscheidungen weiterhin zu befürworten sind und welche Gedanken zum BVerfG – mit Blick auf das soeben erarbeitete Abwägungsmodell – für die Rechtsprechung des EuGH fruchtbar gemacht werden könnten.

I. Beibehaltung der bisherigen Grundsätze

1. Grundsätzlich keine Aufschiebung bei Auslegungsentscheidungen

Ob der EuGH die Wirkung seiner Auslegungsentscheidungen auf einen Zeitpunkt in der Zukunft verschieben sollte, wurde bereits im dritten Kapitel erörtert.[1100] Auch wenn die vom BMF beauftragte unionsweite Rechtsvergleichung gezeigt hat, dass in der überwiegenden Zahl der Mitgliedstaaten eine zeitliche Beschränkung von Normverwerfungsentscheidungen vorgesehen ist, würde eine Aufschiebung der Wirkung von Auslegungen den Zielen der Union widersprechen. Es käme insbesondere zur Suspendierung des Anwendungsvorrangs und zur Legitimation eines Verstoßes gegen die Vertragstreue. Der EuGH sollte auch weiterhin die Wirkung von Auslegungsentscheidungen grundsätzlich nicht auf einen Zeitpunkt in der Zukunft verschieben. Allenfalls unter besonderen Umständen käme ein Aufschub der Wirkung in Frage.[1101]

2. Gutgläubigkeit und Gefahr schwerwiegender wirtschaftlicher Auswirkungen als geeignete Voraussetzungen für eine Wirkungsbeschränkung

Der EuGH hat die Voraussetzungen für eine Wirkungsbeschränkung bei Auslegungsentscheidungen selbständig festgelegt und ist hiervon bislang noch nicht abgewichen. Eine solche Beschränkung kommt nur dann in Betracht, wenn der Betroffene gutgläubig hinsichtlich der Unionskonfor-

1100 Kap. 3 A. I. 3. b).

1101 Siehe sogleich die Überlegungen in Kap. 4, B. II. 3. c).

mität seines Handelns war und die Gefahr schwerwiegender wirtschaftlicher Auswirkungen besteht, sollte die Entscheidung rückwirken. Das Kriterium der Gutgläubigkeit ist geeignet, den Unionsbürger vor leichtfertigem mitgliedstaatlichen Handeln zu bewahren. Denn wenn der Mitgliedstaat die Unionsrechtswidrigkeit kannte oder hätte kennen müssen, ist er nach Ansicht des EuGH nicht schutzwürdig. Dann kommt eine Wirkungsbeschränkung nicht in Frage und die Auslegung gilt für den gesamten Zeitraum seit Inkrafttreten des ausgelegten Unionsrechts. Der Auslegung widersprechendes nationales Recht darf nicht mehr auf Sachverhalte mit europäischem Bezug angewandt werden.

Der Gerichtshof hat betont, dass finanzielle Folgen einer Entscheidung für sich genommen nicht dazu führen dürfen, dass der Individualrechtsschutz ausgehöhlt wird und insbesondere auch diejenigen Verstöße, die die größten wirtschaftlichen Auswirkungen mit sich bringen, nicht noch durch eine Wirkungsbeschränkung belohnt werden. Eine Wirkungsbeschränkung schließt er folglich aus, wenn der Mitgliedstaat rein finanzielle Konsequenzen vorträgt, die sich aufgrund der Auslegung ergeben könnten.

Liegen die beiden Voraussetzungen der Gutgläubigkeit und der Gefahr der schwerwiegenden wirtschaftlichen Auswirkungen vor, dann gilt die gewonnene Auslegung erst ab der Verkündung der Entscheidung, wirkt damit *ex nunc*. Die *ex nunc*-Rechtsfolge wurde in den Ausführungen zum BVerfG ebenfalls zur Berücksichtigung der widerstreitenden Interessen vorgeschlagen.[1102] Sie ist geeignet, die finanziellen Interessen des betroffenen Mitgliedstaats zu wahren, indem eine Rückabwicklung bereits verwirklichter Sachverhalte ausgeschlossen ist. Zugunsten der Unionsbürger gilt die Auslegung zumindest ab der Verkündung der Entscheidung, sodass deren Rechte ab diesem Zeitpunkt gewahrt werden. Insofern gelingt ein Kompromiss.

3. Die Rückausnahme bei Beschränkung der zeitlichen Wirkung

Zur Wahrung des Individualrechtsschutzes ordnet der EuGH in ständiger Rechtsprechung von der ausnahmsweisen Wirkungsbeschränkung eine Rückausnahme an. Diese gilt für diejenigen, die vor Verkündung der Auslegungsentscheidung bereits Klage oder einen entsprechenden Rechtsbehelf eingelegt haben. Diese Personen können sich auch für Sachverhalte,

---

1102 Vgl. Kap. 4, A. I. 1. b).

die vor der Entscheidung verwirklicht wurden, zu ihren Gunsten auf die Auslegung des EuGH berufen. Die Rücksichtnahme auf das Individuum trotz der Gutgläubigkeit des Mitgliedstaats und der finanziellen Folgen ist ebenfalls zu befürworten und sollte grundsätzlich vom EuGH beibehalten werden. Allerdings ist zu überlegen, ob der erfasste Kreis der Privilegierten eingeschränkt werden sollte, damit die Wirksamkeit der zeitlichen Beschränkung der Auslegungsentscheidung nicht durch massenhafte Einlegung von Rechtsbehelfen ausgehöhlt wird.[1103]

II. Weiterführende Überlegungen im Hinblick auf Änderungsbedarf

Trotz der im Grunde zu befürwortenden Grundsätze besteht auch Kritik an der unionsgerichtlichen Rechtsprechung und damit einhergehender Änderungsbedarf. Eine unmittelbare Übernahme der für das BVerfG vorgeschlagenen Ansätze scheidet zwar aus, da der EuGH nicht über nationales Recht entscheidet und die konkreten Auswirkungen seiner Entscheidungen auf sämtliche nationale Haushalte auch nicht abschließend zu fassen vermag. Die folgenden Ausführungen sollen aber insbesondere auch klären, inwieweit die Rechtsprechung des EuGH bereits Parallelen zum soeben vorgestellten Abwägungsmodell aufweist und an welcher Stelle die Grundsätze des EuGH um die obigen Überlegungen bereichert werden könnte.

1. Senkung der hohen Hürden

Die finanziellen Folgen der Entscheidung mussten im abgabenrechtlichen Bereich bislang so gravierend sein, dass der betroffene Haushalt rückwirkend in seinen Grundlagen „erschüttert würde“, damit der EuGH die Wirkung einer Auslegungsentscheidung beschränkte.[1104] Die Tatsache, dass die Zahl an zeitlich beschränkten Auslegungsentscheidungen im niedrigen einstelligen Bereich liegt, verdeutlicht die Zurückhaltung des Gerichtshofs bei der Berücksichtigung finanzieller Folgen. Die vom EuGH geforderten wirtschaftlichen Auswirkungen werden kaum erreicht, die Hürden er-

---

1103 Dazu sogleich Kap. 4, B. II. 2.

1104 Vgl. EuGH, Urteil vom 16.7.1992 – C-163/90, Slg. I 1992, 4658 Rn. 34 – Legros; EuGH, Urteil vom 9.3.2000 – C-437/97, Slg. I 2000, 1189 Rn. 59 – EKW/Wein & Co.

scheinen zu hoch. Ein Finanzsystem muss aber nicht in seinen Grundlagen erschüttert werden, um tiefgreifend und dauerhaft belastet zu sein. Vielmehr können auch empfindliche – wenngleich nicht den Haushalt erschütternde – Einbußen und Rückerstattungsverpflichtungen zu erheblichen und unzumutbaren Einschnitten in das Budget der öffentlichen Hand führen. Deshalb ist für eine Senkung der unerreichbar erscheinenden Hürden zu plädieren. Trägt der Betroffene substantiiert dar, dass die Entscheidung zu ernst zu nehmenden finanziellen Einbußen führt, sollte der EuGH eine Wirkungsbeschränkung stets in Betracht ziehen und den Vortrag nicht leichtfertig dahingehend zurückweisen, er erachte die Auswirkungen als nicht gravierend genug.

2. Einschränkung der Rückausnahme

Die Privilegierung der Rechtsschutzsuchenden führt zu einer Entwertung der Wirkungsbeschränkung. Beschränkt der EuGH die Wirkung seiner Auslegungsentscheidung, ist ein Berufen auf die gewonnene Auslegung erst ab der Entscheidungsverkündung möglich. Da der Gerichtshof jedoch in ständiger Rechtsprechung die Rückausnahme erklärt und somit all diejenigen, die vor der Verkündung bereits Rechtsbehelfe eingelegt haben, von der Wirkungsbeschränkung befreit, kann dies zur Folge haben, dass die zeitliche Beschränkung nahezu wirkungslos bleibt. Handelt es sich beispielsweise um ein besonders medienwirksames Vorlageverfahren, so werden bis zur Entscheidungsverkündung noch zahlreiche Betroffene Rechtsbehelfe einlegen, wenn eine Wirkungsbeschränkung absehbar ist. Je mehr Personen entsprechende Rechtsbehelfe einlegen, desto geringer ist die Zahl derer, die sich erst ab der Entscheidung auf die Auslegung berufen können. Damit steigen etwa im steuerlichen Bereich die Rückerstattungsansprüche für vergangene Sachverhalte und damit die wirtschaftlichen Auswirkungen, wegen derer die Beschränkung gerade angeordnet wurde.

Diesem widersprüchlichen Ergebnis könnte aber entgegengewirkt werden. In Frage kommt eine generelle Festlegung des Stichtags auf die Veröffentlichung des Vorlagebeschlusses im Amtsblatt der EU[1105] oder die Verlesung der Schlussanträge[1106]. Denkbar wäre überdies eine flexible Festle-

1105 So Generalanwalt *Tizzano*, Schlussanträge vom 10.11.2005 – C-292/04, Slg. I 2005, 1838 Rn. 62, 64 – Meilicke.

1106 Vorgeschlagen von Generalanwältin *Stix-Hackl*, Schlussanträge vom 14.3.2006 – C-475/03, Slg. I 2006, 9394 Rn. 172 f., 187 – Banca popolare di Cremona.

gung des Datums, bis zu dem der Rechtsbehelf eingelegt worden sein muss, je nachdem, ab welchem Zeitpunkt das Risiko des Unterliegens so stark gesunken war, dass eine Privilegierung nicht mehr angemessen erscheint.[1107] Es ist zu erwarten, dass die Zahl an Rechtsbehelfen niedriger ausfällt, solange eine Wirkungsbeschränkung noch nicht vorhersehbar ist. Damit würde eine Eindämmung der finanziellen Folgen der Entscheidung einhergehen und vor allem das ursprüngliche Ziel der Wirkungsbeschränkung – die Senkung der wirtschaftlichen Auswirkungen – erreicht. Darüber hinaus käme in Betracht, die Rückausnahme im Einzelfall gar nicht anzuordnen.[1108]

3. Abwägung der Schutzwürdigkeit der Betroffenen

Auch wenn die vom EuGH entwickelten Voraussetzungen für eine Wirkungsbeschränkung im Grunde zu befürworten sind, könnte der Gerichtshof dennoch eine interessengerechtere Lösung anstreben. Wie auch vor dem BVerfG streiten in abgabenrechtlichen Fällen fiskalische Interessen gegen die der mit der Abgabe belasteten Bürger. Anders als das BVerfG schützt der EuGH nicht überwiegend das Interesse der öffentlichen Hand an der Erhaltung der steuerlichen Einnahmen. Wie aber soeben festgestellt, ist das vom EuGH verlangte wirtschaftliche Ausmaß der Entscheidungen so hoch, dass nahezu keine Beschränkung der Entscheidung erreicht werden kann. In Anlehnung an das Abwägungsmodell sollte der Gerichtshof allerdings ebenfalls eine umfassende Abwägung der betroffenen Rechtsgüter vornehmen. Es bietet sich auch für den EuGH eine differenzierte Lösung je nach Schutzwürdigkeit der Betroffenen an. In Teilen zeichnen sich aber bereits Gemeinsamkeiten der bisherigen Spruchpraxis mit dem vorgestellten Abwägungsmodell ab.

a) Schutzwürdigkeit der Staatshaushalte und der Steuerpflichtigen

Ergeben die Erkenntnisse im Verfahren, dass sowohl der Mitgliedstaat einschließlich nationaler Haushalte als auch die Rechtsschutzsuchenden schutzwürdig sind, so liegt ein klassischer Fall der Wirkungsbeschränkung

---

1107 So bereits *Wusterhausen*, Die Wirkungen der Urteile des EuGH in der Zeit, 2016, S. 411 f.; zum Ganzen Kap. 2, C. III. 2.

1108 Dazu sogleich unter Kap. 4, B. II. 3. c).

vor, wie er bereits vom EuGH praktiziert wird. Voraussetzung hierfür ist die Schutzwürdigkeit des Mitgliedstaats, indem eine objektive und bedeutende Unsicherheit hinsichtlich der Auslegung des Unionsrechts vorgelegen haben und die Gefahr der schwerwiegenden wirtschaftlichen Auswirkungen bestehen muss. Dann sollte die Wirkung der Entscheidung auf den Zeitpunkt der Verkündung festgelegt werden sowie gegebenenfalls eine Rückausnahme für diejenigen erklärt werden, die rechtzeitig einen zulässigen Rechtsbehelf eingelegt haben, um den Individualrechtsschutz nicht zu beeinträchtigen. Hinsichtlich der Rückausnahme könnten die soeben gemachten Vorschläge herangezogen werden, um die Wirkung der zeitlichen Beschränkung nicht auszuhöhlen.

Insgesamt werden so die Interessen der Betroffenen auf angemessene Weise berücksichtigt. Wie bereits oben ausgeführt, sollte der EuGH die Hürde der finanziellen Folgen aber senken und damit den öffentlichen Haushalten entgegenkommen. Die Lösung des Gerichtshofs ähnelt insgesamt der des für das BVerfG vorgeschlagenen Unvereinbarkeitserklärung *ex nunc*, indem die Auslegung erst ab der Verkündung der Entscheidung gilt.

b) Überwiegende Schutzwürdigkeit der Steuerpflichtigen

In ständiger Rechtsprechung sind die abgabenpflichtigen Unionsbürger schutzwürdiger als der Mitgliedstaat, wenn dieser nicht gutgläubig hinsichtlich der Unionrechtskonformität seines Handelns war. Der Gerichtshof beschränkt dann die Wirkung seiner Auslegungsentscheidung nicht, sodass die Auslegung auch für Sachverhalte gilt, die sich in der Vergangenheit verwirklicht haben. Insoweit bestehen ebenfalls Parallelen zum Abwägungsmodell, nach dem die Nichtigkeit zu erklären ist oder die Unvereinbarkeitserklärung *ex tunc*, die zur rückwirkenden Gesetzesänderung verpflichtet, wenn die Steuerpflichtigen im Einzelfall schutzwürdiger sind als der Gesetzgeber und die öffentliche Hand.

c) Überwiegende Schutzwürdigkeit der nationalen öffentlichen Haushalte

Bislang erkennt der EuGH noch keine überwiegende Schutzwürdigkeit der nationalen öffentlichen Haushalte an. Dies wäre dann der Fall, wenn er den nationalen Gesetzgebern einen Zeitraum gewähren würde, bis zu dem sie die Rechtslage angepasst haben müssen, bis dahin aber das unionsrechtswidrige Recht weitergelten dürfte. Diese Rechtsfolge könnte nur erreicht werden, wenn der EuGH die Wirkung der Auslegungsentscheidung auf einen Zeitpunkt in der Zukunft verschöbe.

Nach Auffassung des EuGH darf aber der Individualrechtsschutz nicht aufgrund fiskalischer Interessen ausgehöhlt werden, weshalb rein finanzielle Konsequenzen der Gerichtsentscheidung nicht ausreichen, um eine Wirkungsbeschränkung zu erreichen und damit die Rechte der Unionsbürger zu beschneiden. Allerdings kann die gewonnene Auslegung wegen ihrer *ex tunc*-Wirkung auf nationaler Ebene zu Rückerstattungsansprüchen führen, die einzelne Kommunen oder den Finanzhaushalt des Mitgliedstaats insgesamt finanziell massiv belasten.

Auch wenn die Unionsrechtswidrigkeit der nationalen Gesetze möglicherweise hätte erkannt werden können, sollte Unionsrecht nicht „um jeden Preis“ durchgesetzt werden. Dies könnte ansonsten die Stabilität der gesamten Union gefährden, wenn einzelne Mitgliedstaaten in finanzielle Notlagen gerieten. Zudem kann auch hier das Argument der grundsätzlich zulässigen Abgabenerhebung fruchtbar gemacht werden, das im Rahmen der Rechtsprechung des BVerfG diskutiert wurde.[1109] Manifestiert der nationale Gesetzgeber mit der Regelung einer Abgabe seinen Willen, eine solche zu erheben, so ist es im Einzelfall nicht immer gerecht, wenn er diese wegen eines Verstoßes gegen Unionsrecht gänzlich zurückerstatten muss. Der betroffene Unionsbürger musste seit Inkrafttreten der gesetzlichen Regelung grundsätzlich mit der Belastung durch die Abgabe rechnen. Dies gilt natürlich nur dann, wenn die Abgabe als solche unionskonform gestaltet werden kann und nicht schon dem Grunde nach unzulässig ist. Der EuGH entscheidet zwar nicht über nationales Recht, könnte aber im Wege des Auslegungsverfahrens ermitteln, inwieweit der Mitgliedstaat bzw. nationale Haushalte schutzwürdig sind und dies im Rahmen der Auslegungsentscheidung mitberücksichtigen. Auch wenn nach hier vertretener Ansicht grundsätzlich kein Aufschub der Wirkung der Auslegungsentscheidung angeordnet werden sollte,[1110] sollte doch zumindest die Wirkung auf das Verkündungsdatum beschränkt und eine Rückausnahme nicht angeordnet werden. So könnte ein Ausgleich der betroffenen Interessen besser gelingen und das Europarecht zumindest ab der Entscheidung des EuGH gewahrt werden.

Wird im Verfahren jedoch festgestellt, dass durch die Auslegungsentscheidung eine nationale Gesetzeslücke entsteht, die nicht nur aufgrund

---

1109 Siehe insbesondere Kap. 1, C. II. 2. c) dd) (iii).

1110 Hierzu soeben Kap. 4, B. I. 1.

der Rückerstattungsansprüche, sondern auch wegen des sofortigen Wegfalls der Einnahmequelle zu untragbaren Finanzfolgen führen würde, sollte die Aufschiebung der Wirkung der Auslegungsentscheidung auf einen Zeitpunkt in der Zukunft ausnahmsweise in Betracht gezogen werden. In diesen besonderen Ausnahmefällen erscheint eine Anlehnung an das Abwägungsmodell angemessen. Diesem Gedanken folgend dürfte nationales Recht bis zur Anpassung an die Unionsrechtslage weitergelten, um unerträgliche finanzielle Engpässe zu vermeiden.

C. Ausblick

Die vorliegende Untersuchung hat sich umfassend mit der Rechtsprechung des BVerfG im Bereich finanzwirksamer Entscheidungen befasst. Hierbei wurde festgestellt, dass das Gericht anstelle der sofortigen Verwerfung verfassungswidriger Normen in aller Regel eine Unvereinbarkeitserklärung mit Weitergeltungsanordnung ausspricht. Neben Gründen der Rechtssicherheit und des Vertrauensschutzes, die die Weitergeltung zugunsten der Steuerpflichtigen rechtfertigen, stützt es diese überwiegend auf die finanziellen Belange der öffentlichen Hand. Das BVerfG verliert dabei zunehmend aus den Augen, dass die Weitergeltung verfassungswidriger Normen schwerwiegende Folgen für die Wahrung der Grundrechte hat. Die Berücksichtigung von Fiskalinteressen führt zur Entwertung von Grundrechtspositionen zugunsten der Haushaltsstabilität. Als Hüter der Verfassung ist aber die Rücksichtnahme auf die individuellen Rechte und Interessen der Bürger in besonderem Maße zu fordern. Weitreichende finanzielle Auswirkungen können die vorläufige Weitergeltung verfassungswidrigen Rechts zwar rechtfertigen. Der Verfassungsverstoß ist aber dennoch rückwirkend zu beseitigen.

Aus der Perspektive der Steuerpflichtigen ist zu hoffen, dass das BVerfG den Fokus wieder mehr auf die Wahrung der Grundrechte legt. Gesetzgeber und Fiskus sollten bei bedeutenden Normen des Abgabenrechts nicht davon ausgehen dürfen, dass die erhobenen Steuern trotz Verfassungswidrigkeit nicht zurückgezahlt werden müssen und die Einnahmen auch zukünftig generiert werden dürfen. Eine Orientierung, wie eine bessere Wahrung der Individualrechte möglich wäre, soll das soeben vorgestellte Abwägungsmodell bieten. Zuletzt könnte auch eine Änderung des BVerfGG für mehr Rechtsklarheit sorgen. So käme die Aufnahme der Unvereinbarkeitserklärung *ex tunc*, *ex nunc* und der Weitergeltungsanordnung in Betracht, insbesondere auch die Festlegung einer maximalen Dauer der Weitergeltungsfrist. Ob der politische Wille zur Gesetzesänderung angesichts der damit einhergehenden Einschränkung der Flexibilität des BVerfG vorhanden ist, ist jedoch fraglich.

Auch wenn der Vergleich mit den Grundsätzen des EuGH gezeigt hat, dass diese das Problem der widerstreitenden Interessen zwischen schutzwürdigem Budget der öffentlichen Haushalte und der Grundrechte auf nationaler Ebene nicht angemessen lösen könnten, so sind doch die festgesetzten Voraussetzungen, nach denen das europäische Gericht finanzielle Auswirkungen berücksichtigt, dem Grunde nach geeignet, die Schutzwürdigkeit der Mitgliedstaaten bei finanzwirksamen Entscheidungen zu bestimmen. Die klaren Regeln tragen zu einer transparenten Rechtsprechung bei.

Die Voraussetzungen für eine Berücksichtigung der finanziellen Auswirkungen der Entscheidung scheinen aber nahezu unerfüllbar. Die hohen Hürden sollten deshalb gesenkt und die Rückausnahme im Einzelfall in ihrem Ausmaß begrenzt werden, um die nationalen Haushalte nicht ungebührlich zu belasten. Ganz ausnahmsweise wäre überdies eine Aufschiebung der Wirkung einer Auslegungsentscheidung denkbar, wenn die Unanwendbarkeit des nationalen Rechts infolge der entgegenstehenden Auslegung zu unerträglichen finanziellen Nöten führen würde.

Ergebnisse in Thesen

I. Die Rechtsprechung des Bundesverfassungsgerichts

1. Stellt das BVerfG die Verfassungswidrigkeit einer abgabenrechtlichen Norm fest, erklärt es diese regelmäßig für unvereinbar mit dem Grundgesetz. Die Unvereinbarkeitserklärung ist in den §§ 31 Abs. 2 S. 2 und 79 Abs. 1 BVerfGG gesetzlich verankert.

2. Während verfassungswidrige Normen bei der Nichtigkeitserklärung *ex tunc* aus der Rechtsordnung eliminiert werden, unterliegen sie bei der Unvereinbarkeitserklärung einer Anwendungssperre, sodass sie von der Entscheidungsverkündung an nicht mehr angewandt werden dürfen. Grundsätzlich hat der Gesetzgeber die Rechtslage sodann rückwirkend auf den Zeitpunkt der Verfassungskollision zu bereinigen.

3. Das BVerfG ist befugt, die Unvereinbarkeitserklärung mit einer Weitergeltungsanordnung zu versehen, wenn die Weitergeltung aus verfassungsrechtlichen Gründen geboten ist. Es handelt sich hierbei mangels Rechtsgrundlage um eine richterliche Rechtsfortbildung. Die Weitergeltung hat zur Folge, dass das verfassungswidrige Gesetz vorläufig anwendbar bleibt und die Neuregelung erst ab einem Zeitpunkt in der Zukunft in Kraft treten muss. Diesen legt das BVerfG zumeist in den Entscheidungsgründen fest.

4. Im Steuerrecht lassen sich mehrere Fallgruppen feststellen, die nach Auffassung des BVerfG zur Rechtfertigung einer Weitergeltungsanordnung geeignet sind. Hierzu gehört der Schutz von Rechtssicherheit und Vertrauen der Steuerpflichtigen in die bestehende Rechtslage,[1111] ganz besonders aber die Berücksichtigung des staatlichen Interesses an einer verlässlichen Finanz- und Haushaltsplanung und einem gleichmäßigen Verwaltungsvollzug.[1112]

1111 Z.B. BVerfG, Urteil vom 17.12.2014 – 1 BvL 21/12, BVerfGE 138, 136 (251); Kap. 1, C. II. 1. a).

1112 Vgl. BVerfG, Urteil vom 10.4.2018 – 1 BvL 11/14 u.a., BVerfGE 148, 147 (213 ff.); Kap. 1, C. II. 2. c).

5. Die Berücksichtigung fiskalischer Belange im Wege der Weitergeltungsanordnung führt zu einer Entwertung der Grundrechte. Die für verfassungswidrig erkannte Abgabe ist nicht zurückzuerstatten und darf weiterhin erhoben werden. Dadurch verfestigt sich der festgestellte Verfassungsverstoß, verletzt neben der allgemeinen Handlungsfreiheit das Übermaßverbot und das Grundrecht auf effektiven Rechtsschutz.[1113]

6. Demgegenüber darf nicht außer Acht gelassen werden, dass der Rechtsstaat auch Steuerstaat ist und auf fließende Einnahmen sowie einen stabilen Haushalt angewiesen ist. Entfallen Steuereinnahmen, weil das BVerfG steuerliche Vorschriften für verfassungswidrig erklärt, könnte dies die Erhöhung anderer Abgaben notwendig machen. Hervorzuheben ist außerdem, dass der Fiskus die in Art. 106 GG genannten Steuerarten dem Grunde nach erheben darf – eine verfassungswidrige Gestaltung damit nicht stets zur Folge haben kann, dass der gesamte Steuerzugriff rückabzuwickeln ist. Somit treten sich bei der Entscheidungsfindung des BVerfG gleichrangige Verfassungsrechtsgüter gegenüber.

7. Die ständige Rechtsprechung des BVerfG, wonach das Interesse an einer verlässlichen Finanz- und Haushaltsplanung und einem gleichmäßigen Verwaltungsvollzug die Weitergeltungsanordnung rechtfertigen, entfernt sich zu weit von dem Grundsatz der Einheit der Verfassung, der verlangt, dass bei der Kollision gleichrangiger Verfassungsgüter nach einem Ausgleich zu suchen ist, bei dem kein Rechtsgut völlig geopfert wird.[1114] Je höher die fiskalischen Auswirkungen einer rückwirkenden Entscheidung wären, desto eher darf die öffentliche Hand die Einnahmen behalten und weiterhin erheben. Die Disziplinierung und Sanktionierung des Steuergesetzgebers gelingt nicht, der Grundrechtsschutz wird vernachlässigt.

II. Die Rechtsprechung des Europäischen Gerichtshofs

1. Die Aufgabe des EuGH liegt in der Wahrung des Unionsrechts bei der Auslegung und Anwendung der Verträge.

1113 Kap. 1, C. II. 2. c) ee).
1114 Kap. 1, C. II. 2. c) ee) (i).

2. Der EuGH besitzt im Rahmen von Nichtigkeits- und Ungültigkeitsentscheidungen die Befugnis zur Anordnung der Weitergeltung von nichtigen bzw. ungültigen Handlungen der Union, Art. 264 Abs. 2 AEUV (analog). Danach kann er unionsrechtswidrige Handlungen für zeitweise fortwirkend bezeichnen.

3. Die Auslegung von Unionsrecht im Wege des Vorabentscheidungsverfahrens wirkt *ex tunc*, da die Richter die Bedeutung und Tragweite der ausgelegten Vorschrift seit deren Inkrafttreten erläutern und wie sie seither zu verstehen und anzuwenden ist.[1115]

4. Ist eine nationale Abgabe infolge der Auslegung des EuGH nicht mit Unionsrecht vereinbar, so dürfen die nationalen Vorschriften wegen des Anwendungsvorrangs des Unionsrechts nicht mehr angewandt werden. Die Steuerpflichtigen haben einen Anspruch auf Rückerstattung der unionsrechtswidrig erhobenen Abgaben. Nationale Ausschlussfristen dürfen den Rückerstattungsanspruch in zeitlicher Hinsicht begrenzen.

5. Der EuGH ordnet nach bisheriger Rechtsprechung keine Aufschiebung der Wirkung der Auslegung auf einen Zeitpunkt in der Zukunft an. Er beschränkt die zeitliche Wirkung der gewonnenen Auslegung allenfalls auf den Zeitpunkt der Verkündung der Entscheidung.

6. Liegen zwei Voraussetzungen kumulativ vor, spricht der Gerichtshof die Beschränkung der zeitlichen Wirkung der Auslegungsentscheidung aus: Erforderlich ist hierfür neben dem guten Glauben der Betroffenen die Gefahr schwerwiegender wirtschaftlicher Auswirkungen infolge der Entscheidung.[1116] Kann der Mitgliedstaat geltend machen, dass bestimmte Umstände für die Unionskonformität der nationalen Vorschriften sprachen, eine bedeutende Unsicherheit über die Tragweite des Unionsrechts bestand und die öffentlichen Haushalte durch eine Rückabwicklung gravierend geschädigt würden, lässt der EuGH die Auslegung ausnahmsweise erst ab der Entscheidungsverkündung gel-

1115 Aus jüngerer Zeit EuGH, Urteil vom 19.10.2017 – C-101/16, DStR 2017, 2333 Rn. 64 – Paper Consultant; Kap. 2, A. II. 4. b).

1116 EuGH, Urteil vom 22.9.2016 – C-110/15, GRUR 2017, 155 Rn. 60 – Microsoft Mobile Sales International; Kap. 2, C. II. 2. a) bb).

ten.[1117] Ein Berufen auf die gewonnene Auslegung ist dann für Sachverhalte, die vor der Gerichtsentscheidung verwirklicht wurden, grundsätzlich nicht möglich.

7. Damit Rechtsschutzsuchende effektiv geschützt werden, ordnet der EuGH in ständiger Rechtsprechung eine Rückausnahme von der Beschränkung der zeitlichen Wirkung an. Von dieser sind all diejenigen erfasst, die vor Verkündung der Auslegungsentscheidung Klage erhoben oder einen entsprechenden Rechtsbehelf eingelegt haben. Die hierdurch Privilegierten können sich auch für Sachverhalte, die vor dem Entscheidungsspruch verwirklicht wurden, auf die gewonnene Auslegung des EuGH berufen.[1118]

III. Rechtsprechungsvergleich mit Blick auf die Finanzfolgen

1. Zwischen der Rechtsprechung des BVerfG und des EuGH bestehen hinsichtlich der Berücksichtigung finanzieller Auswirkungen der Entscheidungen mehrere gewichtige Unterschiede. Das BVerfG lässt fiskalische Interessen genügen, um eine Unvereinbarkeitserklärung mit Weitergeltungsanordnung auszusprechen. Für den EuGH kommt eine Wirkungsbeschränkung der Entscheidung aufgrund rein finanzieller Belange dagegen nicht in Betracht.[1119] Auch der administrative Aufwand einer Rückabwicklung wird vom BVerfG zur Begründung der Weitergeltung angeführt, wohingegen der EuGH Schwierigkeiten des Verwaltungsvollzugs für unbeachtlich hält.[1120]

2. Der Individualrechtsschutz kommt vor den beiden Gerichten unterschiedlich stark zur Geltung. Während dem BVerfG die bedeutende Aufgabe obliegt, über die Einhaltung der Verfassung zu wachen, hat der EuGH die einheitliche Auslegung und Anwendung der Verträge zu

---

1117 Siehe nur EuGH, Urteil vom 16.7.1992 – C-163/90, Slg. I 1992, 4658 Rn. 34 – Legros; EuGH, Urteil vom 4.5.1999 – C-262/96, Slg. I 1999, 2743 Rn. 109 ff. – Sürül; EuGH, Urteil vom 9.3.2000 – C-437/97, Slg. I 2000, 1189 Rn. 56 – EKW/Wein & Co.; hierzu Kap. 2, C. II.

1118 Kap. 2, C. III.

1119 Kap. 1, C. II. 2; Kap. 2, C. I und Kap. 3, A. I. 1.

1120 Siehe etwa BVerfG, Urteil vom 10.4.2018 – 1 BvL 11/14 u.a., BVerfGE 148, 147 (213 ff.) und die Ausführungen in Kap. 1, C. II. 2. c) dd) (iv); dagegen EuGH, Urteil vom 12.10.2000 – C-372/98, Slg. I 2000, 8699 Rn. 41 ff. – Cooke.

sichern. Betreffen die Entscheidungen aber Normen, deren Wegfall erhebliche wirtschaftliche Auswirkungen mit sich bringt, vernachlässigt das BVerfG den individuellen Rechtsschutz insbesondere bei abgabenrechtlichen Sachverhalten, der EuGH stellt diesen dagegen in den Mittelpunkt seiner Erwägungen. Vor dem BVerfG führen immense finanzielle Folgen damit regelmäßig zu einer Beschränkung der Rechte des Einzelnen. Der Gerichtshof betont demgegenüber, dass der Unionsbürger nicht in seinen Rechten beschnitten werden darf, nur weil eine Entscheidung gewisse Auswirkungen für die Vergangenheit haben kann.[1121]

3. Erhebliche Unterschiede zeichnen sich überdies in Bezug auf die zeitliche Wirkung der Aussprüche ab. Auslegungsentscheidungen des EuGH wirken *ex tunc* auf den Zeitpunkt des Inkrafttretens des Unionsrechts zurück.[1122] Eine Beschränkung dieser zeitlichen Wirkung kommt nur ganz ausnahmsweise in Betracht. Eine Aufschiebung der Wirkung der Auslegungsentscheidung auf einen Zeitpunkt in der Zukunft ist der europäischen Rechtsprechung dagegen fremd. Der EuGH ordnet mithin nicht an, dass eine Auslegung erst ab einem bestimmten zukünftigen Datum gilt, um etwa nationalen Gesetzgebern eine Anpassung der Rechtslage zu ermöglichen. Das BVerfG ordnet hingegen regelmäßig die Weitergeltung verfassungswidrigen Rechts an.

4. Die unterschiedliche Berücksichtigung von Finanzfolgen ist auf den jeweiligen Wirkungsradius der Entscheidungen zurückzuführen. Die Entscheidungen des EuGH haben eine erheblich größere Breitenwirkung, indem sie von allen Mitgliedstaaten zu beachten sind. Diese könnten durch eine haushaltsfreundliche Rechtsprechung dazu angeleitet werden, ihre innerstaatliche Rechtssetzung nicht eingehend auf die Vereinbarkeit mit Unionsrecht zu prüfen, was zu einem sorglosen Umgang mit höherrangigem Recht führen könnte.

5. Die Rechtsprechungslinie des EuGH ist nicht vom BVerfG zu übernehmen. Zwar sollte es die Wahrung der Grundrechte wieder mehr in den Vordergrund stellen. Allerdings ist dem Gesetzgeber im Einzelfall ein

1121 EuGH, Urteil vom 14.9.2006 – C-228/05, Slg. I 2006, 8417 Rn. 72 – Stradasfalti; Kap. 2, C. II. 2. a) aa) (ii).

1122 EuGH, Urteil vom 19.10.2017 – C-101/16, DStR 2017, 2333 Rn. 64 – Paper Consultant; Kap. 1, A. II. 4. b); Kap. 2, A. II. 4. b).

angemessener Zeitraum zuzugestehen, damit er ein gelungenes und verfassungskonformes Gesetz gestalten kann.

6. Darüber hinaus sind die finanziellen Folgen der Entscheidung in begründeten Ausnahmefällen geeignet, eine Weitergeltung bedeutender Abgabennormen zu rechtfertigen. Der EuGH setzt dagegen für die Berücksichtigung von Finanzfolgen hohe Hürden fest, die kaum überwindbar scheinen.

IV. Berücksichtigung von Finanzfolgen durch das Bundesverfassungsgericht

1. Die Berücksichtigung finanzieller Auswirkungen durch das BVerfG hat sich am Maß der Schutzwürdigkeit der Betroffenen zu orientieren. Je höher die Schutzwürdigkeit, desto mehr müssen widerstreitende Interessen anderer zurücktreten. Gleichrangige kollidierende Verfassungsgüter fordern eine Abwägung der divergierenden Rechtspositionen und sind in einen schonenden Ausgleich zu bringen.

2. Bei der Überprüfung verfassungswidrigen Steuerrechts ist es angezeigt, die Weitergeltung anzuordnen, wenn ansonsten eine schwerwiegende Beeinträchtigung der öffentlichen Haushalte zu befürchten ist. Da jedoch ab dem Zeitpunkt der Entscheidungsverkündung die Verfassungsrechtslage gerichtlich geklärt ist, sind die betroffenen Normen mit Ablauf der Weitergeltungsfrist rückwirkend zum Verkündungsdatum zu bereinigen. Regelmäßig ist damit eine Unvereinbarkeitserklärung *ex nunc* mit Weitergeltungsanordnung geboten.[1123]

3. Optional kann das BVerfG zusätzlich eine (Teil-)Rückerstattung der verfassungswidrig erhobenen Steuer für den Zeitraum vor der Verkündung anordnen. Dieses Korrektiv ist einzusetzen, wenn es die Umstände des Falles unangemessen erscheinen lassen, dass der Verfassungsverstoß für die Vergangenheit nicht beseitigt wird. Die Höhe der Rückerstattung steht im Ermessen des Gerichts. Die Fälligkeit kann im Wege der Stundung hinausgeschoben oder durch Ratenzahlung modifiziert werden.[1124]

1123 Kap. 4, A. I. 1. b), c).
1124 Kap. 4, A. I. 1. f).

4. Bei verfassungswidriger Steuerfindung können die Fiskalinteressen dagegen keine Berücksichtigung finden, da das Vertrauen nur in den Bestand solcher Rechtssetzungsakte schutzwürdig ist, die verfassungsrechtlich dem Grunde nach zulässig sind. Zwingender Ausspruch ist die Nichtigkeitserklärung, die den Verfassungsverstoß unmittelbar beseitigt.[1125]

5. Verfassungswidrige Neuregelungen mit kurzem Anwendungszeitraum oder Normen, bei denen ein evidenter Mangel im Gesetzgebungsverfahren festgestellt wird, sind rückwirkend an die Vorgaben der Verfassung anzupassen. Das BVerfG hat deshalb die Unvereinbarkeit mit *ex tunc*-Wirkung zu erklären.[1126]

6. Verstößt eine Steuervorschrift gegen die Verfassung, weil die Rechtslage für den Gesetzgeber etwa wegen gewandelter Anforderungen der Verfassung nicht klar ersichtlich war, so sind er und die öffentliche Hand ausnahmsweise schutzwürdig, wenn es sich um eine dem Grunde nach zulässige und langjährig erhobene Abgabe handelt. Der angemessene Rechtsfolgenausspruch ist die Weitergeltungsanordnung mit einer Frist von bis zu eineinhalb Jahren.[1127]

7. Eine Ergänzung des BVerfGG könnte Rechtsklarheit schaffen. Es bietet sich die Einführung einer ausdrücklichen gesetzlichen Grundlage für die Unvereinbarkeitserklärung *ex tunc*, *ex nunc* und die Weitergeltungsanordnung an. Hinsichtlich der Weitergeltung käme die Festlegung einer Höchstdauer in Betracht.

V. Berücksichtigung von Finanzfolgen durch den Europäischen Gerichtshof

1. Die Voraussetzungen des EuGH zur Wirkungsbeschränkung von Auslegungsentscheidungen sind dem Grunde nach geeignet, die Einhaltung des Europarechts zu wahren. Allerdings sollte das verlangte Ausmaß der Finanzfolgen herabgesetzt werden, um die nationalen öffentli-

---

1125 Kap. 4, A. I. 2. a) bb).
1126 Kap. 4, A. I. 2. a) aa) (ii), (iii).
1127 Kap. 4, A. I. 2. b) cc).

chen Haushalte nicht unangemessen zu belasten. Die Hürden erscheinen zu hoch und können die finanzielle Stabilität der gesamten Union gefährden. Insgesamt ist eine umfassendere Abwägung der betroffenen Interessen und Rechtsgüter zu fordern.[1128]

2. Die Rückausnahme, die der EuGH gewährt, wenn er die Wirkung einer Auslegungsentscheidung beschränkt, sollte nicht stets alle Personen umfassen, die bis zur Entscheidungsverkündung einen Rechtsbehelf eingelegt haben. Anderenfalls droht die Aushöhlung der Effektivität der Wirkungsbeschränkung. Umso mehr Unionsbürger aufgrund der rechtzeitigen Einlegung von Rechtsbehelfen von der Rückausnahme erfasst sind, desto höher sind die finanziellen Folgen für den Mitgliedstaat, da sich die Privilegierten dann auch schon für die Zeit vor der Verkündung auf die gewonnene Auslegung berufen und im Falle unionsrechtswidrigen Abgabenrechts einen Rückerstattungsanspruch geltend machen können. Dies soll durch die Wirkungsbeschränkung aber gerade verhindert werden, sodass die bislang praktizierte weitreichende Rückausnahme diesem Ziel widerspricht. Möglich wäre deshalb die Festlegung eines früheren Stichtags durch den EuGH, bis zu dem der Rechtsbehelf hätte eingelegt werden müssen.[1129]

3. Eine Aufschiebung der Wirkung einer Auslegung dergestalt, dass diese erst ab einem Zeitpunkt in der Zukunft gilt, ist in besonderen Ausnahmesituationen denkbar, wenn die sofortige Unanwendbarkeit der von der Auslegung betroffenen nationalen Normen zu unerträglichen finanziellen Engpässen führen würde. Der Zeitraum des Aufschubs sollte aber möglichst kurz sein, damit die Mitgliedstaaten zeitnah zu einem unionskonformen Zustand zurückzukehren.[1130]

1128 Vgl. insbesondere Kap. 4, B. II. 1.
1129 Kap. 2, C. III. 2; Kap. 4, B. II. 2.
1130 Hierzu Kap. 2, A. I. 3. b) bb) (iv) und Kap. 4, B. II. 3. c).

Literaturverzeichnis

Ahmling, Rebecca, Analogiebildung durch den EuGH im Europäischen Privatrecht, Berlin, 2012.

Alleweldt, Ralf, Bundesverfassungsgericht und Fachgerichtsbarkeit, Tübingen, 2006.

Altmeyer, Sabine, Vertrauensschutz im Recht der Europäischen Union und im deutschen Recht, Baden-Baden, 2003.

Arndt, Adolf, Das Bundesverfassungsgericht, DVBl. 1952, S. 1–5.

Arndt, Adolf, Die Nichtigkeit verfassungswidriger Gesetze, DÖV 1959, S. 81–84.

Arndt, Adolf, Hat die Feststellung der Verfassungswidrigkeit eines Gesetzes die Nichtigkeit der darauf gestützten Verwaltungsakte zur Folge?, NJW 1959, S. 863–864.

Arndt, Adolf, Vollstreckbarkeit verfassungswidriger (Steuer-)Gesetze?, BB 1959, S. 533–535.

Arnold, Nikolaus, Getränkesteuer verfassungswidrig!, ecolex 2000, S. 225–228.

Aust, Helmut Phillip; Meinel, Florian, Entscheidungsmöglichkeiten des BVerfG, JuS 2014, S. 113–117.

Axer, Georg, Das Koch/Steinbrück-Papier vor dem Bundesverfassungsgericht, DStR 2010, S. 1057–1062.

Axer, Georg, Die formelle Verfassungswidrigkeit des Haushaltsbegleitgesetzes 2004, NVwZ 2010, S. 624–627.

Azizi, Josef; Erlbacher, Friedrich, in: Holoubek, Michael und Lang, Michael, Das EuGH-Verfahren in Steuersachen, 2000, Wien, S. 235–263.

Bachof, Otto, in: Häberle, Peter, Verfassungsgerichtsbarkeit, 1976, Darmstadt, S. 285–303.

Bachof, Otto, in: Gernhuber, Joachim, Tradition und Fortschritt im Recht: Festschrift für die Tübinger Juristenfakultät, 1977, Tübingen, S. 177–192.

Bachof, Otto, in: Bachof, Otto, Fröhler, Ludwig, Göldner, Detlef u. a., Wege zum Rechtsstaat, 1979, Frankfurt am Main, S. 344–358.

Balke, Michael, Anmerkung zum Kostenbeschluss nach erfolgreichem Vorlageverfahren zum verfassungswidrigen Einkommensteuer-Grundbetrag, BB 1995, S. 762–763.

Balmes, Frank; Ribbrock, Martin, Die Schlussanträge in der Rechtssache Meilicke – Vorschlag einer zeitlichen Begrenzung der Wirkung des Urteils ‚auf Zuruf' der Mitgliedstaaten?!, BB 2006, S. 17–20.

Balmes, Frank; Ribbrock, Martin, Kommentar zu EuGH-Entscheidung v. 06.03.2007 – Rs. C-292-04, BB 2007, S. 647–649.

Bebr, Gerhard, in: Michigan Law Review Association, The Art of Governance, 2. Auflage 1987, Baden-Baden, S. 91–111.

Beiser, Reinhold, Die Getränkesteuer im Licht der Rechtskraft des EuGH-Urteils – kein landesgesetzliches „Overruling“, RdW 2000, S. 707–710.

Beljin, Sasa, Wann muss ein Verstoß gegen Grundfreiheiten beseitigt sein?, NVwZ 2008, S. 156–162.

Benda, Ernst/Klein, Eckart/Klein, Oliver, Verfassungsprozessrecht, Heidelberg, 3. Auflage 2011.

Bendixen, Peter, Zwischenruf: Weitergeltungsanordnung von verfassungswidrigen Besteuerungen durch das BVerfG, ZRP 2009, S. 85–86.

Berchtold-Ostermann, Eleonore; *Schober-Oswald, Elisabeth*, Rechtsfolgen von Normenkontrollen, EuGRZ 2006, S. 525–531.

Berger, Thomas, Zulässigkeitsgrenzen der Rückwirkung von Gesetzen, Frankfurt am Main, 2002.

Bethge, Herbert, in: Theodor Maunz, Bruno Schmidt-Bleibtreu, Franz Klein und Herbert Bethge (Hg.), Bundesverfassungsgerichtsgesetz, Stand: Februar 2019, § 31.

Bethge, Herbert, in: Theodor Maunz, Bruno Schmidt-Bleibtreu, Franz Klein und Herbert Bethge (Hg.), Bundesverfassungsgerichtsgesetz, Stand: Juni 2019, § 35.

Bethge, Herbert, in: Theodor Maunz, Bruno Schmidt-Bleibtreu, Franz Klein und Herbert Bethge (Hg.), Bundesverfassungsgerichtsgesetz, Stand: Juni 2018, § 78.

Bethge, Herbert, Entscheidungswirkungen und Konsequenzen des Sportwetten-Urteils des Bundesverfassungsgerichts, DVBl. 2007, S. 917–925.

Bethge, Herbert, Die Entscheidungswirkung von Normbeanstandungen des Bundesverfassungsgerichts, Jura 2009, S. 18–24.

Bethge, Herbert, in: Isensee, Josef und Kirchhof, Paul, Handbuch des Staatsrechts der Bundesrepublik Deutschland, Grundrechtswahrnehmung, Grundrechtsverzicht, Grundrechtsverwirkung, 3. Auflage 2011, Heidelberg, S. 1111–1217.

Billig, Hildegard, Beschränkung der zeitlichen Wirkung eines Urteils – EuGH-Urteil in Sachen Meilicke, FR 2007, S. 785–787.

Bilsdorfer, Peter, Die Entscheidung des Bundesverfassungsgerichts zu den Grundfreibeträgen – Einladung zum Erlaß verfassungswidriger Gesetze, INF 1993, S. 10–13.

Böckenförde, Christoph, Die sogenannte Nichtigkeit verfassungswidriger Gesetze, Berlin, 1966.

Böckenförde, Ernst-Wolfgang, Grundrechtstheorie und Grundrechtsinterpretation, NJW 1974, S. 1529–1538.

Boeker, Heide, in: Walter Hübschmann, Ernst Hepp und Armin Spitaler (Hg.), Abgabenordnung, Finanzgerichtsordnung, Stand: September 2012, § 37 AO.

Borchardt, Klaus-Dieter, in: Eichenhofer, Eberhard und Zuleeg, Manfred, Die Rechtsprechung des Europäischen Gerichtshofs zum Arbeits- und Sozialrecht im Streit, 1995, Köln, S. 53–68.

Breuer, Marten, Nichtiges Gesetz und vernichtbarer Verwaltungsakt, DVBl. 2008, S. 555–565.

Brinckmann, Hans, Die fingierte Geltung, DÖV 1970, S. 406–411.

Bruckner, Karl; Keppert, Thomas, Getränkesteuer und Europarecht, ÖStZ 2000, S. 195–200.

Burghart, Axel, Das verfassungswidrige aber nicht nichtige Gesetz – ungültig aber wirksam?, NVwZ 1998, S. 1262–1265.

Bydlinski, Franz, Gegen die „Zeitzündertheorien" bei der Rechtsprechungsänderung nach staatlichem und europäischem Recht, JBl 2001, S. 2–28.

Cede, Philipp, in: Holoubek, Michael, Das verfassungsgerichtliche Verfahren in Steuersachen, 2010, Wien, S. 189–223.

Clever, Peter, Rechtsprechung und Akzeptanz – Gedanken zur Rechtsprechung des EuGH im Sozialbereich anhand ausgewählter Fälle jüngster Zeit, ZfSH/SGB 1991, S. 561–571.

Clever, Peter, Rechtsprechung des EuGH im Sozialbereich auf dem Prüfstand, Sozialer Fortschritt 1992, S. 1–6.

Constantinesco, Léontin-Jean, Das Recht der Europäischen Gemeinschaften, Baden-Baden, 1977.

Cremer, Hans-Joachim, in: Christian Calliess und Matthias Ruffert (Hg.), EUV/AEUV, 5. Auflage 2016, Art. 263 AEUV.

Cremer, Hans-Joachim, in: Christian Calliess und Matthias Ruffert (Hg.), EUV/AEUV, 5. Auflage 2016, Art. 264 AEUV.

Daig, Hans-Wolfram, Nichtigkeits- und Untätigkeitsklagen im Recht der Europäischen Gemeinschaften, Baden-Baden, 1985.

Danwitz, Thomas von, Europäisches Verwaltungsrecht, Berlin u.a., 2008.

Dauses, Manfred A., in: Due, Ole, Lutter, Marcus und Schwarze, Jürgen, Festschrift für Ulrich Everling, 1995, Baden-Baden, S. 223–243.

Dauses, Manfred A., Das Vorabentscheidungsverfahren nach Artikel 177 EG-Vertrag, München, 2. Auflage 1995.

Dautzenberg, Norbert, in: Stefan Menner und Andrea Bilitewski (Hg.), Umwandlungssteuergesetz, 5. Auflage 2019, Einf. C.

de Weerth, Jan, EG-Recht und direkte Steuern – Jahresüberblick 2001/2002, RIW 2003, S. 131–137.

de Weerth, Jan, Zur rückwirkenden Anwendung von EuGH-Urteilen am Beispiel der „Manninen"-Entscheidung des EuGH, DB 2005, S. 1407–1412.

de Weerth, Jan, Rückwirkende EuGH-Urteile und Bestandskraft von Steuerbescheiden, DStR 2008, S. 1669–1672.

Dederer, Hans-Georg, in: Roman Herzog, Matthias Herdegen, Hans H. Klein und Rupert Scholz (Hg.), Kommentar zum Grundgesetz, Stand: Dezember 2013, Art. 100.

Degenhart, Christoph, Staatsrecht I, Heidelberg, 35. Auflage 2019.

Delbrück, Helmuth; *Hamacher, Rolfjosef*, Meilicke und die Rückwirkung – Zu § 130 AO bei der praktischen Umsetzung des EuGH-Urteils Meilicke –, IStR 2007, S. 627–631.

Desens, Marc, Kompetenzgrenzen des Vermittlungsausschusses, NJW 2008, S. 2892–2895.

Detterbeck, Steffen, Streitgegenstand und Entscheidungswirkungen im öffentlichen Recht, Tübingen, 1995.

Detterbeck, Steffen, Folgenbeseitigungs- und polizeirechtlicher Ausgleichsanspruch beim Vollzug rechtswidriger Gesetze, NVwZ 2019, S. 97–103.

Di Fabio, Udo, in: Isensee, Josef und Kirchhof, Paul, Handbuch des Staatsrechts der Bundesrepublik Deutschland, 3. Auflage 2004, Heidelberg, S. 613–658.

Dietz, Martin, Verfassungsgerichtliche Unvereinbarerklärungen, Frankfurt am Main, 2011.

Dittert, Daniel, Europarecht, München, 5. Auflage 2017.

Drüen, Klaus-Dieter, Haushaltsvorbehalt bei der Verwerfung verfassungswidriger Steuergesetze?, FR 1999, S. 289–294.

Drüen, Klaus-Dieter, in: Spindler, Wolfgang, Tipke, Klaus und Rödder, Thomas, Steuerzentrierte Rechtsberatung, 2009, Köln, S. 609–628.

Drüen, Klaus-Dieter; *Kahler, Björn*, Die nationale Steuerhoheit im Prozess der Europäisierung, StuW 2005, S. 171–184.

Durner, Wolfgang, Verfassungsrechtliche Grundlagen und Grenzen des Richterrechts, JA 2008, S. 7–11.

Düsterhaus, Dominik, Es geht auch ohne Karlsruhe: Für eine rechtsschutzorientierte Bestimmung der zeitlichen Wirkungen von Urteilen im Verfahren nach Art. 234 EG, EuZW 2006, S. 393–397.

Ebke, Werner F.; *Fehrenbacher, Oliver*, in: Brandner, Hans Erich, Hagen, Horst und Stürner, Rolf, Festschrift für Karlmann Geiß zum 65. Geburtstag, 2000, Köln, S. 571–592.

Egger, Alexander, Die Beschränkung der zeitlichen Wirkungen von Urteilen in Vorabentscheidungsverfahren, AnwBl 2001, S. 528–531.

Ehlers, Dirk; *Eggert, Anke*, Zur Zulässigkeit einer zeitlich begrenzten weiteren Anwendung gemeinschaftswidrigen nationalen Rechts, JZ 2008, S. 585–593.

Ehricke, Ulrich, in: Rudolf Streinz (Hg.), EUV/AEUV, 3. Auflage 2018, Art. 263 AEUV.

Ehricke, Ulrich, in: Rudolf Streinz (Hg.), EUV/AEUV, 3. Auflage 2018, Art. 264 AEUV.

Ehricke, Ulrich, in: Rudolf Streinz (Hg.), EUV/AEUV, 3. Auflage 2018, Art. 267 AEUV.

Ehrke, Tina, Rückzahlung der Getränkesteuer: Sind die landesabgabenrechtlichen Bereicherungsverbote gemeinschafts- und verfassungskonform?, ÖStZ 2000, S. 254–262.

Eicker, Klaus; *Ketteler, Thomas*, Die verfahrensrechtliche Durchsetzung von Gemeinschaftsrecht im Steuerrecht am Beispiel der Rs. Manninen und die Frage der Durchbrechung der Bestandskraft, BB 2005, S. 131–135.

Enk, Gregor, Die verfassungswidrige Steuernorm und ihre Folgen, Konstanz, 2005.

Epping, Grundrechte, Berlin, 8. Auflage 2019.

Erasmy, Walter, Der EuGH konterkariert nationales Arbeitsrecht, Arbeitgeber 1992, S. 856–860.

Erasmy, Walter, Der EuGH konterkariert natioonales Arbeitsrecht, Arbeitgeber 1992, S. 1005–1009.

Everling, Ulrich, in: Baur, Jürgen F., Müller-Graff, Peter-Christian und Zuleeg, Manfred, Europarecht, Energierecht, Wirtschaftsrecht, 1992, Köln u.a., S. 57–75.

Finke, Thorsten, Rückwirkung und Bestandskraft in der Entwicklung der europäischen Rechtsprechung, IStR 2006, S. 212–216.

Fischer-Lescano, Andreas, Kritik der praktischen Konkordanz, KJ 2008, S. 166–177.

Forsthoff, Ulrich, Die Beschränkung der zeitlichen Wirkung von Urteilen des EuGH – Überlegungen zum Fall „Meilicke“, DStR 2005, S. 1840–1844.

Fraberger, Friedrich, in: Holoubek, Michael und Lang, Michael, Das EuGH-Verfahren in Steuersachen, 2000, Wien, S. 151–206.

Frenz, Walter, Die Rechtsfolgenregelung durch das Bundesverfassungsgericht bei verfassungswidrigen Gesetzen, DÖV 1993, S. 847–855.

Frenz, Walter, Eine begrenzte Gesetzgebungskompetenz des Bundesverfassungsgerichts im Gefüge der Gewaltenteilung, ZG 1993, S. 248–264.

Frenz, Walter, Familienschutz vor Steuern aus der Hand des Bundesverfassungsgerichts, DStZ 1999, S. 465–472.

Frenz, Walter; *Kühl, Andrea*, Das Vorabentscheidungsurteil und seine Wirkungen, DStZ 2009, S. 432–438.

Frischmuth, Markus, Europarechtswidrigkeit des deutschen Anrechnungsverfahrens, StuB 2006, S. 149–152.

Gaier, Reinhard, Die Durchsetzung verfassungsgerichtlicher Entscheidungen, JuS 2011, S. 961–966.

Gaitanides, Charlotte, in: Hans von der Groeben, Jürgen Schwarze und Armin Hatje (Hg.), Europäisches Unionsrecht, 7. Auflage 2015, Art. 263 AEUV.

Gaitanides, Charlotte, in: Hans von der Groeben, Jürgen Schwarze und Armin Hatje (Hg.), Europäisches Unionsrecht, 7. Auflage 2015, Art. 264 AEUV.

Germelmann, Claas Friedrich, Wie weit reicht die Wirkung von Ungültigerklärungen im Vorabentscheidungsverfahren?, EuR 2009, S. 254–268.

Gerontas, Apostolos, Die Appellentscheidungen, Sondervotumsappelle und die bloße Unvereinbarkeitsfeststellung als Ausdruck der funktionellen Grenzen der Verfassungsgerichtsbarkeit, DVBl. 1982, S. 486–491.

Gesser, Ulrich, Die Nichtigkeitsklage nach Artikel 173 EGV, München, 1994.

Glanegger, Peter, Jeder errechne das Seine – Kinderfreibetrag und kein Ende – Zum Beschluß des BVerfG vom 10. 11. 1998, 2 BvL 42–93, DStR 1999, S. 311–313.

Gleiss, Alfred; Kleinmann, Werner, Gestaltungsrecht des Europäischen Gerichtshofes bei Nichtigerklärung einer Verordnung, NJW 1966, S. 1591–1593.

Görisch, Christoph, Die Inhalte des Rechtsstaatsprinzips, JuS 1997, S. 988–992.

Götz, Heinrich, Der Wirkungsgrad verfassungswidriger Gesetze, NJW 1960, S. 1177–1224.

Grabitz, Eberhard, Der Grundsatz der Verhältnismäßigkeit in der Rechtsprechung des Bundesverfassungsgerichts, AÖR 98 (1973), S. 568–616.

Graßhof, Malte, Die Vollstreckung von Normenkontrollentscheidungen des Bundesverfassungsgerichts, Frankfurt am Main, 2003.

Gröpl, Christoph, in: Manfred A. Dauses und Markus Ludwigs (Hg.), Handbuch des EU-Wirtschaftsrechts, Stand: April 2015, J. Steuerrecht.

Grunow, Stefan, Die verfassungsrechtliche Rechtfertigung der Steuerlast und Steuererhebung, Baden-Baden, 2018.

Grzeszick, Bernd, in: Roman Herzog, Matthias Herdegen, Hans H. Klein und Rupert Scholz (Hg.), Kommentar zum Grundgesetz, Stand: November 2006, Art. 20.

Grzeszick, Bernd, in: Roman Herzog, Matthias Herdegen, Hans H. Klein und Rupert Scholz (Hg.), Kommentar zum Grundgesetz, Stand: Dezember 2013, Art. 20 Abschnitt V.

Grzeszick, Bernd, in: Roman Herzog, Matthias Herdegen, Hans H. Klein und Rupert Scholz (Hg.), Kommentar zum Grundgesetz, Stand: Dezember 2014, Art. 20 Abschnitt VIII.

Gusy, Christoph, Parlamentarischer Gesetzgeber und Bundesverfassungsgericht, Berlin, 1985.

Häberle, Peter, Kommentierte Verfassungsrechtsprechung, Königstein/Ts., 1979.

Habscheidt, Gerhard, Der Anspruch des Bürgers auf Erstattung verfassungswidriger Steuern, Köln, 2003.

Häde, Ulrich, Finanzausgleich, Tübingen, 1996.

Hahn, Hartmut, § 8a KStG und gemeinschaftsrechtlicher Erstattungsanspruch – zugleich ein Beitrag zur Dogmatik des § 37 Abs. 2 AO im Kontext des Europarechts –, DStZ 2003, S. 489–497.

Hahn, Hartmut, § 175 Abs. 2 AO n. F. und das EuGH-Urteil in der Rechtssache Manninen – ein Lehrstück darüber, wie man es nicht macht, IStR 2005, S. 145–150.

Hartmann, Christian, Verfassungswidrige und doch wirksame Rechtsnormen?, DVBl. 1997, S. 1264–1269.

Heckmann, Dirk, Geltungskraft und Geltungsverlust von Rechtsnormen, Tübingen, 1997.

Hein, Daniela, Die Inzidentkontrolle sekundären Gemeinschaftsrechts durch den Europäischen Gerichtshof, Baden-Baden, 2001.

Hein, Peter, Die Unvereinbarerklärung verfassungswidriger Gesetze durch das Bundesverfassungsgericht, Baden-Baden, 1988.

Heintzen, Markus, in: Ingo von Münch und Philip Kunig (Hg.), Grundgesetz, 6. Auflage 2012, Art. 106.

Henneke, Hans-Günter, Das Gemeindefinanzierungssystem, Jura 1986, S. 568–579.

Herter, Wilfried, Die Unvereinbarkeitserklärung verfassungswidriger Steuergesetze, Frankfurt am Main, Berlin, 1995.

Hesse, Konrad, Grundzüge des Verfassungsrechts der Bundesrepublik Deutschland, Heidelberg, 20. Auflage 1999.

Heuermann, Bernd, in: Walter Hübschmann, Ernst Hepp und Armin Spitaler (Hg.), Abgabenordnung, Finanzgerichtsordnung, Stand: Juni 2018, § 165 AO.

Heun, Werner, in: Badura, Peter und Dreier, Horst, Festschrift 50 Jahre Bundesverfassungsgericht, 2001, Tübungen, S. 615–639.

Heun, Werner, in: Horst Dreier (Hg.), Grundgesetz, 3. Auflage 2018, Art. 106.

Heußner, Hermann, Folgen der Verfassungswidrigkeit eines Gesetzes ohne Nichtigerklärung, NJW 1982, S. 257–263.

Hey, Johanna, Verfassungswidrigkeit des Ausschlusses von Lebens- und Krankenversicherungsunternehmen von der körper- und gewerbesteuerlichen Organschaft, FR 2001, S. 1279–1283.

Hey, Johanna, Steuerplanungssicherheit als Rechtsproblem, Köln, 2002.

Hey, Johanna, Vertrauen in das fehlerhafte Steuergesetz, DStJG 27 (2004), S. 91–114.

Hey, Johanna, Vollzugsdefizite bei Kapitaleinkommen: Rechtsschutzkonsequenzen und Reformoptionen, DB 2004, S. 724–730.

Hey, Johanna, Gestaltungsspielraum des Gesetzgebers und Sicherung des Steueraufkommens, FR 2008, S. 1033–1040.

Hey, Johanna, in: Mellinghoff, Rudolf, Schön, Wolfgang und Viskorf, Hermann-Ulrich, Steuerrecht im Rechtsstaat: Festschrift für Wolfgang Spindler zum 65. Geburtstag, Zu den Rechtsfolgen verfahrensfehlerhaft zustande gekommener Gesetze aus Anlass des BVerfG-Beschlusses zum Haushaltsbegleitgesetz 2004 vom 8.12.2009, 2011, Köln, S. 97–113.

Hey, Johanna, Steuerrecht und Staatsrecht im Dialog: Nimmt das Steuerrecht in der Judikatur des BVerfG eine Sonderrolle ein?, StuW 2015, S. 3–18.

Hey, Johanna, in: Drüen, Klaus-Dieter, Hey, Johanna und Mellinghoff, Rudolf, 100 Jahre Steuerrechtsprechung in Deutschland, 1918-2018: Festschrift für den Bundesfinanzhof, 2018, Köln, S. 451–500.

Heyde, Wolfgang, in: Zeidler, Wolfgang, Maunz, Theodor und Roellecke, Gerd, Festschrift Hans-Joachim Faller, 1984, München, S. 53–62.

Hillgruber, Christian, Richterliche Rechtsfortbildung als Verfassungsproblem, JZ 1996, S. 118–125.

Hillgruber, Christian/Goos, Christoph, Verfassungsprozessrecht, Heidelberg, 5. Auflage 2020.

Hirsch, Günter, in: Kirchhof, Paul, Jakob, Wolfgang und Beermann, Albert, Steuerrechtsprechung, Steuergesetz, Steuerreform, 1999, Köln, S. 103–115.

Hoffmann, Gerhard, Die Verwaltung und das verfassungswidrige Gesetz, JZ 1961, S. 193–205.

Hoppe, Tilman, Anmerkung zu BVerfG, Beschluss vom 11.6.2010 – 1 BvR 170/06 – Keine Rückwirkung von Entscheidungen des BVerfG auf Zeiträume mit „ungeklärter Verfassungsrechtslage“ (Hinterbliebenenrente für eingetragene Lebenspartner), DVBl. 2010, S. 1098–1102.

Huep, Tobias, Beschränkung einer Rückwirkung neuer richterlicher Erkenntnisse auf ältere Sachverhalte, Berlin, 2001.

Hufen, Friedhelm, Beschränkung von Urteilswirkungen im Falle der Feststellung der Verfassungswidrigkeit von Rechtsnormen – Kurzfassung, 2008.

Hufen, Friedhelm, Beschränkung von Urteilswirkungen im Falle der Feststellung der Verfassungswidrigkeit von Rechtsnormen – Rechtsgutachten Teil 1, 2008.

Hufen, Friedhelm, Beschränkung von Urteilswirkungen im Falle der Feststellung der Verfassungswidrigkeit von Rechtsnormen – Rechtsgutachten Teil 2, 2008.

Hufen, Friedhelm, Staatsrecht II, München, 8. Auflage 2020.

Hüsken, Felix B., Verfassungsgerichtliches Übergangsrecht im Spiegel des Gemeinschaftsrechts, ZfWG 2009, S. 13–21.

Ipsen, Hans Peter, Europäisches Gemeinschaftsrecht, Tübingen, 1972.

Ipsen, Jörn, Rechtsfolgen der Verfassungswidrigkeit von Norm und Einzelakt, Baden-Baden, 1980.

Ipsen, Jörn, Nichtigerklärung oder „Verfassungswidrigerklärung“ - Zum Dilemma der verfassungsgerichtlichen Normenkontrollpraxis, JZ 1983, S. 41–45.

Isensee, Josef, in: Isensee, Josef und Kirchhof, Paul, Handbuch des Staatsrechts der Bundesrepublik Deutschland, 3. Auflage 2006, Heidelberg, S. 3–79.

Jakobs, Michael Ch., Der Grundsatz der Verhältnismäßigkeit, DVBl. 1985, S. 97–102.

Jann, Peter, in: Holoubek, Michael und Lang, Michael, Das EuGH-Verfahren in Steuersachen, 2000, Wien, S. 13–24.

Jann, Peter, Rechtsfolgen von Normenkontrollen, EuGRZ 2006, S. 523–525.

Janssen, Helmut, Soll sich der EuGH ein Beispiel am Bundesverfassungsgericht nehmen? – „Marks & Spencer“ und die Rückwirkung, EuZW 2005, S. 257.

Jarass, Hans D., in: Hans D. Jarass und Bodo Pieroth (Hg.), Grundgesetz für die Bundesrepublik Deutschland, 16. Auflage 2020, Art. 20.

Jesse, Lenhard, Einspruch und Klage im Steuerrecht, München, 4. Auflage 2017.

Jülicher, Friedrich, Die Verfassungsbeschwerde gegen Urteile bei gesetzgeberischem Unterlassen, Berlin, 1972.

Kadelbach, Stefan, in: Holoubek, Michael und Lang, Michael, Das EuGH-Verfahren in Steuersachen, 2000, Wien, S. 119–132.

Kanzler, Hans-Joachim, Die Umsetzung verfassungsgerichtlicher Entscheidungen durch den Steuergesetzgeber, StuW 1996, S. 215–226.

Karpenstein, Peter, Zur Wiedergutmachung von Vertragsverstößen der Mitgliedstaaten gegen das Gemeinschaftsrecht, DVBl. 1977, S. 61–70.

Kelsen, Hans, Reine Rechtslehre, Tübingen, 2. Auflage 1960.

Keppert, Thomas, Die Rechtswirkungen von Vorabentscheidungsurteilen des EuGH, ÖStZ 1997, S. 165–170.

Kilb, Wolfgang, Das Euro-Bargeld ist da, EuZW 2002, S. 5–15.

Kilches, Ralph, EuGH erklärt Getränkesteuer für gemeinschaftswidrig!, FJ 2000, S. 65–68.

Kirchhof, Gregor, in: Carl Hermann, Gerhard Heuer und Arndt Raupach (Hg.), Einkommensteuer- und Körperschaftsteuergesetz, Stand: April 2020, Einführung zum EStG.

Kirchhof, Gregor, Die verfassungsgeforderte Neubemessung der Wettbürosteuern – Rechtsgutachten im Auftrag des Deutschen Sportwettenverbandes e.V., 2019.

Kirchhof, Gregor, Die verfassungsrechtlich geforderte Neubemessung der Wettbürosteuern (Teil 2), KStZ 2019, S. 106–110.

Kirchhof, Paul, Rechtsstaatliche Anforderungen an den Rechtsschutz in Steuersachen, DStJG 18 (1995), S. 17–46.

Kirchhof, Paul, Richterliche Rechtsfindung, gebunden an "Gesetz und Recht", NJW 1986, S. 2275–2280.

Kirchhof, Paul, Der Einfluß des Verfassungsrechts auf die Entwicklung des Steuerrechts, Stbg. 1995, S. 68–78.

Kirchhof, Paul, Stetige Verfassung und politische Erneuerung, Bd. 2, Goldbach, 1995.

Kirchhof, Paul, Rückwirkung von Steuergesetzen, StuW 2000, S. 221–231.

Kischel, Uwe, Darf der Gesetzgeber das Bundesverfassungsgericht ignorieren?, AÖR 131 (2006), S. 219–254.

Klappstein, Verena, Die Rechtsprechungsänderung mit Wirkung für die Zukunft, Berlin, 2009.

Klein, Franz, Die einstweilige Anordnung im verfassungsgerichtlichen Verfahren, JZ 1966, S. 461–467.

Klein, Hans H., Bundesverfassungsgericht und Staatsraison, Frankfurt am Main u.a., 1968.

Klein, Oliver, Vertrauensschutz für EU-rechtswidrige Vorschriften? Die Schlussanträge des Generalanwalts in der Rechtssache Meilicke, IStR 2006, S. 209–212.

Kleuker, Mathias, Gesetzgebungsaufträge des Bundesverfassungsgerichts, Berlin, 1993.

Kloepfer, Michael, Verfassungsrecht, Bd. 2, München, 2010.

Kloepfer, Michael, Finanzverfassungsrecht, München, 2014.

Kment, Martin, in: Hans D. Jarass und Bodo Pieroth (Hg.), Grundgesetz für die Bundesrepublik Deutschland, 16. Auflage 2020, Art. 76.

Koenig, Christian; Ciszewski, Simon, Sieg oder Niederlage für das Glücksspielmonopol nach Inkrafttreten des Glücksspielstaatsvertrages?, WiVerw 2008, S. 103–114.

Koenig, Christian; *Schreiber, Kristina*, Gewährung von Übergangsfristen à la Bundesverfassungsgericht durch den Europäischen Gerichtshof?, DÖV 2008, S. 450–454.

Kokott, Juliane; *Henze, Thomas*, Die Beschränkung der zeitlichen Wirkung von EuGH-Urteilen in Steuersachen, NJW 2006, S. 177–183.

Kokott, Juliane; *Henze, Thomas*, Ist der EuGH – noch – ein Motor für die Konvergenz der Steuersysteme?, BB 2007, S. 913–918.

Konzak, Olaf, Analogie im Verwaltungsrecht, NVwZ 1997, S. 872–873.

Korinek, Karl, Die Verfassungsgerichtsbarkeit im Gefüge der Staatsfunktionen, VVDStRL 39 (1981), S. 7–52.

Kotschnigg, Michael, Die zeitliche Wirkung von EuGH-Urteilen, SWI 1998, S. 83–88.

Kreibohm, Phillipp, Verdeckte Reserven in staatlichen Haushalten, LKV 2005, S. 143–146.

Kreutzberger, Senja, Die gesetzlich nicht geregelten Entscheidungsvarianten des Bundesverfassungsgerichts, Frankfurt am Main, 2007.

Kruse, Heinrich Wilhelm, in: Wendt, Rudolf, Höfling, Wolfram, Karpen, Ulrich u. a., Festschrift für Karl Heinrich Friauf zum 65. Geburtstag, 1996, Heidelberg, S. 793–807.

Kube, Hanno, in: Volker Epping und Christian Hillgruber (Hg.), Beck'scher Online-Kommentar GG, Stand: 15.11.2020, Art. 106.

Kube, Hanno, in: Roman Herzog, Matthias Herdegen, Hans H. Klein und Rupert Scholz (Hg.), Kommentar zum Grundgesetz, Stand: Dezember 2013, Art. 110.

Kube, Hanno, Verfassungsrechtliche Problematik der fortgesetzten Erhebung des Solidaritätszuschlags, DStR 2017, S. 1792–1801.

Kube, Hanno, Gerichtlicher Rechtsschutz in Verfassungsfragen, StuW 2018, S. 314-322.

Lang, Michael, Die Beschränkung der zeitlichen Wirkungen von EuGH-Urteilen im Lichte des Urteils Meilicke, IStR 2007, S. 235–244.

Lange, Hans-Friedrich, in: Drüen, Klaus-Dieter, Hey, Johanna und Mellinghoff, Rudolf, 100 Jahre Steuerrechtsprechung in Deutschland, 1918-2018: Festschrift für den Bundesfinanzhof, 2018, Köln, S. 865–894.

Lange, Ulf, Der Anspruch auf Erstattung gemeinschaftsrechtswidrig erhobener Steuern, Berlin, 2008.

Larenz, Karl, Methodenlehre der Rechtswissenschaft, Berlin u.a., 6. Auflage 1991.

Latzel, Clemens, Schutz vor rückwirkendem Recht kraft Unionsrecht, EuR 2015, S. 415–440.

Laumen, Simone, Die Vollstreckungskompetenz nach § 35 BVerfGG, Frankfurt am Main, 1997.

Laurer, Hans René, in: Funk, Bernd-Christian, Holzinger, Gerhard, Klecatsky, Hans R. u. a., Der Rechtsstaat vor neuen Herausforderungen, 2002, Wien, S. 307–327.

Lecheler, Helmut, Der Europäische Gerichtshof und die allgemeinen Rechtsgrundsätze, Berlin, 1971.

Lecheler, Helmut, Der Beitrag der allgemeinen Rechtsgrundsätze zur Europäischen Integration - Rückblick und Ausblick, ZEuS 2003, S. 337–352.

Lechner, Hans; Zuck, Rüdiger, in: Hans Lechner und Rüdiger Zuck (Hg.), Bundesverfassungsgerichtsgesetz, 8. Auflage 2019, § 78.

Lechner, Hans; Zuck, Rüdiger, in: Hans Lechner und Rüdiger Zuck (Hg.), Bundesverfassungsgerichtsgesetz, 8. Auflage 2019, § 95.

Lechner, Hans; Zuck, Rüdiger, in: Hans Lechner und Rüdiger Zuck (Hg.), Bundesverfassungsgerichtsgesetz, 8. Auflage 2019, Einleitung.

Lee, Ki-Cheol, Schonung des Gesetzgebers bei Normenkontrollentscheidungen durch das Bundesverfassungsgericht, Göttingen, 1993.

Leisner, Anna, Kontinuität als Verfassungsprinzip, Tübingen, 2002.

Leisner, Walter, in: Blumenwitz, Dieter und Randelzhofer, Albrecht, Festschrift für Friedrich Berber zum 75. Geburtstag, Zur Theorie der Rechtsstaatlichkeit und der Rückwirkung der Gesetze, 1973, München, S. 273–297.

Lerche, Peter, in: Heinze, Meinhard und Schmitt, Jochem, Festschrift für Wolfgang Gitter zum 65. Geburtstag 30. Mai 1995, 1995, Wiesbaden, S. 509–517.

Lerche, Peter, in: Burmeister, Joachim, Verfassungsstaatlichkeit: Festschrift für Klaus Stern zum 65. Geburtstag, 1997, München, S. 197–209.

Levedag, Christian, in: Drüen, Klaus-Dieter, Hey, Johanna und Mellinghoff, Rudolf, 100 Jahre Steuerrechtsprechung in Deutschland, 1918-2018: Festschrift für den Bundesfinanzhof, 2018, Köln, S. 181–205.

Lewis, Clive, Remedies and the Enforcement of European Community Law, London, 1996.

Liebs, Detlef, Lateinische Rechtsregeln und Rechtssprichwörter, München, 7. Auflage 2007.

Lindemann, Hans; Hackemann, Tim, Die Rückwirkung von EuGH-Urteilen unter besonderer Betrachtung des „Marks & Spencer"-Falls, IStR 2005, S. 786–792.

Löwer, Wolfgang, in: Isensee, Josef und Kirchhof, Paul, Handbuch des Staatsrechts der Bundesrepublik Deutschland, 3. Auflage 2005, Heidelberg, S. 1285–1526.

Ludewig, Philipp, Die zeitliche Beschränkung der Wirkung von Urteilen des EuGH im Vorabentscheidungsverfahren, Berlin, 2012.

Manssen, Gerrit, Staatsrecht II, 17. Auflage 2020.

Marschner, Ernst, Zeitliche Wirkung des EuGH-Urteils zur Getränkesteuer, SWK 2000, S. 1128–1130.

Martiny, Dieter, in: Franz Jürgen Säcker, Roland Rixecker, Hartmut Oetker und Bettina Limperg (Hg.), Münchener Kommentar zum Bürgerlichen Gesetzbuch, 7. Auflage 2018, Anh. I Art. 9 Rom I-VO: Währungsrecht.

Maunz, Theodor, Das verfassungswidrige Gesetz, BayVBl. 1980, S. 513–518.

Maurer, Hartmut, in: Schneider, Hans und Götz, Volkmar, Festschrift für Werner Weber zum 70. Geburtstag, 1974, Berlin, S. 345–368.

Maurer, Hartmut, in: Isensee, Josef und Kirchhof, Paul, Handbuch des Staatsrechts der Bundesrepublik Deutschland, 3. Auflage 2006, Heidelberg, S. 395–475.

Maurer, Hartmut, Staatsrecht I, München, 6. Auflage 2010.

Mayer, Heinz/Kucsko-Stadlmayer, Gabriele/Stöger, Karl, Grundriss des österreichischen Bundesverfassungsrechts, Wien, 11. Auflage 2015.

Mayer, Heinz; Muzak, Gerhard, in: Heinz Mayer und Gerhard Muzak (Hg.), Das österreichische Bundes-Verfassungsrecht, 5. Auflage 2015, Art. 140.

Meilicke, Wienand, Zur Anrechnung ausländischer Körperschaftsteuer, DB 2005, S. 2658–2661.

Meilicke, Wienand, Nachlese zum EuGH-Urteil vom 6.3.2007 - Rs. C-292/04, Meilicke, DB 2007, S. 650–651.

Meilicke, Wienand, in: Hutter, Stephan und Baums, Theodor, Gedächtnisschrift für Michael Gruson, Rückblick und Ausblick (dargestellt am EuGH-Urt. v. 06.03.2007, Rs. C-292/04 – Meilicke). Ein Erfahrungsbericht aus der Praxis für die Praxis, 2009, Berlin, S. 293–302.

Meyer, Stephan, Erweiterter bundesverfassungsgerichtlicher Rechtsschutz nach einer Unvereinbarerklärung, JZ 2012, S. 434–443.

Middeke, Andreas, in: Hans-Werner Rengeling, Andreas Middeke und Martin Gellermann (Hg.), Handbuch des Rechtsschutzes in der Europäischen Union, 3. Auflage 2014, § 10.

Moench, Christoph, Verfassungswidriges Gesetz und Normenkontrolle, Baden-Baden, 1977.

Moes, Christoph, Die Anordnung der befristeten Fortgeltung verfassungswidriger Steuergesetze durch das Bundesverfassungsgericht, StuW 2008, S. 27–36.

Mössner, Jörg Manfred, in: Ipsen, Jörn und Stüer, Bernhard, Europa im Wandel, 2008, Köln, München, S. 339–355.

Müller, Christoph, Die Begrenzung der zeitlichen Wirkung von EuGH-Entscheidungen, 2009.

Müller, Friedrich, Die Einheit der Verfassung - Kritik des juristischen Holismus, Berlin, 2. Auflage 2007.

Müller-Gatermann, Gert, in: Piltz, Detlev J., Günkel, Manfred und Niemann, Ursula, Steuerberater-Jahrbuch 2007/2008, 2008, Köln, S. 151–174.

Neuschl, Hanna; Schumm, Martin, Die temporäre Durchbrechung des Anwendungsvorrangs im Gemeinschaftsrecht: Dürfen wir Europa für eine Übergangszeit suspendieren?, ZEuS 2008, S. 527–548.

Oppermann, Thomas/Classen, Claus Dieter/Nettesheim, Martin, Europarecht, München, 8. Auflage 2018.

Osterloh, Lerke, in: Kruthoffer-Röwekamp, Jutta, Die Rechtsprechung des EuGH in ihrer Bedeutung für das nationale und internationale Recht der direkten Steuern, 2010, Baden-Baden, S. 105–117.

Papier, Hans-Jürgen, in: Roman Herzog, Matthias Herdegen, Hans H. Klein und Rupert Scholz (Hg.), Kommentar zum Grundgesetz, Stand: Januar 2009, Art. 34.

Papier, Hans-Jürgen, Rechtsfolgen von Normenkontrollen, EuGRZ 2006, S. 530–532.

Papier, Hans-Jürgen, in: Isensee, Josef und Kirchhof, Paul, Handbuch des Staatsrechts der Bundesrepublik Deutschland, 3. Auflage 2010, Heidelberg, Hamburg, S. 491–505.

Papier, Hans-Jürgen, in: Isensee, Josef und Kirchhof, Paul, Handbuch des Staatsrechts der Bundesrepublik Deutschland, 3. Auflage 2010, Heidelberg, Hamburg, S. 507–553.

Paulson, Stanley L., Neue Grundlagen für einen Begriff der Rechtsgeltung, ARSP 65 (1979), S. 1–19.

Paus, Bernhard, Neue Übergangsregelungen bei verfassungswidrigen Steuergesetzen am Beispiel von Kinderbetreuungs- und -erziehungskosten, INF 1999, S. 257–261.

Pawlowski, Hans-Martin, Die rechtsstaatliche Dimension von Gesetzgebung und Judikatur, DÖV 1976, S. 505–511.

Pawlowski, Hans-Martin, Methodenlehre für Juristen, Heidelberg, 3. Auflage 1999.

Pechstein, Matthias, EU-Prozessrecht, Tübingen, 4. Auflage 2011.

Pestalozza, Christian, in: Starck, Christian, Bundesverfassungsgericht und Grundgesetz, Zur Feststellung und kooperativen Beseitigung verfassungsimperfekter Zustände, 1976, Tübingen, S. 519–567.

Pestalozza, Christian, Verfassungsprozeßrecht, München, 3. Auflage 1991.

Pohle, Albrecht Peter, Die Verfassungswidrigerklärung von Gesetzen, Frankfurt am Main, 1979.

Potacs, Michael, Verpflichtung zur Rücknahme bestandskräftiger Bescheide, EuR 2004, S. 590–602.

Rainer, Anno, Die zeitliche Wirkung der Auslegungsurteile des EuGH, IStR 1996, S. 328–329.

Rennert, Klaus, Bestandskraft rechtswidriger Verwaltungsakte und Gemeinschaftsrecht, DVBl. 2007, S. 400–408.

Ribbrock, Martin, Zeiliche Begrenzung der Wirkung von EuGH-Entscheidungen – das Urteil ‚Banca Popolare di Cremona' und die neuen Schlussanträge ‚Meilicke', BB 2006, S. 2611–2615.

Rohregger, Michael, in: Karl Korinek, Michael Holoubek, Christoph Bezemek, Claudia Fuchs, Andrea Martin und Ulrich E. Zellenberg (Hg.), Österreichisches Bundesverfassungsrecht, Stand: 2003, Art. 140.

Rohregger, Michael; *Schuch, Josef*, in: Holoubek, Michael, Das verfassungsgerichtliche Verfahren in Steuersachen, 2010, Wien, S. 297–333.

Rosenkranz, Frank, Die Beschränkung der Rückwirkung von Entscheidungen des Europäischen Gerichtshofs, Tübingen, 2015.

Rossi, Matthias, in: Christian Calliess und Matthias Ruffert (Hg.), EUV/AEUV, 5. Auflage 2016, Art. 352 AEUV.

Roth, Wolfgang, Grundlage und Grenzen von Übergangsanordnungen des Bundesverfassungsgerichts zur Bewältigung möglicher Folgeprobleme seiner Entscheidungen, AÖR 124 (1999), S. 470–502.

Röttinger, Moritz, Bedeutung der Rechtsgrundlage einer EG-Richtlinie und Folgen einer Nichtigkeit, EuZW 1993, S. 117–120.

Ruppe, Hans Georg, in: Funk, Bernd-Christian, Mantl, Wolfgang, Klecatsky, Hans u. a., Staatsrecht und Staatswissenschaften in Zeiten des Wandels: Festschrift für Ludwig Adamovich, Gedanken zur Judikatur des VfGH, 1992, Wien, S. 567–585.

Rüsken, Reinhart, in: Franz Klein (Hg.), Abgabenordnung, 15. Auflage 2020, § 222.

Sachs, Michael, Bloße Unvereinbarerklärung bei Gleichheitsverstößen?, NVwZ 1982, S. 657–662.

Sachs, Michael, Verfassungsprozessrecht, Tübingen, 4. Auflage 2016.

Sachs, Michael, in: Michael Sachs (Hg.), Grundgesetz, 8. Auflage 2018, Art. 20.

Säcker, Franz Jürgen; Mengering, Kim, Rechtsfolgen unwirksamer Preisanpassungsklauseln in Endkundenverträgen über Strom und Gas, BB 2013, S. 1859–1870.

Sangmeister, Bernd, Das Bundesverfassungsgericht und das Verfahrensprozeßrecht, dargestellt am Beispiel seiner Beschlüsse zur Familienbesteuerung v. 10.11.1998, StuW 2001, S. 168–187.

Sangmeister, Bernd, Wird ein Traum des Finanzministers Wirklichkeit?, ZRP 2008, S. 252–254.

Sasse, Christoph, Die verfassungsrechtliche Problematik von Steuerreformen, AÖR 85 (1960), S. 423–457.

Saßenroth, Anna, Die Bestandskraft deutscher Steuerbescheide im Licht der Rechtsprechung des EuGH, Münster, 2009.

Sauer, Heiko, in: Christian Walter und Benedikt Grünewald (Hg.), Beck'scher Online-Kommentar BVerfGG, Stand: 1.1.2020, § 35.

Schaer, Frank, Rechtssicherheit und Vertrauensschutz als Grenzen rückwirkender Rechtsprechung im europäischen Arbeitsrecht, Baden-Baden, 2010.

Schefold, Dian; Leske, Klaus-Rüdiger, Hochschulvorschaltgesetz: verfassungswidrig – aber nicht nichtig, NJW 1973, S. 1297–1303.

Schick, Walter, Verfassungswidrige, aber „gültige" Steuergesetze?, JZ 1969, S. 371–374.

Schiefer, Bernd, Auswirkungen der Rechtsprechung des Europäischen Gerichtshofs auf das nationale Arbeitsrecht, DB 1993, S. 38–43.

Schilling, Theodor, Rang und Geltung von Normen in gestuften Rechtsordnungen, Berlin, 1994.

Schima, Bernhard, Das Vorabentscheidungsverfahren vor dem EuGH, Wien u. a., 3. Auflage 2015.

Schladebach, Marcus, Praktische Konkordanz als verfassungsrechtliches Kollisionsprinzip, Der Staat 53 (2014), S. 263–283.

Schlaich, Klaus/Korioth, Stefan, Das Bundesverfassungsgericht, München, 11. Auflage 2018.

Schmidt-Aßmann, Eberhard, in: Roman Herzog, Matthias Herdegen, Hans H. Klein und Rupert Scholz (Hg.), Kommentar zum Grundgesetz, Stand: Juli 2014, Art. 19 Abs. 4.

Schmidt-Aßmann, Eberhard, in: Isensee, Josef und Kirchhof, Paul, Handbuch des Staatsrechts der Bundesrepublik Deutschland, 3. Auflage 2004, Heidelberg, S. 541–612.

Schmitz, Holger; *Krasniqi, Shqipe*, Die Beschränkung der zeitlichen Wirkung von Urteilen in den Mitgliedstaaten der Europäischen Union, EuR 2010, S. 189–207.

Schmitz, Holger; *Stammler, Philipp*, Mehr Freiheit für den nationalen Gesetzgeber!, AÖR 136 (2011), S. 479–499.

Schnapp, Friedrich E., Unbegrenzte Nachbesserung von Gesetzen bei unklarer und verworrener Rechtslage?, JZ 2011, S. 1125–1133.

Schneider, Bernd Jürgen, Die Funktion der Normenkontrolle und des richterlichen Prüfungsrechts im Rahmen der Rechtsfolgebestimmung verfassungswidriger Gesetze, Frankfurt am Main, 1988.

Schnitger, Arne, Die Grenzen der Einwirkung der Grundfreiheiten des EG-Vertrages auf das Ertragsteuerrecht, Düsseldorf, 2006.

Schulze-Fielitz, Helmuth, in: Horst Dreier (Hg.), Grundgesetz, 3. Auflage 2015, Art. 20.

Schwarz, Kyrill-Alexander, in: Peter M. Huber und Andreas Voßkuhle (Hg.), Grundgesetz, 7. Auflage 2018, Art. 106.

Schwarze, Jürgen, Die Befugnis zur Abstraktion im europäischen Gemeinschaftsrecht, Baden-Baden, 1976.

Schwarze, Jürgen, Anmerkung zum Urteil in der Rechtssache Defrenne, EuR 1977, S. 44–50.

Schwarze, Jürgen, Der Schutz des Gemeinschaftsbürgers durch allgemeine Verwaltungsrechtsgrundsätze im EG-Recht, NJW 1986, S. 1067–1130.

Schwarze, Jürgen, Der Schutz der Grundrechte durch den EuGH, NJW 2005, S. 3459-3466.

Schwarze, Jürgen, in: Grote, Rainer, Härtel, Ines, Hain, Karl-E. u. a., Die Ordnung der Freiheit, 2007, Tübingen, S. 645–660.

Schwarze, Jürgen, Europäisches Wirtschaftsrecht, Baden-Baden, 2007.

Schwarze, Jürgen, Zwischen Tradition und Zukunft: Die Rolle allgemeiner Rechtsgrundsätze im Recht der Europäischen Union, DVBl. 2011, S. 721–727.

Schwarze, Jürgen, Die Abwägung von Zielen der europäischen Integration und mitgliedstaatlichen Interessen in der Rechtsprechung des EuGH, EuR 2013, S. 253–272.

Schwarze, Jürgen, Die Wahrung des Rechts durch den Gerichtshof der Europäischen Union, 2014.

Schwarze, Jürgen; *Voet van Vormizeele, Philipp*, in: Ulrich Becker, Armin Hatje, Johann Schoo und Jürgen Schwarze (Hg.), EU-Kommentar, 4. Auflage 2019, Art. 264 AEUV.

Schwarze, Jürgen; *Wunderlich, Nina*, in: Ulrich Becker, Armin Hatje, Johann Schoo und Jürgen Schwarze (Hg.), EU-Kommentar, 4. Auflage 2019, Art. 267 AEUV.

Schwenke, Michael, Ist eine „Ergreiferprämie“ nach österreichischem Vorbild sinnvoll? - Zum Beschluß des BVerfG vom 10.11.1998, 2 BvR 1057-92, 1226-91, 980-91, DStR 1999, S. 404–408.

Schwindt, Michael, Rechtsfolgen verfassungswidriger Steuergesetze, Lohmar, Köln, 2014.

Sedemund, Jan, Meilicke: Deutsches Anrechnungsverfahren für Körperschaften vor dem EuGH, IStR 2005, S. 810–816.

Seer, Roman, Die Unvereinbarkeitserklärung des BVerfG am Beispiel seiner Rechtsprechung zum Abgabenrecht, NJW 1996, S. 285–291.

Seer, Roman, Defizite im finanzgerichtlichen Rechtsschutz - zugleich eine kritische Auseinandersetzung mit dem 2. FGO-Änderungsgesetz vom 19.12.2000, StuW 2001, S. 3–18.

Seer, Roman, in: Klaus Tipke, Joachim Lang, Roman Seer, Johanna Hey, Heinrich Montag, Joachim Englisch und Joachim Hennrichs (Hg.), Tipke/Lang Steuerrecht, 23. Auflage 2018, § 22.

Seer, Roman; Müller, Jörg Peter, Begrenzung der Rechtsfolgen von EuGH-Richtersprüchen durch den nationalen Gesetzgeber, IWB 2008, S. 311–324.

Seer, Roman; Müller, Jörg Peter, Begrenzung der Wirkungen seiner Richtersprüche durch den EuGH, IWB 2008, S. 255–268.

Seer, Roman; Wendt, Volker, Die Familienbesteuerung nach dem so genannten „Gesetz zur Familienförderung” vom 22.12.1999, NJW 2000, S. 1904–1911.

Selmer, Peter, Steuerinventionismus und Verfassungsrecht, Frankfurt am Main, 1972.

Selmer, Peter, in: von Lewinski, Kai, Staatsbankrott als Rechtsfrage, 2011, Baden-Baden, S. 141–155.

Siekmann, Helmut, in: Michael Sachs (Hg.), Grundgesetz, 8. Auflage 2018, Art. 105.

Sigloch, Heinrich, Vorläufige Geltung verfassungswidriger Gesetze?, JZ 1958, S. 80-82.

Söhn, Hartmut, Anwendungspflicht oder Aussetzungspflicht bei festgestellter Verfassungswidrigkeit von Gesetzen?, Frankfurt am Main, 1974.

Söhn, Hartmut, in: Burmeister, Joachim, Verfassungsstaatlichkeit: Festschrift für Klaus Stern zum 65. Geburtstag, 1997, München, S. 587–602.

Sperlich, Elisabeth, in: Achatz, Markus, Ehrke-Rabel, Tina, Heinrich, Johannes u. a., Steuerrecht, Verfassungsrecht, Europarecht, 2007, Wien, S. 551–572.

Stadler, Christoph, Das Vorabentscheidungsverfahren nach Art. 177 EG-Vertrag, WuW 1994, S. 824–837.

Stahl, Christian, Das Argument der Finanz- und Haushaltsplanung nach dem Erbschaftsteuerbeschluss vom 7. November 2006, DÖV 2008, S. 194–199.

Starck, Christian, Die Bundesstaatlichkeit im Spiegel der Finanzverfassung, StuW 1974, S. 271–284.

Steiner, Udo, in: Isensee, Josef und Lecheler, Helmut, Festschrift für Walter Leisner zum 70. Geburtstag, 1. Aufl. 1999, Berlin, S. 569–581.

Steinmeyer, Heinz-Dietrich, in: Eichenhofer, Eberhard und Zuleeg, Manfred, Die Rechtsprechung des Europäischen Gerichtshofs zum Arbeits- und Sozialrecht im Streit, 1995, Köln, S. 93–102.

Stern, Klaus, Das Staatsrecht der Bundesrepublik Deutschland, Band II, München, 1980.

Stern, Klaus, Das Staatsrecht der Bundesrepublik Deutschland, Band III/2, München, 1994.

Streinz, Rudolf, Europarecht, Heidelberg, 11. Auflage 2019.

Tanzer, Michael, in: Holoubek, Michael und Lang, Michael, Das EuGH-Verfahren in Steuersachen, 2000, Wien, S. 207–222.

Tappe, Henning/Wernsmann, Rainer, Öffentliches Finanzrecht, Heidelberg, 2. Auflage 2019.

Thienel, Rudolf, Was ist ein außer Kraft getretenes Gesetz?, JBl 1994, S. 26–36.

Thömmes, Otmar, Auslandsdividenden und Anrechnung ausländischer Körperschaftsteuer im Inland, IWB 2005, S. 1083–1094.

Thömmes, Otmar, Beschränkung der zeitlichen Wirkung der Urteile des EuGH, IWB 2006, S. 997–1000.

Thömmes, Otmar, Verpflichtung zur Anrechnung ausländischer Körperschaftsteuer - keine zeitliche Beschränkung der Urteilswirkungen, IWB 2007, S. 343–348.

Tiedtke, Klaus; *Mohr, Martin,* Die Grundfreiheiten als zulässiger Maßstab für die direkten Steuern, EuZW 2008, S. 424–428.

Tipke, Klaus, Besteuerungsmoral und Steuermoral, Wiesbaden, 2000.

Uerpmann, Robert, Das öffentliche Interesse, Tübingen, 1999.

Vogel, Klaus, Die bundesstaatliche Finanzverfassung, JA 1980, S. 577–583.

Vogel, Klaus; *Walter, Christian*, in: Wolfgang Kahl, Christian Waldhoff und Christian Walter (Hg.), Bonner Kommentar zum Grundgesetz, Stand: Juli 2004, Art. 105.

Vogel, Kurt, Das Bundesverfassungsgericht und die übrigen Verfassungsorgane, Frankfurt am Main, 1988.

von Arnauld, Andreas, in: von Lewinski, Kai, Staatsbankrott als Rechtsfrage, 2011, Baden-Baden, S. 125–140.

von Groll, Rüdiger, in: Walter Hübschmann, Ernst Hepp und Armin Spitaler (Hg.), Abgabenordnung, Finanzgerichtsordnung, Stand: Februar 2015, § 176 AO.

Voßkuhle, Andreas, in: Peter M. Huber und Andreas Voßkuhle (Hg.), Grundgesetz, 7. Auflage 2018, Art. 93.

Voßkuhle, Andreas; *Kaiser, Anna-Bettina,* Grndwissen - Öffentliches Recht: Der Folgenbeseitigungsanspruch, JuS 2012, S. 1079–1082.

Waldhoff, Christian, Die Rückwirkung von EuGH-Entscheidungen, EuR 2006, S. 615–636.

Waldhoff, Christian, in: Isensee, Josef und Kirchhof, Paul, Handbuch des Staatsrechts der Bundesrepublik Deutschland, 3. Auflage 2007, Heidelberg, S. 813–933.

Wegener, Bernhard, in: Christian Calliess und Matthias Ruffert (Hg.), EUV/AEUV, 5. Auflage 2016, Art. 19 EUV.

Wegener, Bernhard, in: Christian Calliess und Matthias Ruffert (Hg.), EUV/AEUV, 5. Auflage 2016, Art. 267 AEUV.

Weiß, Wolfgang, Die Einschränkung der zeitlichen Wirkung von Vorabentscheidungen nach Art. 177 EGV, EuR 1995, S. 377–397.

Weißauer, Walther; *Hesselberger, Dieter*, Nichtigkeit oder Vernichtbarkeit verfassungswidriger Normen, DÖV 1970, S. 325–330.

Wendt, Michael, in: Drüen, Klaus-Dieter, Hey, Johanna und Mellinghoff, Rudolf, 100 Jahre Steuerrechtsprechung in Deutschland, 1918-2018: Festschrift für den Bundesfinanzhof, 2018, Köln, S. 399–420.

Wendt, Rudolf, Der Garantiegehalt der Grundrechte und das Übermaßverbot, AöR 104 (1979), S. 414–474.

Weninger, Rudolf, Die Vorabentscheidung des EuGH im Abgabenverfahren, ÖStZ 1996, S. 114–123.

Wernsmann, Rainer, Das gleichheitswidrige Steuergesetz, Berlin, 2000.

Werth, Franceska, in: Drüen, Klaus-Dieter, Hey, Johanna und Mellinghoff, Rudolf, 100 Jahre Steuerrechtsprechung in Deutschland, 1918-2018: Festschrift für den Bundesfinanzhof, 2018, Köln, S. 535–556.

Wiedmann, Ariane, Zeitlos wie ungeklärt: Die Beschränkung der zeitlichen Wirkung von Urteilen des EuGH im Vorabentscheidungsverfahren nach Art. 234 EG, EuZW 2007, S. 692–696.

Willers, Christian, Verfassungsgerichtliche Übergangsfristen im Mehrebenensystem, Berlin, 2011.

Wobst, Helmut, Verfassungswidrige Gesetze und Normenkontrolle, Würzburg, 1967.

Wunderlich, Nina; *Albath, Lars*, Der Europäische Gerichtshof und die direkten Steuern, DStZ 2005, S. 547–554.

Wusterhausen, Uwe, Die Wirkungen der Urteile des EuGH in der Zeit, Baden-Baden, 2016.

Zacher, Hans F., in: Isensee, Josef und Kirchhof, Paul, Handbuch des Staatsrechts der Bundesrepublik Deutschland, 3. Auflage 2004, Heidelberg, S. 659–784.

Zeidler, Wolfgang, Die Verfassungsrechtsprechung im Rahmen der staatlichen Funktionen, EuGRZ 1988, S. 207–217.

Zieger, Gottfried, Die Rechtsprechung des Europäischen Gerichtshofs, JöR 1973 (N.F. Bd. 22), S. 299–356.

Kolibri 360 GmbH
Ferdinand-Jühlke-Straße 7
99095 Erfurt, Deutschland
produktsicherheit@kolibri360.de